蓬莱松风

黄易与乾嘉金石学（附武林访碑录）

朱琪 著

上海古籍出版社

134	第三节 黄易与陈豫锺交往事略
142	第四节 黄易与陈鸿寿交游考论
148	第五节 潘有为致黄易信札十六通探考
	——清代金石、篆刻生态视域下的文士交游
179	第六节 新见邓石如致黄易信札及其相关印学解读

207	**第四章 黄易及其相关信札文献研究**
209	第一节 故宫藏黄易尺牍疏证
272	第二节 故宫藏黄易友朋尺牍疏证
289	第三节 清人书札钤印风气的典型实例
	——故宫藏黄易尺牍相关印迹研究
303	第四节 金农"冬心砚"与《冬心斋砚铭》新探
	——从黄易藏冬心砚拓谈起

321	**附 武林访碑录**
323	点校说明
324	序跋
325	武林访碑录

| 387 | **参考文献** |
| 395 | **图表说明** |

| 409 | **后记** |

序 一

清代中叶,金石之学大兴,名家迭出,以钱大昕、翁方纲、孙星衍、王昶、黄易等人为其中翘楚,时称"金石五家"。黄易又工书,尤精篆刻,后人将其与丁敬、蒋仁、奚冈、陈豫锺、陈鸿寿、赵之琛、钱松并称"西泠八家"。

黄易(1744—1802),字大易,号小松、秋盦,钱塘人。其先世越人,洪武初,福寿公以匠作徙钱塘。小松父树榖(1700—1751)字培之,号松石。工诗、精书法,少年即负才名。乾隆初,在武林门外建广仁义学,广聚群书,延师讲学。乾隆九年(1744),黄易出生于钱塘湖墅。乾隆十六年(1751)树榖弃世,黄易年仅八岁,受家庭影响,自幼即爱好书法,曾从丁敬学习书法篆刻,又从何琪、陈璨等学习诗文,故其弱冠即头角峥嵘。乾隆二十三年(1758),十五岁的黄易即从伯兄黄庭幕游楚北历练。乾隆二十九年(1764),伯兄因事所累,被遣戍塞北轮台。自此年始,黄易即馆固安三年,武冈五年,清苑四年,并就馆北直隶郑制锦处。嗣后赴扬州、淮安、盐城一带幕游。在此期间,结识了不少盐商和朋友,如江昉、罗聘等,乾隆三十九年秋(1774)于元氏县访得《汉祀三公山碑》,后每至一地,即访古寻碑不懈。乾隆四十二年(1777)七月入都,等候派遣,又结识了翁方纲、朱筠、张埙、宋葆淳、孔继涵等人,以翁氏为中心,时举雅集,因之,与翁氏结下了深厚的友谊。在京居留,虽仅短短三月,然对黄易以后仕途及学术影响至钜。

综观有清一代,不仅金石学家作者如林,著述亦夥颐沉沉,就中黄易以收藏与鉴赏最负盛名。其著述有《小蓬莱阁金石文字》《小蓬莱阁金石目》《嵩麓访碑日记》《岱岩访古日记》《秋盦遗稿》等。以《小蓬莱阁金石文字》一书而言,此书为黄氏所藏金石珍秘善本,根据原碑拓本双钩摹刻，并录释文，后附各家题跋，融摹图、录文、跋尾三者为一体，俾后人读后如睹原物，在当时印刷条件不足情况下，此举可谓一大进步。朱琪仁弟通印学，精篆刻，好学深思，今将黄易与乾嘉金石学研究，深入研讨，举凡其家族渊源、生平事迹、友朋交往、藏品出处，源源本本，阐述无遗。又将向藏于南图之《武林访碑录》未刻稿本首次校理梓行。余读后深为折服，故喜而略缀数语，以代喤引。

岁次己亥三月，沈燮元谨序。

序 二

近读朱琪先生新作《蓬莱松风：黄易与乾嘉金石学》书稿，觉得其中内容都很扎实，是多年打磨出来的。据丁丙跋，《武林访碑录》为传抄的黄小松残稿，经其仔细整理后附印在本书内，尤为可贵。

本书有个特点，即采用了大量古人信札。前半部分讲述主人公生平、艺文和交游，引用书札二十余通。后半部分有专门尺牍疏证一章，收入一百通。它们不仅是可信的史料，还呈现着清代学者的文采和书法，各有千秋。因此想就写作时对古人尺牍的利用谈点看法。下边检本书中一短信和疏证为例。

黄易致赵魏惠碑札

释文：

正月七日接手书，并惠碑种种，感谢感谢。宋元碑目有误，乞更正见示。郑道昭等碑俟觅得即寄，此外得碑甚多，今匆匆发信，不及检寄，下次必寄。古钱弟拓出二册，亦俟再寄。所得颇可观也，小品随意检呈。朱朗兄来，乞拓本见惠，至望至望。毕中丞大办金石，吾兄能一游否？翁公来信必问兄也。此候近祉，诸容再报，不一。晋斋大兄。愚弟黄易顿首。（钤"黄九"印）

疏证：

此札事关黄易推荐赵魏入毕沅幕中搜访整理金石资料,以及与赵魏进行金石交流事宜。

关于此札的时间和背景,据札中所云"朱朗兄来……毕中丞大办金石,吾兄能一游否",今案乾隆五十八年(1793)春,黄易曾招朱文藻游山左,阮元、孙星衍皆莅任青齐,各倾箧商考,且命工匠广拓摩厓穹碑。乾隆五十九年(1794)毕沅奉命巡视山东,阮元与其倡议编纂《山左金石志》,此书于嘉庆二年(1797)由小琅嬛仙馆梓行。

又札中言及"古钱弟拓出二册",案黄易曾于乾隆五十九年(1794)拓所藏古钱为《泉文》四册,数量较札中所云"二册"更多。

综上可推测此札大约作于乾隆五十八年(1793)春。

涉及金石资料:宋元碑目、《郑道昭碑》、古钱

关涉人物:晋斋(赵魏)、朱朗兄(朱文藻,号朗斋)、毕中丞(毕沅)、翁公(翁方纲)

从上可以看出,作者写尺牍疏证分为四步:一,释文,也包括释印文;二,疏证,扼要点出尺牍的完缺、写信时间、地点、人物、事件和背景;三,涉及的金石、书籍、书画名目。四,标出涉及人物姓名。在叙述主人公生平事迹而引征尺牍时,有的也是这么做的,只是简略一些。

要做到这四步,当然需要作者有相应学问的深厚积累,能够深入了解和正确考证,如此才能帮助读者跨过尺牍中繁琐的客套、复杂的字号称谓、陌生的人际关系而抵达事由。障碍与困惑扫除,顿觉豁然。

写文史文章往往利用古代信札。今人读古人信多有疑难,不言而喻,常常是囫囵吞枣。现在写作中利用信札的一般方式,有的是原文抄录而不加注解,有的是只摘出直接有关的文句,其他尽删,也不作解释。像本书处理的方式,对于作者难度大,对于读者却很明白,且留下了细读、玩味的余地,并为信息检索准备了条件。这是值得借鉴的。

我与朱琪初次相识于2009年杭州西泠印社举办的"重振金石学"学术研讨会上。他提交的《黄易的生平与金石学贡献》论文受到赞誉。至今已过去十年,知道他对篆刻艺术、西泠八家和乾嘉学术的钻研丝毫没有松懈,屡见著述,自成境趣。故宫博物院藏黄易尺牍和黄易友朋尺牍近二百通,经他考释者过半,深思慎取,左右逢源,显幽烛隐,令人服膺。

施安昌记于二〇一九年十一月二十九日,小雪后三日。

第一章

黄易的家世与生平

第一节　前世蓬莱：黄易家世考略

一、黄易的先世

黄易（1744—1802，图1）字大易，号小松、秋盦等，钱塘人。诗、古文、词皆精通，长于金石之学，与钱大昕、翁方纲、孙星衍、王昶并称"金石五家"。又工书，善绘事，尤精于篆刻，后人将之与丁敬、蒋仁、奚冈、陈豫钟、陈鸿寿、赵之琛、钱松并称为"西泠八家"。其著作有《小蓬莱阁金石文字》《小蓬莱阁金石目》《秋盦遗稿》等，另辑有《黄氏秦汉印谱》《种德堂集印》等印谱传世。黄易是著名的金石学家，他对清代乾嘉时期金石学的发展起了巨大的推动作用，而他在篆刻和金石学上的成就和贡献，与其深厚的家学渊源和蕴藉儒雅的家风有着密切的关联。

从现存文献考察，钱塘黄氏一脉可溯源至洪武初年，其先人福寿公本为匠作艺人，自江夏徙钱塘左桥里。关于黄氏祖先籍贯，各家记述大体相

图1　沈塘摹黄易小像

同而略有差异。黄汝亨《先府君行略》云："洪武初有福寿公者,匠于官,徙家钱唐郡左桥里。"[1] 李维桢《处士黄先生墓志铭》："先世不知所自徙,徙钱塘之左桥者曰福寿。"[2] 冯梦祯《有道鹤洲居士墓表》："先世越人,入国朝有福寿公者,以匠徙籍钱唐,居左桥里。"[3] 刘宪宠《明贞士鹤洲先生黄公行状》则云："先世越人,洪武初有福寿公者,以艺事隶将作,徙家钱唐之左家桥里。"[4] 黄氏一脉由福寿公传至承事公,再传至质庵公黄信。黄信子黄荣(逸山公),富甲乡里,娶妻沈氏,有六子,长莲洲公为诸生,仲、叔、季均从商,最少者即为黄裳。黄裳(1517—1594)字子重,号鹤洲,排行第八,虽然其父黄荣曾经富甲一方,然到黄裳少年时已经家道中落,他不得不随仲兄"析薪捆屦以鬻于市"[5],忽一日自泣曰:"吾宁馁而为伯,不饱而为仲也。"[6] 乃弃商学书,补邑诸生。性孝友,母病,医药必亲尝乃进,祷祠以身代。母死,守丧三年如一日。莲洲公殁后无嗣,黄裳事嫂如母。兄弟贫者衣食接济之。抚养侄子黄汝淳长大成人,且为之娶妇,亲如己出。三十年间,黄汝淳竟不知自己为黄裳养子。

黄裳妻子王氏孝孺育有二子,长黄汝高为诸生,早卒。次黄汝亨(1558—1626),字贞父,幼承家学,垂髫补郡博士弟子,万历二十六年(1598)中进士,官至江西布政司参议。有《天目记游》《廉吏传》《古奏议》《寓林集》《寓庸子游记》等著作行世。黄汝亨为杭城名士,与冯梦祯、李维桢、王稚登过从甚密,与汤显祖、董其昌、苏宣、吴迥、洪复初等也有交游。受明末"好奇"之风的影响,黄汝亨兴趣广泛,对金石篆刻亦有心解(图2、3),曾为朱简《印式》作序言,为苏宣《苏氏印略》与吴迥《珍善斋印谱》题跋,《寓林集》(图4)中也存有《题洪复初印章》

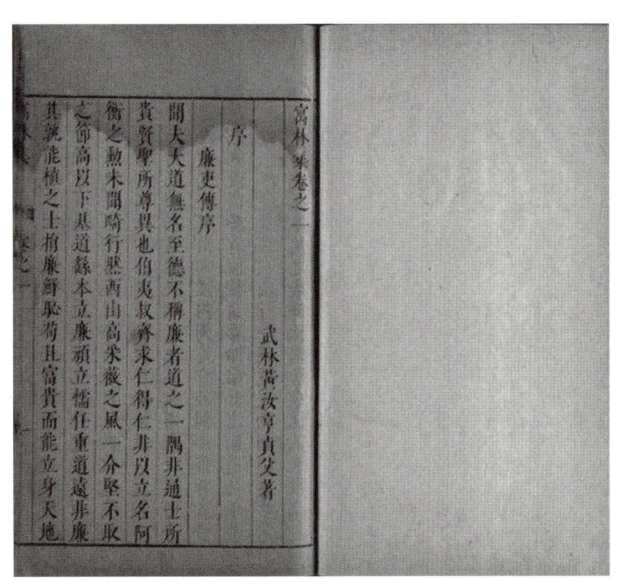

图4　黄汝亨《寓林集》卷首

图2　苏宣刻"黄汝亨印"

图3　吴迥刻"黄汝亨印"

等论印篇什，二人亦曾为黄汝亨篆刻名章。黄汝亨长兄早逝，以孤子奉父母谨孝，很早就归隐西湖，奉亲养子，悠游自足，并于雷峰塔之东建别业以为读书居停之地。此处本名"小蓬莱"，《钱塘县志》载晋葛洪炼丹于此，故有此名。张岱《西湖梦寻》载：

> 小蓬莱在雷峰塔右，宋内侍甘升园也。奇峰如云，古木蓊蔚，理宗常临幸。有御爱松，盖数百年物也。自古称为小蓬莱。石上有宋刻"青云岩""鳌峰"等字。今为黄贞父先生读书之地，改名"寓林"，题其石为"奔云"。余谓"奔云"得其情，未得其理。石如滇茶一朵，风雨落之，半入泥土，花瓣棱棱，三四层折。人走其中，如蝶入花心，无须不缀。色黝黑如英石，而苔藓之古，如商彝周鼎入土千年，青绿彻骨也。贞父先生为文章宗匠，门人数百人。一时知名士，无不出其门下者。余幼时从大父访先生。先生面黧黑，多髭须，毛颊，河目海口，眉棱鼻梁，张口多笑。交际酬酢，八面应之。耳聆客言，目睹来牍，手书回札，口嘱僮奴，杂沓于前，未尝少错。客至，无贵贱，便肉便饭食之，夜即与同榻。余一书记往，颇秽恶，先生寝食之无异也。[7]

黄汝亨是明末杭城名士，其风流遗迹广为杭人称颂瞻仰。（图5）杭州西湖水面辽阔，风景秀雅，杭人崇尚风雅，尤好追新逐奇，黄汝亨曾发明"浮梅槛"引起杭城轰动：

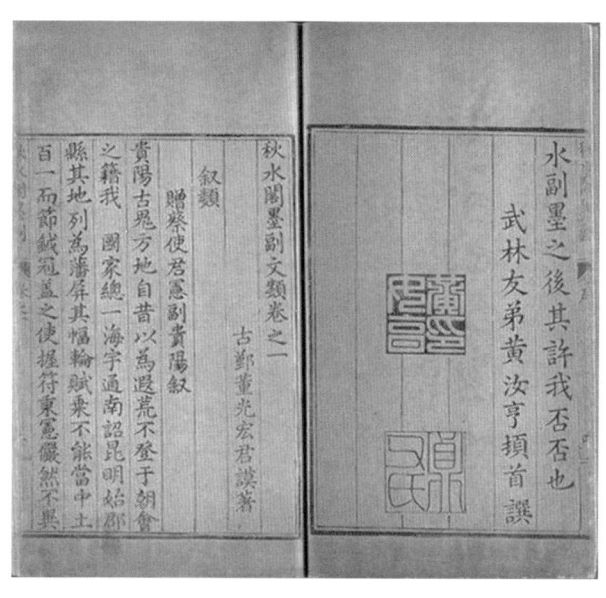

图5 《秋水阁墨副文类》黄汝亨序并印章

客夏游黄山白岳，见竹筏行溪林间，好事者载酒从之，甚适。因想吾家西湖上，湖水清且广，雅宜此具。归而与吴德聚谋制之，朱栏青幕四披之，竟与烟水云霞通为一席，泠泠如也……每花月夜，及澄雪山阴，予时与韵人禅衲尚羊六桥，观者如堵，俱叹西湖千载以来未有。当时苏、白风流，亦想不及此人情喜新之谈。[8]

"浮梅槛"实际是以巨竹为桴，编蓬屋浮于湖上，黄汝亨还自书柱联于上："指烟霞以问乡，窥林屿而放泊"。[9]乘坐这种竹筏游具，载酒游湖，杭州市民前往围观者如堵，引起广泛效仿。虞淳熙感叹道："山溪处处浮竹筏，古今贤达如许，都不解浮筏于湖，遂令千秋开物名，独归贞父。"[10]祖先的风雅事迹无疑对家族后世影响深远，故黄易刻有"浮梅槛"一印，并常常钤于

图6　蒋仁刻"小蓬莱"印及边款

书画之上。黄易与"西泠八家"之另一位蒋仁订交甚早，他们曾经互为对方镌刻过先世所用书斋名。蒋仁祖先蒋之奇有"罨画溪山别院"，黄易为蒋仁刻"罨画溪山院长"一印，并请蒋仁刻"小蓬莱"印回赠，款文并录黄汝亨诗（图6）。[11]潘庭筠在《钱塘黄君墓志铭》中写道："君（黄易）尝自绘《得碑十二图》，又取所藏唐宋旧拓、汉魏诸碑，双钩附跋，刊为一集，名《小蓬莱阁金石文字》。寓林公旧筑室雷峰之东，额题'小蓬莱阁'，用名此编，志不忘也。"可知黄易斋室"小蓬莱"亦系秉承先祖之志而得名。

黄汝亨的才华和思想对黄氏家学与家风的影响非常深远，除了文采风流之外，（图7）还有

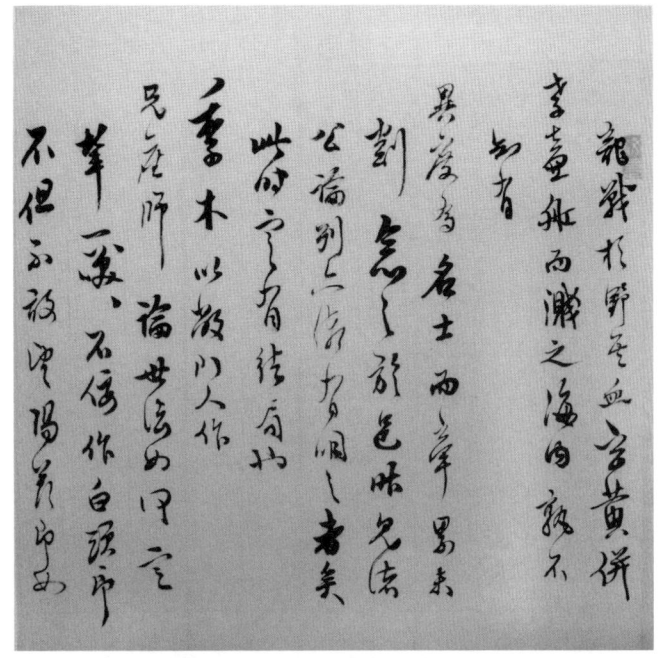

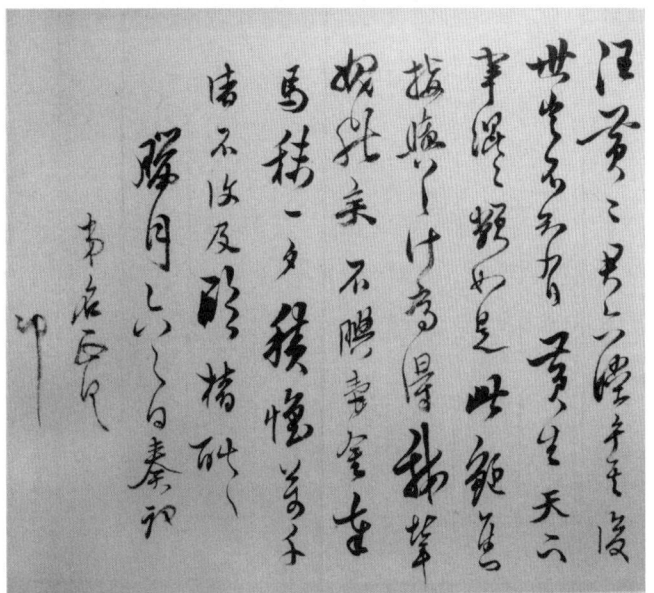

图 7　黄汝亨手札　上海图书馆藏

对孝悌家风的传承。黄氏宗族一直延续着孝敬父母、友爱兄弟的敦厚家风。黄汝亨有妻妾七人,先后举男女九人,长子黄茂梧(东生)娶上林苑丞顾友白之女顾若璞(1592—1681),顾若璞幼承家学,好读书,自经史百家及本朝典故,无不贯通,又以贤孝闻,为明清之际杭州闺秀诗坛之冠,

007

第一章　黄易的家世与生平

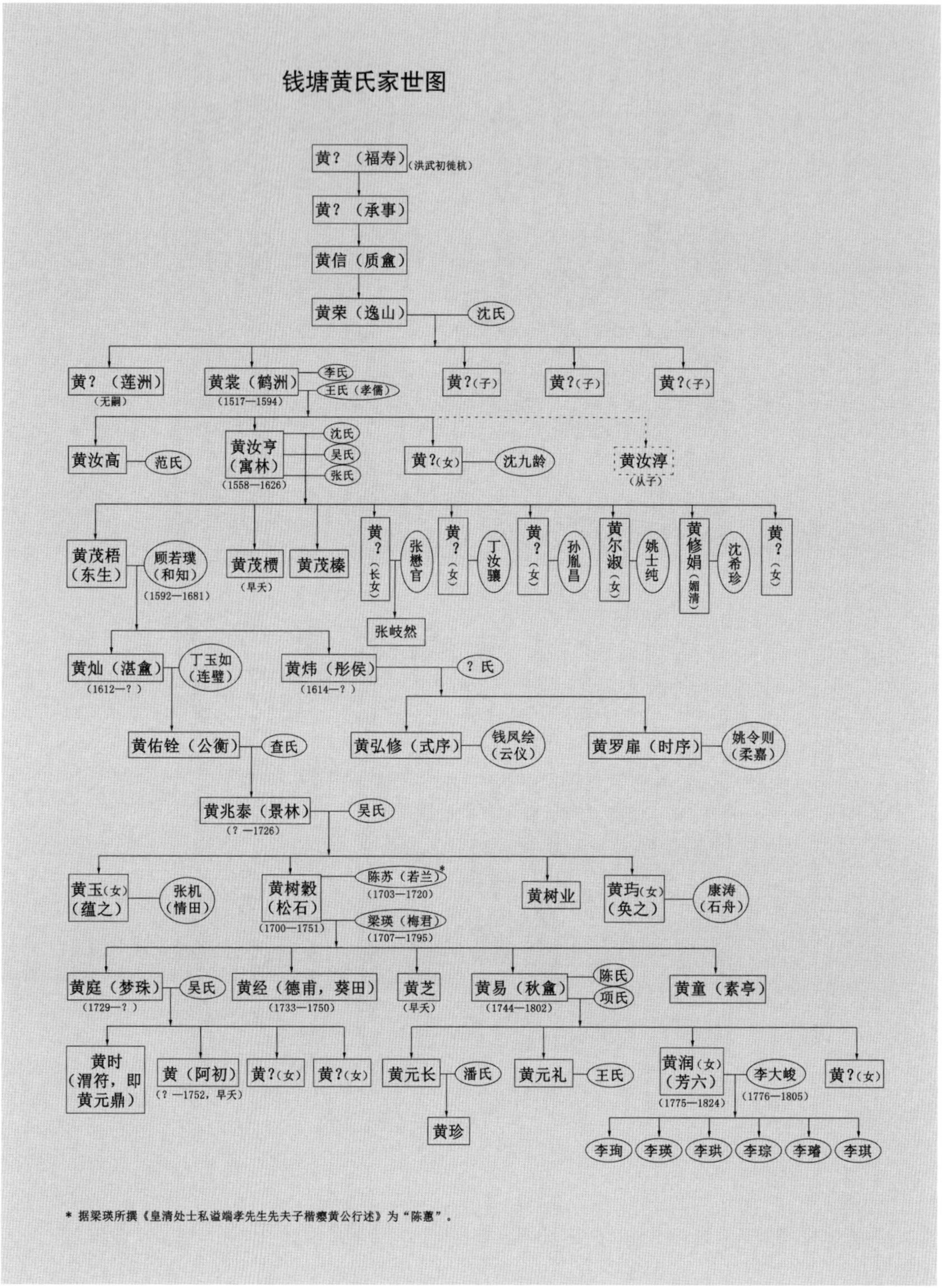

钱塘黄氏家世图

图8 钱塘黄氏家世关系图 朱琪编绘

年九十仍不废诗文，无疾而终。生子黄灿（澹庵）、黄炜。黄茂梧早逝，顾若璞"帷殡而哭，不如死之久矣"，孤身教导儿子读书。为了让两个儿子不忘祖德专心读书，顾若璞别出机杼地建造了一艘"读书船"，泊于杭州西湖断桥孤屿之幽绝处，为他们营造了专心读书的宁谧氛围。她的《秋日为两儿修读书船泊断桥作》这样写道：

> 闻道和熊阿母贤，翻来选胜断桥边。亭亭古树流疏月，漾漾轻凫泛碧烟。且自独居扬子宅，任他遥指米家船。高风还忆浮梅槛，短烛长吟理旧毡。[12]

顾氏将自己的诗文词赋汇为一帙，以黄茂梧斋号名之曰《卧月轩稿》，可见哀思深厚。尤为特别的是，王渔洋《池北偶谈》载："（顾若璞）平昔与子妇讲究河漕、屯田、马政、边备诸大计，所著《卧月轩集》，多经济大篇，有西京体格。"[13]后来黄树穀、黄易父子究心于河防等实用之学，正是受到这样的家学影响。

黄灿再传至黄佑铨（公衡），娶查氏，生黄兆泰（景林）。黄兆泰业医，娶吴氏，生黄树穀。树穀姊名黄玉（蕴之），弟黄树业，妹黄玙。黄玉著有《视夜楼酬唱集》。

二、黄易的父母

黄树穀（1700—1751）字培之，号松石，一号楷瘿，又号黄山、佛国山人。殁后友人和弟子私谥"端孝"，故世称"端孝先生"。需要指出的是，关于黄树穀的生卒年，学术界一直沿用的1701年有欠谨严。黄树穀生于康熙三十九年十一月十九日，换算成公历实为1700年12月28日。其家族关系如图（图8）。[14]

黄树穀八岁能诗，少年即负才名。黄兆泰远客京城时，黄树穀和诸名宿《绿牡丹诗》中有"疑是春山一片云"之句，传诵京城。后佐幕于真定太守，约在乾隆元年（1736）回乡后，见先祖黄汝亨营构之"寓林讲堂"渐就颓圮，乃于其地（即黄汝亨故第，在武林门外东马塍北）建"广仁义学"，广聚群书，延师讲学，以惠来学乡人。皇太极第六子爱新觉罗·高塞感其行，以《古今图书集成》赠义学，其他京师名公卿亦纷纷赠书达三万余卷。广仁义学所藏书每于板心折缝处斜盖"广仁义塾"四大字为记，使人不能巧偷豪夺，并钤以印记曰："敬以此书义助于浙江杭州府武林门外广仁义学，永远为有志之士公读者。"[15]曾任两浙制府的简亲王德塞深加赏异，檄藩宪张公大书"风示儒林"匾额以加奖励，复为立碑垂后。黄树穀再次襥被入都时，清宗室胤礽第

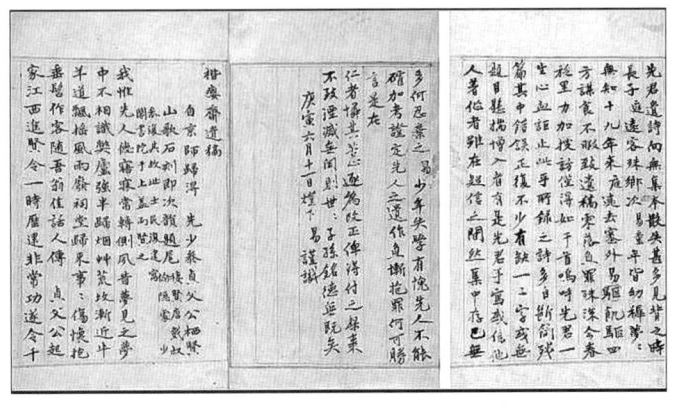

图9 黄易手抄黄树穀诗集《楷瘿斋遗稿》

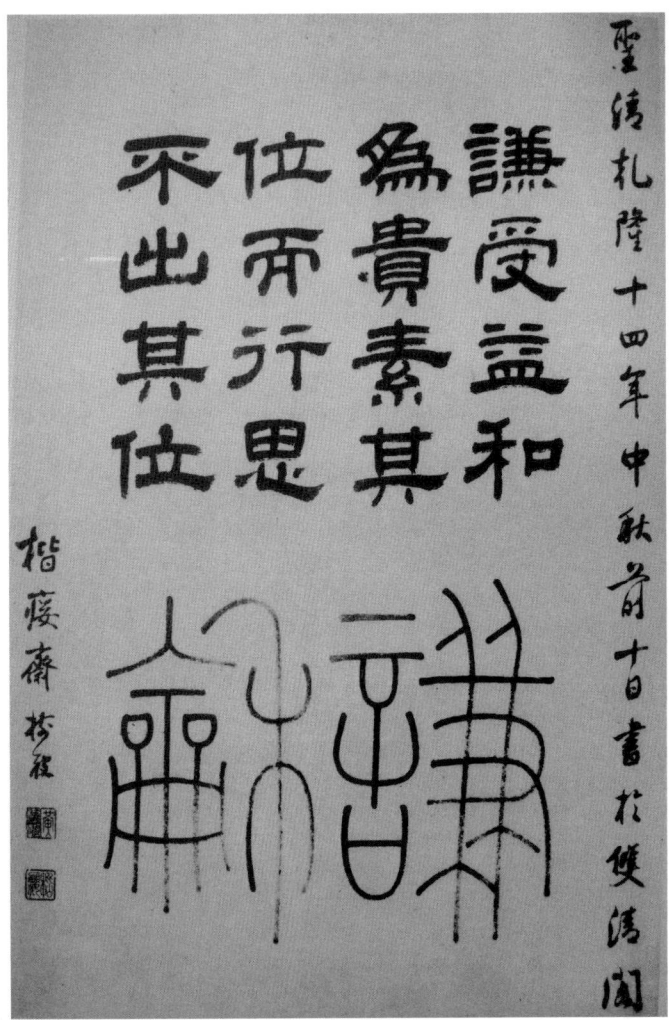

图10 黄树穀书法

六子弘曕赏其文采经术，命长子从学，并请奉养黄树穀太夫人于京师。黄树穀尤以至孝闻于乡，梁瑛《端孝先生行状》记述黄树穀于雍正五年（1727）自杭州衰绖北上，历尽艰辛从保定负其父黄兆泰之骸骨归葬，更刺股血书行状，以求名公卿之志诔。此事在史震林《西青散记》及清人文集中多有记载，时人绘《负骸图》以记其事。

黄树穀工诗，有《楷瘿斋遗稿》传世（图9）。精于书法，与王澍、张照为莫逆交，张照之书间出其手，人莫能辨，得者珍如球璧。尤精小篆、八分，工铁笔，于篆籀有不传之学，王澍推其为当代巨擘。（图10）余大观赞誉："琅琊王澍推巨擘，君与之交相切劘。"[16] 兼擅画兰竹，用笔皆从篆隶中得之。[17] 雍正七年（1729）前后，黄树穀有游艺扬州的经历，此行曾客吴轶容家。据郑燮云，其"笔租墨税，岁获千金，少亦数百金"。[18]

黄易受其父影响，也工于篆隶，十三岁所作篆书《云松巢志》，就已被摹刻上石。

除诗文经术之外，黄树穀秉承家学，对于河防漕运等有深刻的见解，并习以致用。雍正四年（1726）议开西湖，黄树穀云宜直浚，不宜横浚，当事者奇之。他建造的"清河龙"，为河防浚淤之创制（图11）。其实这是一种清淤用船，有九个舱，最末一舱安舵为龙尾；中间七个舱为龙腹，每舱各自为独立的一节，用铁钩连接；第一舱为龙头，长二丈，船头两板相合处安一木柱，用为绞关，柱下围以铁齿；柱后设龙口；龙口内末尾有铁制龙舌，舌上部分为龙喉。其用法是，以人推关，船进，齿动，泥松，沿龙舌、龙口、龙喉挖积淤泥置龙腹各舱。龙口内有"探泥""格水"，分离泥水；龙喉之外有板，名叫"批水"，用以分水，象征龙颊；各龙腹之外有把，名叫"剔泥"，象征龙爪，用以梳泥；配合行动的有一条小船，名叫"子龙"，负责探水深浅、系绳、解卸等。[19]清仁宗嘉庆朝河官曾仿而行之，这套器具在清淤当中曾发挥过很大作用。黄树穀生前著有《河防私议》《格物考》《百衲琴》《百家衣》《松石谱》，皆未刻书流传于世。已刻者仅有《清华录》《楷

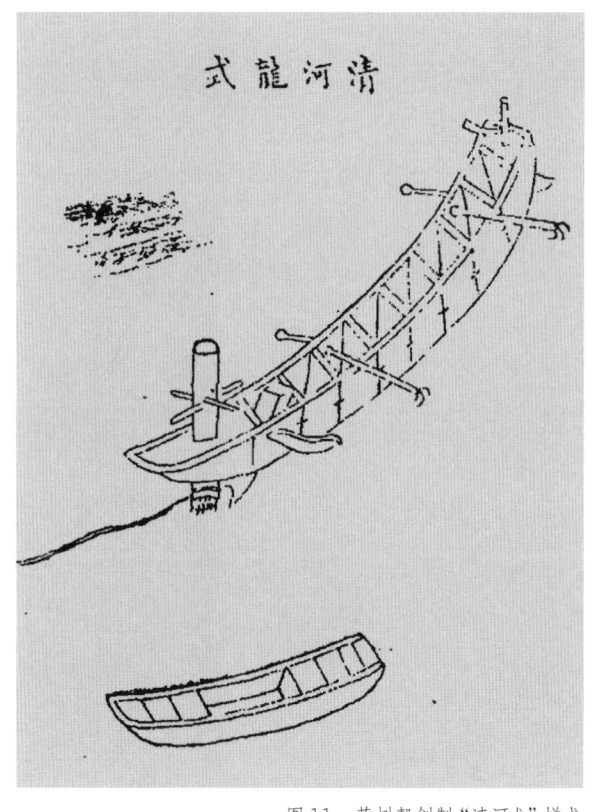

图11　黄树穀创制"清河龙"样式　《河工器具图说》

第一章　黄易的家世与生平

瘿斋集古》诸书,可惜大多也已佚失。但从书名可窥知他所倡导的是一种经世致用的学术,即力图通过自己的研究和实践,获得实用的知识和经验,来传输给弟子和子孙,为国家解决实际的问题。林以宁曾如此评价黄树穀之生平:"松石司钱唐义学,搜集寓林遗文于百二十年后,负父骸于三千里外,辑《清华录》以萃人文,制治河器以裨国用,凡所以图报君亲者,靡不备至。第廉吏子孙,家无宿储,频年为客,诚非得已。"(《字字香序》)黄树穀去世后,墓志由钱大昕撰文,何琪书丹,苏州刘徵刻石。

对黄易的人生经历影响重大的还有其母梁瑛。黄树穀原配陈蕙字若兰,无嗣,乃继娶梁瑛。梁瑛字英玉,号梅君,又自号穀梁氏,为钱塘梁师燧女。梁师燧生前最器许黄树穀,黄树穀对他每有知己之感。雍正三年(1725),梁瑛归于黄树穀,此后相夫教子二十六年。乾隆十六年(1751)黄树穀去世,梁瑛含泪写下《皇清处士私谥端孝先生先夫子楷瘿黄公行述》数千言,后含辛茹苦课黄易、黄童以经艺。梁瑛是杭州著名的闺秀才女,诗、古文皆精通,

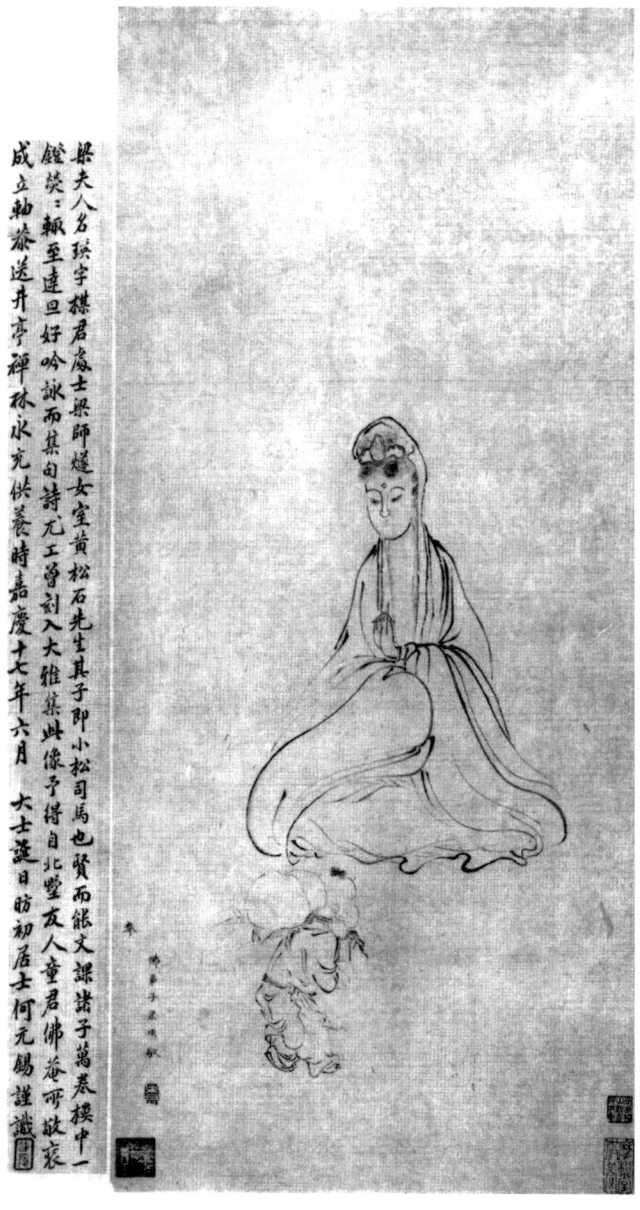

图12 梁瑛绘观音像 南通狼山观音院供养

兼擅绘事，今日犹得见其所绘观音像（图12）。又工于集古诗，曾于雍正八年（1730）三月，集唐、宋、元人诗句为《字字香》（又名《梅花字字香》），在扬州刊行，写刻精工。唐建中、曹学诗、林以宁女史作序，黄慎题记，徐德音女史题词。黄树穀所居娑罗桥，为梁瑛祖父"玉照堂"旧址，有梅花数树，环带小楼，梁瑛写梅咏梅其中，"拮据卒瘏，俾松石无内顾忧。且与松石女兄蕴之、女弟夬之时相酬和，以慰孀姑倚闾之望"，"亦以寄其甘贫守素之心也"。林以宁把梁瑛比作顾若璞，称"徽音遥嗣，乃在梅君"。又感叹道："松石得梅君，可以娱亲，可以教子，可以出而报国矣。"[20] 正是有这样的贤妻支撑着家庭，黄树穀才能安心幕游四方。乾隆六十年（1795）闰二月，梁瑛在山东济宁去世，黄易亲运其柩归杭州，与黄树穀合葬于上泥桥。因母亲以梅为号，毕生爱梅咏梅，黄易诗中有"不看梅花不出游"之句以志哀伤之情。[21]

三、黄易的兄弟

黄树穀与梁瑛育有四子：黄庭、黄经、黄易、黄童。另有一子黄芝早夭。黄庭（1729—约1780）字梦珠，号宝田，国学生，著有《蔗余集》《绿萍集》。黄庭为黄树穀长子，自幼被父亲寄予厚望，年少厉学，才华横溢。乾隆元年（1736），黄树穀曾作诗分赠诸子，诗中流露了黄树穀的人生感慨和寄托，也显示了书香门第对子女的殷切期望。他在赠给长子黄庭的诗中写道："六代书香一线存，头颅如许尚何言。力营义学藏经籍，要使清官得子孙。汝已八龄须识字，谁能三载不窥园。却将韩富欧阳范，学取东坡子细论。"[22]

黄庭诗才很高，兼工绘事，曾绘《九曲亭图》。受家庭影响，他很早就随父离家历练。乾隆十年（1745）客华亭，学曹唐作《游仙诗》，此时年方十七岁。十九岁返钱唐，与杭志仁、魏白民游，学填词作赋。二十岁开始游幕四方，客鲁、楚、扬州、吴门，与四方前辈交游酬唱。乾隆十八年（1753）至乾隆二十二年（1757），黄庭客居湖北佐幕，这段时间之中，黄庭与同客湖北的父亲旧友汪舸结为诗友，往还唱和极多。黄庭在湖北孝感县署中佐幕，其所依赖的社会关系，不少是父亲黄树穀的旧交，这也是父亲漂泊一生给儿子留下的社会资源。乾隆二十二年（1757），黄庭在孝感撰成《端孝府君轶事》，并请父亲旧交龚之钺作序。[23] 黄易跟随伯兄的游幕生涯始于乾隆二十三年（1758），所依靠的也是父亲和伯兄在湖北打下的良好社会基础。乾隆二十九年（1764），黄庭因事遭到牵连，被谪戍塞外轮台，[24] 家庭的重担全部落在黄易肩上，黄易只得旋里负米养母事嫂，并从此后开始了在固安、武冈等地的游幕生活。

黄庭被遣戍塞外后，身为戴罪之人，其生活非常艰苦。黄易也一直没有放弃过运用各种方法营救伯兄，他通过各种渠道募集资财，为黄庭纳锾赎罪。乾隆四十五年（1780），黄庭在塞外迪化为酷嗜金石碑版的弟弟寄去《敦煌太守裴岑纪功刻石》拓本，此时恰逢黄庭即将被蒙恩放还，阔别十六载的兄弟重见在即。然而天不从人愿，黄庭未及放还即卒于塞外，最终未能与黄易握手重聚。黄易在汪焘、江昉等人帮助下，遣干仆将黄庭及其妾棺柩运回杭州归葬。[25]黄庭生前育有一子一女，子名黄时，后更名黄元鼎，字渭符（一说会符）。[26]

黄经（1733—1750），字德甫。黄树穀次子，幼极聪慧，秉承家学，自幼喜好搦管临帖。乾隆十二年（1747），杭城著名文人王曾祥向黄树穀乞黄经所书一百二十寿字篆书为其父祝寿，当时黄经才十五岁。[27]黄经卒于乾隆十五年（1750）九月，殁时年仅十八岁，犹在黄树穀之前去世。

黄芝，出生在黄易之前，早夭。

黄童字素亭，黄易之弟。生平事迹不可考，曾与黄易共居于济宁官署，后回杭州，大概一直在杭城留守打理黄氏祖产。

在清代早期如康、雍时期，幕府制度少有辟署之事，因此游幕大多不能作为进身之阶，想要出仕还是需要通过科举。而在清代中后期，社会问题和弊端不断暴露出来，需要大量实用型人才，幕宾往往可以凭借其功劳得到幕主保荐，获得官职。[28]由此可知，虽然黄树穀才干出众，甚至

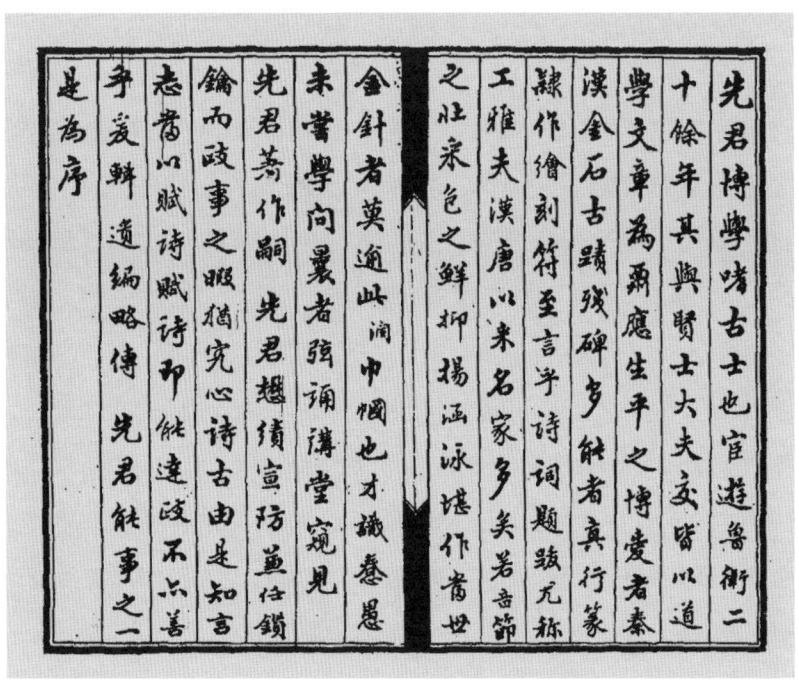

图13 黄润《秋盦遗稿序》手书上版

做到皇族公子之师，却最终以贫寒终老，其子黄庭、黄易则"饥驱四方，谋食不暇"。[29] 黄树毅本人，乃至黄庭和黄易的游幕经历，都是从"经世致用"的理念出发的，后来黄易即凭借家传治理河防的专长，最终得到重臣庆桂等上级的举荐，擢升至山东兖州府运河同知。

四、黄易的子息

黄易有妻妾二人，元配陈氏，侧室项氏。项氏为黄易育有二子二女，长子黄元长，次子黄元礼，长女黄润（字芳六）。黄元长官南河主簿，娶陕西道御史潘庭筠之女；黄元礼幼业儒，娶福山县典史王元浩女；长女黄润适济宁兵部职方司郎中李大峻（此山）。又有孙一，名黄珍，深得黄易宠爱。[30] 曾孙黄以斌，字宪之，同治、光绪年间任山东冠县典史。

黄润秉承家学，亦能诗文，为李大峻育六子，皆有所成。嘉庆七年，黄润与长兄黄元长一道整理抄录黄易生前所留诗词、题跋，集为《秋盦遗稿》分诗草、词草、题跋三部分，黄润作序（图13），黄元长题识（图14）。可惜的是，子孙未能继承黄易的金石爱好，其生前所搜集之金石碑版，在他去世后几乎散佚殆尽，其中多为山东李氏所得。后来曾官东河同知的庄缙度不无遗憾地说：

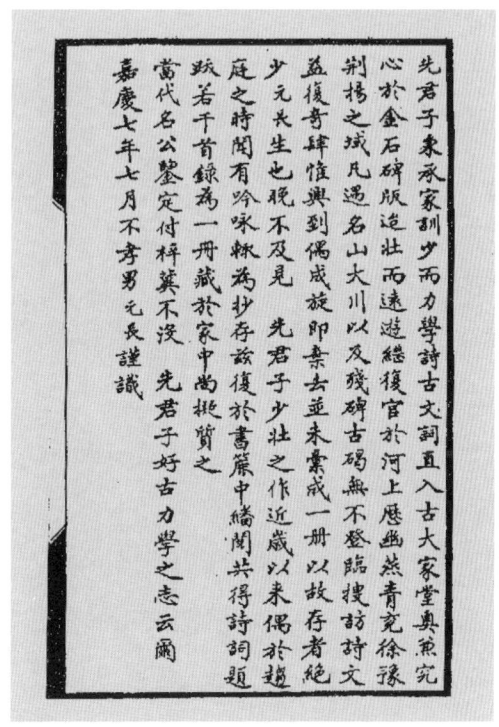

图 14　黄元长《秋盦遗稿跋》

"司马（黄易）物故，其子孙不能守其业，所藏珍品皆如银杯羽化。"黄易在济宁居官日久，其后人也多定居于此，道咸之间，时有金石收藏家来此间寻访黄易后人以期有所收获，然已难觅踪影，翁同龢曾在一则题跋中说："小松官东河久，其后人多在济宁……余数过济宁访黄氏子孙不可得。"[31] 足证黄易后人在济宁的衰没。

注 释

[1] 黄汝亨《寓林集》卷十八，明天启四年刻本。

[2] 李维桢《大泌山房集》卷八十九，明万历三十九年刻本。

[3] 冯梦祯《快雪堂集》卷十七，明万历四十四年黄汝亨、朱之蕃等刻本。

[4] 《国朝献徵录》卷一百一十四。此外，黄汝亨《苏氏印略跋》之落款题曰"江夏黄汝亨贞父"，黄树榖之妻梁瑛记述黄氏"先世由江夏迁杭"。

[5] 李维桢《大泌山房集》卷八十九。

[6] 冯梦祯《快雪堂集》卷十七。

[7] 张岱《西湖梦寻》卷四西湖南路，清康熙刻本。

[8] 黄汝亨《寓林集》卷十《浮梅槛记》。

[9] 厉鹗《湖船录》，清钱塘丁氏刻本。

[10] 虞淳熙《浮梅槛诗序》，读者可进一步详阅巫仁恕《品味奢华——晚明的消费社会与士大夫》，中华书局，2008年版，页200。

[11] 关于黄易和蒋仁的这段交往，详见朱琪《西泠八家之一蒋仁的先世》，载《故宫文物月刊》第321期。

[12] 顾若璞《卧月轩稿》卷三，丛书集成续编本，集部第119册。

[13] 引自胡文楷《历代妇女著作考》，上海古籍出版社，1985年版，页543。

[14] 按梁瑛《皇清处士私谥端孝先生先夫子楷瘿黄公行述》所记载，黄树榖"生于康熙三十九年十一月十九日，卒于乾隆十六年九月二十七日，享年五十有一"。关于黄树榖的研究中的失

误,主要集中在生年定为"1701年"及其家族关系梳理之错误。如高彦颐(Dorothy Ko)《闺塾师:明末清初江南的才女文化》(Teachers of the Inner Chambers: Women and Culture in Seventeenth Century China)的第一章中将黄树穀生卒年定为"1701—1751"。此外台湾陈静媚《阅读越界——记一部十七世纪的〈牡丹亭〉木刻印本如何穿梭时空?女性阅读作见证》(载于台湾《跨越与游移:第二十九届全国比较文学会议论文专辑》,"国立"台湾大学出版委员会,2006年版)一文中,对黄树穀与其亲族之间的关系所作的推测也有不少失误,请读者参看本文附表,兹不一一列举。

[15] 见丁申《武林藏书录》卷下。范景中在《藏书铭印记》中详细记录了"广仁义塾"藏书印的形制:其印为朱文长方形,楷书五行,行七字,惟首行为二字,居下,前空格备填名用。

[16] 余大观《长歌赠黄楷癭先生》,《菘塍斋遗稿》卷上,清刊本。

[17] 详见梁绍壬《两般秋雨庵随笔》、阮元《小沧浪笔谈》、蒋宝龄《墨林今话》等书所记载。

[18] 据上海博物馆藏郑燮《板桥偶记》墨迹。

[19] 详情可参见山曼《流动的传统:一条大河的文化印迹》,浙江人民出版社,1999年版,页177。

[20] 转引自胡文楷《历代妇女著作考》,上海古籍出版社,1985年版,页543。

[21] 黄易《何梦华招集西湖葛林园录别》,见《秋盦遗稿》,续修四库全书本册1466,上海古籍出版社,1995年版。

[22] 黄树穀《楷癭斋遗稿》。

[23] 梁瑛《端孝府君轶事》,见黄树穀《楷癭斋遗稿》,清钞配本。

[24] 石卓槐《黄梦珠上舍》(七绝)诗小注云:"因人波累流戍伊离。"见《留剑山庄初稿》卷二十四,清乾隆四十年石卓椿刻本。石卓槐(1738—1780)字樟山、芥圃,湖北黄梅人。自刻诗稿《芥圃诗抄》,伪托沈德潜等多人之名作序。因诗中有"悖逆"内容,被乾隆下旨凌迟处死,家属从坐,家产抄没。友人蒋业晋、曹麟开亦因该案受牵连,谪戍新疆乌鲁木齐。石所著《芥圃诗抄》《留剑山庄初稿》等皆遭查禁。

[25] 黄易有《哭汪雪礓》诗,其一云:"群雅唱新声,词坛有我兄。塞垣悲雁断,江表念鸥盟。万里双魂返,千金一掷轻。玉箫诸旧侣,数载几经营。"诗下小注:"兄与妾之棺返自塞垣,赖雪礓与橙里先生之力也。"汪雪礓即汪峘,汪舸之子。另翁方纲《黄秋盦传》载:"伯兄以事遣戍,君措贷为赎罪。兄丧数千里,遣干仆扶柩归葬于杭。"

[26] 黄庭有幼子小名阿初,乾隆十七年(1752)九月殇。但据石卓槐《黄梦珠上舍》(七律)诗小注:

"梦珠年已四十,尚无子息,总以谋生道拙,客湖楚十余年未归。"则黄庭在乾隆三十四年(1769)前后尚无子。《留剑山庄初稿》卷十六,乾隆四十年石卓椿刻本。

［27］事见王曾祥《静便斋集》。

［28］请参见尚小明《学人游幕与清代学术》,社会科学文献出版社,1999年版。

［29］黄易《楷瘿斋遗稿跋》。

［30］黄易《除夜归自黄河和姜白石除夜自石湖归苕溪韵》其一:"列烛围炉辟晚寒,椒花柏叶尽登盘。今年更喜添孙子,守岁喧哗不厌看。"

［31］翁同龢跋黄树毂原藏《孝慈堂印谱》,豆庐收藏。

第二节　黄易的生平与仕履

乾隆九年（1744）十月十九日，黄易出生在钱塘湖墅，在家中排行第三，在家族中排行第九，所以朋友又常称其为"黄九"。乾隆十五、十六年（1750、1751），黄易的次兄黄经与父亲黄树穀相继去世，父亲去世时黄易年仅八岁。黄易自幼聪颖，悟性极高，故"自儿童凛然如成人"[1]。受家学影响，黄易自幼好学，喜爱书法，尤其长于篆隶，其玉箸篆书得黄树穀真传（图1），十三岁所作篆书《云松巢志》就已被摹刻上石。由于黄易具有良好的篆书功底，据传能信手纵横作十九画，成围棋棋局，不差分毫，时称绝技。黄树穀生前的至交好友也毫无保留地指授故人之子，黄易亲炙于丁敬学习书法、篆刻，又得从"北墅八子"中的何琪、陈灿等学习诗文。少年黄易养成了持重谦和的品性。因为家徒四壁，生活困顿，他早年以教读奉母，然不能给。

乾隆二十三年（1758），十五岁的黄易就随伯兄黄庭幕游楚北历练，这也是他游幕生活的开端。在这一段时间里，他的篆刻、书法、绘画都取得

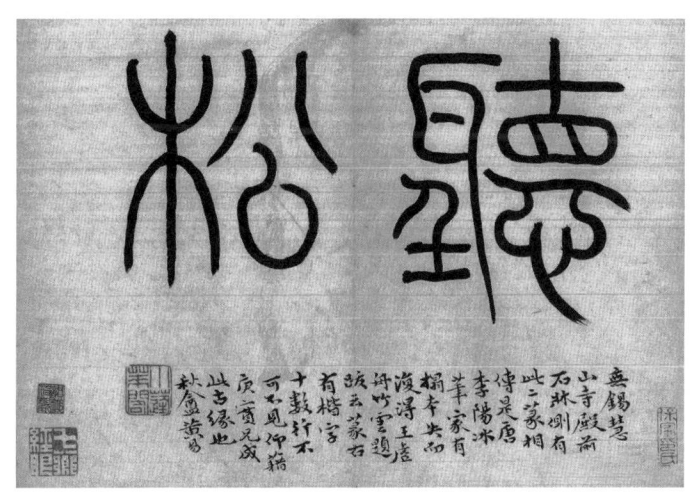

图1　黄易篆书"听松"　日本谷川雅夫介绍

图2 黄易藏《汉祀三公山碑》整拓 故宫博物院藏

图3 雍正七年（1729）立"济宁州堤"拓片

很大的进步。乾隆二十九年（1764），黄庭因事所累被遣塞外轮台，黄易只得旋里负米养母。自这一年开始，黄易"馆固安三年、武冈五年、佐直隶方伯郑公，由伍祐场历清苑者四年"[2]。乾隆三十年（1765）春，二十二岁的黄易自杭州就馆北直隶郑制锦处，父兄旧友汪舸为他送别。面对故人之子，汪舸感慨万千，写下《送黄九小松就馆北直二首》，寄托了作为长辈的殷切期望：

挟策去故里，遥遥向友生。关河燕蓟远，冰雪布裘轻。前路无他虑，先人多旧盟。阳春二三月，一马至京城。

青年赴莲幕，白首养萱帏。唯望频频信，翻期缓缓归。功名畿辅近，学问室家稀。进业兼修德，行行愿勿违。[3]

黄易作为幕宾，跟随郑制锦到扬州、淮安、盐城一带周游，也因此结识了不少书画家和盐商朋友，如江昉、汪峫、罗聘。在这段时间里，他看到了丰富的收藏，眼界逐渐开阔，特别对金石碑版产生了浓厚的兴趣。乾隆三十九年（1774）秋，黄易于元氏县中访得《汉祀三公山碑》（图2），谋于县令王治岐移置县城龙化寺。自此之后，每到一地，黄易必访古寻碑。黄易秉承家学，精究河防事宜，佐治州境辄有能声。豫工例、川运例开后，乾隆四十二年（1777），郑制锦等为黄易报捐，筮仕东河。[4]此后历署汶上县尹、荏平尉，后补主簿，自商丘迁阳谷，擢武城丞、东平州判。

是年七月，黄易入都等候派遣，在京城结识了翁方纲、朱筠、张埙、宋葆淳、孔继涵等人，他们以翁方纲为中心，时常雅集，鉴赏讨论碑帖书画。黄易尤其与翁方纲结下深厚的友谊，之后信札往还，研讨金石碑刻二十余年不辍。十月，黄易将离京之官，旧雨新知皆赋诗送行，翁方纲题送黄易诗册首曰"金石盟言"。[5] 居留京城的三个月，对黄易以后的仕途与学术成就影响极大。

黄树穀生前撰有《河防私议》一书，黄易以此入手，取其法，悉心讲求，用于实践。乾隆四十三年（1778）正月，黄易到济宁候补，是年春在山东济宁任上佐理河防（图3），河南山东河道总督姚立德亦为雅士，颇为器重黄易的才华。济宁"南控徐沛，北接汶泗"，是明清时期北方运河的交通要塞和商业繁荣的城市。[6] 至乾隆中期，济宁州人口达到37万7千多人，其中城市人口达到了117012人，如果加上漕丁、游宦、外来商贾和脚夫等流动人口，济宁的城市人口每年至少有四五十万之多。[7]

乾隆四十三年（1778）起，黄易先后咨补河南归德府商邱县管河主簿，四十四年（1779）调补兖州府阳谷县管河主簿；四十六年（1781）咨升山东临清直隶州武城县丞，四十七年（1782）升署泰安府东平州判，四十八年（1783）九月十二日到署任，次年（1784）实授。五十年（1785）六月初三以泰安府东平州州同到署任，次年（1786）实授，是年又升署河南卫辉府卫河通判，旋调署山东兖州府捕河通判，五十二年（1787）五月十二日到任。

在山东，黄易与同有金石之好的李东琪、李克正等人相互切磋，又在治境之内广搜古碑，收藏日丰。乾隆五十年（1785），毕沅出任河南巡抚，其幕僚中有大量雅嗜金石之士，由于地理位置相邻近，黄易与他们的金石交流日益频繁。乾隆五十一年（1786）八月，黄易于嘉祥紫云山访得汉建和元年《敦煌长史武君之碑》（图4），后又陆续访得武氏石阙铭、武氏祠阙画像题字甚多。

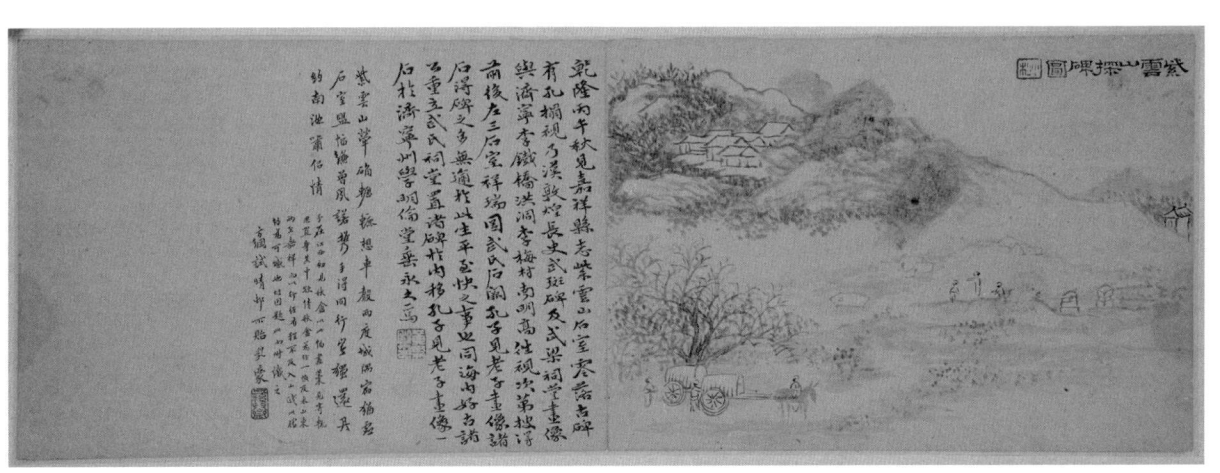

图4　黄易《得碑十二图》之《紫云山探碑图》　天津博物馆藏

次年六月，经黄易首倡，天下好古之士醵资于紫云山就其原地重修武氏祠。同年冬，浙江粮艘十余帮阻冻于山东七级闸，舵下水手乏食，黄易力请借帑，活万余人性命。[8]这两件事，可谓黄易生平两大善举。

乾隆四十五年、四十九年，黄易两遇南巡回銮经运河的乾隆皇帝，以办差无误，于乾隆五十二年（1787）晋秩别驾，由卫粮调捕河，权下南同知，至五十三年（1788）暂署河南开封府下南河同知。

乾隆五十四年（1789）二月初四日经河南山东河道总督兰第锡举荐，黄易升任兰仪同知（图5），次年（1790）九月调署山东兖州府运河同知，五十六年（1791）十二月十三日实授。乾隆五十七年（1792），阮元出任山东学政，黄易又得与阮元幕中好古嗜学之士交流研究。据黄易的好友兼

图5 乾隆五十四年（1789）兰第锡奏请以黄易升署河南省署开封府兰仪同知折

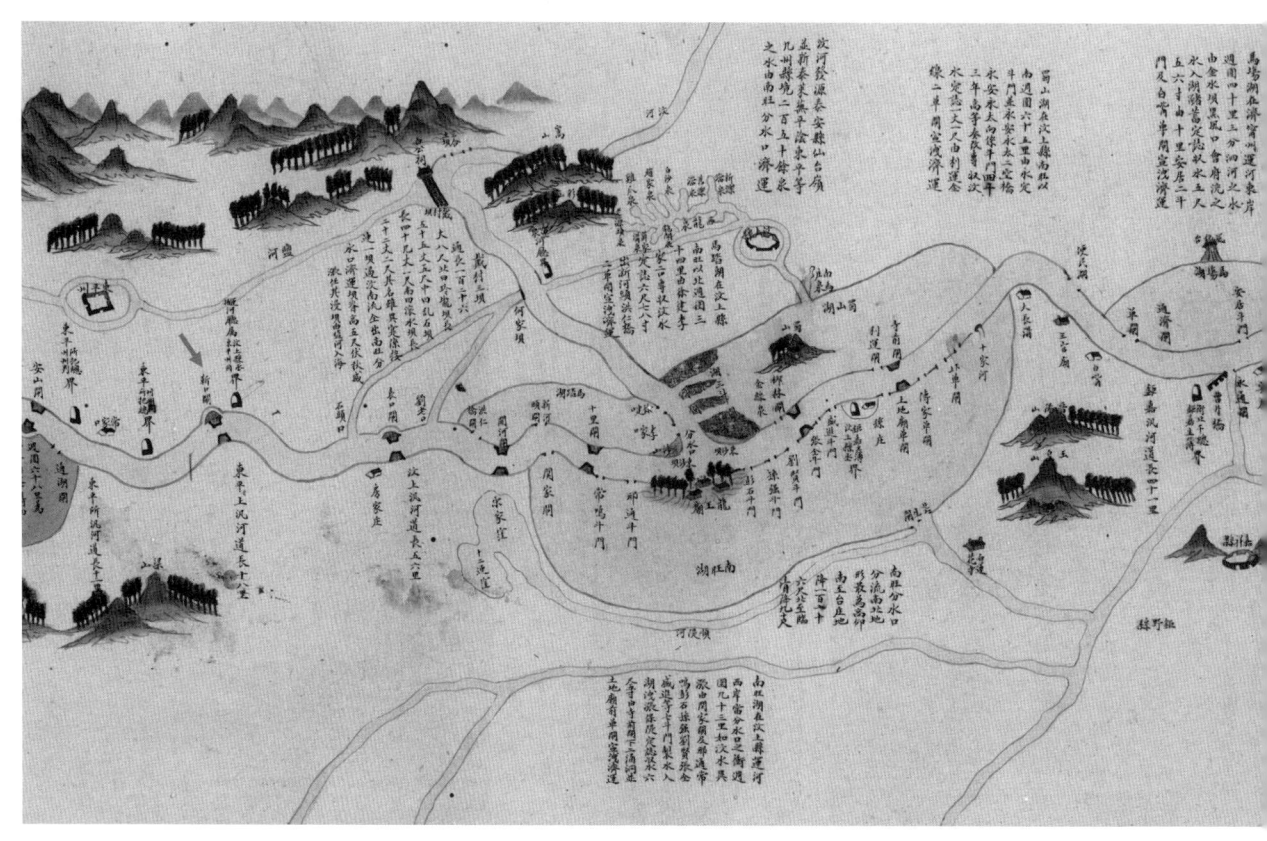

亲家潘庭筠记载，阮元"旌节频临，检阅储藏，讲论不倦"。至此，黄易的交游达到极盛，钱大昕、桂馥、申兆定、钱坫、王昶都是黄易相与探讨金石的好友。乾隆六十年（1795）闰二月丁内艰，扶柩归葬，于胥江舟中结识瞿中溶，此后书札往还日密。同乡好友吴锡麒也在此时致札，邀黄易趁南归之际，与赵魏等协助阮元搜访两浙金石遗迹。[9]

嘉庆元年（1796）九十月间，黄易携拓工二人，赴嵩山、洛阳一带访碑，作《嵩洛访碑日记》与"嵩洛访碑图册"。嘉庆二年（1797）正月至二月，黄易又携女婿李大峻访岱，登顶遍拓诸碑并记有访碑日记，归而作"岱麓访碑图册"。服阕，黄易于嘉庆三年（1798）二月初十日题请借补兖州府捕河通判，十一月十二日议准。黄易素有肝患，嘉庆三年（1798）冬又在南旺感寒湿疾，此后数年中日益加剧，然未尝一日在告。在约作于此时的诗中，黄易日益感到身心衰惫，他感叹道："渐觉年来壮气销，归心最怕路迢迢。""手障狂澜不易成，宦情浑似踏春冰。""人到衰年厌官场，凋零师友最凄凉。官贫幸守图书在，遣闷时时味古香。"[10]对于黄易来说，此时的慰藉，只有回到家中，与老妻稚孙以及金石书画相伴。

大学士庆桂、河东河道总督吴璥等举荐黄易题补兖州府运河同知（图6），[11]嘉庆四年（1799）十一月二十七日议准，五年（1800）正月十三日准署到任，六年（1801）五月二十三日实授。六年（1801）两次护理山东运河道（图7）。[12]在嘉庆五年（1800）黄易致赵魏的信中，他感慨地写道："弟服官至今，贫病交深，愿拂袖而去，无奈家无担石，何恋此一官，真是万不得已，几乎右体不仁，

图6 《山东运河全图》兖州府运河同知管辖境程

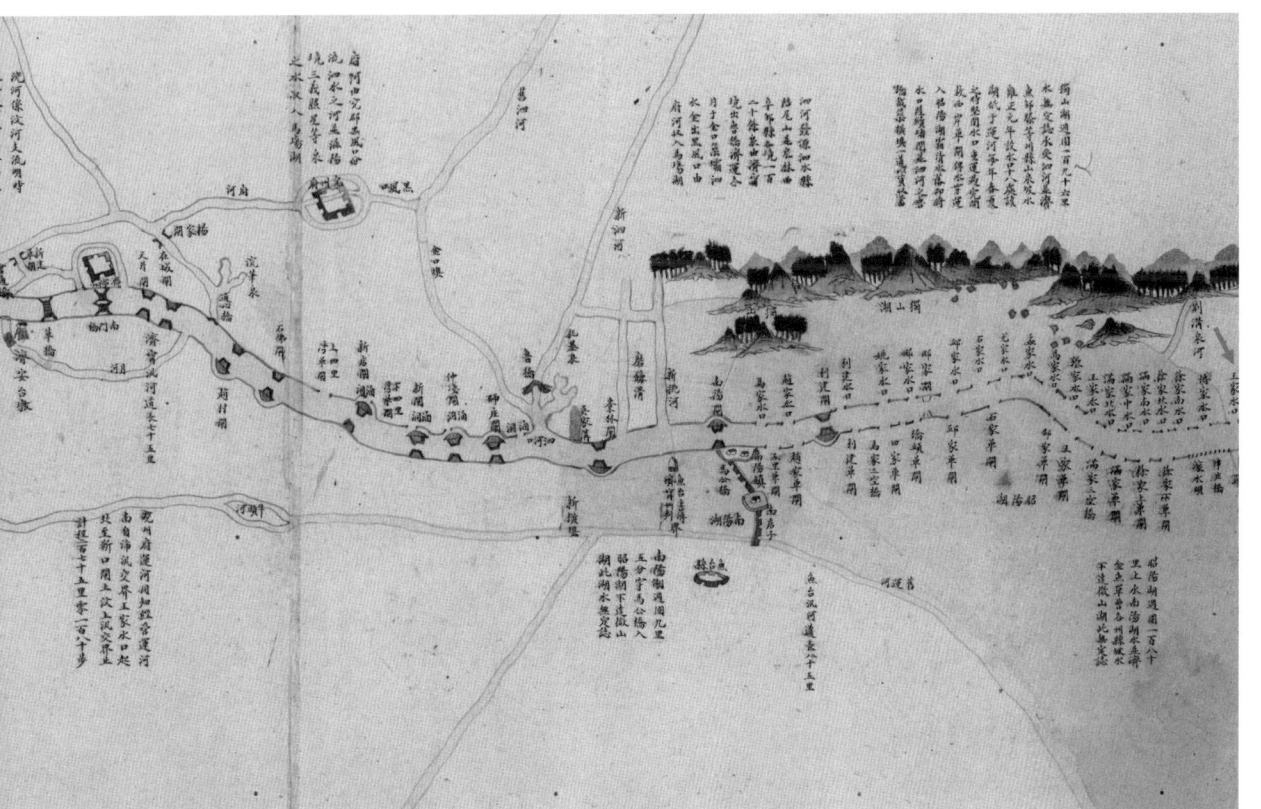

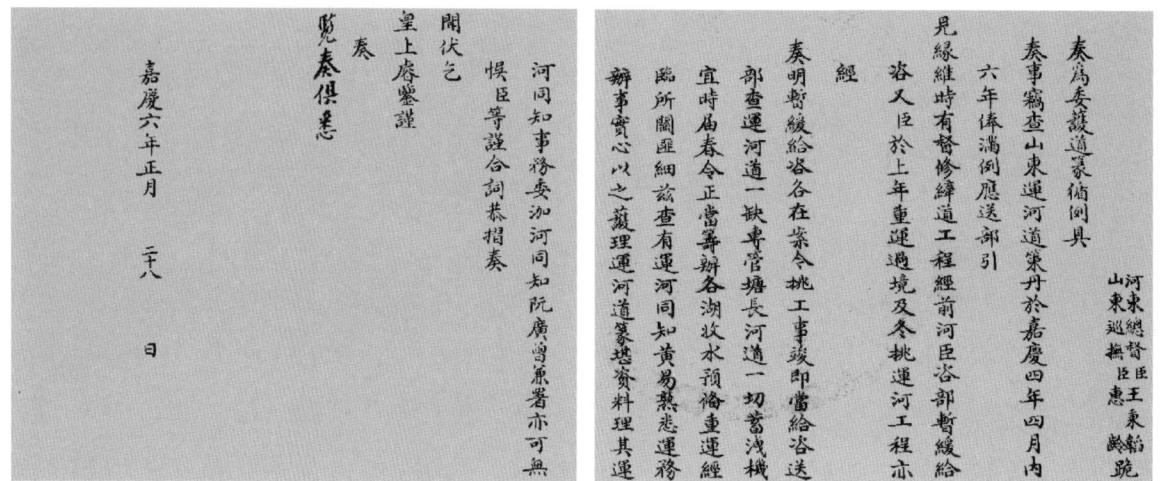

图7　嘉庆六年（1801）奏为委任黄易护理运河道篆并阮广曾兼署运河同知事折

服参茋二年，始得渐好。然作画刻印竭蹶之至。只有翻弄碑帖扇面，为娱悦而已。"嘉庆七年（1802）春，黄易寒湿疾顿剧，二月二十日，致信故交陈灿，尚有"贱体尚好"之语，二月二十三日，即溘逝于济宁任上，享年五十九岁。嘉庆八年（1803），长子黄元长载柩归里，十一月朔安葬在杭州西马塍上泥桥北东岸之原，并请潘庭筠为撰《山东兖州府运河同知钱唐黄君墓志铭》（图8）。

根据挚友翁方纲与潘庭筠的相关记述，黄易性孝友，伯兄黄庭远戍塞外，事嫂谨，抚慰子女有恩，昏嫁以礼。又为季弟黄童昏娶，聚居官署，怡怡然十余年。为人诚信重然诺，戚友过山东

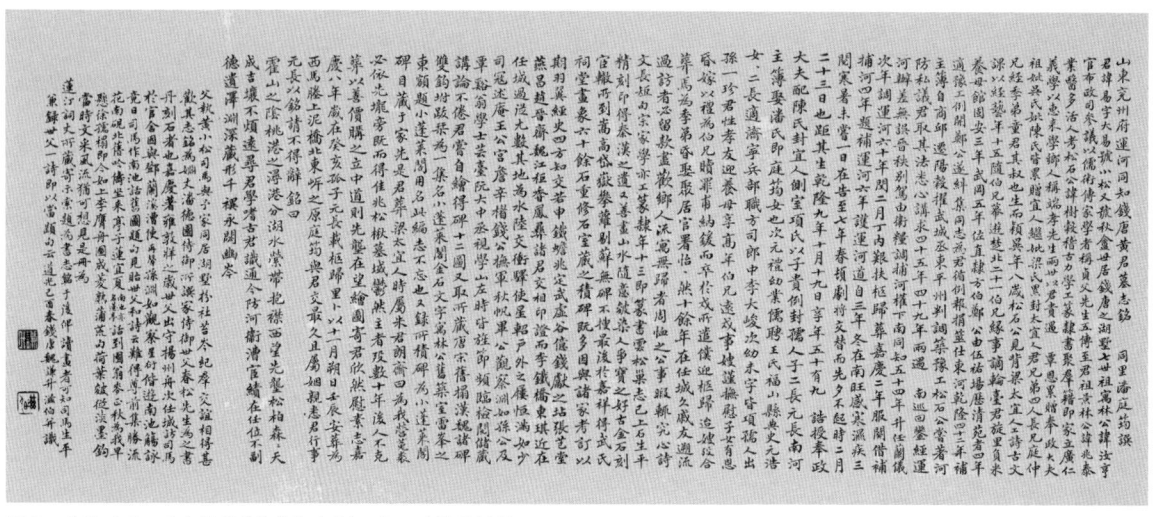

图8　魏谦升录、潘庭筠撰《黄易墓志铭》　浙江省博物馆藏

者必留款尽欢，乡人流寓无归者周恤之。黄易逝世后诰授奉政大夫，元配陈氏封宜人，侧室项氏以子贵，例封孺人。

注 释

［1］汪启淑《黄易传》，《续印人传》卷五，清道光二十年海虞顾氏刻本。

［2］潘庭筠《山东兖州府运河同知钱唐黄君墓志铭》，经魏谦升抄录，浙江省博物馆藏。

［3］汪舸《嵼崓山人集》卷七，清乾隆刊本。

［4］乾隆二十六年七月，全国大面积水灾。黄河决口，河南受灾尤甚。弘历从大学士刘统勋之议，开"豫工事例"，实际上是通过捐纳谋取官职，自此清廷捐目日多，如平定金川所开川运例等。详见许大龄《清代捐纳制度》，燕京大学哈佛燕京学社，1950年版，页17、21。

［5］沈津《翁方纲年谱》，台湾"中研院"中国文哲研究所，2002年版，页109。

［6］济宁自元代开通会通河后，逐渐成为重要的军事、运输要地。明永乐中山东运河全线贯通，《明通志》称："岱宗东峙，大河西流，南控江淮，作齐鲁之屏障，北通燕赵，为畿甸之咽喉，水陆交通，舟车云合，郊原沃饶，岗阜星稠，地势高亢，关津险阴，自来东方必争济州。"

［7］李泉、王云《山东运河文化研究》，齐鲁书社，2006年版，页111—112。

［8］翁方纲《黄秋盦传》，《复初斋文集》卷十三，清刊本。

［9］吴锡麒《有正味斋尺牍》卷上，清光绪刊本。

［10］黄易《秋盦遗稿》，续修四库全书本。

［11］黄易所居兖州运河同知官职，所辖为南旺湖辛庄桥王家口到东平州一段，全长二百七十五里，共辖十八闸。见董醇《江北运程》卷四十。另清代运河舆图载录更详："兖州府运河同知经管运河南自沛汛界王家水口起，北至靳口闸上东平汛界止。计程二百七十五里零一百八十步。"

［12］翁方纲《黄秋盦传》记黄易是年"两护运河兵备道"，所谓"护理"，指小官暂代大官篆务。据许隽超先生细致考证，黄易两护山东运河，分别在嘉庆六年（1801）正月至三月、嘉庆六年十月至七年（1802）二月。黄易即病殁于交卸运河道前夜。参阅许隽超《黄易两护山东运河道考》，《许昌学院学报》2017年第3期。

第三节　黄易姻亲外亲补证

今见与黄易相关的文献中，以潘庭筠所撰《山东兖州府运河同知钱唐黄君墓志铭》记录黄易子女之婚配最详："子二：长元长，南河主簿，取潘氏即庭筠女也；次元礼，幼业儒，聘王氏，福山县典史元浩女。女二：长适济宁兵部职方司郎中李大峻；次幼未字。皆项孺人出。孙一，珍。"又《秋盦遗稿》有《吊李亲家作霖》诗。综上可知黄易的儿女亲家分别为：钱塘潘庭筠、福山王元浩、济宁李作霖。

黄易长子南河主簿黄元长，娶潘庭筠之女。潘庭筠（1741—？）字兰公，一作兰垞，号德园。钱塘人。乾隆己丑（1769）中正榜，乾隆三十六年（1771）五月由内阁中书入直，乾隆四十三年戊戌（1778）复中进士，官至陕西道御史。工绘事。后皈依净域，乃捐弃一切，兴至，随笔作水墨花卉，著有《稼书堂集》。潘庭筠与黄易、陆飞等人交好，黄易去世之后，墓志铭即由潘庭筠所撰。

黄元长迎娶潘氏的时间大约在乾隆五十一年（1786）冬。[1]笔者曾见潘庭筠答复黄易问名之礼的信札一通（图1），是清代士人婚姻礼仪的珍贵史料，全文迻录如下：

> 姻愚弟潘庭筠顿首拜启，小松亲家大人台席。恭稔济川硕望，康阜豫邦，庆衽席之胥安，欣荣戟之仟建，曷胜颙颂。蒙采冰言，不弃寒素。筠即禀于家父，家父札来云小孙女得字于高门庆胄，仰攀之喜舍间大小俱各庆幸，命筠敬遵台命。今者尊使贲临，恭接华简，问名之礼既隆且渥，弥以寒素为惭。谨遵台择吉辰，端肃奉简，敬书筠女年庚，上配贵公子，订百年

卜凤之欢，遂嘉耦乘龙之愿，当即于家父处禀知也。谨具不腆，愧乏琼瑶，诸惟慈鉴，并祈于姻伯母大人、亲母大人前恭申欣悃，敬请福安。临颖心溯，肃贺升祺不宣。庭筠顿首拜上。

黄元长与潘氏育有一子，即黄珍，约出生于嘉庆二年（1797）。[2]

黄易次子黄元礼，幼业儒，及长，承其父河防之学，曾任济在城闸官。娶福山县（今山东烟台市）典史王元浩之女。

关于王元浩之生平，早年由于资料缺乏，未能详考。近年许隽超据《大清缙绅全书》《（民国）福山县志》相关记载，推知王元浩为江苏金坛人，监生，乾隆四十年（1775）至嘉庆十年（1805）任福山典史，其中乾隆四十六年（1781）稍前有间断。[3] 许文又检得《义门王氏族谱》中王元浩（1740—1806）生平如下：

> 条四公讳元浩，字涤园，与偕公长子，文叙公嗣子也。公幼而颖悟，长读书邑之东禅寺，与中表徐宛东中丞、于景赵学使同学，后俱贵去。公肆志益坚，文益奇而遇益困。公父文叙公端谨有度，不苟言笑，进退周旋必中礼，家人无敢逾其闲者。公母方安人，桐城灵皋先生女也，治家以严。公随侍长山官署，内外咸得其意。时东抚徐大中丞绩，为公祖观察公莫逆交，往谓受知焉，解衣推食，为宾主者数年，历游幕藩臬府县，名噪山庄。有富人获罪，以重赀求高下手，冀减等，公立斥之，论如律。援川运例，选山东福山县尉，前后三十余年，所陈兴利除弊，善政不可枚举，县令倚为左右手，至今福邑人尸祝焉。而督捕严明，无所枉滥，匪人敛迹，地方肃清，尉之职克尽者，公一人而已。
>
> 公为人耿介，戒奢华，崇朴素，而急人之急，凡有告者，虽窘乏，无不量力周给之。笃于兄弟，家居者必按时以济，亲族中之贫寡无告者，亦时有资助。公在福邑最久，凡同寅

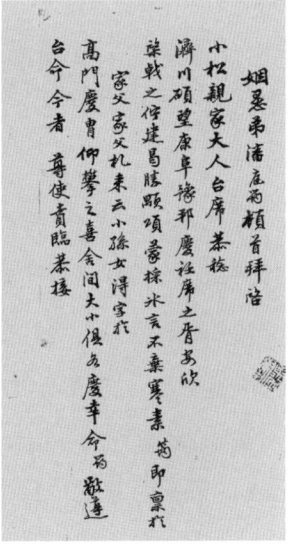

图 1　潘庭筠致黄易札　国家图书馆藏《古欢》册

物故及家属流离者,不下数十人,公力为襄办,必使生死得归,而后心安焉。尝念高祖方伯公以下无支祠,置房一所于东门星巷,拟于归田后奉神主安置,而竟卒于官。尝语其子承业曰:"吾此志未遂,汝必卒成之。"

配滕孺人,山东范县县丞大兴滕公焯女,赠安人。子二,长承业,娶山东胶州知州武进周公履端女,继娶聊城县尉山阴吕公洪女;次承庆,为从堂兄溱后,娶山东郯城县知县武进徐公铭女。公生于乾隆庚申年(1740)十月二十五日,卒于嘉庆乙丑年十二月十一日(1806年1月30日)。赠承德郎,附葬东门外二岩庵侧祖茔。[4]

由此可知王元浩长黄易四龄,早年幕游,后以监生捐纳得官东省,其经历与黄易相似。只是典史一职秩不入品阶,为县令下佐管缉捕、刑狱的属官,且王元浩一生仕途并无迁升。

黄易长女黄润(字芳六),适济宁兵部职方司郎中李大峻(字此山)。李大峻的父亲即李作霖。晚近及今人有以为黄易亲家之一为李东琪(字铁桥),沿误甚广,实谬,大抵是因为李东琪与黄易同在济宁,且皆酷嗜金石而作想当然耳。[5]

从《吊李亲家作霖》诗题来看,作霖为其表字,其本名为何,其考证颇费周章。笔者之前曾通过相关文献间接推证其名讳为李锺沛,理由如下:

首先根据古人名讳与表字之间的关联性,《说文》中"霖"字释义为"雨三日已往",故其名讳应当与雨水有关。基于这一点,先在与黄易交游相关的济宁籍李姓人物中查考。乾隆五十二年(1787)翁方纲作《重立汉武氏祠石记》,碑后列重立武氏祠捐钱名录,皆与黄易有所交游者,其中李姓者计李涛、李克正、李学曾、李瀚、李琬、李泳、李东琪、李锺沛、李承邺,名讳或与雨水有关者为李涛、李瀚、李泳、李锺沛四人,那么李作霖很可能是其中一位的表字。再检徐宗干修、许瀚纂《(道光)济宁直隶州志》,卷八载有"李锺沂"条:

李锺沂字岱源,号心雪。生而失怙,孝友性成,事母色养,幼读书,继以兄殁,母许氏不欲以妇人理家事,遂尽付锺沂,以故不获卒业。丧母后以母苦节未旌,苫块者十有余年,后有司上其节孝,得旨以贞操顺德旌焉。平居痛斥奢华,俭人所不能俭,而济急拯困则毫无吝惜。于贫不能丧葬婚嫁及骨肉离散者皆百计成全之。乾隆戊辰(1748)岁大饥,道殣相望,出所藏粟并市他境米减价平粜,复请于州牧倡捐设粥厂,用是民不知饥。宗支繁衍凡无资就学者,与从弟作霖立义学,厚其供给,卒年六十有六。子五:瀚、琬、泳、莹、澍。

由此可知李锺沂从弟即为李作霖，那么根据族谱排行，"锺"字辈中能与文献相合且年龄与黄易接近者唯有李锺沛一人，同时"锺沛"与"作霖"作为名、字关系也相符契，则可推证李作霖本名李锺沛。

其次，有关黄易与李锺沛交往的几则史料亦可佐证。

李锺沛曾参与黄易重修武梁祠之工程。乾隆五十七年（1792）钱泳《重立汉武氏石室题记》云：

> 汉武氏石室在山东嘉祥县紫云山下，宋、元以来，散落殆尽。乾隆五十年，钱唐黄易、洪洞李克正等先后访得凡四十余石，计武梁祠画像三，前石室十四，两面者二，后石室十，石柱一，左石室十，祥瑞图四及敦煌长史武斑碑一。即其故地树石立祠，以垂永久，董是役者，洪洞南正炎，兴工成事者济宁李锺沛、李东琪也。越七年六月，金匮钱泳来观，题石记之。

后承友人赐告南开大学图书馆古籍特藏部藏有光绪二十一年（1895）李汝霖所编《济宁任城李氏族谱》（三修本，崇本堂木刻活字印本，图2），内有李锺沛及其子李大峻相关资料。[6] 此谱初修于嘉庆五年（1800），其时黄易尚在世，李锺沛已下世。今将相关资料检录如下：

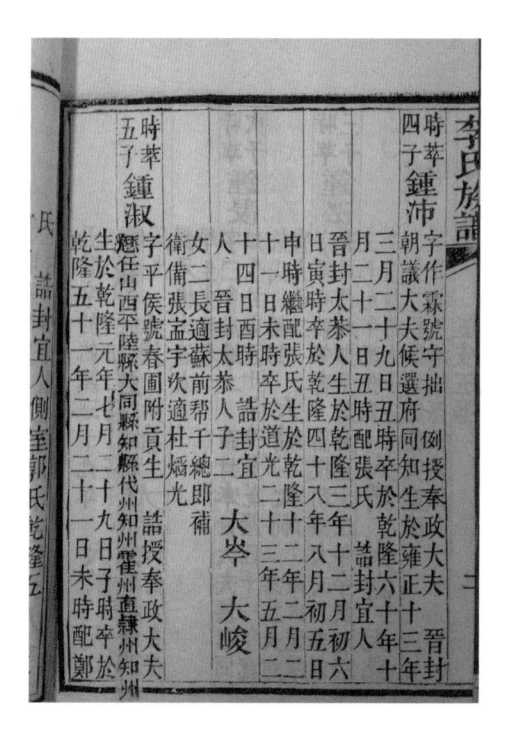

时萃四子锺沛字作霖，号守拙。例授奉政大夫，晋封朝议大夫，候选府同知。生于雍正十三年（1735）三月二十九日丑时，卒于乾隆六十年（1795）十月二十一日丑时。配张氏，诰封宜人，晋封太恭人，生于乾隆三年（1738）十二月初六日寅时，卒于乾隆四十八年（1783）八月初五日申时。继配张氏生于乾隆十二年（1747）二月二十一日未时，卒于道光二十三年（1843）五月二十四日酉时，诰封宜人，晋封太恭人。子二，大岑、大峻；

图2 《济宁任城李氏族谱》三修本

女二，长适苏前帮千总即补卫备张宁宇，次适杜焰光。

锺沛次子大峻字此山，诰授朝议大夫，兵部职方司郎中加一级，生于乾隆四十一年（1776）九月初五日戌时，卒于嘉庆十年（1805）二月十九日午时。配黄氏，山东兖州府运河分府护理运河兵备道易公女，诰封恭人，生于乾隆四十年（1775）闰十月二十日寅时，卒于道光四年（1824）四月初三日寅时，子六，珣、瑛、珖、琮、璿、琪。

故宫藏黄易尺牍中亦有两通与李锺沛相关，新179718-2/29黄易致李锺沛应酬札述黄易为李锺沛书写碑文之事（图3）：

承委写之碑，因署中应酬络绎，不能动笔。昨带至南旺，始得偷暇写完。甚惭草率，内中添"两子俱幼"一语，似不可少，又略易一二字，乞亲家四兄酌之。对子亦写完，尚有碑前之一幅及□□□□，弟一二日内即写送。先此奉候日祉。因□院巡济，忙迫之时，不及奉候也。亲家四兄照。姻愚弟黄易顿首。

又新155999-3/8黄易致张爱鼎刻工札亦涉及李锺沛：

弟因累之余，忽逢读礼，往年除夕结算，不过四千余两之缺，乃四维复来，事事刻薄，以致同人店欠至八千余两。程二兄在此深悉其事，今累李亲家代担，易无颜以对至戚，

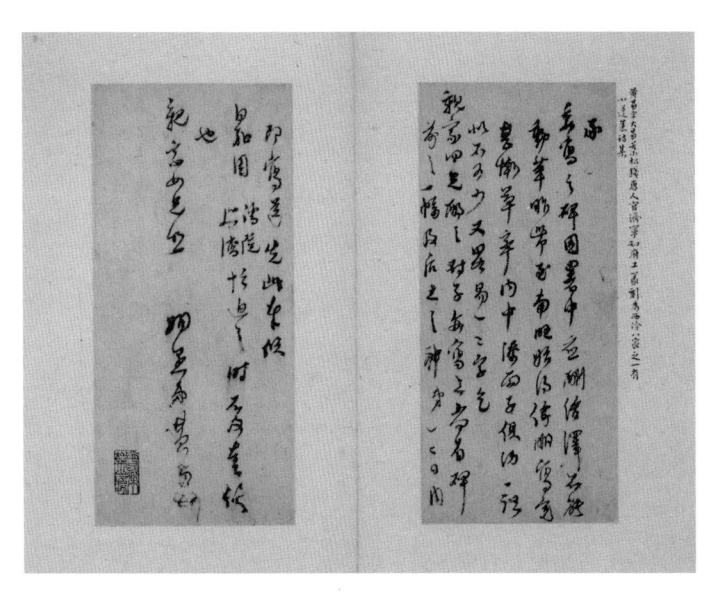

图3　黄易致李锺沛信札　故宫博物院藏

并无颜以对小女。久郁成病，彻夜呻吟，四维相待，不应如是。不平之鸣，自不能已，不惟寅好尽知，为我不平，河宪亦所深知，施恩于易，格外垂慈，应缴之四数，宪谕赏给，断不肯收，感愧之私，难以名状也！

此札详述乾隆六十年（1795）黄易任上店欠巨大，往年四千余两之缺今年达到八千余两，以致累及亲家李锺沛代担。李锺沛在黄易困难之际施以援手代担亏空，与黄易交情可谓极深，由此也可见济宁李氏一族在当地可称富家大族，是黄易宦途中之有力后盾。遗憾的是，就在当年（1795）十月黄易为其母梁瑛南还营葬之际，李锺沛亦卒于济宁。次年黄易返回济宁，作《吊李亲家作霖》二首，情真意切，悲痛之情溢于言表：

别后怜君病，愁肠日几回。何期鸿影到，却是讣音来。痛极不能语，夜深惟独哀。谁知三月别，渺渺隔泉台。

沛上勾留久，论文廿载深。多君重义气，愧我太清贫。不道朱陈契，翻多管鲍情。归来瞻穗帐，那不泪纵横。

注 释

[1] 详见《故宫藏黄易尺牍疏证》一文中笔者对新 00151921-29/32 黄易致陈灿阔别札的考证，在《故宫藏黄易尺牍研究·考释》，故宫出版社，2015 年版，页 109。

[2] 详见《故宫藏黄易尺牍疏证》一文关于新 180850-6/10 何琪致黄易心盦札之考证。

[3] 王嘉渊《（江苏金坛）义门王氏族谱》，光绪二十九年（1903）刻本。

[4] 同上。

[5] 如柳岳梅、许全胜《潜研堂文集外编》文中注云"铁桥即李作霖，济宁人，黄易亲家，笃嗜金石"，载《中国典籍与文化》2003 年第 2 期。

[6] 此家谱今藏南开大学图书馆古籍特藏部，济宁学院王岳先生 2013 年 8 月 19 日电邮告知并赐图片，附此志谢。另据笔者所见，王廉华、周传福《黄易在济宁的儿女亲家究为何人？》一文，载《济宁日报》2013 年 10 月 18 日，所附《济宁任城李氏族谱》照片似乎与王岳先生提供者相同。

第四节　黄易字号斋室名考说

清代金石学家黄易的字号与斋室名不少,对于研讨黄易生平经历、学术思想与艺术创作颇有助益,然向未见学者系统研究,今不揣谫陋,聊作解析,希望能够抛砖引玉,引起学者进一步研究的兴趣。

一、黄易字号考释

1. 大易

黄易本名易,据《说文》,本义为"蜥易(蜴)","蜥易,蝘蜓,守宫也。象形。秘书说：日月为易,象阴阳也。"黄易有"易"字方形与随形朱文小印多枚(图1、2),其文简约,象形如蜥蜴。段玉裁在《说文解字注》中进一步阐释其假借义,即难易之"易",并引用郑玄对《易经》名称的解释："郑氏赞《易》曰：易之为名也,一言而函三义：简易一也,变易二也,不易三也。"黄易之名的含义应在此范围之内。其兄名黄庭、黄经,似乎与道家经典《黄庭经》有所关联,那么黄易之名或许也与《易经》有所联系。纵观黄易一生之个性、行事,在平和、简易与坚守之中又多有变通,似也十分符合郑玄解释的"简易、

图1、图2　黄易自用印"易"

变易、不易"之义。

"大易"应为黄易表字。古人名字遵循先名后字、名字相应的原则,字在语义上是对名的注解、补充和延伸。黄易字大易,属于对本名的一种变化与递进,类似的例子如李白字太白、苏易简字太简、杜牧字牧之等。"大易"在黄易自署中并不多见,但在自用印中保留不少,如"大易""臣大易""黄氏大易"等(图3、4、5)。

图3 黄易自用印"大易"　　图4 黄易自用印"臣大易"　　图5 黄易自用印"黄氏大易"

2. 小松

"小松"(图6、7)为黄易使用频率最高的字号之一。翁方纲云其"父树穀以篆隶名家,世称松石先生者也,故君自号小松"[1]。黄树穀字松石,黄易以"小松"为字,克绍箕裘,不坠家风之意甚明。在故宫藏"临杨太尉碑"隶书轴上,即钤有"别字小松"白文方印。

图3 黄易自用印"黄小松"　　图7 黄易自用印"小松"

3. 秋庵(秋庵居士、秋影庵主)

"秋庵"(图8、9)为"秋影庵"之省称,亦有落款"秋庵居士""秋影庵主"之类,由来当本于斋室名"秋影庵"(详后)。

图8 黄易自用印"秋葊"　　图9 黄易自用印"秋盦"

图10　黄易绘《访古纪游图册》之《水乐洞图》　故宫博物院藏

4. 散花滩人（散花滩上人）

黄易有别署"散花滩人"，又作"散花滩上人"，见《访古纪游图》"水乐洞"跋语（图10），使用时间早至二十余岁。此外，乾隆五十六年（1791）中秋，黄易作"人以才名重，泉同诗酒清"隶书联，署款"散花滩上人"。嘉庆元年（1796）在河阳为葺亭题"四研山房"斋额时，亦署"散花滩人"，此际黄易已年过半百，可见这一别号的使用跨度颇长。

散花滩在杭州武林门外，为黄氏家居所在，故黄易以之为号。《（乾隆）杭州府志》载："散花滩在东马塍边溜水闸下。"[2]元代名士张雨故居在散花滩，其《自咏马塍新居诗》云："浮家泛宅意何如，玉室金堂计未疏。归锦桥边停舫子，散花滩上作楼居。澹然到处自凿井，玄晏闭门方著书。但得草堂赀便足，人间何地不樵渔。"[3]黄易"临石门颂"轴钤有"散花滩外作楼居"白文闲章（图11），正可见典出于此。

图11　黄易自用印"散花滩外作楼居"

5. 烟波散吏

黄易自用印中有白文方印"烟波散吏"（图12），见钤于黄易隶书"文章奇古原西汉，诗律精深祖后山"七言联、隶书"饮欢喜酒，吟自在诗"四言联（图13）等。黄易故家近西湖，水域清旷，

图12　黄易自用印"烟波散吏"

图13　黄易隶书四言联

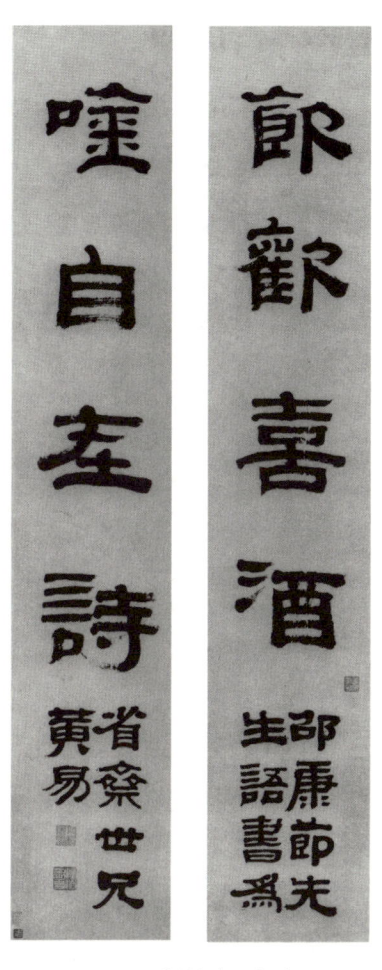

图14　黄易自用印"黄九"

图15　黄易自用印"老九"

图16　黄易自用印"碑痴"

烟波浩渺，"烟波"本指烟雾笼罩的水面，借指避世隐居于江湖。唐张志和丧亲之后，辞官隐居于江湖之间，自称"烟波钓徒"，后人即用此指代隐居湖海、不慕荣利的人。"散吏"指闲散的官吏，黄易久在宦海浮沉，其官职府同知在清代俗称"司马"，而司马在隋唐时为州府佐吏，位在别驾、长史之下，常为安置贬谪及闲散官员，其义与此或有勾连。嘉庆五年（1800）黄易作"仿黄公望松篁仙馆图"轴，题诗云："漠漠清溪浅浅汀，潮痕初减雨初晴。月明寒渚鸥眠稳，风扫晴沙鸟篆平。映竹水穿银带直，傍花云绕素衣轻。老年欲买严光石，闲钓烟波远利名。"其中"闲钓烟波远利名"一句，也许正道出其逃遁俗务，归隐江湖之精神向往。

除以上字号外，黄易用印中尚有"黄九""老九"（图14、15），乃是源于其家族排行；署款中"寓林后人"与"寓阁后人"意为黄汝亨之后裔；陈鸿寿为黄易刻"莲宗弟子"及其自用印"碑痴"（图16）[4]，则应是闲章之用……这些都与黄易的字号无甚关联。

二、黄易斋室名考证

1. 秋影庵（秋影行庵）

"秋影庵"为黄易常用斋号之一（图17），启用也较早。据考，乾隆三十九年（1774）前后，黄易以陆飞所绘《秋影盦图》广征友朋与名士题咏，翁方纲、袁枚、陆飞、朱文震、郭麐等皆有题诗。故宫博物院藏1774年黄易致陈灿"清胜札"中，也钤有"秋影盦"圆朱文印，在约作于1771年至1774年间的多通黄易信札笺纸上，也都印有"秋影盦"字样（图18）。[5]因此可以确定1774年为"秋影盦"始用时间之下限。此外，今尚可见梁同书嘉庆五年（1800）为黄易所题"秋影庵"斋额（图19）。

图17　黄易自用印"秋景盦"

图19　梁同书题"秋影庵"斋额

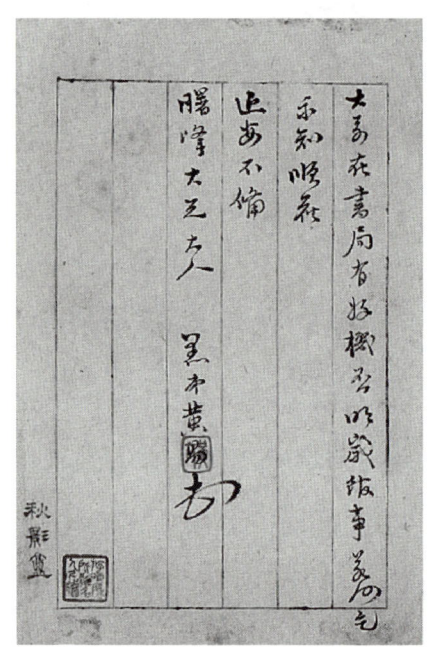

图18　黄易自用"秋影盦"笺纸　故宫博物院藏

黄易所居"秋影庵"为南宋词人姜夔故居。翁方纲云："其先世居马塍，即姜白石诗'每听秋声忆故乡'地也，想有秋影庵，故君又自号秋盦"[6]。翁方纲为《秋影盦图》题诗"手植疏柯日夜苍，林梢雁背好山光。故人莫颂姜夔句，每听秋声忆故乡"，亦注云"庵即白石所居旧址"[7]。浙人王复亦尝以诗描绘秋影庵："君家西湖滨，身在画图住。青山不用买，苍翠滴高树。疏疏屋数间，结构阴凉处。地招十弓宽，篱编六枳护。窗明复几净，文史涉深趣。漱石细泉流，出林幽磬度。枫叶半红黄，返照衡门暮。入夜听萧骚，更续欧阳赋。"[8]

姜夔中年政治失意，以隐居为志，于杭州西湖作《湖上寓居杂咏》十四首，第一首尤为脍炙

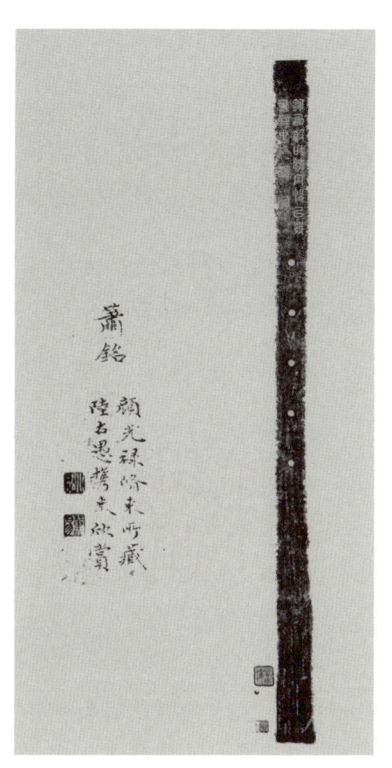

图20 黄易题颜光敏所藏箫铭拓本 风雨楼旧藏

图21 黄易自用印"尊古斋"

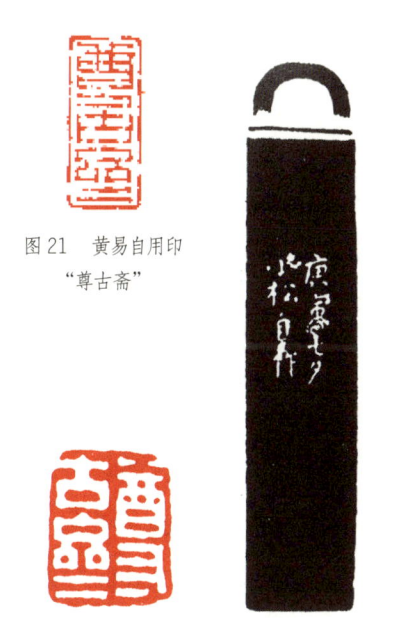

图22 黄易篆刻"尊古斋"自用印及边款

人口:"荷叶披披一浦凉,青芦奕奕夜吟商。平生最识江湖味,听得秋声忆故乡。"此诗描写秋思,荷叶青芦,夜凉如水,秋虫悲鸣,秋影凄清,自有一种隐沦江湖的清苦况味,不著色相却动人心魄。姜夔精通诗词、音律、书法,对黄易的艺术思想影响颇大。明人张羽《白石道人传》记:"(姜夔)尝遇溪山清绝处,纵情深诣,人莫知其所入。或夜深星月满垂,朗吟独步,每寒涛朔吹凛凛迫人,夷尤自若也。"黄易也精于诗词、音律,擅琴、箫,吴嵩梁将黄易比作姜夔:"马塍旧宅俯清溪,弱柳闲花覆水低。君是前身姜白石,洞箫吹罢月平西"。[9]石卓槐赠诗也有"竹林凉月坐吹箫"之句,小注称黄易"又常暑夜无事于迟春草堂,坐竹林中吹箫度曲,丰致飘然令人可想"[10],可见其风神近似白石。(图20)

黄易游宦山东后,不忍舍弃此名,将济宁官舍称为"秋影行庵",并且在其书画题跋中常常使用此名,这既可见他对故居的思念,又可见对这一斋号的钟爱。

2. 尊古斋(尊古行斋)

"尊古斋"为黄易早年所用斋号之一,今见黄易所用"尊古斋"印至少有三种,其中白文一枚,朱文方印、长方印各一枚(图21)。乾隆三十五年(1770)七夕,黄易刻自用印"尊古斋"白文印(图22),当为其发端。在其早年所得拓本与信札上也时有钤用,如故宫博物院藏致陈灿"平安札"(约作于1774—1775年间),可见与"秋影庵"并用不悖。黄易喜收藏,笃好古书画及金石碑版,以古为尊实在情理之中。黄易至济宁后亦称官廨为"尊古行斋",见《敦煌太守裴岑纪功碑》题跋,再如为沈启震所刻"沈启震印"边款中,也自云"谨刻于济宁之尊古行斋"。

3. 小蓬莱阁(小蓬莱)

"小蓬莱阁"为黄易庋藏金石碑拓之处,亦为其终生使用的斋号,所著《小蓬莱阁金石文字》《小蓬莱阁金石目》皆以此命名。黄易自用印中存有"小蓬莱"(图23)、"小蓬莱阁"(正方、长方印皆有)多种(图24)。"小蓬莱阁"之得名,主要是源于黄易六世祖黄汝亨杭州南屏山麓读书处"小蓬莱"。《西湖志纂》载:"寓林,在雷峰塔下。《钱塘县志》:'明黄汝亨读书处,即甘园小蓬莱遗址。'"[11]

黄汝亨乃有明一代传奇文士,他归隐西湖,于雷峰塔之东建别业以为读书居停之地,因葛洪曾炼丹于此,故名"小蓬莱"。张岱《西湖梦寻》"小蓬莱"条描写甚详(前文已引,此不复出)。

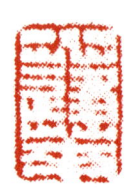

图23 黄易自用印"小蓬莱"　　图24 黄易自用印"小蓬莱阁"　　图25 蒋仁为黄易篆刻"小蓬莱"印

乾隆四十年(1775)二月,蒋仁应黄易之请,为其刻"小蓬莱"印(图25),并在边款刻黄汝亨的《寓林》诗:

> 处世叹不偶,入林任天放。青山日在眼,坚石非一状。莽莽堕云片,层层涌海浪。蜿蜒伏蛟龙,偃仰卧狮象。文鸟从云现,古木缘崖上。精对殊阒寂,周还亦跌宕。何必三神山,其中足微尚。　小蓬莱在雷峰塔东,孤山栖炼地,明贞父黄公读书寓林其地也。公六世孙小松属篆,并录公诗于石。乾隆乙未二月,铜官山民蒋仁。[12]

潘庭筠在《钱塘黄君墓志铭》中对"小蓬莱阁"之名亦有所交代:"又取所藏唐宋旧拓、汉魏诸碑,双钩附跋,刊为一集,名《小蓬莱阁金石文字》。寓林公旧筑室雷峰之东,额题'小蓬莱阁',用名此编,志不忘也。"以上均可证知黄易斋室名"小蓬莱阁"系秉承祖先"小蓬莱"而来,这种儒雅家风对黄易的影响非常深远[13]。

"蓬莱"本与方丈、瀛洲同为古代传说中渤海三座神山。绍兴卧龙山下旧有"蓬莱阁",传为吴越王钱镠所建,淳熙元年(1174)其八世孙钱端礼重修,阁名源出唐代元稹《以州宅夸于乐天诗》"我是玉皇香案吏,谪居犹得住蓬莱"。[14]南宋金石学家洪适《隶释》云:"予既集《隶释》,因以所有汉熹平石经残碑,镵之会稽蓬莱阁。"由于黄易笃嗜金石碑拓,又于乾隆四十二年（1777）得汉石经《尚书》《论语》三段，时人将其比拟洪适，这就为"小蓬莱阁"的内涵又增加了一层含义。如嘉庆五年（1800）钱大昕为《小蓬莱阁金石文字》所作序言：

昔洪文惠尝取《熹平石经》字重刻于越州蓬莱阁。予尝游山阴，夜宿郡斋，访阁址于荒烟蔓草之间，欲求洪刻只字，邈不可得，况熹平元刻乎？秋盦所刻虽不及文惠什之一，而令好古之儒得睹中郎遗迹于千七百年之后，真艺林快事也。此外皆世间未有之本，如殷卣周鼎，愈久而愈珍。秋盦又尝于嘉祥紫云山探武氏石室，得画像倍于洪氏，且有出于洪录之外者。盖文惠生南宋之世，版图分裂，足迹不到齐鲁，宜其搜罗未备。秋盦遭际承平，宦游斯土，加以嗜好之专，搜访之勤，是以著录多于前贤。假令文惠复生，当有退避三舍者，曰"小蓬莱"，谦辞也，孰能为之大哉？[15]

巧合的是，乾隆四十二年（1777）九月，翁方纲借黄易所藏石经三段拓本，摹勒于石，因效慕洪适摹刻汉熹平石经于会稽蓬莱阁韵事，自题书室匾额曰"小蓬莱阁"。恰好此时黄易寄来书札云"先少参读书南屏处名小蓬莱，欲构小阁"，两人斋号不谋而合，洵为奇事，故翁为题石经卷首曰"蓬莱宿约"[16]。黄易亦篆刻两枚同款式"小蓬莱阁"朱文印，与翁方纲分用（图26、27）。这就是翁方纲《黄秋盦四十九岁像赞》中所赞"丁酉写像，初持石经。小蓬莱阁，覃溪共铭"的含义。

黄易曾作"小蓬莱阁"图并题（图28）："更无人处拓窗看，合算渠侬耐夜寒。多谢一弦云罅月，

图28 黄易绘"小蓬莱阁图"《金石屑》

图26 黄易自用印"小蓬莱阁" 钤故宫博物院藏新拓武梁祠拓片

图27 黄易为翁方纲刻"小蓬莱阁"印 钤故宫博物院藏黄易致王复契阔札

图29　黄易绘《得碑十二图》之《小蓬莱阁贺碑图》　天津博物馆藏

却弯疏影射阑干。梅花下作。"图写小屋两间，月夜轩窗之下一女子静坐，从画意与题诗，以及题款"梅花下作"来看，应与黄易母亲梁瑛（梅君）有关，似有怀人之意，故应有真实的阁影遗意。在天津博物馆所藏《得碑十二图》最末一帧《小蓬莱阁贺碑图》（图29）中，可见房屋三进，内庭与外庭之间以景墙相隔，前院厅室敞阔，人物三两聚集。此图所绘为乾隆五十八年（1793）十月十九日黄易五十寿辰拓得《熹平二年断碑》，众人前来庆贺时的情景。当为"小蓬莱阁"真实写照，颇足怀想。故前之小帧"小蓬莱阁图"所绘，则应当是后院两间内室，这从画面构图、院中所植树木来看，也皆吻合。

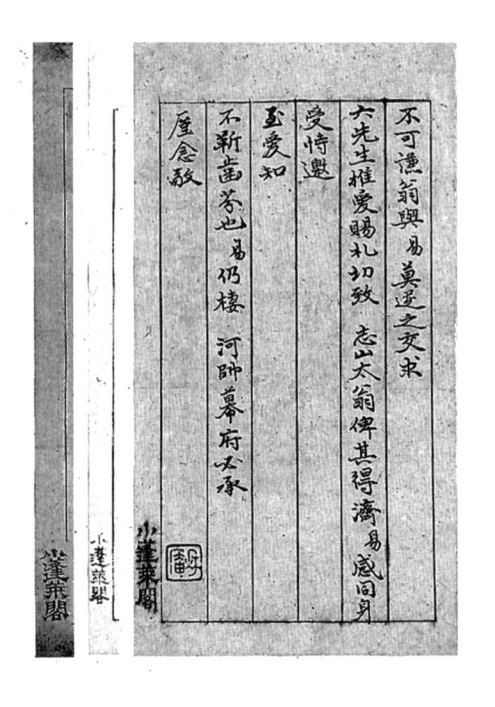

另在黄易尺牍中亦多见"小蓬莱阁"信笺，且版式变化最多，目前所知有三种（图30）：一、笺纸左下侧印隶书"小蓬莱阁"，版框花青色印刷，见故宫藏黄易致江昉"乡思札"、致汪彝等"奉候札"；二、笺纸左下侧印隶书"小蓬莱阁"，版框赭石色印刷，见故宫藏黄易致汪彝等"同寅札""诞麟札"、致某人"刻间札"；三、笺纸左下侧印隶书"小蓬莱阁"，但字体较大，与外框下侧边线相连，版框赭石色印刷，见故宫藏黄易致陈灿"阔别札"。

图30　黄易自用"小蓬莱阁"信笺三种　故宫博物院藏

4. 浮梅槛

黄易自用印中有"浮梅槛"椭圆朱文印（图31），见钤于录邵康节语"饮欢喜酒，吟自在诗"隶书四言联，以及乾隆五十五年（1790）"临华山庙碑"轴等作品中。西湖水面广阔，自唐宋开始即多游船，"浮梅槛"实为游具之一，为黄汝亨受黄山白岳间所见竹筏载酒行游溪林间的景象启发所造。"浮梅槛"以巨竹为栟，编蓬屋浮于西湖上，船中可载酒吟诗、鉴赏金石书画，颇有"米家书画船"的意味。厉鹗《湖船录》载：

图31 黄易自用印"浮梅槛"

> 黄贞父仪部用巨竹为栟浮湖中。编蓬屋其上，朱阑周遭，设青幕障之，行则揭焉。支以小戟，其下用文木斫平若砥，布于栟上，中可容六七胡床，位置几席觞豆，旁及彝鼎罍洗、茶铛棋局之属。两黄头刺之而行。吴江周本音名之曰"浮梅槛"。贞父书联云："指烟霞以问乡，窥林屿而放泊。"一时词人题咏颇众。[17]

图32 黄易为陆飞刻"自度航"印

明清时西湖游船愈发精致讲究，在制式、结构、装饰、功能、名称等各方面都赋予了新意。传说有梅湖仙人，以梅为筏，浮沉于水面，至春天时梅花绽放，流满湖面，这就是"浮梅槛"名称之由来。[18]浮梅槛制成之后，黄汝亨又遍邀当时名士题咏，汇辑成诗文集付梓。[19]如汤显祖有《浮梅槛为贞父作》颂之："白傅时思湖上眠，黄郎新泛竹为编。长垂布幔通明月，何用笼灯照夜船。"[20]

钱塘黄氏一族是西湖游船文化的传播者与创新者，不仅黄汝亨有"浮梅槛"，长子黄茂梧在南屏寓林读书，时乘湖船"飞鹢"往还，黄茂梧妻顾若璞又特造"读书船"课子黄灿读书其中，黄灿成年后又造"破浪"并自号"破浪船子"。黄易在这样的湖船世家成长，熏染了祖先的风流雅韵，而他日后走上佐理河防的务实宦途，似乎也是冥冥之中的安排。

黄易的友人之中也多有制造湖船者，如世交好友陆飞有"自度航"，张燕昌有"烟波宅"。陆飞并绘有"自度航图"，《续湖船录》记："笔床茶灶，以水为家，不复知有软红尘土，'得鱼沽酒，卖画买山'，则舟中楹帖也。"[21]

黄易曾为其篆刻"自度航"印（图32）。以湖船入印的风气，可上溯到黄易老师丁敬，他曾刻"不系园"印，即源出好友汪师韩高祖汪汝谦湖舫之名。

5. 汉画室

乾隆五十六年（1791）正月，黄易刻自用印"汉画室"正方白文（图33），边款为："唐拓汉武梁祠堂画像，石友汪雪礓物也。余得原石于嘉祥，雪礓欣然以拓本许赠。辛亥正月，其弟邻初果践宿诺，鸿宝忽来，可胜感幸。小松并记。"据此可知"汉画室"斋名是黄易为得到汪岵（雪礓）兄弟所赠《唐拓汉武梁祠堂画象》志庆而启用的。除这方外，在其隶书对联中还有另一种"汉画室"白文方印（图34）。

黄易与武梁祠画像颇具奇缘。《唐拓汉武梁祠堂画象》又称《武梁祠像唐拓本》《唐拓武梁祠画像》，传为武梁祠画像最早的拓本。明代唐顺之原藏，后经朱彝尊、马曰璐、汪岵递藏。早在乾隆三十七年（1772）十月，《武梁祠像唐拓本》的收藏者马曰璐欲以之赠汪岵，汪岵谢不敢受，黄易恐此物失传，建议汪留下。马曰璐于《武梁祠像唐拓本》上题跋，详细记述将此拓赠与汪岵之经过。四十年（1775）五月，汪岵在扬州江春的秋声馆邀黄易与江立同观此拓，黄易为之心醉，欲钩摹一过，然因远赴南宫，解维匆遽而不及。四十二年（1777）秋，翁方纲由黄易处得知《武梁祠像唐拓本》藏于汪岵家，于四十四年（1779）冬谋诸罗聘、江德量欲借观而不得。

乾隆四十八年（1783）二月，黄易为翁方纲借得吴门陆绍曾（贯夫）《汉武梁祠画像》摹本，凡十四幅，盖自旧拓残本响拓者。翁方纲至此乃得一见，亟手摹一本并记其画像，并作《题小松所借吴门陆氏响拓武梁祠像册三首》纪事。次年（1784）春，汪岵寄翁方纲《汉武梁祠画像》油素影摹本。三月廿七日，翁方纲以汪岵、陆绍曾响拓本及黄易摹本三本对看，参互考证，著录于《两汉金石记》。[22]

乾隆五十一年（1786）八月，黄易自河南返山东，途经嘉祥县署，阅县志载县南三十里紫云山有西汉太子墓，派人查访并拓取《武斑碑》。九月，亲履其地考察，发现为河徙填淤而湮没已久的武梁祠。次第剔出武梁祠堂画像三石、八分书四百余字、孔子见老子画像一石及八分书八字，于南阙得建和

图33 黄易篆刻"汉画室"印并边款

图34 黄易自用印"汉画室"

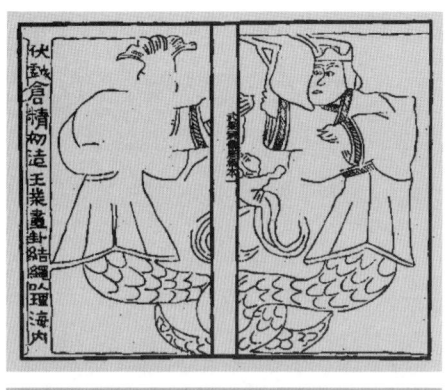

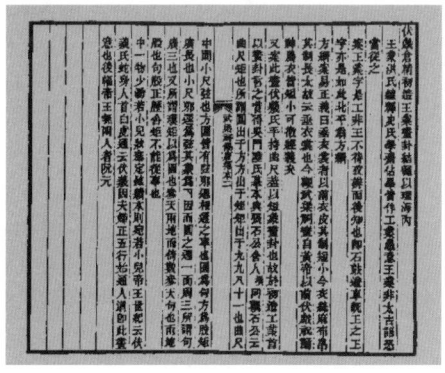

元年武氏石阙铭,此数种曾为赵明诚、洪适著录。又发现东北石室中画像七石、前石室画像十四石并八分题字一百六十余字、祥瑞图三石并八分书一百三十余字,此三种为前人从未著录者,乃名之曰"武氏前石室画像""武氏后石室画像""武氏祠祥瑞图",又于距武梁祠一二里处访得不知归属的无字画像二石。此次发现共补出洪适未见者数十字。为保护古迹,黄易移车马人物画像残石于武氏祠,移立孔子见老子画像于济宁州学宫。黄易此次访得武梁祠碑石,在第一时间拓寄汪岵,汪岵十分高兴,许诺将《武梁祠像唐拓本》赠与黄易,然未及寄达即归道山。是年,黄易又摹汪岵《汉武梁祠唐拓本》寄安邑宋葆淳重刻木本。

汪岵卒后,黄易作《哭汪雪礓》悼之,其一曰:"君藏唐翠墨(为唐拓汉武梁祠像),乞取太憨痴。天欲从人愿,碑皆自我移(易得原碑于嘉祥)。感深珍许赠,痛极谶先知(君来书云,余已衰暮,此拓相赠有日,读之怆然)。尺素常怀袖,临风不忍披。"[23]乾隆五十六年(1791)正月,汪岵弟邻初践兄宿诺,以《武梁祠像唐拓本》赠黄易,后黄易手摹于《小蓬莱阁金石文字》中付梓以广流传(图35),亦以此纪念挚友厚谊。

6. 萝月山房(萝月轩)

萝月山房、萝月轩为黄易早年所用斋号,见于乾隆三十九年(1774)除夕作"篆书临石鼓文"轴(图36),题曰:"甲午除夕,临岐阳石鼓文之二于珠溪萝月山房,奉濯亭有道先生正画。武林散花滩人黄易。"又黄易为赵魏刻"竹崦盦"朱文印,大约亦作于此时,边款云:"晋斋大兄辟古好奇,广搜金石文字,今之赵子函也。此印仿梅华盦,略染近人习气,恐不入晋斋之赏鉴耳。秋庵黄易,作于萝月轩。"

图35 唐拓武梁祠册木刻《小蓬莱阁金石文字》

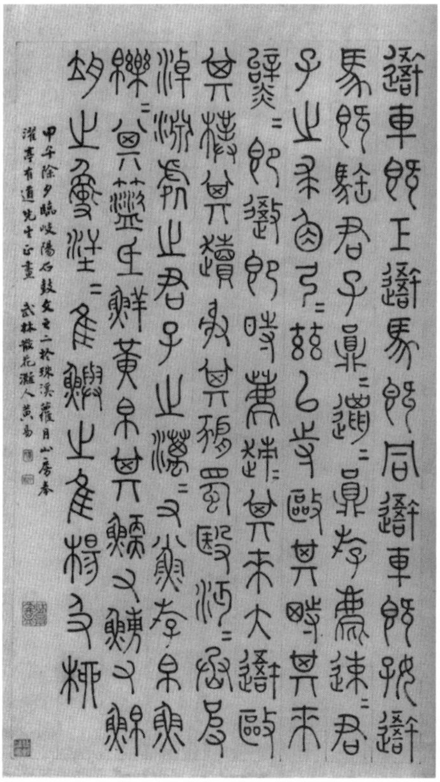

图36 黄易篆书"临岐阳石鼓文"轴

"萝月"为松萝间之明月。松萝又称女萝、松落,地衣门松萝科植物,生于深山老树枝干或岩石上,尤以生于松上为真正之松萝。《诗》云:"茑与女萝,施于松上。"陶弘景云:"松萝,东山甚多,生杂树上,而以松上者为真。"唐慎微《证类本草》云:"茑是寄生,以桑上者为真,不用松上者,互有异同尔。"黄易自号小松,以"萝月"为轩斋之名,定用此典。"萝月"在古诗词中常见,多与松景共见,意境清幽,如李白"萝月掩空幕,松霜结前楹"(《秋夕抒怀》)、"萝月挂朝镜,松风鸣夜弦"(《赠嵩山焦炼师》),李德裕"松风清有露,萝月净无烟"(《寄茅山孙炼师》)等。

珠溪萝月山房为黄易早年游幕时所居,珠溪为伍佑(今属江苏盐城)古称,在盐城以南,是古代最重要的盐场之一。王复有《买陂塘·同人燕集湖舫黄小松为作珠溪载酒图题词其上》,宫国苞有《珠溪道中送黄小松归江南》[24],皆可证黄易此际行迹。[25]

7. 有斐轩

有斐轩亦为黄易早年在伍佑盐场时所用斋名,见于乾隆三十八年(1773)八月所作"山水"扇面,及十月所作"山水"册页[26],题识:"癸巳十月,杭人黄易画于珠溪之有斐轩。"《诗·卫风·淇澳》有"有斐君子,如切如磋,如琢如磨"句,赞美男子品德学问,"有斐轩"即典出于此。

8. 蕊珠轩

见于故宫藏黄易致陈灿"清胜札"笺纸(图37),此札作于乾隆三十九年(1774),信笺版式与"秋影庵""小蓬莱阁"两笺相同,疑为黄易同期所印笺纸,但此斋名他处皆未见,姑存之以俟后考。

9. 种德堂

乾隆五十二年(1787)黄易辑自刻印成《种德堂集印》一册[27],则"种德堂"当为黄易所用斋号,惜原本未见。

10. 品画楼

故宫藏黄易致陈灿"古韵札"落款左下方钤有"品画楼"白文方印(图38),为典型浙派印式,颇疑为黄易自用斋号印。黄易嗜画,所藏亦丰,常以篆刻易画,以"品画楼"为斋名,也在情理之中。据笔者考证"古韵札"约作于乾隆五十一

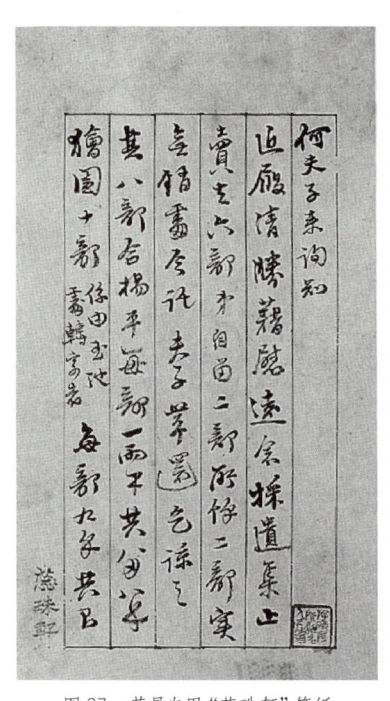

图37 黄易自用"蕊珠轩"笺纸 故宫博物院藏

图38 黄易信札所钤"品画楼"印

年（1786），是年他为何元锡篆刻的"梦华馆印"边款曰："年来少作印，有惠以铭心逸品，则欣然奏刀。梦华居士许我南田便面，可谓投其所好，挥汗作此，不自知其苦也。"或可作为"品画楼"之佐证。

11. 是本斋

"是本斋"之名见乾隆五十五年（1790）黄易所绘梅花图轴（图39）落款[28]。此图自左下向右上绘梅花大小数枝，并有黄易题语："佳人步玉。待月来弄影，天挂参宿。冷透屏帏，清入肌肤，风敲又听檐竹。前村不管深雪闭，犹自绕、枝南枝北。算平生、此段幽奇，占压百花曾独。闲想罗浮旧恨，有人正醉里，珠翠娥绿。梦断魂惊，几许清凉，却是千秋梅屋。鸡声野渡溪桥滑，又角引、戍楼歌曲。怎得知、清足亭边，自在杖藜巾幅。 宋吴毅夫《疏影》词。乾隆庚戌端阳前二日，画奉子盛二兄大人雅赏。秋盦黄易，时在南旺是本斋。"此斋名未多见用，南旺属济宁汶上县，其位置在任城、嘉祥、梁山、汶上四县交界，是京杭大运河中段重要枢纽。黄易在济宁任上的职责是佐理河防，南旺便是主要工作地之一，官廨中有其寓所，也是情理中事。

此外，黄易还有"小松斋"，见乾隆三十年（1765）为陆飞所刻"乙酉解元"朱文印边款。另外，乾隆四十三年（1778）所刻"平阳"印边款记有"刻于河东节署之平治山堂"，可知"平治山堂"为初到济宁时所用斋名。

图39 黄易绘"梅花"轴 《神州国光集》

注 释

［1］翁方纲《黄秋盦传》，《复初斋文集》卷十三，清李彦章校刻本。

［2］郑澐修、邵晋涵纂《（乾隆）杭州府志》卷十六，清乾隆刻本。

［3］归锦桥即卖鱼桥。马塍庙，《钱塘县志》："在溜水桥，祀宋马雄、马武，世传二人东西居，共为田园之塍，故名。"屠隆《马塍庙记》："城北隅有曰马塍，句曲外史称为散花滩处，后为劫灰。仅存雄、武二王祠，概而名之曰马塍庙。"见李卫修、沈翼机纂《（雍正）浙江通志》卷二百十七，清文渊阁四库全书本。

［4］见黄易"临石门颂"轴。

［5］见故宫博物院藏黄易致陈灿"渴念札""平安札""磁杯札""抱恙札"，这批信札的使用时间约在1771—1774年间，图版见故宫博物院编《故宫藏黄易尺牍研究·手迹》。相关考证见朱琪《故宫藏黄易尺牍疏证》，故宫博物院编《故宫藏黄易尺牍研究·考释》，故宫出版社，2015年版。

［6］翁方纲《黄秋盦传》，《复初斋文集》卷十三，清李彦章校刻本。

［7］翁方纲《复初斋诗集》卷十六。

［8］王复《题黄小松秋影庵图》，阮元《两浙輶轩录》卷三十七，清嘉庆刻本。

［9］吴嵩梁《黄小松易司马属题秋影庵图》，《香苏山馆诗集》今体诗钞卷二，清木犀轩刻本。

［10］石卓槐《黄小松舍人》，《留剑山庄初稿》卷二十四，清乾隆四十年石卓椿刻本。

［11］梁诗正《西湖志纂》卷四，清文渊阁四库全书本。

［12］可参阅拙著《真水无香——蒋仁与清代浙派篆刻研究》，浙江人民美术出版社，2018年版。

［13］丁丙记"小蓬莱阁在西湖雷峰塔下，明黄贞父先生汝亨读书之所"，见丁丙《善本书室藏书志》卷十四。另江昱云"西湖孤山亦有蓬莱阁"，见江昱疏证、周密《苹洲渔笛谱疏证》集外词，清乾隆刻本。

［14］李亨特修、平恕纂《（乾隆）绍兴府志》卷七十一，清乾隆五十七年刊本。

［15］黄易《小蓬莱阁金石文字》卷首钱大昕序，清道光甲午石墨轩刊本。

［16］按，翁方纲以"小蓬莱阁"为书室名，乃效仿洪适故事，此事在其多处记载中十分明确。如乾隆四十二年（1777）翁方纲《小松以所得汉石经残字属题方纲既摹上石自扁其屋曰小蓬莱阁今日小松书来云先少参读书南屏处名小蓬莱欲搆小阁刻此不谋而合洵一奇也因为题其石经卷首曰蓬莱宿约赋此四诗奉柬》，《复初斋诗集》卷十六。乾隆五十九年（1794）翁方纲为黄易"得碑十二图"册作序并题跋："得碑十二图者，钱塘黄子秋盦自绘其乙未至癸丑，十余年所访古刻事境而作也。予识黄子在岁丁酉，时于都门初得汉熹平石经残字三段。予借摩勒石于书室，用洪文惠越州事题曰'小蓬莱阁'，而黄子先世已有此篇，何其不谋而合也。"

［17］厉鹗《湖船录》，清钱塘丁氏刻本。

［18］可参见王在晋《浮梅槛赋》、黄汝亨《浮梅槛记》及各家题咏。

［19］黄汝亨《与赵凡夫》，《寓林集》寓林集卷二十七，明天启四年刻本。

［20］吴允嘉纂《（嘉庆）钱塘县志补》，清钞本。

［21］丁午《湖船续录》，清钱塘丁氏刻本。

［22］陈鸿森《〈翁方纲年谱〉补正》，载《中国文哲研究集刊》第二十五期，"中研院"中国文哲研究所，2004年9月。

［23］黄易《秋盦遗稿》，清宣统二年李汝谦石印本。

［24］王豫《淮海英灵续集》庚集卷一，清道光刻本。

［25］王昶《国朝词综》卷四十四，清嘉庆七年王氏三泖渔庄刻增修本。

［26］山水册页八开，从时间来看，为黄易三十岁时所作，每开注明模仿胡元润、查士标、王石谷、高其佩、杨龙友、渐江、石谿等，后有郭敏磐、陈醇、李育、丁立钧题跋，光绪年间为上元宗源瀚收藏，后著录于徐邦达《改订历代流传绘画编年表》。此际画幅题字颇显稚嫩。

［27］此谱为黄易自辑本。存印八十七方，无边款，成书于乾隆丁未（1787）年，有黄易自跋一则。见韩天衡《天衡印谭》，上海书店，1993年版，第308页。

［28］载《神州国光集》第七集，神州国光社，1909年。

第二章

黄易与金石学研究

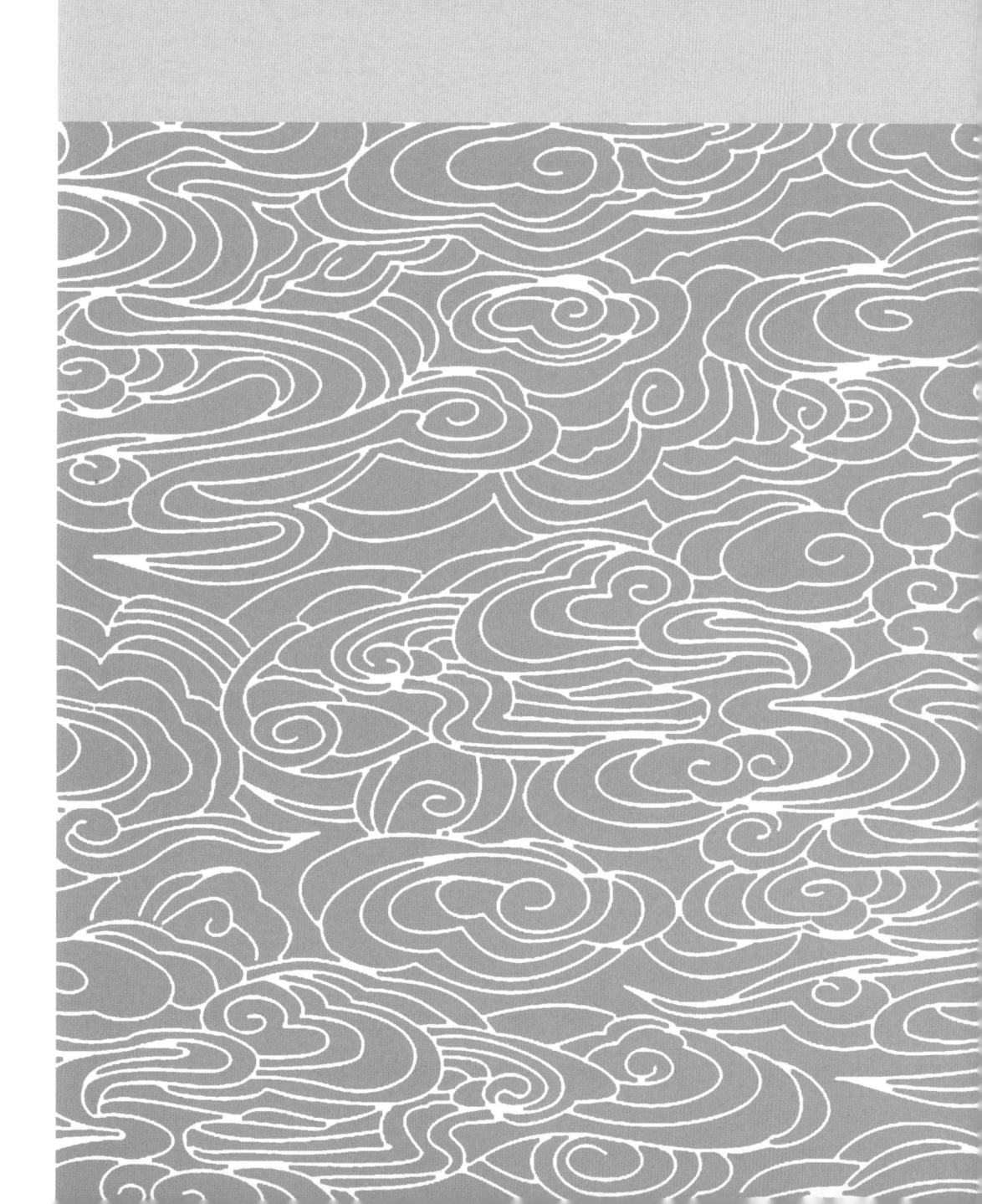

第一节　黄易对乾嘉金石学的贡献

朱剑心在《金石学》一书中说："金石文字，考古之重要资料也。金石之学，我国过去考古学之核心也。"金石学的作用有三："考订，统经史小学而言；文章，重其原始体制；艺术，兼赅书画雕刻。"[1]金石学肇始在汉，至宋达到极盛，元、明中衰，入清之后，海内渐定，群治朴学，考据学空前发达，讲求证据，金石学随之兴盛也就是必然了。

有清一代，不仅金石学著作汗牛充栋，金石学家也不胜枚举，据陆和九统计，清代知名金石学家多达424人。[2]清初有顾炎武、朱彝尊、黄宗羲等学者硕儒，至乾嘉时期更盛，如钱大昕、武亿、翁方纲、黄易、孙星衍、阮元、王昶等人都是其中翘楚。虽然他们各自侧重的研究方面不同，但正是这样一批金石学家，将这门学问加以细化，逐渐建构成清代金石学的庞大殿宇。黄易正是其中重要的人物之一，李玉棻将其与"嘉定钱（大昕）、大兴翁（方纲）、阳湖孙（星衍）、青浦王（昶）"并列为"金石五家"。[3]有关他在乾嘉时期的金石学贡献，本文将从鉴藏、搜访、保护、著述、交流五个方面来论述。

一、鉴藏

在清代金石学家中，黄易是以收藏丰富与善于鉴赏而著名的。受其父黄树榖金石收藏渊源的影响，黄易的鉴别能力自然出众。黄树榖性嗜古，虽然家资不丰，但酷好金石文字，即使幕游天下，颠沛流离，所到之处仍不忘搜访金石，在游历经过陕西扶风时，他勤访石刻，纂成《扶风县

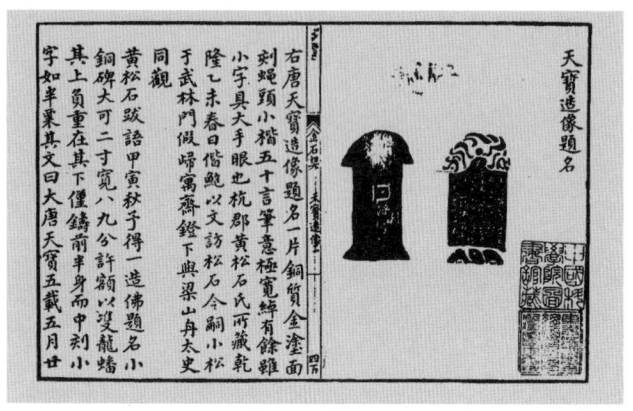

图1 黄树穀藏天宝造像题名 《金石契》

石刻记》。[4] 曾藏有唐天宝造像铜牌（图1），亲为考释题跋：

> 甲寅秋，予得一造佛题名小铜牌，大可二寸，宽八九分许，额以双龙蟠其上，负重在其下，仅铸前半身而中刻小字如半粟。其文曰："大唐天宝五载五月廿日，上为皇帝，下为一切苍生，又为七代先亡，今为现存父母，敬造阿弥陀像一铺。佛弟子张处万一心供养。"碑背有鼻钮，大略造佛既成而系此碑于佛坐间者。不知何时□□及予也。虚舟吏部令嗣孟坚雅爱之，欲豪夺，不可。[5]

金石碑版也在搜罗之列，黄树穀常就所得，与丁敬、王澍等至交切磋讨论，黄易在乾隆五十八年（1793）跋家藏《麻姑仙坛记》拓本（图2）云：

> 丁龙泓先生与先子扪碑论古，晨夕过从。先生之手迹宜乎不少，然寒家五十年来书卷零落，惟此岿然尚在耳。拓本固可宝，而先生词翰尤不易得。重加装池，永为枕秘。[6]

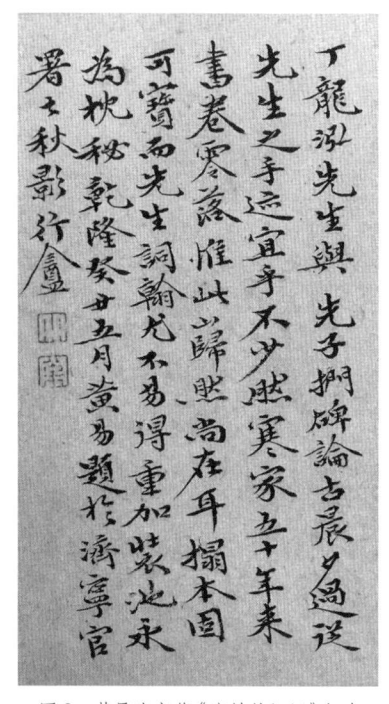

图2 黄易跋家藏《麻姑仙坛记》拓本

此外据《小蓬莱阁金石目》"金目"所记，黄易所藏吉金器物拓本中至少十余件为黄树穀原藏，有的还存有黄树穀手书释文。黄树穀又藏有《孝慈堂印谱》（图3），并亲为题跋。翁方纲还在为罗聘所藏《黄松石各体书集古砚铭卷》的题跋中提到：

> 右钱塘黄松石书集古砚铭，凡十有一，自周、汉迄于元、明，而古文、篆、隶、正、行、草、章备焉……予不及见松石，而得交其令嗣小松，以小松之精考金石，即松石可知也。[7]

正是在这种家学渊源的影响之下，黄易对于金石碑拓的收藏非常狂热，每遇古拓秘本，"眸色炯溢颧颊间"，甚至"解衣付质库易之，自谓千驷万乘无以尚也"。他收藏的金石碑版数量冠绝一时，鉴赏力超出寻常金石学家，是以"四方嗜古之士所得奇文古刻无不就正于君。"[8] 钱大昕曾说"海内研精金石文字与余先后订交者盖廿余家，而嗜之笃而鉴之精，则首推钱唐黄君秋盦。"[9]

黄易藏品的种类非常丰富，除了碑拓以外，"又多蓄汉印、诸吉金杂器物款识，摩挲终日不去手"，此外书画、古砖、古砚均在黄易的搜罗之列。关于古器物的研究，黄易曾撰有《丰润古鼎考》，此外自拓所藏古泉及古镜、古砚，集为《泉文》四册及《镜铭》《砚铭》[10]。藏品实际数目，今天已经难以统计。阮元记载黄易"收金石刻至三千余种，多宋拓旧本。钟鼎彝器钱镜之属不下数百。余每过任城，必留连竟日不忍去"[11]。黄易在嘉庆元年（1796）赴嵩山、洛阳一带访碑，三十余天就"拓碑四百余，得旧拓本四十幅"[12]，其收藏总量，可以想象是非常惊人的。黄易曾纂有《小蓬莱阁金石目》，实为黄易收藏金石碑版的目录底本，记录品目数千种。

藏品之中最为珍贵的，大多刻入《小蓬莱阁金石文字》中，如《唐拓汉武梁祠画像》《熹平石经残字》等。其中尤以《唐拓汉武梁祠画像》（图4）著名，黄易不仅得到了相传为最古的"唐拓本"，更于山东直接访得原石。武梁祠画像刻于建和元年（公元147年）至灵帝时期，最早著录于北宋

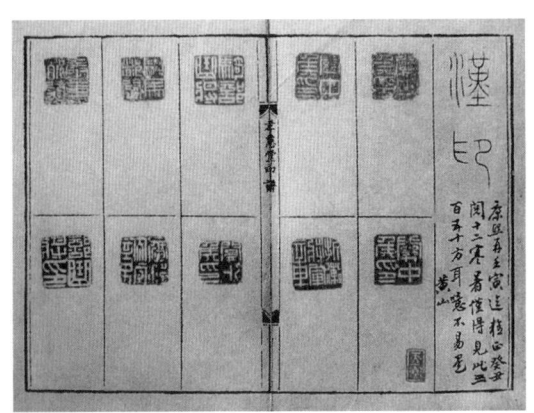

图3 黄树穀原藏《孝慈堂印谱》并题跋 韩天衡藏

图4 汪喆寄赠黄易之《唐拓武梁祠画像册》 故宫博物院藏

赵明诚的《金石录》，南宋洪适在《隶释》《隶续》中又分别著录了部分文字和图像。原石在山东济宁嘉祥县紫云山，宋以后祠石倾塌，没入地下。黄易发现的武梁祠画像对于研究古代经学和历史具有极大的史料价值，引起学术界极大的兴趣，当时金石学家和经史学者纷纷对此加以论述。

《唐拓武梁祠画像》的收藏者，最早可上溯到明代武进人唐顺之，后经朱彝尊、马曰璐、汪焘递藏。黄易卒后辗转流传至何绍基手，于道光后遭火患，后为李汝谦所得并重新装裱，遍邀当时名公如樊增祥、郑孝胥、易顺鼎、缪荃孙、劳乃宣、罗振玉等题跋，现藏于北京故宫博物院。近代学者对"唐拓"的定性聚讼不已，如郑文焯认为非"唐拓"而可能是"宋拓"[13]，容庚认为是明拓，最终经马子云等专家据纸墨特点定为宋拓本。[14]笔者认为，其实至少在嘉庆六年（1801）二月二十四日，翁方纲已经知道此本并非"唐拓"而为宋拓，在阮元影刻宋代王厚之《钟鼎款识》中，一道刻入了翁方纲的一段题跋：

此册尝与宋拓武梁祠册同在马衎斋处……今武梁祠册归黄秋盦。[15]

同书还影刻有嘉庆六年五月六日黄易的观跋，由此可以完全确定，至少在嘉庆六年五月，黄易也已经非常清楚这本拓本并非是"唐拓"（图5）。以往的研究者多斤斤计较于翁、黄对此拓本年代的误断，现在看来事实并非如此。

黄易收集金石碑拓的方法十分可观，据笔者研究发现，黄易以其家世背景、游幕、仕宦的经历，建立了庞大的地缘和人缘上的收藏网络，其触角延伸非常之广，对其搜访碑拓带来极大的便利。

在家乡杭州，先有赵魏、奚冈等朋友，后有何梦华、陈豫锺、陈鸿寿等同道。黄易曾经把银两存放于杭州奚冈处，这笔银两的用途之一，就是购买藏品，而作为江浙著名画家的奚冈无疑有很大的机会接触到来自各方的金石藏品。在京城，黄易以其丰富的收藏，引起了翁方纲、朱筠、张壎等鉴藏家和学者的关注，这些藏品对于他们来说，是其研经论史、扩大学术成果的重要资源。凭借他们的赏识，黄易则得到更大的社会影响力和人脉关系

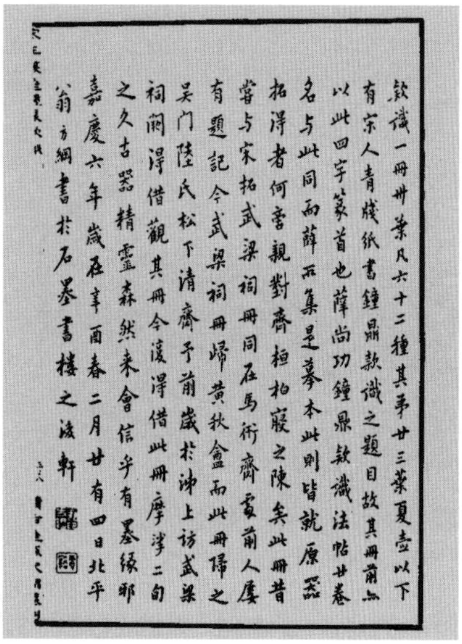

图5 翁方纲跋王厚之《钟鼎款识》所及《武梁祠册》为宋拓语

网。黄易在济宁时，他以济宁为中心进行碑刻搜访，又通过其交游广泛地获取藏品。如由严长明作缘，购归《王稚子阙》，由朱文藻、江藩作缘，购得马氏后人所藏《汉故圉令赵君之碑宋拓翦裱本》等善本碑帖。此外，翁方纲典试江南，在江南所得《梁故散骑常侍司空安成康王之碑》《梁故侍中司徒骠骑将军始兴忠武王碑》等拓本也寄赠黄易；在浙江有陈豫锺自武康寄古砖文拓片；赵魏赴粤以南方碑拓赠黄易；甚至远在塞外的黄庭也是黄易得碑的来源，他曾为黄易访得塞外巴里坤的《裴岑纪功碑》原石拓本。当然，这里也包括收藏家和学者们的互相交换和鉴赏的情况，如嵩洛访碑归来，黄易拓碑四百余，以副本分赠李东琪、李克正、刘镜古等人。又将手拓《嵩山三阙》（太室、少室、开母）全幅（高八尺，宽五丈许）寄至翁方纲斋中，翁悬于嵩阳真迹之斋，与诸友同观作歌。

除了购买拓本、亲自拓存、朋友赠送、金石交换以外，黄易还以自己的书画篆刻作品换取藏品。如黄易为湖南巡抚陆朗夫墓志篆额，其子赠以"大泉五十范"作为润笔。又曾在为何元锡所刻印章的边款上说："年来少作印，有惠以铭心逸品，则欣然奏刀。梦华居士许我南田便面，可谓投其所好。挥汗作此，不自知其苦也。"[16]由此来看，在书画篆刻上享有盛名的黄易，已经把自己的作品，作为金石置换和增进同好交往的资源。[17]

黄易的碑拓收藏非常注重版本优劣，对拓本（片）的形式也十分讲究。黄易藏有《汉故圉令赵君之碑》剪裱本，此碑原石已毁，张燕昌又寄赠黄易宋拓未剪本，黄易欣然题跋：

> 整本虽墨重漫漶，而四周尚留余纸，得碑之全体比裱本多。"除新"二字、"诗能散畅事司穆其戍所"等字显然可见。裱本纸墨俱善，"能散"上"而"字尚存其半，整本"而"字尽泐，则裱本似在整本之前。然皆世间瓌宝也。易所收汉刻，今时碑石尚存者，皆拓两本：一整幅，一裱册。无石者一本且难遘，安能兼有？兹碑居然两本，壁悬几展，古香袭人，诚可乐也。[18]

二、搜访

访碑，是金石学者亲身实践，参与到石刻发现或者原碑考察的过程，它比在书斋中观赏拓本更加具有直观性，可以更全面地考察石刻的情况。我们可以把"访碑"活动理解为两种不同的体现：一种是创获性的发现，比如某石刻早已湮没无闻，被再度发现；另一种是亲履石刻所在之地进行考察或者是剔拓原碑。一些珍贵稀罕的碑刻，往往湮没于人迹罕至之处，搜访石刻，便成为一种独特的带有考古性质的发现、考察活动。在宋代，这种风尚已经在某些好古学者如欧阳修、赵明诚中间形成。明代有都穆、杨慎、赵崡等学者，清初有顾炎武、朱彝尊、郑簠、傅山等人，都进行过访碑。他们访碑的目的，或是借访碑所获得的史料进行经史考订，或是寻求书法上的借鉴。[19]

王念孙曾说："秋盦司马醉心金石，凡蜡屐所经，断碣残碑，无不毕出。访剔之勤，橅搨之精，实前人所未及。"[20]黄易在济宁任上，为治理河防，遍查运河两岸县志和水系图，亲自勘查运河西岸河防状况及河道疏浚情况，深入研究黄泛区河道排水泄洪与运河的关系和综合治理的方案。黄易的访碑活动实际上和其所进行的水利河防工作密切相关，因为他必须深入研究当地地理环境及水利沿革、历史人文等情况。对地理的关注和专业的知识对其访碑工作非常有帮助。

黄易的访碑活动起源于何时已无法确考。1774年黄易于元氏县中访得《汉祀三公山碑》，谋于县令王治岐移置县城龙化寺，这可能是黄易访碑的首次重大成绩，他为自己刻"小松所得金石"印以纪其事，此印每每钤于其珍赏的碑拓上（图6）。同年黄易读邢侗所撰县志，按志索碑，于直隶南宫县城内尼寺访拓《大隋南宫令宋君象碑》。1775年在直隶灵寿县祁林院访拓《大齐赵郡王□□□之碑》（高叡碑）。1780年于山东肥城县孝堂山访得《孝堂山石室画像题字》。1784年，黄易与金乡县令马于荃剔朱长舒石室画像及题字。同年遵翁方纲嘱托，黄易亲至《鲁峻碑》手拓碑阴。1786年，黄易查阅《嘉祥县志》时，发现记载紫云山有汉太子墓，久没土中，亲至其地勘察，发现原来是武氏祠堂，因为黄河泛滥淤积没入土中。由此访得汉建和元年《敦煌长史武君之碑》、武氏石阙铭。同年冬，又访得武氏祠阙画像及题字甚多。又于卫辉府署舆人小室中意外访获《齐太公吕望表》上段，1791年又巧得下段，合为全石后移置府署衙神庙。1792年，于济宁晋阳山石佛足旁访得《□以遵妻殷蔡造象铭》，于济宁两城山田旁访得《汉朱君长三字刻石》，后移置州学明伦堂。是年十月十九日，乃黄易五十寿辰，戚友咸集，黄易避喧泗河，

图6 "小松所得金石"印并边款

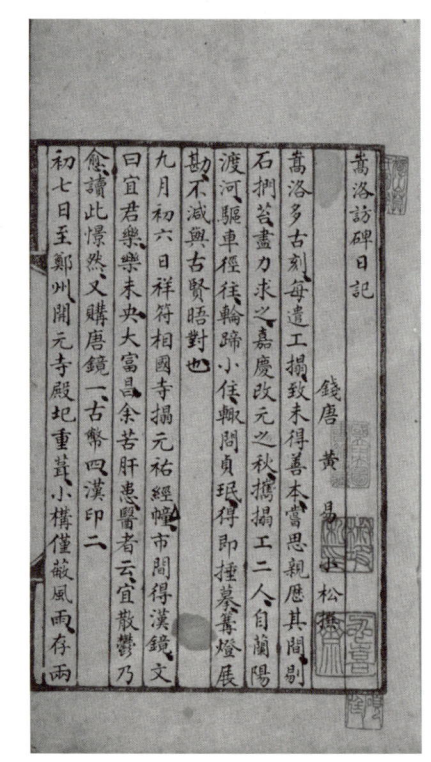

图7 《嵩洛访碑日记》钞本

图8 黄易绘《岱麓访碑图》之《开元摩崖碑》
故宫博物院藏

图9 黄易访得嵩山石人冠顶"马"字拓本 故宫博物院藏

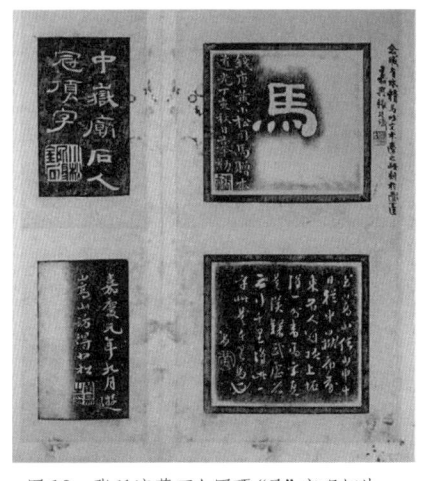

图10 张廷济摹石人冠顶"马"字砚拓片
日本京都大学人文科学研究所藏

遣工拓碑，于山东曲阜县东关外庙壁间访得《熹平二年残碑》，同志者闻之共来作贺，碑后为阮元移置于孔庙同文门下。

黄易还有两次大型的访碑活动。第一次，嘉庆元年（1796）九月初六日至十月初十日，黄易携拓工二人，赴嵩洛访碑，作《嵩洛访碑日记》（图7）。此次途经兰阳、祥符、郑州、荥阳、汜水、巩县、偃师、登封、义井铺、洛阳、龙门、孟津、怀庆、清化、获嘉、新乡、卫辉、滑县，又自东明、曹州、巨野、嘉祥返回济宁。黄易总结此次行程时云："嵩洛多古刻，每遣工拓致，未得善本。尝思亲历其间，剔石扪苔，尽力求之。嘉庆改元之秋，携拓工二人，自兰阳渡河，驱车径往，轮蹄小住，辄问贞珉，得即搥摹，篝灯展勘，不减与古贤晤对也。"第二次，嘉庆二年（1797）正月，黄易携女婿李大峻访岱，道经邹县、曲阜、大汶口，二月至泰山，登顶遍拓诸碑并记有访碑日记，又自泰安、张夏、历城、长清归，并作"岱麓访碑图"册（图8）。

从两次访碑的日记来看，他的访碑活动有专业拓工协同，得到地方官员和金石同好的帮助，所到之处基本做到了彻底的访求，其中包括向当地的拓工调查碑刻状况。有时候这种搜访的细致性达到令人惊叹的地步，在嵩山中岳庙前一对石人处，黄易竟然亲验东侧石人的冠顶，发现刻有一个"马"字（图9），云其"深刻极古，真汉人八分"[21]。此拓的副本，黄易曾分赠多人，其中赠给张廷济者，甚至被摹勒于砚上，传为佳话（图10）。

057

第二章 黄易与金石学研究

此外，在乾隆六十年(1795)九十月间，黄易因母丧回杭营葬，暇时在杭州进行了一次访碑活动。回程途中，又在苏州、无锡、常熟、淮安等地稍作停留，访古探友。由于正在守孝期间，此次寻访古刻规模不大，且较为低调。

收获的同时，这种访碑活动往往也面临着危险。顾炎武《金石文字记序》曾经记述了原野访碑的艰辛：

> 比而二十年间周游天下，所至名山巨镇、祠庙伽蓝之迹，无不寻求。登危峰，探窈壑，扪落石，履荒榛，伐颓垣，畚朽壤，其可读者必手自抄录，得一文为前人所未见者，辄喜而不寐。[22]

黄易的同乡前辈丁敬为编纂《武林金石录》，更是亲履险地：

> 当其寒暑风雨之不避，蛇虎肆毒之不畏，饥则餐霞，倦则憩石，辰出酉入，遂遘瘈疟。自言曾经某地，遇镌凿隐隐可辨处，鼓勇即之。返则取径甚微，浮土塳塳有声，左右悬崖绝壁。设一蹉跌，下临无地。偃伏移时，汗流股栗。有樵子导从，迂路始还。盖濒于危者屡矣，而终不悔也。[23]

这种危险遭遇黄易也一样遇到。1775 年，黄易在直隶灵寿县祁林院访拓北齐天保八年《高叡碑》，该地虎患严重。他在拓后心有余悸，自记云："地僻多虎患，不可复拓。"[24]

三、保护

古代碑刻，由于历来缺乏系统而持久的保护，损毁相当严重，又以体积庞大，难以迁移，尤难保藏。虽然历史上刻意加以保护者不乏其人，如宋代孙觉之守湖州建墨妙亭，赵抃有藏春轩，其他有如洛阳存古阁、西安碑林等，然而今存完好者只有西安碑林而已。叶昌炽曾说石刻有"七厄"[25]，朱剑心则概括为崩溺、迁徙、摧残、镵毁、妄刻、拓损、伪造、封禁八条。[26]

对于访获的石刻，黄易并不据为私有，或居为奇货，而是进行妥善的保护。其保护方式主要有两种：一种是移置到官方机构如学宫、衙庙；另一种是就地采取措施加以保护。如发掘武梁祠后，他就采取了就地重修的保护措施。黄易对于武梁祠的发掘及后续的研究，是具有考古学意义的。[27]他对武梁祠的热心保护，与他的发现者身份并进行过深入的研究深有关联，故而具有一种强烈的历史责任感,正如他在《修武氏祠堂纪略》中所说:"今诸石纵横原野,牧子樵夫岂知爱惜?不急收护,将不可问。古物因易而出,置之不顾,实负古人,是易之责也。"乾隆五十二年(1787)六月,黄易等人倡议重修武氏祠,并列出详细的保护计划。原先的考虑是"《武斑碑》宜与《武荣碑》并立济学",但因为石材庞大,移置不便,最终采取就地保护的方法。只将"孔子见老子"画像一石移置济宁学宫明伦堂。黄易、李东琪、李克正等人商议后决定"就地创立祠堂,垒石为墙,第取坚固,不求华饰。分石刻四处,置诸壁间,中立《武斑碑》。外缭石垣围双阙于内,题门额曰'武氏祠堂'。隙地树以嘉木,责土人世守。"由于工程巨大,"非数百金不办",黄易倡议金石同好捐资以助其成(图11、12)。建成之后,作《修武氏祠堂记略》镌于石上。又邀翁方纲作《重立汉武氏祠石记》,于碑后模仿汉碑之例,列出了捐助者的姓名和钱数。考虑到"地有古碑,官拓易扰",黄易等人"定价资其利而杜其累"。因为"汉人造石室、石阙后地已淤高",为了使后人拓取方便,黄易要求"兴工时宜平治数尺,俾碑石尽出,不留遗憾"。祠堂建成,"有堂蔽覆,椎拓易施,翠墨流传益多,从此人知爱护,可以寿世无穷,岂止二三同志饱嗜好于一时也哉"。[28]

在这份捐助名单上,镌刻了为重建武梁祠而捐款的82人的姓名,其中大半为黄易的金石同好,共募得71万钱,大约相

图11 清末武梁祠 沙畹摄 1907年7月

图12 武梁祠内今貌 朱琪摄 2010年10月

当于白银 700 余两。其中黄易一人便捐了 14 万钱，约占总数的五分之一。叶昌炽在《语石》中说"嘉祥紫云山武梁祠堂汉刻，亦赖孙伯渊之力得庇一廛"[29]，其实孙星衍在其中只是捐资了三千钱而已。以出资论，黄易独捐 14 万钱，为其中最多者，又倡导、谋划其事，是真正的第一功臣。

对于武梁祠画像的残石，黄易也十分珍视，不忍毁弃，将一些碎石雕琢为砚（图 13）。他曾经访得一块武梁祠画像残石，此残石高四寸广六寸，中有一小马画像，右有八分题字一行曰"此□□金□□"（图 14），后赠阮元雕琢为砚，嵌于文选楼墙壁之中。从今天的观点看，这对于科学保护武梁祠遗迹存在一定的随意性与局限性，这一方残石今日流落何方已不得可知，对后人的研究而言也成为一种遗憾。但小件汉画残石本身保存不易，这件事情相较于黄易对于武梁祠所做的工作而言，依然是瑕不掩瑜的。[30]

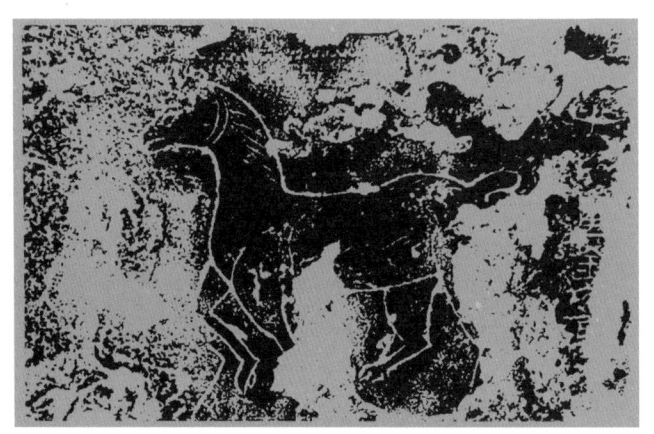

图 13 武氏祠石柱碎石补刻字砚 故宫博物院藏

图 14 武梁祠"此金"残石画像拓片，为黄易赠阮元琢为砚

四、著述

黄易的著述有《小蓬莱阁金石文字》、《小蓬莱阁金石目》、《黄小松先生嵩麓访碑记》（《嵩洛访碑日记》）、《岱岩访古日记》、《秋盦遗稿》、《秦汉魏六朝碑刻舆地考》（小蓬莱剩稿）、《黄小松辑释吉金拓本》、《丰润古鼎考》、《武林访碑录》等，又辑有《黄氏秦汉印谱》（又名《秦汉铜印》），自辑刻印为《种德堂集印》、《黄小松印存》。今择其中与金石学相关之重要者略述于下：

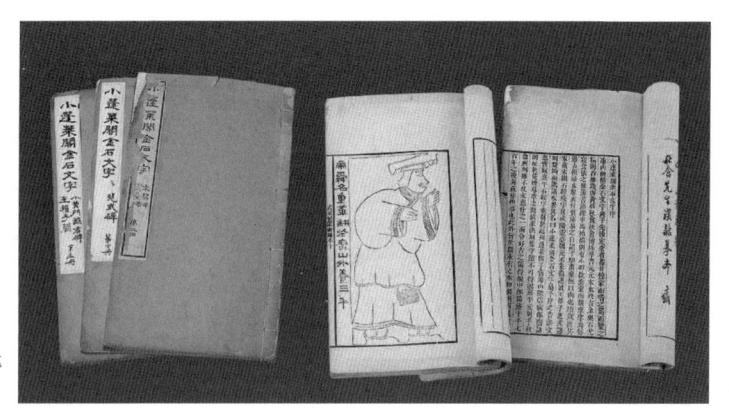

图15 《小蓬莱阁金石文字》道光十四年（1834）石墨轩刊本

《小蓬莱阁金石文字》（不分卷），正式成书于嘉庆五年（1800），后有道光十四年（1834）石墨轩刊本（图15）。据翁方纲题词，此书为"钱唐黄秋盦小蓬莱阁所藏金石，就其罕传者双钩锓木以共同好"。收录石经残碑、魏君碑、朱君碑、灵台碑、谯君碑、王稚子阙、范式碑、三公山碑、武梁祠像唐拓本、赵君碑等善本碑帖。根据原碑拓本双钩摹刻并录释文，后附各家重要题跋，融合了石刻著录"摹图""录文""跋尾"三种方式为一体。此书价值在于将碑帖中的珍秘善本公诸于世，以利金石同好欣赏研究，在当时可谓一大善举。

然而，有学者认为黄易刻意忽略对于武梁祠"画像"的传播与研究。巫鸿在《武梁祠——中国古代画像艺术的思想性》一书中论述："尽管有清一代金石学家都赞美武氏祠石刻画像，视其为无价之宝，但这些画像石在出土后的几十年间却从未被出版印行过。反之，这期间却有超过十位重量级的学者在其金石著作中，以文字的形式详细描述和评说武氏祠画像石。他们记录下每石的形状，以及上面所刻的建筑、树、动物和鸟。对他们来说，描述画像远比复制它们来得重要。因为只有在文字的层次上，这些画像石才能与写在纸上的儒家经典相联系和对应……就连黄易本人也从未刊行拓自其发掘的武氏祠石刻的拓片，而是印行了他收藏的所谓'唐拓'，尽管这份拓本只包含很小一部分武梁祠画像。"[31]

事实上，因为局限于雕版印刷的成本和技术，在古代中国出版一部著作是需要付出相当的资金，才能雇用刻工雕版付梓，而"图录"性质的刻板要求则更高。黄易的挚友翁方纲在给黄易信中说到自己著有《金陵访碑略记》五卷，却无力付剞劂。[32]即使是官至大学士的翁方纲，刻书尚且如此困难，对于身份与地位不如翁方纲的黄易来说，恐怕更是难上加难。此外，《小蓬莱阁金石文字》的纂辑理念主要是将传世古碑帖中的善本秘本以尽可能还原的方式公诸同好研究鉴赏。

事实是，黄易在当时已经尽可能地运用自己在山东的地缘优势，精拓这批新出土的画像石，广泛地寄赠给当时的学者，供他们鉴赏和研究。就现今可知的记载，在1794年至1795年间，黄易贻王昶汉刻画像二十余种。此外，翁方纲、毕沅、钱坫、汪岵等人都曾获赠黄易的新拓本。据周佩珠介绍，北京故宫博物院还有黄易拓赠徐星伯的三巨卷。黄易还寄赠给钱大昕及其女婿瞿中溶，在瞿中溶的《汉武梁祠画像考序》中，清楚地记载了这样一段文字：

> 乾隆中，予友杭州黄小松郡丞易官山左，癖爱金石，乃亲至其地搜访踪迹，一一出诸土中。重为建立并募善手精拓以贻同好。较洪氏所见虽又有残阙，而别得一石，有颜淑独处等十榜所题百余字及画像，则又洪氏所未见而为小松创获者也……翁覃溪阁学、毕秋帆尚书先后以此刻载之《两汉金石记》及《山左金石志》，皆爱其文字而录，之于画像多忽，未为深考。王兰泉司寇又以其图缩刻《金石萃编》中。[33]

这些史料可以充分地证明，包括黄易在内的学者并非忽略对于武梁祠"画像"的复制、传播和研究，只是限于当时的出版条件和著作的体例，他们大多只能采用文字描述这种方式来记录史料。

《黄氏秦汉印谱》（又名《秦汉铜印》）一册，《中国印学年表》记成书于乾隆五十九年（1794）。黄易约在乾隆六十年（1795）为王毂作《题王莲湖汉铜印谱》，记载了济宁吴好礼世德堂所藏印章散失，黄易初得十余方，后郑鲁门"自金乡持来六巨椟，为印五百四十。又小匣为印二十有七，吴氏物居多。易力薄，留小匣。趣王刺史莲湖购六椟官印"[34]。此谱部分为黄氏旧藏，而大部分为吴好礼旧物。全谱存官印94方，私印282方，合计为376印。[35]

《小蓬莱阁金石目》（稿本，不分卷），共计八册，今藏南京图书馆。其中朱方格本二册（图16），乌丝栏本六册（图17）。前者金石兼

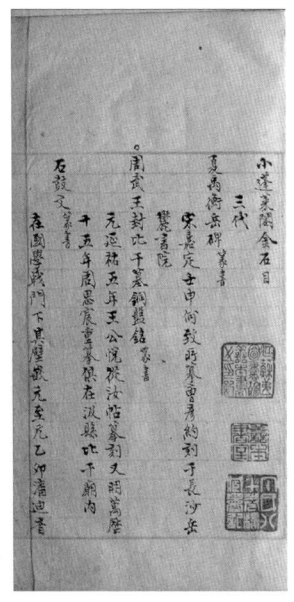

图16 《小蓬莱阁金石目》朱方格稿本 南京图书馆藏

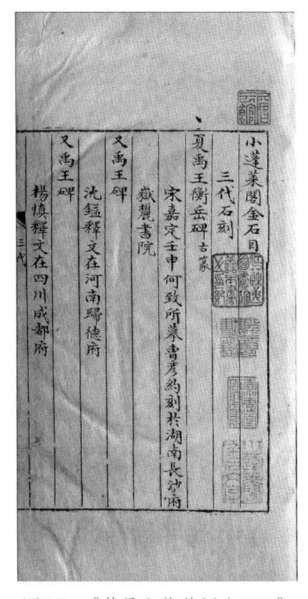

图17 《黄易小蓬莱阁金石目》乌丝栏本 南京图书馆藏

录,止于唐代,后者仅录石刻,但下限迄于元代,且乌丝栏本较朱方格本记述为详,似分别为稿本与清稿本。[36] 初稿约纂成于嘉庆元年(1796)。稿本历经江凤彝、魏锡曾、丁丙等人收藏,首页钤有黄易亲刻"小蓬莱阁金石文字"朱文印章。此书实际为黄易金石收藏的目录底本,大致以朝代划分,分为三代石刻、秦石刻、汉石刻、魏石刻、吴石刻、晋石刻、前秦石刻、后燕石刻、梁石刻、后魏石刻、北齐石刻、后周石刻、隋石刻、唐石刻、宋石刻、辽石刻、金石刻、元石刻,又附仿古石刻于后。碑目体例大致为先列碑名、书体,次列地点等相关信息和藏本由来,如是亲自所访则记录访碑时间地点,同好赠送也记录在册,有的碑刻还会加以简单的鉴定断语,如某些碑刻为伪造或赝鼎,亦加以注明,对于考察黄易的金石收藏具有重要的参考意义。"石目"之外,尚有"金目"一册藏于国家图书馆,共计六十一叶,封面题"黄小松司马藏三代至宋元金石目",下钤"小松所得金石"白文方印,并有同治丙寅(1866)沈树镛、1928年刘之泗跋。此册分列三代金文、汉金文、魏金文、晋金文、北魏金文、北齐金文、隋金文、唐金文、后唐金文、后晋金文、后周金文、吴越金文、后吴金文、南汉金文、南唐金文、宋金文、金金文、元金文,著录体例与石刻目略同。此册为清稿本,与前述八册中的清稿本系列为同一体系。

《秦汉魏六朝碑刻舆地考》(小蓬莱剩稿),不分卷,清刻本。此书实际上是《小蓬莱阁金石目》的一部分,共收录碑刻220种。采用分代著录的方法,依次记录碑名、书体、年代、原石所在、注释。虽然题名为《秦汉魏六朝碑刻舆地考》,实际亦混入了隋、宋石刻,可见审核并不精当,应当系后人付刻。

除以上著作之外,我们还不应忽略黄易的"访碑日记"和"访碑图册"。黄易的访碑日记是作者亲自搜访碑刻的忠实记录。两种日记当中以《嵩洛访碑日记》最为详细,每天所经过的地点、沿途看到的风土人情、欣赏到的景色、所访拓的碑刻情况以及当时的交游情况都有忠实的记录。[37] 今天所见到的《岱岩访古日记》一般是吴隐整理的排印本,记录较为简略,少了对沿路风土人情的记录。从黄易的日记原稿来看,这些记录十分潦草,有相当多的涂改和省略,说明这种记录是即时进行的,并非日后进行的补记。在原稿的后面又多记录书账,这些在吴隐的排印本中被略去,而且文字也有所变动。

阮元评价黄易的访碑图册云:"小松尝自作得碑二十四图及嵩洛、泰岱访碑图,以秀逸之笔,传邃古之情,得未曾有。"[38] 叶昌炽论云:"野寺寻碑,荒崖扪壁,既睹名迹,又践胜游,此宗少文、赵德甫不能兼得也。前人往往绘图记事,以留鸿爪……小松本工山水,亲为点染,超入神品。"[39] 这些图画是和其"访碑日志"相配合的,既有"嵩洛访碑图",就有"嵩洛访碑日记",

既有"岱麓访碑图",也就有"岱岩访古日记"。其创作过程应该是随时随地勾摹草图粉本,然后创作,这种记录基本是写实的,同时带有一种考古笔记的性质。画上的说明性文字,是以后根据日记整理所题。近年面世的《嵩洛访碑日记暨丙辰随录手稿》(图18),即为明证。白谦慎曾经考察过中国古代"读碑图"的创作范式,如传为李成的《读碑窠石图》、郑法士和韦偃和清初张风的《读碑图》等,这些创作并非是画家亲自进行的活动。[40]然而身兼金石家和画家身份的黄易,将自己的亲身访碑实践融入写实性的访碑画作当中,确实是一种全新的创作模式。图成以后,作者以之广征题跋,加入同时其他名人学者的诗文创作,访碑者与观赏者这项共同的风雅工作,其实也是在传播宣扬其访碑的经历,增强其影响力。

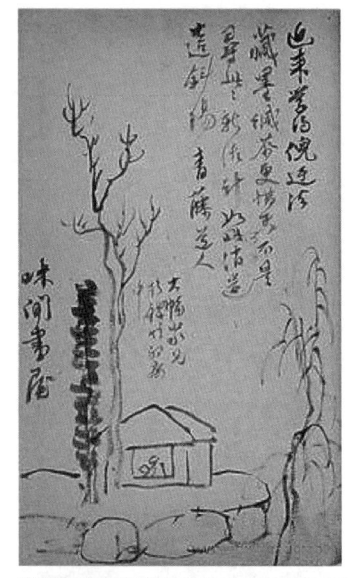

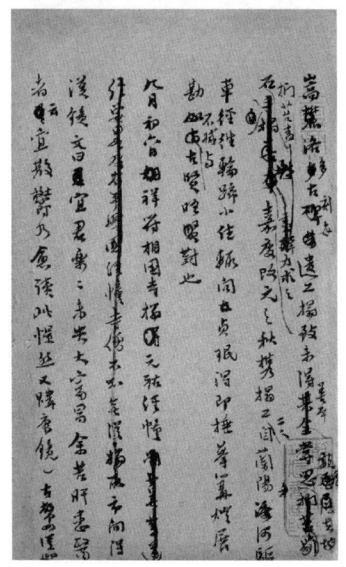

图18 《嵩洛访碑日记暨丙辰随录手稿》

五、传播与交流

黄易在乾嘉时期的金石学领域享有极高的声誉,细究其原因,有两点尤其值得我们注意。

首先,黄易的身份是政府官员,具有一定的社会地位。他可以凭借官场以及学术界的人际网络来进行金石碑拓的收藏和研究,这是普通的金石收藏家所无法企及的。黄易的官场活动网络是很庞大的,他与清宗室弘旿、乾隆十一子永瑆、和珅的弟弟和琳、两江总督尹继善的两个儿子庆霖、庆桂十分交好,在山东与伊阿江、李亨特、王秉韬,在京城时与翁方纲、纪昀、朱筠、张埙等交往密切。在黄易赴嵩洛访碑时,当地毕沅幕府中的王复等在接待、住宿上予以足够的方便,椎拓的自由度也很大,甚至可以通过官方网络来募求拓工。[41]

其次,清代学人幕府对于当时的学术建设具有卓著的贡献,而黄易与乾嘉时期朱筠、毕沅、阮元三大学人幕府均有极为密切的联系。这种联系使黄易结识了大批社会名流和学者,建立起自己的关系网,同时开阔了眼界,扩大了自身的发展环境。1777年黄易进京,是他开阔交游的重大转

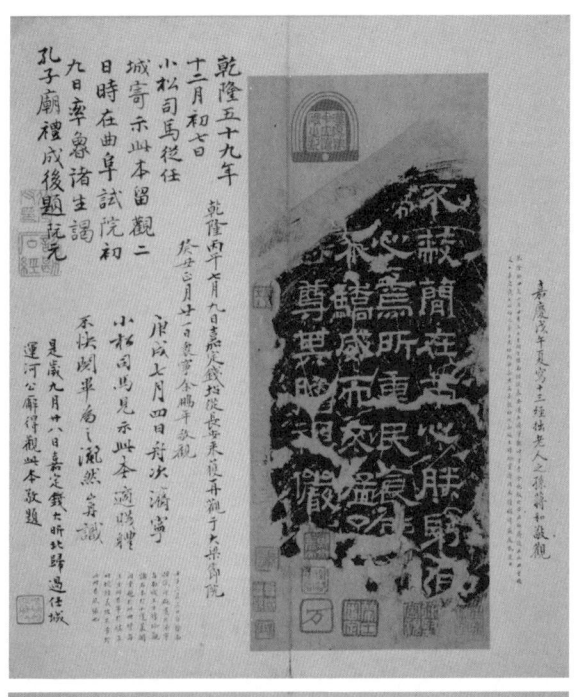

折点,在这里,他与翁方纲建立了非常密切的联系。而翁方纲是朱筠的好友,因此与朱筠的交往也是黄易来京最大的收获之一。黄易曾与朱筠同访汉印于京师,正是这次黄易获得了《汉石经残碑》拓本,作为见证者的朱筠不无羡意地为之题跋(图19)。

朱筠(1729—1781)字竹君,号笥河,直隶大兴人。乾隆十九年进士,历任武英殿编修、会试同考官、顺天乡试同考官、福建乡试主考官、安徽学政、福建学政,被目为"乾嘉朴学家的领袖"[42]。乾隆三十八年,奏请开四库馆,后即于四库馆供职。江藩在《汉学师承记》中称其学"地负海涵,渊停岳峙",在士人中享有崇高威望,"一时名士皆从之游,学者以不得列门墙为憾"[43]。其幕府特征是大力提倡汉学,成为汉学家产生和聚集的场所,对汉学发展起了巨大推动作用。朱筠幕府中有章学诚、邵晋涵、王念孙、汪中、洪亮吉、黄景仁、武亿、钱坫等,其中大多与黄易有所交往。此外,翁方纲入室弟子谢启昆与黄易也有交往,谢启昆幕府也是有一定影响的学人幕府,钱大昕之弟钱大昭即曾入其幕。黄易广博的金石收藏,在这些汉学家中间非常具有吸引力。例如嘉庆四年(1799)冬,曾在朱筠幕府中的著名学者王念孙视漕沛上,与黄易会晤并为"嵩洛访碑图"题跋,曾就《开母石阙》与之探讨:

启母石阙,好古家久殚精力矣,今秋盒多考出二十余字,又补正褚氏误阙二图,沙尘千

图19 《宋拓汉石经残字册》朱筠等人题跋 故宫博物院藏

余载忽焉显豁,诚为一快。余亦校正数字,惜箧中书籍无多,又匆匆北还,未及细与商榷,他日得暇脱稿,当邮以就正也。

毕沅(1730—1797)字纕蘅,号秋帆,江苏镇洋人。乾隆二十五年进士,殿试第二,乾隆因其文极精彩,特擢为状元。历任甘肃道台、陕西布政使、陕西巡抚、河南巡抚、湖广总督等职。他是清代著名的学者官员,经史、小学、金石、地理无所不通。其幕府分为陕西、河南、湖北三个时期,幕中多为嗜古之士,著名的有严长明、程晋芳、钱坫、孙星衍、王复、洪亮吉、黄景仁、武亿、凌廷堪、邵晋涵、章学诚、方正澍、江声、梁玉绳、汪中、邓石如、史善长等。乾隆五十年(1785)夏,由严长明作缘,黄易购归《王稚子阙》。同年七月,毕沅、孙星衍、严长明、洪亮吉、王复于大梁节署同观黄易所藏《范式碑》并题跋。乾隆五十一年(1786),毕沅在为黄易《汉石经残碑》题跋中道:"小松家藏金石甚富,每获宋拓本必索余题跋并以属幕中好古之士翰墨之缘,亦一时之盛也。"黄易在赴嵩洛访碑时,得到曾经在毕沅幕中的王复、武亿等旧友的帮助。毕沅幕府尤其重视金石文献的搜访和研究,纂有《关中金石记》《中州金石记》。乾隆五十九年(1794),毕沅巡视山东,阮元倡议编纂《山左金石志》,毕沅因年迈加之政务繁忙,商定体例后将编书之责托付给阮元。书成之后,为表达对毕沅的尊敬,此书仍署毕沅、阮元同纂。黄易曾得毕沅所赠《曶鼎》拓片并记录器形、自书释文(图20),拓片题首中恭敬地称毕沅"毕师秋帆"。[44]

图20 黄易藏《曶鼎》毕沅家拓本
童衍方藏

图21 黄易避寿所得《熹平二年残碑》清拓本 故宫博物院藏

阮元（1764—1849）字伯元，号芸台。仪征人。乾隆五十一年进士。历官乾、嘉、道三朝，历任山东、浙江学政，浙江、河南、江西巡抚，漕运、湖广、两广、云贵总督，历兵部、礼部、户部、工部侍郎，拜体仁阁大学士。阮元学识渊博，经史、小学、算术、舆地、金石、校勘均极精通。一生著述宏丰，又主持修纂了《经籍籑诂》《十三经注疏》《皇清经解》等大型总结性汉学典籍。阮元幕府有幕宾一百二十余人，几乎汇聚了乾嘉至道光初年朝野中一流的汉学家和诗文作家，其中有段玉裁、焦循、顾广圻、江藩、臧庸、李锐、严杰等著名学者，又有赵魏、朱为弼、孙星衍、武亿、朱文藻、何元锡、段松苓等潜心金石学整理研究之人，此外，陈鸿寿、陈豫锺等黄易旧友也曾协助过阮元。其主持修纂的金石学著作有《山左金石志》《两浙金石志》《积古斋钟鼎彝器款识》等。阮元每过任城，必于黄易署斋中观摩其收藏，"留连竟日不忍去"。乾隆五十八年（1793）春，黄易招朱文藻游山左，阮元、孙星衍皆莅任青齐，各倾箧商考，且命工匠广拓摩厓穹碑。这年冬天，阮元在曲阜，适逢黄易的访碑人以见汉隶残石（即黄易避寿所获《熹平二年残碑》，图21）来告，阮元"亟命掘土出之，舁至试院，手剔其文，乃熹平二年刻也……为移置孔庙同文门之侧"[45]。嘉庆二年（1797），黄易赴岱岩访碑，得到了刚刚在山左形成的孙星衍幕府的帮助。[46] 同年阮元、毕沅编纂的《山左金石志》由小琅嬛仙馆梓行，此书引用了黄易等人的先期著录成果，阮元曾云："兖济之间，黄小松司马搜辑已先赅备。"嘉庆九年（1804），

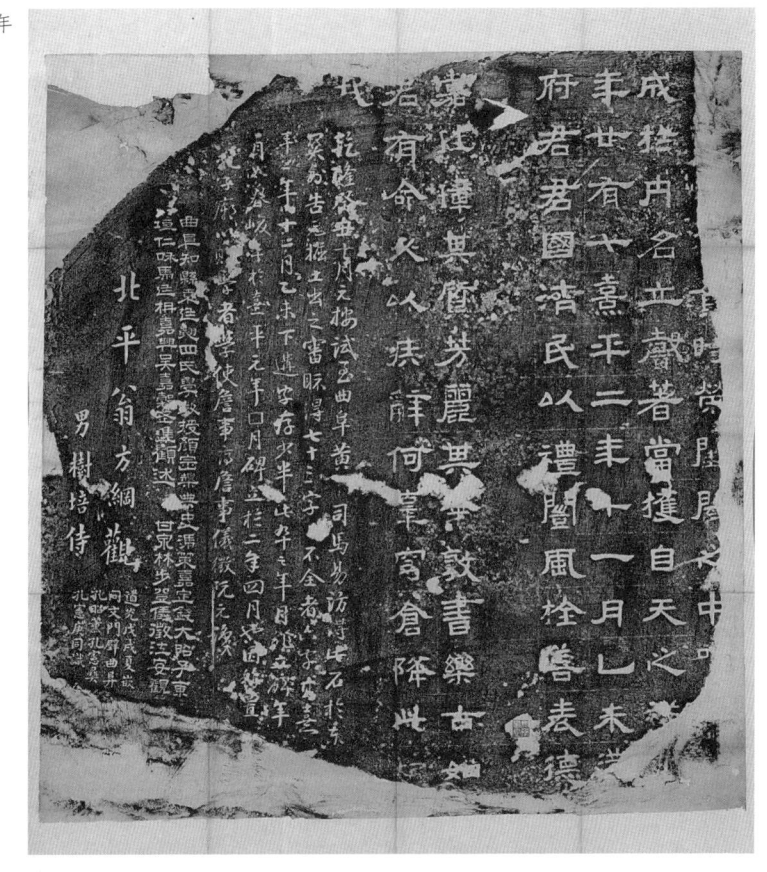

阮元刻成《积古斋钟鼎彝器款识》一书，也利用了黄易的部分收藏，如"汉宜子孙铎"、"晋永昌椎"等。[47]

由于受地域的限制，黄易与当时金石同好所采取的交流方式是以书信往来为主。梁启超曾论及清代学者学术交流多用函札：

> 后辈之谒先辈，率以问学书为贽。有著述者则媵以著述。先辈视其可教者，必报书，释其疑滞而奖进之。平辈亦然，每得一义，辄驰书其共学之友相商榷，答者未尝不尽其词。凡著一书成，必经挚友数辈严勘得失，乃以问世，而其勘也皆以函札。此类函札，皆精心结撰，其实即著述也。此种风气，他时代亦间有之，而清为独盛。[48]

今天尚存有大量黄易与当时学者金石学探讨的书札，如翁方纲、武亿、吴锡麒、赵魏、沈启震、余集等。其中黄易与翁方纲本不相识，正是通过信札，结交了这位"金石至友"。两人之间有大量的书信往还，内容几乎全部是有关金石收藏和探讨的。如乾隆四十九年（1784）秋，翁方纲函嘱黄易亲至《鲁峻碑》手拓碑阴，黄易践诺，翁方纲作《鲁峻碑阴歌报黄秋盦作》，中有"武林黄九官济州，眼照万古肠为热。诺我此段烦急足，三度缄来冒风雪。今秋始得手量石"句。[49]

再如武亿致黄易信札中，也记有黄易以玉版连纸一束寄去托其拓河南碑刻，并以《修武氏祠堂记略》一文就正之事，武亿对一些文字的细节处提出了建议。在另一封信中，武亿提到，由于自己没有读过宋代洪适的《隶释》，黄易便将此书相借，武亿读后，对《隶释》的记载提出一些看法并与黄易商讨。[50]另黄易在自题中岳庙"马"字拓本（风雨楼旧藏）时云："中岳庙前石人，武虚谷疑其有字。易亲观仆辈细拓，只于石人顶上得此一字。亟驰书相告，而《金石志》已刻成。"生动记述了二人学术交流之一例。

有的信札中，还留存了金石学家收集和置换金石碑拓的细节性史料，如与赵魏的通信中显示出黄易与赵魏在购买碑拓上还有经济往来。赵魏曾以赵孟𫖯《道德经》《苍蝇赋》托售，黄易在回信中说《道德经》"岁底再无人要，弟当寄还"云云，又提到有银存奚冈处，托赵魏购碑帖可从奚冈处支取。嘉庆五年（1800）赵魏自粤还，黄易致信乞分惠粤中碑拓："吾兄在粤中得拓本乞分惠。粤碑弟与铁桥甚少也。"

六、余论

梁启超在《清代学术概论》一书中评论：

> 金石学之在清代又彪然成一科学也。自顾炎武著《金石文字记》，实为斯学滥觞……顾、钱一派专务以金石为考证经史之资料，同时有黄宗羲一派，从此中研究文史义例……别有翁方纲、黄易一派，专讲鉴别，则其考证非以助经史矣。[51]

在金石学史上，黄易的家庭背景、知识结构和经历注定他不是以一个汉学家的身份出现，而是以一个金石资料的搜访者、发现者、收藏者、整理者以及一个慷慨的提供者出现。虽然他也有考证经史小学的文字留存，但显然并不以此见长，而是注重碑拓版本优劣的鉴别和书法艺术上的源流考辨。这种偏重于金石考古、鉴定收藏、书法流变的金石学派，与顾炎武、钱大昕等人的订补经史小学已经有很大的分别。客观地说，虽然黄易的金石学研究总体还停留在鉴赏与收藏上，但是他并不像某些藏家把自己的藏品秘不示人，而是以一种开放性的姿态，通过广泛地交流，与乾嘉时期聚拢的一大批金石学同好，共同进行学术研究和探讨。

自从乾隆三十八年（1773）朱筠奏请开四库馆，此后稽古之风大行，朴学趋于兴盛。黄易的金石学整理和研究，正和此时呈现的学术全盛期的气象和氛围息息相关。以黄易、翁方纲等为中心的金石学家互相交流，研究探讨，既对传统的金石学治学方式有着继承，又摒弃了以往鉴藏家"居奇""自珍""秘玩"的心态，呈现出一种慷慨和开放的气度，此时学者之间的联系前所未有地被加强，关系也更为融洽。也正是这种收藏家与学者，金石学家与汉学家共同"疑义相析"的学术交流，成就了乾嘉金石学、考据学的极盛。黄易的金石发现与收藏，他的开放与交流的学术心态，在清代学术史上自有其不可磨灭的贡献。

继承黄易与翁方纲的金石学鉴赏一派者甚多，如张廷济、翁树培等人，此后愈渐趋于琐细。道咸以后，金石学鉴赏派逐渐位居主流，运用金石史料订正经史小学的学者后继乏人。李慈铭在描述当时学术界的风气指出：

> 嘉庆以后之为学者，知经之注疏不能遍观也，于是讲《尔雅》，讲《说文》。知史之正杂不能遍观也，于是讲金石，讲目录。志已偷矣。道光已下，其风愈下，《尔雅》《说文》不能读，而讲宋版矣，金石目录不能考，而讲古器矣。至于今日，则诋郭璞为不学，许君为蔑古。偶得一模糊之旧槧，亦未尝读也，瞥见一误字，以为足补经注矣。间购一缺折之赝器，亦未尝辨也，随摸一刻划，以为足傲汉儒矣。金石则欧、赵何所说，王、洪何所道，不暇详也，但取黄小

松《小蓬莱阁金石文字》数册，而恶《金石萃编》之繁重，以为无足观矣。目录则晁、陈何所受，焦、黄何所承，不必问也，但取钱遵王《读书敏求记》一书，而厌《四库提要》之浩博，以为不胜诘矣。若而人者，便足抗衡公卿，傲睨人物，游谈废务，奔竞取名，然已为铁中之铮铮，庸中之佼佼，可不痛乎![52]

这一状况，正是汉学式微的表现，清朝后期，社会问题大量暴露出来，内忧外患严重，实用之学占据主流，而考据之盛世，自此已不复存矣。

注　释

[1] 相关论述请见朱剑心《金石学》，文物出版社，1981年版，页4、13、34。

[2] 陆和九《中国金石学讲义》，北京图书馆出版社，页390。

[3] 李玉棻《瓯钵罗室书画过目考》卷三，清光绪刊本。

[4] 收录于《石刻史料新编》第一辑，册23。台湾新文丰出版公司，1982年版。

[5] 张燕昌《金石契》，清乾隆四十三年刊本嘉庆增修本。

[6] 收入《中国国家图书馆碑帖精华》第八册，北京图书馆出版社，2001年版。

[7] 沈津《翁方纲题跋手札集录》，广西师范大学出版社，2002年版，页454。

[8] 翁方纲《黄秋盦传》，《复初斋文集》卷十三，清刊本。

[9] 钱大昕《小蓬莱阁金石文字序》，《小蓬莱阁金石文字》，清嘉庆刊本。

[10] 是书有同治年间鲍康题跋，孙殿起《贩书偶记》曾著录。

[11] 阮元《小沧浪笔谈》卷二，丛书集成初编本，商务印书馆，1936年版。

[12] 黄易《嵩洛访碑日记》，收入《丛书集成新编》册52，台湾新文丰出版公司，1985年版。

[13] 黄易《小蓬莱阁金石文字》（郑文焯批注本），清嘉庆五年刊。郑批云："此武进唐氏旧拓。盖即唐氏在宋时手自精拓本也，后遂传为唐拓。翁、黄诸贤每好侈言名迹，未考定武进唐氏为谁何，辄究纸、墨色之古，称为'唐拓'。小松言宋人拓后久埋土中至今始出，今拓即宋拓也，此语近是。乃必谓宋以前，亦无搞证。余所藏娄寿、谯敏二碑，是宋摹宋拓，覃溪亦题为唐拓本，

岂石墨亦有不虞之誉耶？"

［14］见马子云《谈武梁祠画象的宋拓与黄易拓本》，载《故宫博物院院刊》，1960 年 00 期。

［15］见王厚之《钟鼎款识》，嘉庆七年阮元积古斋影刻本。

［16］黄易刻"梦华馆印"边款。

［17］黄易在 1787 年前后曾为武亿手镌名章三方，同时委托其帮助拓取河南登封一带石刻。

［18］黄易《小蓬莱阁金石文字》，清嘉庆五年刊本。

［19］关于清初及以前的访碑活动，白谦慎《傅山的世界——十七世纪中国书法的嬗变》、薛龙春《郑簠研究》两书都有比较详细的论述。

［20］见王念孙跋黄易"嵩洛访碑图册"。

［21］黄易《嵩洛访碑日记》，丛书集成新编本，台湾新文丰出版公司，1985 年版。

［22］《石刻史料新编》第一辑，册 12，台湾新文丰出版公司，1982 年版，页 9191。

［23］赵一清《东潜文稿》，辽宁教育出版社，1998 年版，页 107。

［24］黄易《小蓬莱阁金石目》，原稿本。

［25］见叶昌炽《语石》卷九，辽宁教育出版社，1998 年版，页 252—253。

［26］朱剑心《金石学》，文物出版社，1981 年新 1 版，页 293。

［27］巫鸿认为，武梁祠的出土，"对一般性学术史说来"，"是中国历史上第一次有计划的考古发掘"。见《武梁祠——中国古代画像的思想性》，生活·读书·新知三联书店，2006 年版，页 12。

［28］徐宗幹《济宁碑目志》，收入《石刻史料新编》第三辑册 26，台湾新文丰出版公司，1986 年版。

［29］《语石》卷十，辽宁教育出版社，1998 年版，页 272。

［30］武梁祠现存残石均已被研究者详细记录并编号，此石（砚）今日在何处尚是疑问。事见王昶《金石萃编》卷二十一。

［31］巫鸿《武梁祠——中国古代画像艺术的思想性》（The Wu Liang Shrine: The Ideology of Early Chinese Pictorial Art），生活·读书·新知三联书店，2006 年版，页 55。这本书在 1989 年获得全美亚洲学年会最佳著作奖。中译本由生活·读书·新知三联书店 2006 年出版。该书对于武梁祠的发现和研究历史的论述中出现不少语病和谬误，如"他们记录下每石的形状，以及上面所刻的建筑、树、动物和鸟。"（页 55）"早在黄易发掘武氏祠之前就移到济宁孔庙的武荣碑也被发

现了。"（页15）这些句子不仅存在语病，而且与史实也不尽相符，如第二句中的"武荣碑"，似乎是"武斑碑"之误，因为"武荣碑"早已置立于济宁学宫中，谈不上再次"发现"。"武斑碑"倒是黄易之前发现的，但并未移置孔庙，而是后来就地保存于重立的武氏祠中。因为我未能检获英文原著，也许这一类的错误仅仅是翻译者造成的。

[32] 见《翁覃溪手札》（上海图书馆藏），转引自沈津《翁方纲题跋手札集录》，页573。实际上，翁方纲《复初斋文集》三十五卷，也是在其去世后才由门下弟子聚资付刻。

[33] 瞿中溶著、刘承幹校《汉武梁祠画像考》，清吴兴刘氏希古楼刊本。

[34] 黄易《秋盦遗稿》，续修四库全书本，册1466，上海古籍出版社，1995年版。

[35] 此谱韩天衡《天衡印谭》又记"成书当在嘉庆初年"。上海书店，1993年版，页308。

[36] 徐忆农先生认为南京图书馆所藏《小蓬莱阁金石目》实为两种稿本，但未明为何编为一种。另《中国古籍善本书目》史部一四四八三著录："小蓬莱阁金石目不分卷，清黄易藏并撰，稿本，清孙星衍题款。"此本国家图书馆藏，九行二十一字，白口，四周单边，一册。同时，上海图书馆网络版馆藏古籍书目著录："小蓬莱阁金石目不分卷，清黄易藏并撰，稿本，六册。"参阅徐忆农《南京图书馆藏稿本〈小蓬莱阁金石目〉》，故宫博物院编《黄易与金石学论集》，故宫出版社，2012年版，第346—349页。

[37] 《嵩洛访碑日记》传本颇多，如伍崇曜刻《粤雅堂丛书》本，后辑入《丛书集成初编》，所据底本为黄石溪钞本。另台湾"国家图书馆"有莫棠藏钞本，其他尚有国家图书馆刘履芬等藏钞本数种，近年黄易稿本亦现身拍场。

[38] 阮元《小沧浪笔谈》卷二，丛书集成初编本，商务印书馆，1936年版。

[39] 叶昌炽《语石》卷十，辽宁教育出版社，1998年版，页273。

[40] 详见白谦慎《傅山的世界——十七世纪中国书法的嬗变》，生活·读书·新知三联书店，2006年版，页223、页226—227。

[41] 日本"网络论"学者金子郁容将这种"人际网络的建立"阐释为"具有固有意志和主体性的单元（个人或人的集团）根据各自的自由意志参加而形成的统一体。"这种"建网"一旦形成，就会产生个体松散地存在之时所无法得到的力量，并可以通过这种力量来解决一些问题，产生一加一等于三的"魔力"。这一论点请见《建网的招待》（ネットワークへの招待）一书。此处转述自王标《城市知识分子的形态——袁枚及其交游网络的研究》，上海三联书店，2008年版，页13—14。

［42］见尚小明《学人游幕与清代学术》，社会科学文献出版社，1999年版。本文关于清代学人幕府的史料多采自此书，不再一一注明。

［43］叶衍兰《清代学者象传》，民国十九年影印本。

［44］题首"镇洋毕师秋帆得于秦中"，今藏童衍方处。见《金石永年——金石拓片精品展图录》，上海书店，2008年版，页5。

［45］《小沧浪笔谈》卷三，丛书集成初编本，商务印书馆，1936年版。

［46］孙星衍1795年至1804年在山东时，其实也形成了自己的幕府，详见尚小明《清代士人游幕量化分析》一文。

［47］阮元《积古斋钟鼎彝器款识》卷十，清嘉庆九年刊本。

［48］梁启超《清代学术概论》，上海古籍出版社，1998年版，页64。

［49］翁方纲《复初斋诗集》卷廿九，清嘉庆刊本。

［50］参见武亿《授堂文钞》卷三、卷九，续修四库全书本，册1466，上海古籍出版社，1995年版。

［51］梁启超《清代学术概论》，上海古籍出版社1998年版，页58。

［52］李慈铭《越缦堂读书记》卷十二，中华书局1963年版，页1283。

第二节　黄易、黄庭与《敦煌太守裴岑纪功碑》

黄易一生中与两件石刻关联至为紧密，首先当属武梁祠画像，它是黄易访碑实践、金石收藏与研究、金石保存与传播诸方面最为成功和辉煌的一页。其次，则是出自新疆巴里坤的汉碑《敦煌太守裴岑纪功碑》（图1）。

《敦煌太守裴岑纪功碑》即《裴岑纪功碑》，原碑今藏新疆维吾尔自治区博物馆，碑高139厘米，广61厘米，六行，每行十字，共计六十字。碑立于东汉顺帝永和二年（公元137年），

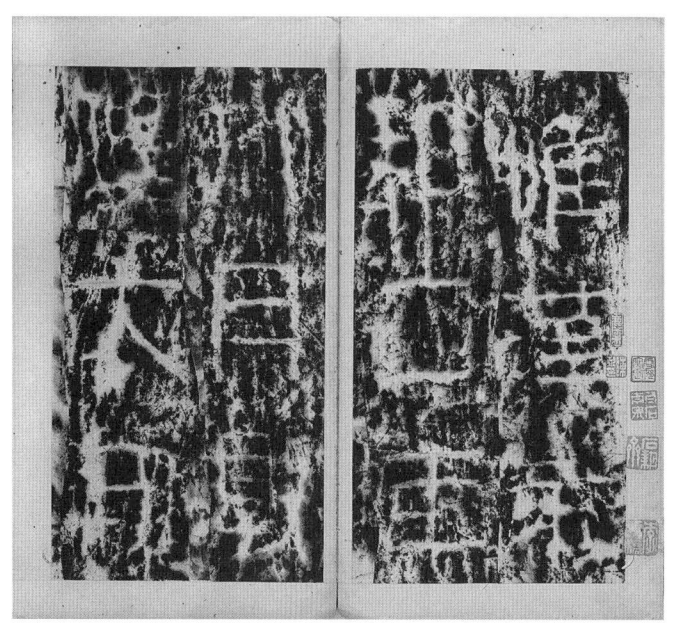

图1　黄易赠李东琪《裴岑纪功碑》拓本
故宫博物院藏

记述汉敦煌太守裴岑之战功事略，全文为："惟汉永和二年八月，敦煌太守云中裴岑将郡兵三千人，诛呼衍王等，斩馘部众，克敌全师。除西域之灾，蠲四郡之害，边竟艾安。振威到此，立海祠以表万世。"此碑笔势介于篆隶之间，用笔率直无波磔，是由篆变隶的典型过渡书体。康有为《广艺舟双楫》称其"古茂雄深，得秦相笔意"。

关于此碑，牛运震《金石图》云："碑在西塞巴尔库尔城（今新疆巴里坤哈萨克自治县）西五十里，地名石人子，以碑上锐下大，孤笋挺立，望之如石人故也。雍正七年（1729）大将军岳锺琪移置将军府，十三年（1735）撤师，又移置汉寿亭侯庙。"

王昶《金石萃编》云："是碑在巴里坤城西北三里关帝庙前。巴里坤今已译改为巴尔库尔，亦为巴尔库勒，于前汉为匈奴东蒲类王兹力支地，后汉属伊吾卢地，后魏属蠕蠕，隋属伊吾郡，后入突厥，唐属伊州伊吾县，明属瓦剌，详见《钦定西域图志》中。其地西北山麓槛泉竞发，分为三支，汇入于巴里坤淖尔，即汉蒲类海也（笔者注：今名巴里坤湖，汉称蒲类海）。碑称永和二年（137），为后汉明帝（笔者注：误，实为顺帝）十二年，史传不著其事，盖当时敦煌郡人为裴岑建祠而立。乾隆二十二年（1757）平定伊犁，裘文达公奉命按行其地，亲见是碑，得拓本归，遂显于世。后求者颇众，戍卒模拓以为利。好事者恐其刓损，刻一本以代之，故近拓非真本也。昶在关中，门人申子兆定重摹一本，勒石碑林，苍劲几乱真，故亦为时所爱。申子又尝重摹东汉《仙集留题字》，即刻于《裴岑》碑阴云。"[1]

乾隆三十五年（1770）秋八月，毕沅从陕甘总督明山出关勘察屯田，于西域巴里坤得见《裴岑纪功碑》与《唐姜行本纪功碑》，拓之以还，并各有诗记其事。其《观东汉永和二年裴岑纪功碑五首》，题下自注云："巴里坤屯兵垦地得之，移置城北丛祠。文简篆古，洵可宝贵。爰拓数纸携归，以补《关中金石录》，并跋短章。"诗云：

> 边城喜值快晴时，走马来寻汉代碑。翠壁手扪窥古法，唐前秦后接冰斯。
>
> 嵩山洛水冷云烟，宫殿迷茫认不全。谁料玉门关外石，至今留得永和年。
>
> 松冈闻说驻降旗，祠后犹留万灶基。每到雪昏风横夜，烦冤新鬼哭残碑。[雅将军曾歼沙克多尔曼济部众于此。]
>
> 未必勋名卫霍如，简编失载亦粗疏。我来不枉风霜苦，抚得遗文补汉书。
>
> 摩挲自别土花青，篆法犹存旧典型。为乞银光觅人拓，不辞独立夕阳亭。[2]

黄易初见此碑为纪晓岚藏本之双钩本，十分欣赏，曾"思得此碑十有余年"，可见对此碑关注之早。[3]然而撇开考证书法源流与金石鉴藏的因素，黄易对此碑的特殊情结，更多则与长兄黄庭的遭遇息息相关。《故宫藏黄易尺牍研究·手迹》中涉及《裴岑纪功碑》者计三通，今按时间顺序迻录于下：[4]

西边有残碑，[只"济木萨"等字。]巴里坤有《敦煌太守碑》，[人云在关侯庙，其光若镜，乃厚碣石也。]又北打版有《唐吴行本纪功碑》，均托家兄拓取矣。（新180743-43/44 黄易致赵魏妙极札，约乾隆四十一年[1776]清苑署中。）

家兄信云《裴岑碑》在巴里坤，距迪化千五百里。兹俞军门往彼阅兵，托其幕中人胡君代拓，约明春必得。又云乌什外有石壁刻大将军霍方士某某名，文字残缺，疑汉武时迹，惜不能拓，[已抄其文在都中明君处，昨往求矣。]又有《唐姜行本纪功碑》亦在巴里坤，昨托人拓取，一有当即寄兄。（新069087-12/12附六：张廷济录黄易致赵魏秋气札，乾隆四十一年[1776]九月廿日。）

《裴岑》真拓，家兄已为觅得壹本，碑虽泐甚，而波磔宛然，与平日所钩纪晓岚本悉合，惟纪本作立德祠，褚钩本并《金石图》作"立海祠"，今弟所得本亦俨然"海"字，是褚本不为无据，惟文义则不可解，乞教示。（新180825-24/30 黄易致赵魏夏间札，乾隆四十五年[1780]九月初十日。）

由此三札可知，至少在乾隆四十一年（1776），黄易即已托请遣戍轮台的长兄黄庭拓取《裴岑纪功碑》原石真本。乾隆四十三年（1778）黄庭觅得先寄者为《裴岑纪功碑》西域军营木刻翻刻本（今藏国家图书馆，图2），乾隆四十四年（1779）黄易于济宁题跋其上：

……梦珠兄觅以见寄，时在清苑□□，手装成册……□是地军营所刻。原石在苦寒之郊，毡蜡□□□□，木

图2 《裴岑纪功碑》木刻真石拓本合册之木翻刻本黄易题跋
国家图书馆藏

有断烂剥蚀之状,拓出以应求者。纪阁学□□学士所述如此,当得其实也。是刻为汉石鸿宝,真品……在塞外,久不能致,故存此木本,亦古人收骏骨之意耳。己亥……书于济宁西郭旅馆。(钤"小蓬莱阁"印)[5]

此先得之西域军营翻刻本,即王昶所云"戍卒模拓以为利"之木刻本,翁方纲《两汉金石记》对《裴岑纪功碑》翻刻本叙述更详:

是碑土人有重刻者,其真本多为拓手描失,故真本亦往往不同。然必其有描失之痕者,乃是真本,若其无描画之迹而有失误者,则非真本。牛真谷云是碑以篆为隶,然是由篆变隶之渐,汉碑多如此。其字中凡遇口字,皆方中带圆者,乃是真本。若其口字竟似圆圈者,则非真本……是碑重摹之本,亦在巴里坤,未可以得自塞上遽为真也。[6]

从碑拓鉴藏的角度而言,翻刻本徒存其形,间有失真,艺术价值与收藏价值并不大。但对黄易而言,长兄所寄赠之翻刻本是兄弟情谊的见证,寄托了黄易对伯兄遣戍边疆苦难遭遇的深厚同情,这就是黄易所云"千金收骏骨"的深层寓意所在。

乾隆四十五年(1780)七月,黄易继得黄庭在迪化(今乌鲁木齐)觅得并寄赠巴里坤石人子

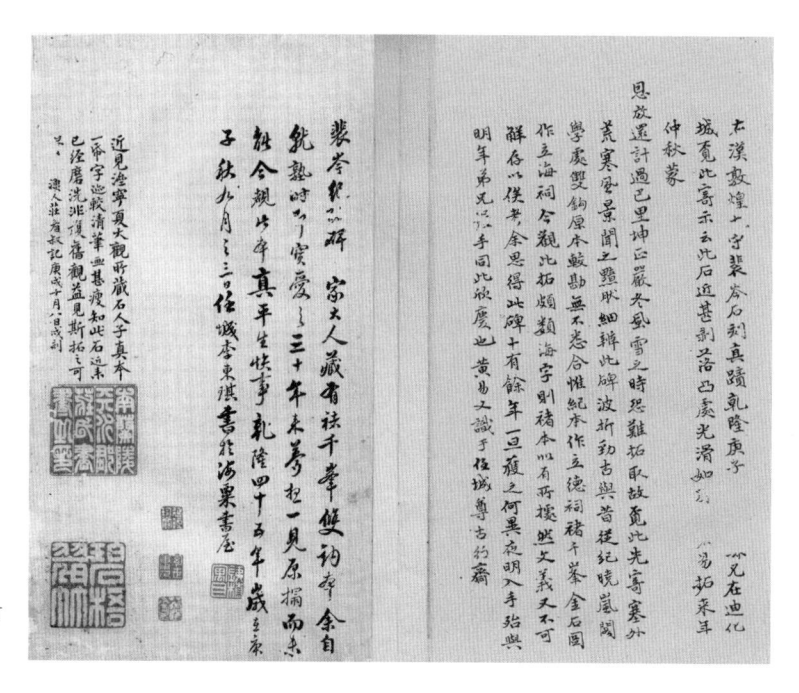

图3 《裴岑纪功碑》木刻真石拓本合册之真石本黄易等题跋

真石本（图3），此真拓本即尺牍中所言"家兄已为觅得壹本"者。[7]以先得之木刻翻刻本与真石本皆为黄庭自塞上寄赠之故，黄易将两本汇装成一册，又题其上：

> 右汉敦煌太守裴岑石刻真迹，乾隆庚子（1780）□□梦珠兄在迪化城觅此寄示，云此石近甚剥落，凸处光滑如珠，□不易拓。来年仲秋蒙恩放还，计过巴里坤正严冬风雪之时，恐难拓取，故觅此先寄。塞外荒寒风景，闻之黯然。细辨此碑，波折劲古，与昔从纪晓岚阁学处双钩原本较（校）勘，无不悉合。惟纪本作"立德祠"褚千峰金石图作"立海祠"，今观此拓颇类"海"字，则褚本必有所据，然文义又不可解，存以俟考。余思得此碑十有余年，一旦获之，何异夜明入手。殆与明年弟兄握手，同此欣庆也。黄易又识于任城尊古行斋。[8]

据黄易跋文可知，国家图书馆所藏此册为木刻翻刻本与真石本合装，又故宫博物院亦藏有一册拓本（编号新082407，图4、5），无木刻翻刻本中黄易及他人题跋，但其中黄易、孔继涵、王寿生、庄缙度题跋甚

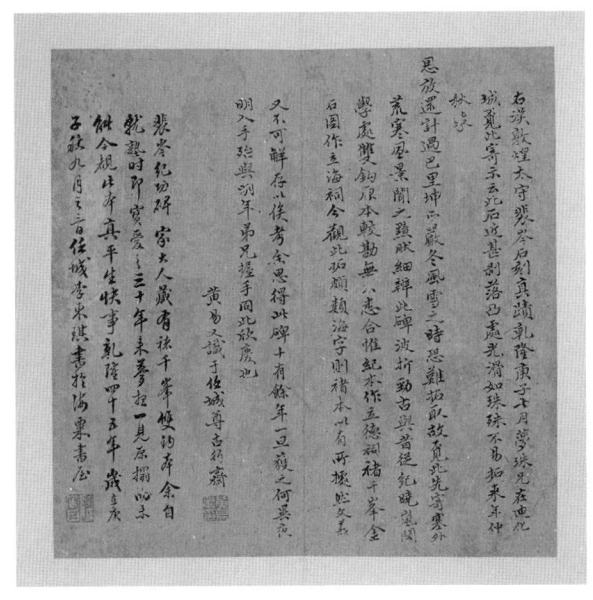

图4 《裴岑纪功碑》真石本黄易题跋 故宫博物院藏

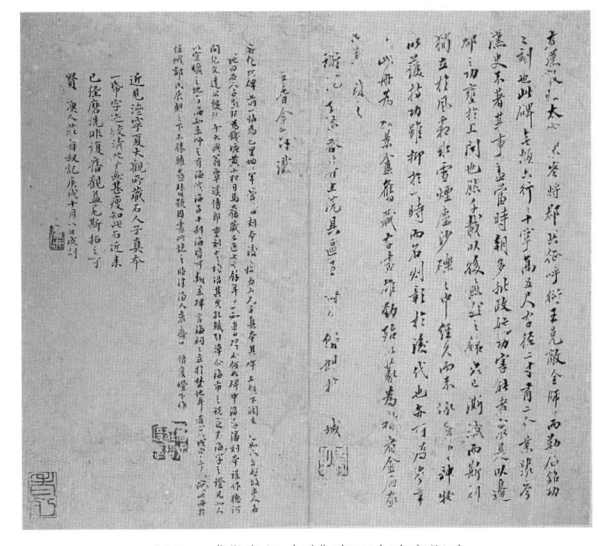

图5 《裴岑纪功碑》真石本诸家题跋

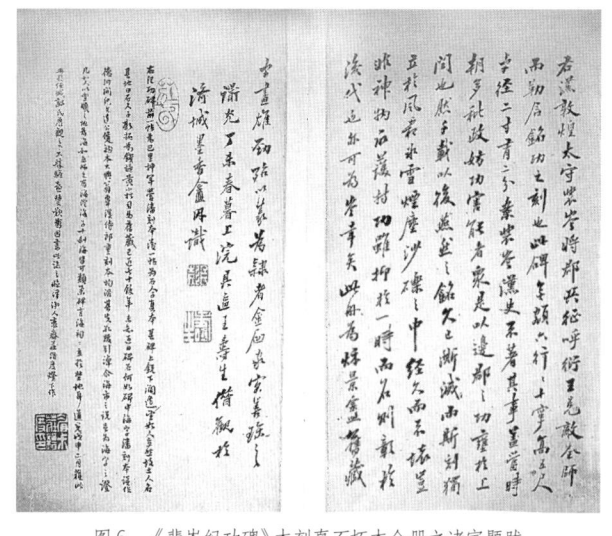

图6 《裴岑纪功碑》木刻真石拓本合册之诸家题跋

至题签从内容到形式与国家图书馆藏本（图6）几乎完全雷同，笔迹也极相似，唯题跋部分的印章有所不同，如国图藏本黄易跋后钤"小松"朱文印，故宫藏本则替换为"黄易私印"白文印，此外孔继涵与王寿生跋文后所钤印章也有所不同，因而十分可疑，可能出自庄缙度伪造。[9]据云庄缙度曾得黄易遗印，遇精拓本辄钤之渔利，今从国家图书馆藏《裴岑纪功碑》木刻翻刻本与真石本合册、故宫博物院藏真石本（编号新082407）、2005年翰海秋拍木刻翻刻本（Lot.2340）三者互勘来看，的确真伪难辨，具有极强的迷惑性。但从这些题跋的内容上分析，与已知的黄易事迹皆符契，故其作伪必然是有真本作为依据的，依然具有重要的参考价值。

据笔者所见直接的文献资料记载，黄易先后所得《裴岑纪功碑》至少有六本。除前文提及黄易最早所见纪晓岚藏本双钩本、黄庭所寄西域军营木刻翻刻本、黄庭所寄石人子真本之外，尚有清水唐尉拓寄真本[10]、翁方纲所寄赠真石本二本。

翁方纲所赠两本之一（故宫博物院藏，编号新201993，图7）[11]，由黄易题签"敦煌太守纪功碑，乾隆癸丑拓本，小蓬莱阁珍藏"，题跋并赠于李东琪，跋云：

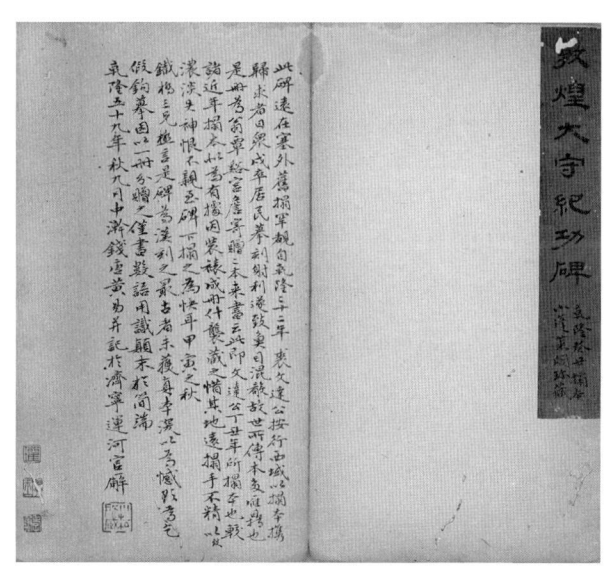

图7 黄易赠李东琪《裴岑纪功碑》拓本题签并跋

此碑远在塞外，旧拓罕觏。自乾隆二十二年（1757）裘文达公按行西域，以拓本携归，求者日众。戍卒居民摹刻射利，遂致鱼目混殽，故世所传本多赝鼎也。是册为翁覃溪宫詹寄赠二本，来书云此即文达公丁丑年（1757）所拓本也，较诸近年拓本似为有据，因装裱成册，什袭藏之。惜其地远，拓手不精，以致浓淡失神，恨不亲至碑下拓之为快耳。甲寅（1794）之秋，铁桥三兄极言是碑为汉刻之最古者，未获真本，深以为憾，欲为乞假钩摹，因以一册分赠之，仅书数语用识颠末于简端。乾隆五十九年（1794）秋九月中瀚，钱唐黄易并记于济宁运河官廨。（钤"小松所藏"朱文印）[12]

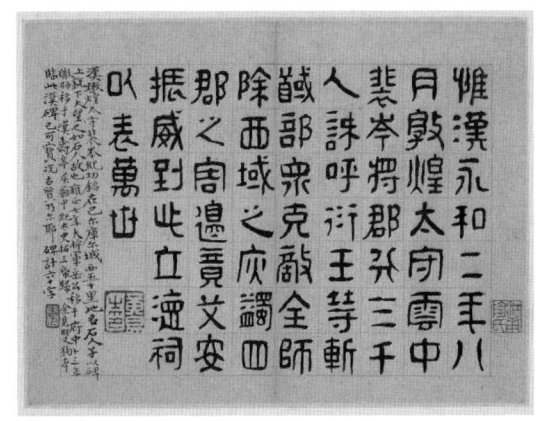

图8 黄易早年所临《裴岑纪功碑》
无锡博物院藏

黄易对《裴岑纪功碑》所怀有的特殊感情还体现在他曾经多次临写此碑，今存临书墨迹至少有两通。其一为乾隆四十年（1775）六月十日前后，黄易作《书画合册》八开（无锡市博物馆藏，图8），其中《临敦煌太守裴岑纪功铭》题曰：

> 汉敦煌太守裴岑纪功铭，在巴尔库尔城西五十里，地名石人子，以碑上锐下大，望之如石人故也。雍正七年（1729）大将军岳公移于府中，十三年（1735）彻师移于汉寿亭侯庙中。纪太史拓三纸归，余见双钩本。临此汉碑已可宝，况古质乃尔耶。碑计六十字。

另一件临本约作于获得黄庭所寄真本不久，附于黄易旧藏是碑拓本之后（故宫博物院藏，编号新045391，图9、10），但此临本及题跋笔力略弱，后有题曰：

> 汉敦煌太守裴岑纪功铭，刻于东汉顺帝永和二年，前人著录所未见。雍正七年（1729），大将军岳公得于西塞巴尔库城西石人子，移置将军府。十三年（1735）彻师，又移置关帝庙。苦寒之地，摹拓殊艰，土人遂有模刻者，此乃真拓本，不易得也。钱宫詹辛楣先生云，汉自安帝以后，北匈奴呼衍王常展转蒲类秦海间，专制西域，共为寇钞。敦煌太守率兵掩击，克敌全师，可谓不世之奇勋。而汉史不著其事，盖其时政多秕政，妨功害能者众，边郡文簿壅于上闻故也。

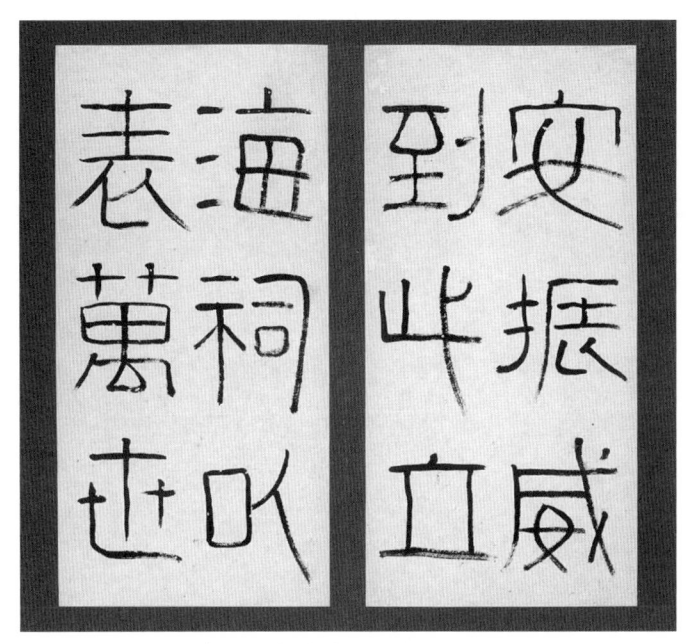

图9 《裴岑纪功碑》黄易临本局部 故宫博物院藏

图10 《裴岑纪功碑》黄易临本自题跋

而此石经久犹存,岂非抑于一时,而彰于千载耶?黄易临写并识。(钤"黄易私印")[13]

《裴岑纪功碑》是凝集了黄易特殊感情的一件碑刻,笔者认为黄易对它特别重视的原因有以下几点。第一,此碑所在之地为边塞新疆巴里坤,在当时被认为是苦寒之地,拓手难觅,椎拓不易,故拓本极为难得。其次,雍正七年(1729)岳锺琪访得是碑,乾隆二十二年(1757)平定伊犁,裘曰修按行此地得拓本归,遂显于世。当时距离裘曰修初拓仅二十余年,这一件新发现的汉代碑刻既是声名鹊起的艺术资料,同时也是最新的学术研究资料。第三,《裴岑碑》在当时已有大量翻刻本出现,释文也大有可商榷之处,作为金石鉴藏家的黄易,亟欲得到原拓真本作为考研与鉴赏的范本。第四,也是最重要的一点,此碑拓本是由黄易长兄黄庭亲自塞上觅得寄赠,最能体现"黄树穀—黄庭—黄易"父子与兄弟间"金石传家"的精神内涵,也是兄弟情义的最好见证。

关于黄庭因事牵连遣戍轮台,黄易一直努力为之赎救之事,故宫所藏多通黄易尺牍中皆有涉及,其中有不少有价值的新资料。

清代西疆初平，归入清廷版图，在当时而言实乃荒原苦寒之地，黄易的师长辈毕沅曾有西行之役，对塞外荒寒有深刻的亲身体验，其诗可证：

> 柝声未定又鸡声，旅夜生憎睡易醒。寒月正来窗上白，家山偏入梦中青。昨宵慈母曾相见，数拍凄凉不可听。为问冲寒向西去，天涯仍有几长亭。[14]

可以想见黄庭作为戴罪之人遣戍塞外，生活自是非常艰苦。黄易一直没有放弃运用各种方法营救伯兄，他通过各种渠道募集资财，为黄庭纳锾赎罪。乾隆四十五年（1780），黄庭在塞外迪化为酷嗜金石碑版的弟弟寄去《敦煌太守裴岑纪功刻石》拓本，此时恰逢黄易缴清捐例，阔别十六载的兄弟重见在即，黄易在任城官斋中满怀期待地题跋：

> 右汉敦煌太守裴岑石刻真迹，乾隆庚子□梦珠兄在迪化城觅此寄示，云此石近甚剥落，凸处光滑如珠□不易拓。来年仲秋蒙恩放还，计过巴里坤正严冬风雪之时，恐难拓取，故觅此先寄。塞外荒寒风景，闻之黯然……余思得此碑十有余年，一旦获之，何异夜明入手。殆与明年弟兄握手，同此欣庆也。

然而天不从人愿，就在黄庭即将被蒙恩放还之际，黄庭却卒于塞外戍所，最终未能兄弟重聚。在汪㤄、江昉等人帮助下，黄易遣干仆将黄庭及其妾棺柩运回杭州归葬，待其嫂吴氏殁后，复将二人合葬。[15]黄庭生前与妻吴氏（国学生吴甸衡之女）育有一子一女，子名黄时，后更名黄元鼎，字渭符。

就笔者近年所见资料，关于黄庭遣戍之事又有一些新的发现，首先是关于黄庭遣戍轮台的时间，据潘庭筠《山东兖州府运河同知钱唐黄君墓志铭》所记"二十一伯兄缘事谪轮台，君旋里负米养母，馆固安三年、武冈五年、佐直隶方伯郑公，由伍祐场历清苑者四年"，应在乾隆二十九年（1764），即黄易二十一岁之时。今见华嵒《九狮图》黄易题跋："乾隆乙酉冬，先兄梦珠有出塞之役。余负米游上谷，治装无术，典及琴书，秋岳先生此画，将非我有。因无款，人不之信，陆解元筱饮为题数语，始归于包梅坨。越廿年，余官河丞，读礼南还，购归珍藏，黄易记。（钤'大易'印）"[16]据此可知黄庭实际动身出塞乃在乾隆乙酉（1765）年冬。

其次，关于黄庭"缘事谪轮台"，究竟是牵涉进了什么样的事件，使得这位颇负文才的幕宾，受到遣发西域轮台这样严重的惩罚呢？此事在黄氏家族内部及亲友中从未见任何实质性的文字记录，仅云山雾沼般以"楚事"称之（新069087-11/12《黄易致汪志等楚事札》），可见崇尚清白家风的黄家对此讳莫如深。笔者认为，黄庭所受到的牵连，可能与乾隆二十八年（1763）发生的湖北归州"纵盗冤良"案有关。此案震惊朝野，乾隆曾连下二十多道圣谕督办，所有案犯全部押至热河，亲自审理，涉及的官员，从总督、巡抚、藩台、臬台、知府、知州、知县，直至与审问相关的大小官吏，或处死、或充军、或流放、或罚银，并作为典型案件，警示天下，也引发了清代幕府制度的改革。[17]

据《乾隆实录》（乾隆二十八年七月初八日）记载：

> 又谕，湖北盗犯张洪舜等前后两案，承办之上司属员种种扶同欺蔽，实为情理所不容，历来所罕见之事，前后所降谕旨甚明。朕之所以弗惮谆谆告诫者，不特为楚省整纲饬纪，亦正为直省各督抚提撕警觉耳。国家立法，弭盗所以安良，乃沈作朋等辄将赃真盗确之犯立意翻案纵脱，转致冤累良民。及后案复发仍辗转护非，并欲消弭前案，天下岂有甫经开释之盗犯，旋即夥劫败露，而仍疑前案之尚非真盗者？此虽三尺童子亦知其断无是理，乃转于此吹求驳诘，是诚何心。若论反坐，常例未的决者，原问官得减等定拟，此在州县微末之员，承办偶尔舛误，或可依例稍从末减，若督抚藩臬，为地方倚任大僚，案情由其核定，乃敢上下联为一气，掩蔽欺朦，几致覆盆莫白。况事主李作棋等冤累经年，一家已破，岂得复借决与未决为解免之词。伊等之纵盗冤良，钳制属员，朋比为奸，天下所共知，本不待更讯，所以亲加鞫讯者，特示严惩，以申国法而抒民愤，且使天下司宪者知善良不可滥冤，谳牍不容淆乱，于明罚敕法之中，寓惩一儆百之意。

此案肇始时在乾隆二十五年（1760），至乾隆亲办此案乃乾隆二十八年（1763），这段时间黄庭正在湖北佐幕，很有可能以幕友的身份卷入此案审理当中，况且此案牵连极广，又经乾隆谕令严办，甚至引发了湖北官场的巨大震动，下级幕吏自难脱罪。此外，从结案和主犯判决时间来看，乾隆三十年（1765）原任湖北按察使沈作朋被判斩立决，原任湖北巡抚周琬、总督爱必达改绞监候（后改发伊犁赎罪）。而黄庭被遣发轮台实际动身出塞的时间是乾隆三十年（1765）冬，在时间上也是十分符契的。

从乾隆三十年（1765）到乾隆四十五年（1780），黄庭在边塞的十五年间，黄易一直通过各种关系营救黄庭，其中出力最多的是以汪志、江春为首的汪氏与江氏两大家族。故宫所藏黄易尺牍中，有数通事关赎救的信札，皆书于乾隆五十四年（1779），涉及不少纳锾救赎的细节：

> 家兄东还有望，昨已札闻，捐例止须千二。今汪中兄在鹤亭处，近事极佳，承其关爱，为家兄图赎，恳鹤亭索各总公书至楚匦设法。有江志翁［讳兰之，乃尊。］在楚，承其关爱，可以垫费。据中兄云，此举可得六数，现在岢足至汉，有志翁大可不须弟亲往也。此外，中兄尚在设法，二三百金岁内可办。家兄近来馆地虽佳于前，因有眷属之累，仍系空囊，必得于内地设措齐全，方有所济，第此举必得弟亲往西边具呈。弟岁内尽力于扬州备就，大约所少四分之一。明春挈眷先归，即当北上，素蒙胡七哥高义，定蒙曲全其美。弟作札与七哥微言及之，其中更望我哥鼎言区画，切祷切祷，敬候近安，不一。（新069087-10/12 黄易致陆飞暮春札）

> 近状一切及家兄前项均祈细示，以慰鄙怀，至祷至祷。（新069087-5/12 黄易致汪忕等奉候札）

> 胡浩兄信来，关切家兄，特抄札寄西。家信未封口，乞大哥阅后代封加札，托畹翁速致……家兄捐事，尚未见报，前承大哥托畹翁，向部查抄，不知有回信否，乞示知。（新180825-25/30 黄易致汪忕楚书札）

> 汪中兄因家兄之事十分仗义，尤为可感也。（新00151921-15/32 黄易致陈灿慌急札）

由这些信札可知，当时为黄庭纳锾赎罪的捐例为一千二百两，主事者为汪忕，动用了当年黄树穀、黄庭、汪舸幕游于楚、汉一带时所积累的人脉关系。由于黄庭遣戍之时黄易一家经济已经十分拮据，[18]这笔费用主要由汪忕、江春代为措贷，其中从江兰之父江志山等处谋得六百两，汪忕垫资二三百两，剩余约三百两则由黄易于内地筹措。

作为援救黄庭的重要资助者与实际操作者，必须介绍一下黄氏家族的这位至交好友。汪忕，亦称汪大忕，字中也，号雪礓。工诗词，师从厉鹗、陈撰。精鉴赏，蓄古书画及古铜玉器极夥。工于经营，家业大昌，扬州马氏兄弟死后，乃买马氏小玲珑山馆，与当时名士交游颇广。汪忕之父汪舸与黄树穀、黄庭皆为好友，两家为世交。汪忕约卒于乾隆五十五年（1790），得知挚友噩耗时黄易曾作《哭汪雪礓》四首，追忆二人之交：

> 河上逢南客，惊闻石友亡。心酸不能语，义重敢相忘。聚散卅年事，情怀千里长。

何堪冰雪夜,洒泪向江乡。

浙水连邗水,轻舟便过从。方期招隐遯,岂意旧欢空。心血存词卷,声歌付小红。他时酒垆痛,再过小玲珑。

群雅唱心声,词坛有我兄。塞垣悲雁断,江表念鸥盟。万里双魂返,千金一掷轻。玉箫诸旧侣,数载几经营。[兄与妾之棺返自塞垣,赖雪礓与橙里先生之力也。]

君藏唐翠墨,[为唐拓汉武梁祠像。]乞取太憨痴。天欲从人愿,碑皆自我移(易得原碑于嘉祥)。感深珍许赠,痛极谶先知。[君来书云,余已衰暮,此拓相赠有日,读之怆然。]尺素常怀袖,临风不忍披。[19]

注 释

[1] 王昶《金石萃编》卷七,民国十年扫叶山房石印本。

[2] 毕沅《灵岩山人诗集》卷二十九,清嘉庆四年(1799)毕氏经训堂刊本。

[3] 据乾隆四十五年(1780)黄易《裴岑纪功碑》真石本题跋(国家图书馆藏)。

[4] 后附作札时间,参考朱琪《故宫藏黄易尺牍疏证》一文。

[5] 北京翰海2005年秋拍古籍善本专场上拍一件《裴岑纪功碑》卷轴(Lot.2340),上有黄易跋语:"右巴里坤重刻本,乾隆戊戌(1778)梦珠兄觅以见寄,时在清苑官廨,手装成册。秋间入都,携示翁学士覃溪,始知为是地军营所刻。原石在苦寒之郊,毡蜡难施,故别刻木本,以枪火触之,使木有断烂剥蚀之状,拓出以应求者。纪阁学晓岚亲至其地,向学士所述如此,当得其实也。是刻为汉石鸿宝,真拓不可得,而远在塞外,久不能致,故存此木本,亦古人收骏骨之意耳。己亥(1779)秋杪,钱唐黄易书于济宁西郭旅馆。"(钤"黄易私印")此木刻翻刻本诸跋疑为庄缙度伪造,然与下文所提及故宫藏真石本(编号新082407)题跋恰可相合,疑为同时所造,一截为二分别射利者。然其中黄易跋文内容完整不缺,当有真本为据。

[6] 翁氏又云:"长洲顾芦汀文鈖重刻于济宁者乃作立海祠,盖亦非从真本出耳。"见《两汉金石记》卷十四。

[7] 乾隆二十年(1755),清军在今乌鲁木齐之东九家湾处筑一土城名"乌鲁木齐",为最早之城郭,

乾隆二十八年（1763），将土城北扩，改乌鲁木齐为迪化。

[8] 黄易死后，此册由其子孙售之任城郭氏，后为庄缙度所得，有题跋于后："《敦煌太守裴岑纪功碑》，汉顺帝永和二年丁丑建，远在塞外，古来金石家皆未之见，钱塘黄小松司马先得西域军营翻刻本，继得巴里坤石人子真石本，汇装成册。司马故物，其子孙不能守其业，口藏珍品皆如银杯羽化。是册流落任城郭氏，闻其出售，急属陈麋翁为之介绍，以纹银廿两得之。真石本生平所见惟刘氏竟古所藏与此二者而已。渔人记。"后又有其跋文多段，此从略。裴缙度，李放《皇清书史》引《武阳合志》："庄缙度字眉叔，武进人。道光十六年进士，官户部主事，改东河同知，工楷书。"《木叶厂法书记》："裴斋司马工楷法，善倚声，尤善金石收藏，甚富，尝得小松司马'小蓬莱阁'石印，遇精拓本辄钤上。予家所宝之宋拓《郭有道碑残字》即其旧藏者。著有《裴斋碑目》。"

[9] 故宫博物院编《蓬莱宿约——故宫藏汉魏碑刻特集》，页74，紫禁城出版社，2010年版。

[10] 乾隆五十六年（1791）清水唐尉寄赠，著录于《小蓬莱阁金石目》（南京图书馆藏），题为《敦煌太守裴岑纪公刻石》。

[11] 故宫博物院编《蓬莱宿约——故宫藏汉魏碑刻特集》，页70，紫禁城出版社，2010年版。

[12] 乾隆四十五年（1780）九月三日，李东琪跋黄庭所寄真石本："《裴岑纪功碑》家大人藏有褚千峰双钩本，余自就塾时即宝爱之，三十年来梦想一见原拓而未能。今睹此本，真平生快事。乾隆四十五年岁在庚子秋九月之三日，任城李东琪书于海粟书屋。"

[13] 故宫博物院编《蓬莱宿约——故宫藏汉魏碑刻特集》，页70，紫禁城出版社，2010年版。

[14] 毕沅《杂诗六首》其六，《灵岩山人诗集》卷二十九，清嘉庆四年（1799）毕氏经训堂刊本。

[15] 潘庭筠《山东兖州府运河同知钱唐黄君墓志铭》："为伯兄赎罪，甫纳锾而卒于戍所，遣仆迎柩归，迨嫂殁合葬焉。"

[16] 华喦《九狮图》（《九猫图》，Lot.896），嘉德2010年秋拍翁氏藏画专场。此则资料由故宫博物院秦明先生赐告，附此志谢。

[17] 乾隆二十五年（1760），归州张洪舜、张洪贵等在本乡李作棋家盗得银一百六十两及衣物，随后被拿获。张洪舜因为拒捕而身负重伤，无法审讯，为此知州赵泰交便将拘捕日期更改。但此案至二十六年（1761）按察使沈作朋复审时，张氏兄弟全案翻供，随后被释放。沈作朋与归州知州赵泰交素有积怨，以"滥刑妄断"使其革职拟流，又以"诬人为盗"将事主李作、保正袁志芳分别拟军、徒，衙吏头目夏念祖被撤职，这一判决被湖北总督爱必达及朝廷批准。张洪舜等被释放不久又劫得赵启贤家白银九十两，被继任知州秦镛率人抓获。张洪舜被抓后，妻子张吴氏犯通奸罪，

所录口供中有丈夫犯盗案不在家记录。乾隆二十八年（1763）刑部接到报告后发现张洪舜兄弟与之前赵泰交"滥刑妄断"案中释放的张红顺同音，怀疑张洪舜二犯与两年前的归州案内的犯人是同一伙人。此案本应题咨刑部，但湖北司法部门却没有这样做，于是刑部请皇帝下旨令湖北督抚另行查审。乾隆立派刑部侍郎阿永阿、叶存仁为钦差大臣前往湖北审案，证实张氏兄弟就是两年前归州盗案的主犯。原按察使沈作朋此时已升任布政使，惟恐前案翻案后受到处分，坚持只将后案审结，而不问前案，知府锡占听命于沈作朋，致使冤案未得昭雪。查明真相后，乾隆将张氏兄弟立即正法，前案被冤的李作棋、袁志芳等开释，赵泰交官复原职。随后经乾隆亲自鞫审，原任湖北按察使沈作朋斩立决，原任湖北巡抚周琬、总督爱必达改绞监候，后改发往伊犁效力赎罪。此案在当时湖北官场及幕宾之中牵连极广，震动一时。

[18] 华嵒《九狮图》黄易题跋云："先兄梦珠有出塞之役，余负米游上谷，治装无术，典及琴书。"

[19] 黄易《秋盦遗稿》，续修四库全书本。

第三节　黄易与山东印学综考

一、黄易山东篆刻事迹辑考

乾隆四十三年（1778）春，黄易分派山东济宁，自此开始在山东二十余年的仕宦生涯（图1）。黄易初至济宁时，由朱豹泉托顾文鈊为之嘘拂，并由此结识王宗敬，为其镌"芝兰生于深林"青田石印订交。[1] 乾隆四十三年（1778）春于山东济宁任上佐理河防（图2），河南山东河道总督姚立德亦为雅士，颇为器重黄易的才华。黄易亦为其镌刻多枚印章，边款中对姚立德十分尊敬，落款亦谦谨小心，自称属吏。在山东，黄易与同有金石之好的李东琪、李克正等人相互切磋，又广泛在治境之内搜访古碑，金石收藏日丰。

山左篆刻在明代与清初之时颇为寂寥。清初及康熙、雍正时期，以张贞、张在辛、张在戊、张在乙父子为代表的安丘张氏家族是山东成就最高、影响最大、持续时间最长的篆刻世家，其中又以张在辛为最。张氏三兄弟的

图1　清末济宁州城郭与街景　沙畹摄 1907年7月

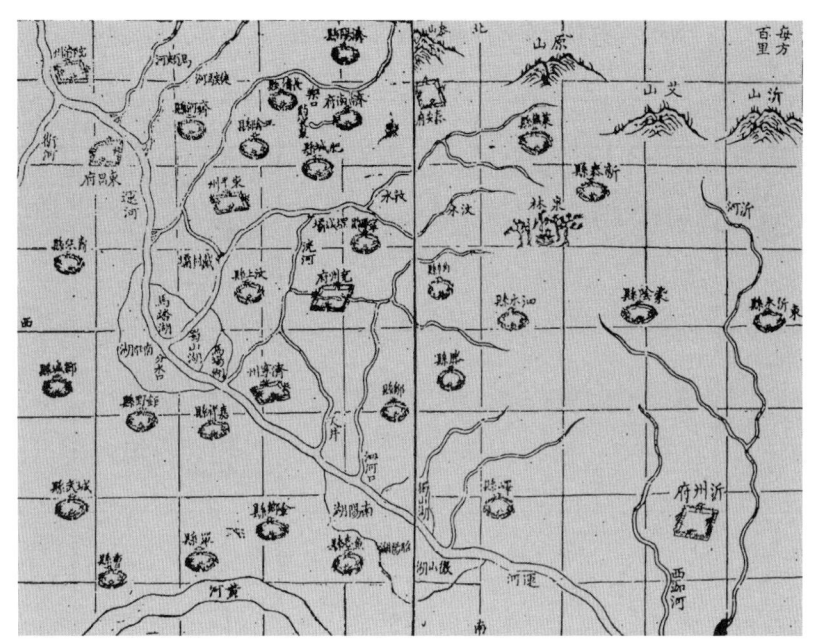

图2 《五水济运图》 清乾隆四十年（1775）刊本

子侄辈、孙辈中亦涌现出一批篆刻家，可谓不坠家风。弟子之中，复有长山（今邹平）聂际茂、潍县郭伟勣、郭启翼等为其辅翼，实力与影响力在山东一时无俦。近年，经学者钩沉爬梳，以"安丘印派"名之，未为不可。[2]

雍正、乾隆之际有胶西高凤翰（1683—1749），篆刻亦初师张在辛，后离开山左，游艺于外，影响在安徽、江苏一带，名列"扬州八怪"之一。高凤翰是清代山左印人中"出走"而成功的代表人物。今天我们在研究地域篆刻史时，如依然简单地以"籍贯"为划分归属的标准，无疑是片面而不科学的。任何一种地域性的文化，都不是完全封闭的，而是交流与融合的结果，地域的开放程度和包容性，往往成为艺术发展与传播中最为基本和重要的因素之一，这一点早已被艺术史所证明。对于艺术史研究来说，具有地域特征艺术家的"出走"与本地域外艺术家的"进来"是同等重要的，否则，便割裂了艺术发展与融汇的综合性与系统性。而黄易作为乾隆、嘉庆时期江南地区最著名的篆刻家之一，他进入山东的这段因缘，无疑是山左篆刻史上不可或缺的一环。

黄易在山东生活长达二十余年，这一时期是其篆刻生涯的成熟期，留存的印章数量不少。这一时期的作品金石趣味最浓，无疑是受到山左金石之风濡染和启发的结果。今将其在山东时篆刻且有明确年款的印章汇为下表。

表1　黄易山东任上所刻纪年印章表

时间	印文	边款	印面	备注
乾隆四十三年（1778）戊戌三十五岁	乔木世臣	宋元人好作连边朱文，丁丈敬身亦喜为之。乾隆戊戌正月，黄易仿其意。		济宁对印
	心迹双清	戊戌春初，钱唐易刻于济宁节署之平治山堂。		
	河南山东河道总督之章	河南山东河道总督。乾隆戊戌二月，钱唐黄易谨篆。		
	乐天知命故不忧	高西唐、汪巢林、潘仲宁作印有秦隶遗意，昨在春明偶举三君名姓，绝无知者。□师砚林翁外惟三君是求，□海内知己不十人矣。曙堂别驾知数君者为效西□□□，止优孟衣冠不值喷饭也。乾隆戊戌二月，钱唐黄易并识。	图阙	
	平阳	汪氏之族，始于平阳，古币有此二字，钝丁先生摹式为印，以赠承斋刺史。昨朱封翁排山寄示《古金待问录》，此币在焉。乾隆戊戌二月之望，用成先生南还，亦为摹此，聊以志别，归与讱庵水部见之，当必心妒。同里秋盦黄易刻于河东节署之平治山堂。		济宁
	姚立德字次功号小坡之图书	乾隆四十三年清和月，属吏黄易谨刻于济宁节署之平治山堂。		济宁对印

	大司马总宪河东河道总督章	汉官印悉刻白文,魏晋以后渐用朱文,唐虞永兴书成夫子庙堂碑进墨本,太宗赐以晋右将军王羲之黄银印,亦朱文也,古帖中往往见之,此印师其意。黄易谨篆。		济宁对印
	湘管斋	乾隆戊戌立夏,雨声意夜,怀我湘管主人,苦身在潇湘四壁间。晨起,新绿满窗,蓝瘦竹持大池山人水墨芭蕉来欣赏,湘管斋一印在焉,亟摹刻,寄然圃二兄,以践宿诺。秋庵黄易,时在济宁节署。		济宁
	定斋	乾隆戊戌秋仲,仪封河上刻,杭人黄易。		河南仪封
乾隆四十四年（1779）己亥三十六岁	太平之印	己亥元旦,大梁河上为寿云先生篆。吉人嘉名,试笔良美。黄易。		河南商丘
	戊子经元	乾隆己亥仲春,刻于兰阳行馆,秋盦黄易。		河南兰阳行馆
	鹤渚生	乾隆己亥,暮春之初,在梁园河上作寄铁生九兄至友,秋盦黄易。		河南商丘
	张燕昌印	己亥仲冬,钱唐黄易谨刻于任城寓中。		任城

年份	印名	边款	印	地点
	无字山房	梧生司马爱易刻印,走书来索,易方有事济州,马迹车尘,不得少息,忽忽二年矣。闻司马官斋如水,笔砚之外,多蓄古人名迹,久思载酒问奇,乃数过东昌,不能一窥清閟,俗吏可为耶。刻此塞责,殊无足观也。黄易并识。		济宁约于是年
乾隆四十五年（1780）庚子三十七岁	陈辉祖印	乾隆庚子立夏后一日,属吏黄易谨刻于任城。		任城
	青斋	乾隆庚子六月十有三日,钱唐黄易谨刻。		
	沈启震印	汉印有沈性,沈延年、沈颐、沈子卿诸章,阴文双边,亦汉人法也。属吏黄易,谨刻于济宁之尊古行斋。		济宁约于是年
乾隆四十六年（1781）辛丑三十八岁	金石癖	小松为玉池作。时辛丑仲冬,手僵指冻,未合古意也。		
乾隆四十七年（1782）壬寅三十九岁	金石癖	壬寅夏五廿有九日,刻于梁园。时得蔡有邻书尉迟总管碑,小松。		河南商丘
乾隆四十九年（1784）甲辰四十一岁	金石箾	余在济宁访得金石最夥,曾以拓本手摩付木,凡得数卷,颇精善。老友赵晋斋见之曰此"金石箾"也,盖拟金石契为例。小松为刻此三字,因自记之。甲辰三月,李东琪。		济宁

	萤园老人	乾隆甲辰九月,睢州行馆刻寄萤园老伯大人正,钱唐黄易。		河南商丘
乾隆五十一年（1786）丙午 四十三岁	梦华馆印	年来少作印,有惠以铭心逸品,则欣然奏刀,梦花居士许我南田便面,可谓投其所好。挥汗作此,不自知其苦也。乾隆丙午七月,小松。		
乾隆五十二年（1787）丁未 四十四岁	长勿相忘	仿汉瓦当,时乾隆丁未春花朝,武林黄易。	图阙	
乾隆五十六年（1791）辛亥 四十八岁	汉画室	唐拓汉武梁祠堂画像,石友汪雪礓物也,余得原石于嘉祥,雪礓欣然以拓本许赠。辛亥正月,其弟邻初,果践宿诺,鸿宝忽来,可胜感幸。小松并记。		
	建侯父	乾隆辛亥八月,为建侯大兄作,易。		
乾隆五十八年（1793）癸丑 五十岁	汉题父	癸丑五月刻,小松。		
	陈豫锺印	癸丑六月七日,为秋堂词长作,黄易。		对印
	浚仪父	小松仿丁居士。		

	春淙亭主	乾隆癸丑七月，黄易刻呈春淙大司马大人诲正。			枣林对印
	梁肯堂印	属吏山东兖州府运河同知黄易刻于枣林舟次。			
	蒋因培印	乾隆癸丑仲秋，钱塘黄易刻。			
乾隆五十九年（1794）甲寅 五十一岁	盐官家书	甲寅八月，钱唐黄易刻。			
乾隆六十年（1795）乙卯 五十二岁	光风霁月	光风霁月。乙卯秋仲月，黄易。			
嘉庆元年（1796）丙辰 五十三岁	宗浩	丙辰秋七月，黄易作。			
嘉庆三年（1798）戊午 五十五岁	五砚楼	嘉庆三年仲冬，为又恺二兄作，黄易。			

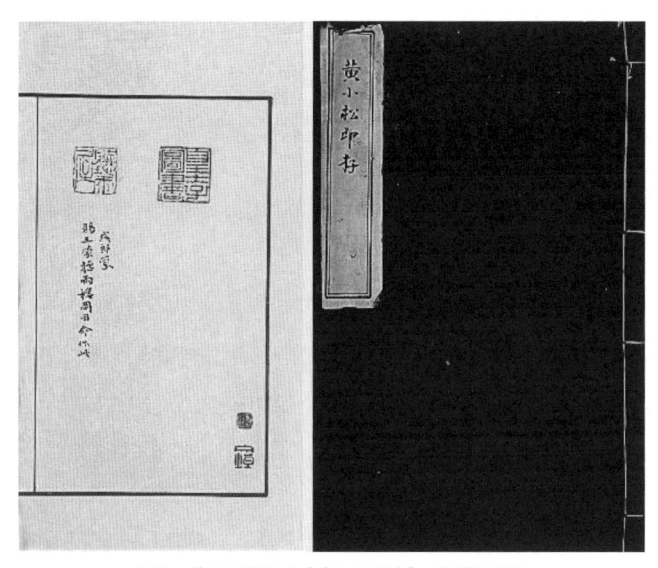

图3 黄易自题跋本《黄小松印存》 神州国光社

图4 《黄秋盦印谱》 韩天衡藏

除以上纪年篆刻作品之外，黄易在山东期间还辑有多种印谱，重要者如下。

《种德堂集印》一册，黄易刻印，存印八十七方，成书于乾隆五十二年（1787），有黄易自跋，为黄易印谱中最早的一种。

《黄小松印存》（图3），一册，黄易辑自刻印所成底本。收录黄易印作一百六十余方，部分有黄易手录跋文。[3]

《黄秋盦印谱》（图4）一册，吴培坚（小柏）辑。存印四十四方，均有边款，且钤拓皆精。约成书于嘉庆七年（1802），所辑黄易印作西泠印社所藏嘉庆何元锡辑本《西泠四家印谱》相校，多有未见者，且成书较之犹早，可称最早的黄易印谱钤拓本。其中一些印章如"萧然对此君""定斋"等，文字完整无泐损，而何辑本已有明显泐损。[4]

另有《小蓬莱阁印存》八册钤印本，虽然具体钤辑时间不详，但应在黄易定居济宁之后。是谱王敦化先生曾见，今不知尚在天壤间否。

总结黄易在山东期间的篆刻及相关印谱，可以得出以下几点结论：一、随着黄易在山东公务日渐繁忙，其篆刻创作数量呈现出递减的趋势，这一点在乾隆五十一年（1786）为何元锡作"梦华馆印"时，已有自道；二、山左汉代碑刻很多，金石器物出土亦频，黄易的兴趣无疑已转移到访碑、金石收藏与金石文字考订上，篆刻退而成为他在官场与朋友圈应酬手段之一，带有主动创作意图的作品并不多；三、从黄易篆刻作品的流向上看，这些印章的印主分散各地，归属山东当地的数量并不多，我们知道，一个成熟艺术家的影响力往往与其作品数量成正相关关系，而缺少作品数量的积累，影响力很可能因之而减弱；四、黄易印作所辑录的印谱，无论是自辑或他人所辑，成谱数量都很少，甚至皆属于零散稿本性质。以上诸种情况，说明黄易及其篆刻艺术风格对于当地篆刻的影响并不明显，同时我们也找不到关于黄易在山东所收弟子或私淑者的相关记载。

这种状况，与黄易自觉地将篆刻视为"金石收藏"之"余事"有关，同时也与当时山左篆刻群体相对保守和牢固的艺术思想观念不无关联。毕竟，山东本地篆刻长期以来一直走在以地域、家族、师承三重性质为主导的，以平和渊雅为准则的相对传统的艺术形式之上。而以桂馥、孔继涑为代表的曲阜区块，以及当时其余山东篆刻次级阵营的篆刻风格，几乎也都是源自安丘张氏，总体艺术风格相当统一。这种稳定的篆刻风格和审美取向在山东一地具有超乎寻常的生命力和影响力，不仅贯穿有清一代，甚至直至清末民国时王西泉、丁佛言等人，亦皆是这一脉络流传而来。这一相对保守的艺术风格与黄易所代表的强调切刀等形式技巧，追求金石斑驳气息，带有"浪漫主义"色彩的浙派印风未免扞格。同时从地理上看，安丘印派作为山东篆刻正脉所在，集中在山东半岛中部安丘、潍县一带（今潍坊市），而黄易所在的济宁处于山东西南部，两地距离颇远，可能存在一定的交流和交通阻碍。济宁一地，除黄易好友郑支宗等寥寥几位篆刻家外，鲜有精通篆刻者，这无疑也是济宁篆刻处于边缘化地位的一种表征。

当是时，浙派篆刻在中国东南部，特别是江浙一带风头正健，而黄易虽然久宦居山东，又以篆刻名世，却并未能将浙派篆刻引入，山左篆刻风格壁垒之顽强可见一斑。当然，黄易之篆刻亦未受山左框限，依然伴随着他富于人格感召魅力的金石交流行为，也借助与山东相关的毕沅、孙星衍、阮元三大学人幕府[5]，以及翁方纲为代表的京城金石文化圈，继续辐射和影响着当时江浙地区甚至整个东南地区篆刻的发展和变迁。这一点，正如笔者曾经所论，黄易对浙派篆刻的贡献是"印随人游"式的传播，外拓出更广阔的受众群体和欣赏空间。

二、黄易与山东古印收藏

齐鲁之地素为金石渊薮，清季山东出土金石古器物很多，是古玺印集中出土的重要地区之一。嘉庆二年（1797），阮元、毕沅主持编纂的大型金石学著作《山左金石志》梓行，此书引用了黄易等金石家的先期著录成果，阮元曾云："兖济之间，黄小松司马搜辑已先赅备。"早期山东所出古玺印在当时虽然不乏收藏者，但辑录成印谱并未成为风气。乾隆七年（1742），济宁吴好礼辑成《世德堂秦汉印集》（图5）五册五卷，每叶钤印四至六枚不等，是山东地区最早的古玺印原钤印谱之一。是谱包括吴氏自藏古印三百余方与友人蓄印，共六百方。其中官印一百零四方，其余为私印。乾隆十三年（1748），潍县郭伟勋（1710—1791）偕侄郭启翼、子郭见龙辑古铜印为《松筠桐荫馆古铜印章》一卷，收录秦汉官私印四百余方。[6]此后山东古玺印辑谱之风渐炽，有吴式芬《双虞壶斋印存》、陈介祺《十钟山房印举》、李佐贤《得壶山房印寄》、高庆龄《齐鲁古印攗》、郭裕之《续齐鲁古印攗》、王献唐《两汉印帚》等，印灯延续至今不灭。

吴好礼所辑《世德堂秦汉印集》是清代山东济宁地区影响较大的古印谱，吴氏这批藏印流传有序，其中一部分后来经由郑支宗、黄易之手流传，对后来的古玺印收藏影响较大。此谱有吴炜、郑本茂序及吴好礼自序，对当时古印收藏的情况和藏家的收藏观念有很好的反映。

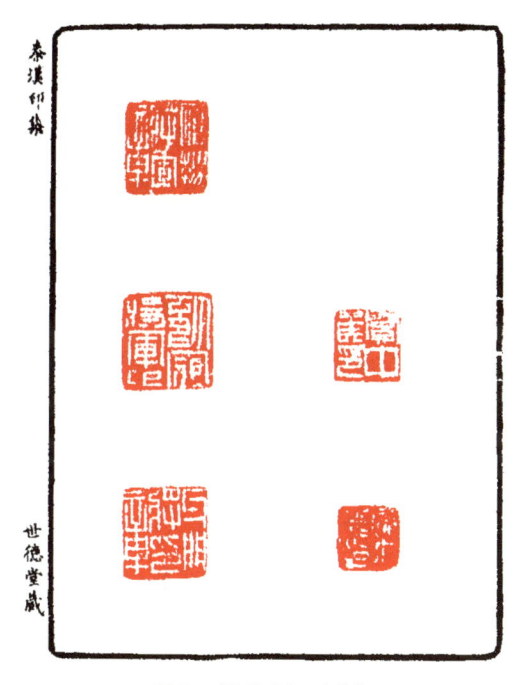

图5 《世德堂秦汉印集》

郑本茂乾隆二年（1737）秋所作《世德堂秦汉印集序》云："篆刻印章，起于秦，盛于汉。秦玺而外，传者少矣。汉制官印之下，率有私印，多出名公巨手。文字雅正，法度精严，刀画遒健，古气磅礴。流逸之致，出于天然。虽风尚如此，抑气运醇厚，与两京文章并著古茂渊深之概也。稽其印质，有金、银、铜之别，其钮、文亦十数类，要皆有定制焉。金银涉于财货，久已销烬无存。其铜者，除地下所湮无知之毁，尚能存一二于千百。但或置之非地，每错杂败铜散铁中，否则入俗子之手，不知宝贵，尘埋于灰土而不顾，如此者何可胜道。即有好古之士，搜辑珍玩，又苦于无多，此亦有物之有遇不遇，而嗜古者不能满其愿耳。"郑本茂，字居实，号秋岊、秋岩。济宁人。是黄易好友、篆刻家郑支宗尊人。他的序文反映出当时山东所出古印尚未受到足够的重视。金、银质地的古印往往因为印材珍贵而被销熔，而铜印些小，出土后则多被俗子置于非地，未能受到珍护，给收藏研究者的搜集整理带来难度。确实，在金石器物收藏中，对印章的认识较晚，又由于出土零散，研究和重视的程度往往也不及其他金石种类。

吴炜字觐阳，吴好礼叔祖。乾隆辛酉（1741）春，为《世德堂秦汉印集》作序云："古者风气淳厚，人心朴实，其所用器物，皆庄重质雅，取而观之，可以想见其时，使人爱慕不已。然三代以上，不能见矣。而《集古录》之所载，《金石录》之所存，以及《金薤琳琅》《金石文字记》诸书，碑版居多，间存彝器石鼓之类，览其款识，令人穆然神远，如见古人，信乎法物之移人情也，而印章则传录阙然。夫印章，古人所示信也，汲冢周书有汤取玺之言，迨周有季武子之间，燕王之收，虞卿之弃，苏秦之佩，虽载之典策，今皆不可得。自秦汉以来，乃颇可纪，大抵以方直为主，而朴雅可则，后亦渐为增减，间远六义。故马伏波上书下大司空，正郡国印章，诚重之也。盖彝鼎碑版之外，唯印章为最古而可法，岂可听其沦没，不一爱护也哉……昔者赵子昂有《印史》，吾子行有《学古编》，杨宗道有《古印谱》，顾汝修有《集古印谱》，程彦明有《古今印则》，然其间或摹拓失神，或赝刻混珠，皆不无遗憾，意者从篆摹而得，非亲握其章拓纸上也。"此文明言《世德堂秦汉印集》的纂辑特色是使用原印钤拓，保存了古印的原貌与神采，有利于篆刻家、小学家、金石学家取法和研究。原拓古印谱的重要性，是《集古印谱》（《印薮》）之类摹刻失真的木刻印谱无法企及的。

在吴好礼自序中，自述了爱好古玺印收藏实本自其先人："赋质谫陋不能识古，然每侍先大人侧，时经指授，亦稍解一二。遇有售者，不敢独断，与二三鉴古君子考校真赝，辨析毫芒。得其的为汉物者，购而存之。廿年来复得二百方有奇，每思辑而成谱，尚觉体有未备，因见友人案头有蓄数十方者、十余方者，悉借而拓之，共得五百余方，诸制各具。呜呼！可以谱矣。"这里特别提到"遇有售者，不敢独断，与二三鉴古君子考校真赝，辨析毫芒"，生动地说明在乾隆初年，古印作伪射利的现象已不鲜见，亦间接反映出此际山左古印收藏风气已然浓郁。

近年曾见私人收藏世德堂藏印一轴，盖由郑本茂辑裱为长卷者（图6，尺寸183.1×21.5厘米），末有乾隆二十一年（1756）郑本茂跋文（图7）："乾隆丁巳重九后，余曾序吴氏印集，距今十有九年，子厚先生已作古十稔矣。肖行学兄复搜集二百余钮，共拓成谱，流传宇内，煌煌乎大观也哉。余既承分惠一部，什袭珍之。一日偶检箧笥，得罗文旧楮一幅，惜其少短，不能尽登摘其佳，

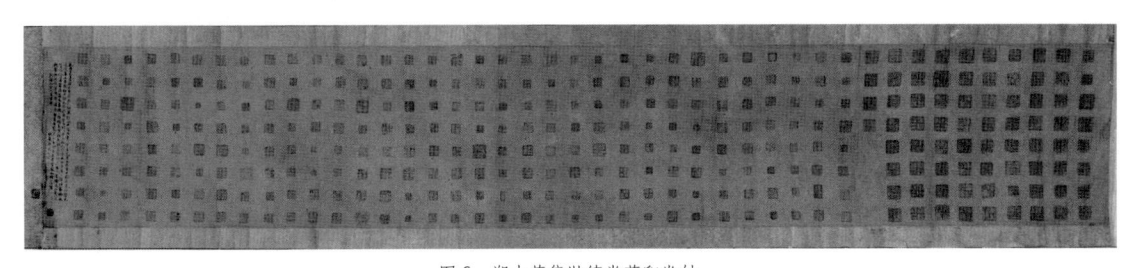

图6 郑本茂集世德堂藏印卷轴

佳者拓为此卷以资观赏，兼示后辈，俾永永保藏，勿等弁髦，庶不负余与吴君赏识之雅意尔。乾隆丙子九月下浣，秋岩郑本茂识。"后钤"郑本茂印""居实"等三印。此卷绫边等处钤"孙兰熙印""李既陶"收藏印，可知曾经文物鉴定家李济甄收藏。跋文中提及吴子厚，当是吴好礼之先人。

黄易身为篆刻家，对古印收藏一直十分重视，他曾于乾隆丁酉（1777）秋与朱筠一同访汉印于京师，收藏的古印应当已有一定规模。乾隆五十九年（1794），黄易得到一枚"桂"字古铜小印，赠桂馥，此事一时传为金石圈中佳话，翁方纲作诗记之，圈内友人多有唱和。

黄易在乾隆六十年（1795）所作《题王莲湖汉铜印谱》（图8）一文中详细记述了吴好礼世德堂藏印的后续流传："济宁吴氏所藏古铜印章五百余，谱首郑居实序。汪水部讱庵、潘中翰毅堂，见而心艳，屡求卒不可得，近时印渐散失。易初得十余，居实子鲁门自金乡持来六巨椟，为印五百四十；又小匣为印二十有七，吴氏物居多。易力薄，留小匣。趣王刺史莲湖购六椟官印。'大司马''远威校尉''鹰扬将军''彭城左尉'，私印'李广''任贺'等章，皆极精妙。'翱'字一印，易辨为谢皋羽物。高贤手泽，宜同西台竹如意并传于世。莲湖得兹多宝，足以自豪，手成一谱示易，

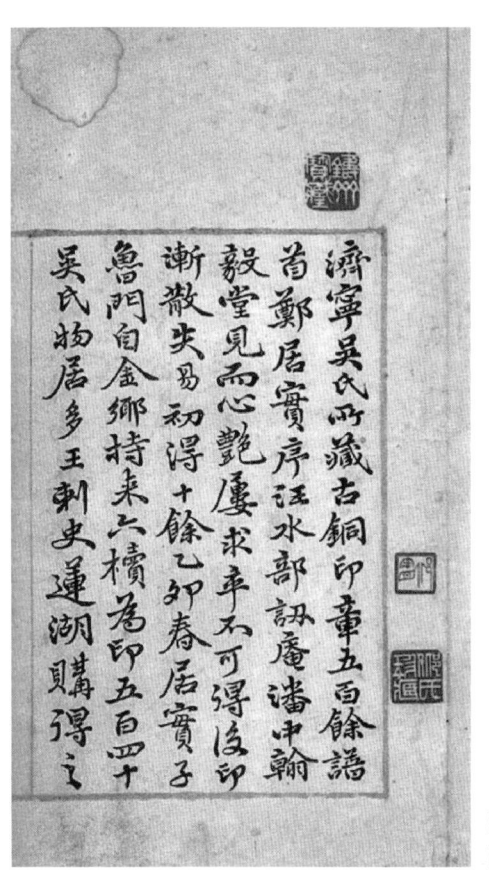

图7　郑本茂辑世德堂藏印卷题跋（左图）
图8　黄易《题王莲湖汉铜印谱》（右图）

茶熟香温，闲窗评赏，真堪与关中松谈阁、淮阴程荔江诸谱后先争胜辉映艺林，不独海内嗜古之士一世妒羡已也。"[7]

王毂字御毂，号东莲、莲湖。安徽黟县人，嗜金石书画。《续印人传》有传。黄易曾为刻"王毂印信"（朱、白文各一）、"莲湖主人"、"莲湖"、"王毂私印"等印。由此文可知，乾隆末年古印已成为金石收藏一大门类，并且出现具有一定藏品数量的大藏家，藏品整体出让的交易方式也使得古印章在收藏圈内流传有序。历经递藏的古玺印渊源有自，更加可靠，这也成为玺印收藏活动中除零散收集外的另一种收藏模式。世德堂藏印在乾隆末由郑本茂之子鲁门经手散出，而汪启淑、潘有为、王莲湖皆曾对这批古印表现出极大兴趣，出现了争相购藏的场面。这批印章最终被分为数份，其中六巨椟共计五百四十方，为王莲湖购去，钤辑为《莲湖集古铜印谱》（又名《两汉印萃》，图9、10）。黄易自留部分，与自己的藏品汇辑为《黄氏秦汉印谱》（又名《秦汉铜印》）一册。[8]

据韩天衡记载，《黄氏秦汉印谱》中藏印部分为黄氏旧藏，大部分为吴好礼旧物。全谱存官印九十四方，私印二百八十方，合计为三百七十六印。成书当在嘉庆初年。[9]另据柴萼《梵天庐丛录》记载：

> 钱塘黄小松司马嗜奇好古，每游一处，必访求古碑之存亡，厥功甚巨。以其余力，收藏秦、汉铜印，装订成帙。乾隆甲寅，自署题签。谱无卷目，首列官印，有将军印章八组，又"颍州郡长"。私印"曹苗""公嗣"两印

图9　王毂辑《莲湖集古铜印谱》　私人藏

图10　《莲湖集古铜印谱》卷首

颇为奇特。共计官印七十八纽。周、秦方寸钤仅一小钤有"臧疢讯钤"。汉印有"黄易"二字，白文古拙，殆因得此印以改名者。私印近三百纽，如"青世""谢株"皆私印中所习见，无甚足异。后有"道光壬寅冬日汉阳叶东卿志说借题记"。惜流传无多，世不恒觏耳。[10]

此谱记载印章数量与韩天衡所见《黄氏秦汉印谱》大体符合，应该正是黄易藏印的概貌，因为这种过录性质的钤印本印谱，几乎永远不存在"定稿"，始终伴随藏品的流通而变化，从柴萼的记述来看，这本印谱似乎连题名也没有，显然属于自留或阶段性钤辑、小范围流通的"稿本"特征。

黄易所藏古印后来又大多归于阮元，后贡入内府。阮亨记载："积古斋旧藏秦汉铜印十种，在浙江府署时曾邀同人分赋，后续得黄小松易所藏四百余印，选其完善者二百钮于己巳贡入内府，余印择其中姓名有见于列史者，自汉至唐，共得二十八钮，予兄自为《印记》，命侄常生释注之。"[11]古印收藏中，有所谓"私印欲其史，官印欲其不史"的风气，故常以古印中与古代名贤有同字者为珍，这在黄易《题王莲湖汉铜印谱》所举的"翱"字等印例和阮元的《秦汉六朝唐廿八名印记》一文中，都有很好的反映，后来吴大澂也辑有同类的印谱《周秦两汉名人印考》。

此外，从《题王莲湖汉铜印谱》一文来看，广东番禺潘有为也加入了争购山东古印的行列。潘有为在乾隆、嘉庆年间曾辑有《看篆楼古铜印谱》，是广东地区最早的集古原钤印谱。在乾隆四十九年（1784）潘氏致黄易的一封手札中，提及："昨廿四日接手示兼承寄赐铜章四十枚，内有精美非常者，顷与芝山细赏，不能去手，古之朋锡其何能过此，可胜道意耶。"可知看篆楼所藏古印，至少有一部分（四十枚）为黄易代为收集的，而这四十枚印章来源情况，或许也与吴好礼藏印或山东所出古印有所关联。[12]

三、黄易与济宁篆刻家郑支宗

郑支宗字鲁门，山东济宁人，郑本茂之子。幼承家学，耳濡目染，精鉴别，擅隶书，刻印精妙，兼善刻碑。黄易与郑支宗订交，应当是通过二人共同的好友王宗敬、顾文钘。乾隆五十二年（1787）六月，黄易等人倡议重修武氏祠，祠堂建成之后，作《修武氏祠堂记略》镌于石上，又邀翁方纲作《重立汉武氏祠石记》，此碑即由郑支宗摹刻上石。郑支宗曾藏有明代文彭遗砚，黄易作《郑鲁门得停云馆遗砚》诗两首以赠："边阑题认黄初字，小印镌疑国博文。合与先生书篆隶，两昏时候起寒云。""忠孝家传两相名，一门翰墨冠前明。风流已往贞珉在，此亦人间玉带生。"[13]

乾隆五十八年（1793），郑支宗摹刻汉印辑成《柿叶斋两汉印萃》行世。据笔者知见，至少有

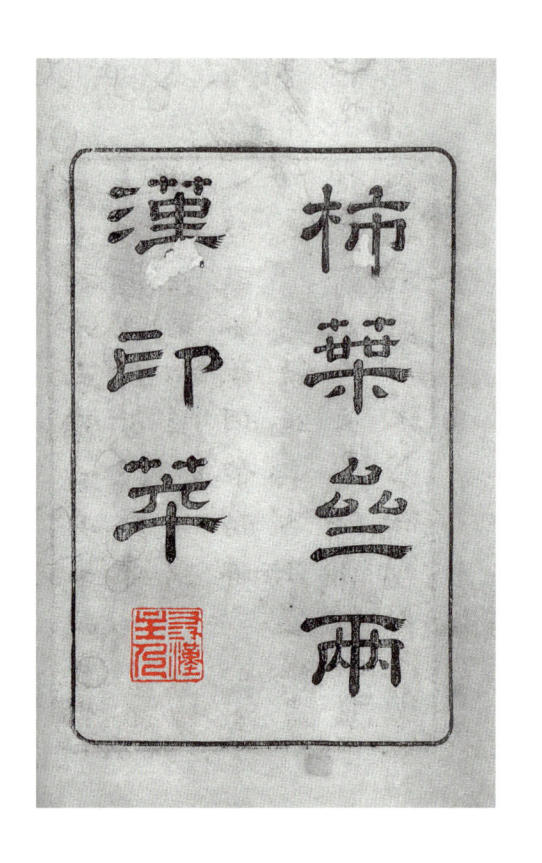

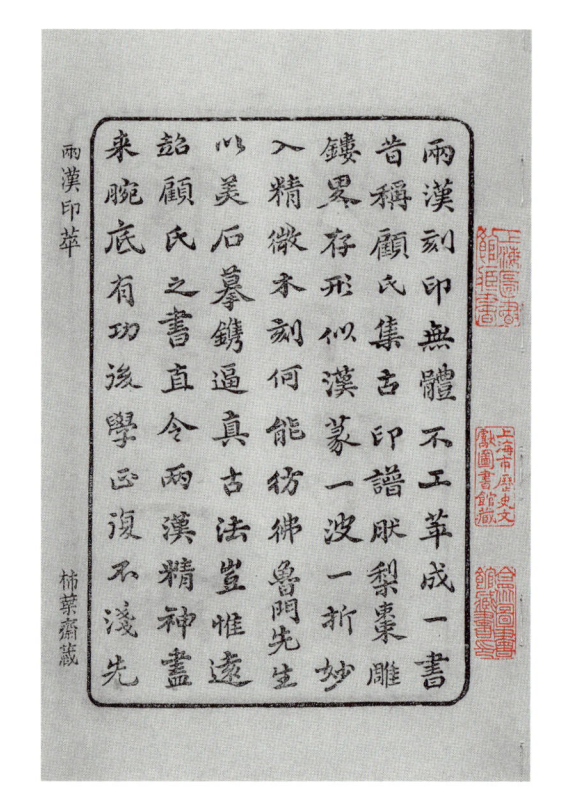

两种版本。其一为上海图书馆藏四册本（图11、12、13），扉页印隶书"柿叶斋两汉印萃"，下钤"友汉主人"朱文印，单边，白口，无鱼尾，中缝上端印"两汉印萃"，下端印"柿叶斋藏"，有黄易、顾文鉷序。官印在前，私印在后，每叶钤印六方至九方不等。第一册摹刻官印一百四十八方，第二册摹刻汉官私印一百七十八方，第三册摹刻汉私印二百二十五方，第四册摹刻汉私印二百三十四方，共存印七百八十五方。

图11 郑支宗摹刻《柿叶斋两汉印萃》四册本扉页 上海图书馆藏（上左图）
图12 《柿叶斋两汉印萃》四册本黄易序（上右图）
图13 《柿叶斋两汉印萃》四册本卷首（下右图）

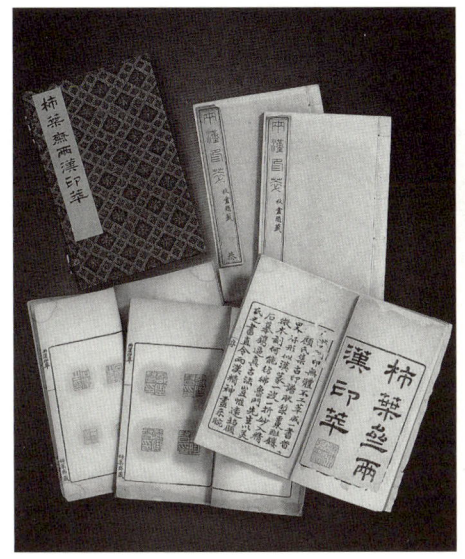

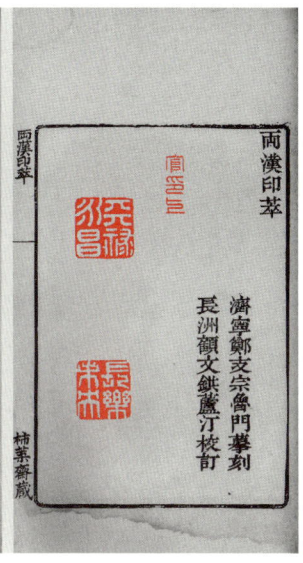

图14 《柿叶斋两汉印萃》五册本　　　　　　　　图15 《柿叶斋两汉印萃》五册本卷首

另见日人旧藏（日本童梦拍卖2016年秋季拍卖会Lot.0453）《柿叶斋两汉印萃》一种（图14、15），一帙五册，以"温、良、恭、俭、让"为目，存印七百余方。尺寸19.5×12.2厘米，开本较上海图书馆藏本为小，版框与上图藏本形式一致而文字体态稍异。封面签条为黄易缪篆"两汉印萃"，下端署"秋盦题签"。此书扉页隶书"柿叶斋两汉印萃"与上图藏本细辨有异，且下端钤印非"友汉主人"，而是"济州郑支宗鲁门摹"白文方印。此本序言写刻字体亦与上图藏本稍异，并增加靖斋王绥祖序言。卷首题"两汉印萃""济宁郑支宗鲁门摹刻、长洲顾文鈜芦汀校订"，每叶钤印二至四方。此版本官、私印分钤，以刻钤无框朱文印"官印上""官印下""私印上""私印下"区别。版式特征更加完整，成书时间应当晚于上图藏本。

黄易《柿叶斋两汉印萃序》云："两汉刻印，无体不工，萃成一书，昔称顾氏《集古印谱》，然梨枣雕镂，略存形似。汉篆一波一折，妙入精微，木刻何能仿佛？鲁门先生以美石摹镌，逼真古法，岂惟远超顾氏之书，直令两汉精神尽来腕底。有功后学，正复不浅。先生深思好古，学有本源，余知之独深。每叹其怀才不遇，今见此书，真堪寿世。虽吉光片羽，亦足以长留天地间也。钱唐黄易。"

顾文鈜《柿叶斋两汉印萃序》云："济州郑秋嵒（本茂）先生雅工文翰，平生最嗜两汉印章，搜罗甚富，汇萃成谱，平正方直，古拙飞动，灿然耀目，洵足赏鉴。厥嗣鲁门支宗兄精通六书，能驱刀似笔。承先人之志，宝爱尤笃，积数年精力，手自摹刻，几及千方。篆法、章法、刀法，以及剥蚀处形神毕具。昔人谓唐贤双钩晋帖，下真迹一等。鲁门之于汉章，殆毫无遗憾，以视吾家《印薮》、

103

陈氏《印统》付梓人雕版刷色流传者,奚啻霄壤之分邪。时乾隆癸丑岁仲秋月,长洲顾文鉁芦汀氏书于云林小研斋。"

顾文鉁号芦汀,长洲诸生,系王宗敬母族中侄,乾隆三十六年(1771)至济宁,与黄易、翁方纲、郑本茂父子为好友,居任城河干槐树湾。善隶法,翁方纲称其"顾八分",长于诗、画,嗜金石碑版,曾于济宁重刻《敦煌太守裴岑碑》《娄寿碑》。黄、顾两序所述主旨大体一致,在赞赏郑支宗篆刻精妙,摹刻汉印形神毕肖之外,皆充分肯定了摹刻古印印谱的艺术价值,并将之与顾从德《集古印谱》木刻本(《印薮》)等木刻印谱作比较,认为郑支宗所摹汉印一依原印,在篆法、章法、刀法,甚至剥蚀处也形神皆备,不啻"下真迹一等"的唐人双钩晋帖,沾溉后学。

顾从德《集古印谱》原钤本成书于明代隆庆六年(1572),当时仅拓二十本,以古玉玦为记,书牌中注明"斯谱有同秦汉真迹,每本白金十两",是今存最早的原钤古印印谱。以其流传稀罕,价值连城,难得一见,后世流传常见者多为姚起刻本及翻刻本,然施诸枣梨的木刻版本,印章形态失真,不可与原钤本同日而语。摹刻印谱是古印谱中重要的一大类别,存世数量庞大,在照相与印刷技术发达的今天似乎已不受重视。但是在二百余年前印刷技术落后的时代,篆刻精良、钤印清晰的摹刻印谱,其艺术价值无疑远高于雕版印刷的印谱,相当于书法中的接近真迹的双钩摹本或优质刻帖。

清代金石学兴盛,各类金石文字渐次进入当时收藏家与学者的视野,秦汉瓦当就是其中之一,朱枫《秦汉瓦当图记》、王昶《金石萃编》、黄易《小蓬莱阁金石目》等金石学著作都开始记载和收录瓦当文字。黄易对于秦汉瓦当收藏也很有兴趣,曾汇辑自藏及友人拓赠的瓦当拓片为《集秦汉瓦当册》(今藏北京故宫博物院,图16),还与申兆定选取瓦当中文辞佳吉者,属郑支宗翻

图16 黄易《集秦汉瓦当册》 故宫博物院藏

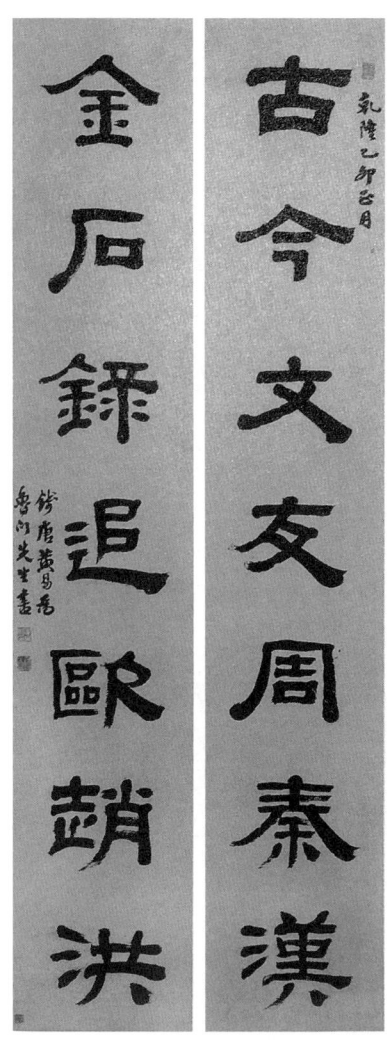

图17 黄易赠郑支宗隶书联 故宫博物院藏

砂仿制，分惠好友。乾隆五十七年（1799）黄易题跋曰："秦汉瓦当文字著于《渑水燕谈录》《研北偶谈》《东观余论》《长安图志》诸书。自魏晋唐宋以来，获者殊少，国朝康熙年间侯官林同人得'长生未央'一瓦，海内名贤咏歌纪事，莫不叹为奇遘。乾隆己卯，朱氏排山作《秦汉瓦图记》，所收始多，制府毕公秋帆、侍郎王公兰泉官陕西时宾客最盛，如钱献之、申铁蟾、赵晋斋、宋芝山、程彝斋、俞竹居诸人搜求甚力，各得多瓦。'长乐未央''长生无极''延年益寿''千秋万岁'之类叠出不穷。凡物之显晦，固有其时，然一旦收得如许之多，且皆吉祥颂美之文，岂非会逢盛世，作善降祥，为寿国寿民之徵。与申铁蟾曾选诸瓦，翻沙摹刻，已无从拓取。今复录其文，属郑鲁门重刻，以广其传。庶观览者知铁蟾汲古功深，今时不可多得也。壬子六月，钱唐黄易识于古任城官舍。"郑支宗翻砂所制瓦当十分精良，甚至连残破剥蚀之处也仿效逼真，孔继爋评曰："郑摹翻沙规制悉与瓦符，断残斑驳逼肖古物，而篆法诸体具备，色色精妙，当为汉篆出色。"

虽然我们今天难以见到郑支宗的篆刻作品，但他耗费大量精力所制作的翻砂秦汉瓦当与摹刻的《柿叶斋两汉印萃》，无疑为乾隆时山左地区金石研究和篆刻艺术传播作出了独特的普及性贡献。乾隆六十年（1795），黄易书赠郑支宗的"古今文友周秦汉，金石录追欧赵洪"隶书联（图17），将郑支宗比为致力于金石研究的欧阳修、赵明诚和洪适，文辞虽有溢美之处，但无疑道出了鲁门对于金石文字的勤勉和执着。

注　释

［1］王宗敬字礼思，号未了山人，山东济宁人，嘉庆五年（1800）举人，官晋州知府。工八分书。有《我晬编》稿本传世。

［2］参见吕金成《安丘印派概论》，载山东博物馆编《印学研究》第八辑，文物出版社，2016年版，页5。

［3］据韩天衡考订，约成书于嘉庆七年（1802）。案黄易逝世于嘉庆七年（1802）二月二十三日，临没前忙于河务，成书于此年似无确实依据。

［4］是谱由韩天衡收藏，有张源达题记及成沂、吴云、保庸、方介堪、陆维钊、叶露园诸家观款。据韩氏考证，成书约在乾隆后期，参见韩天衡《天衡印谭》，上海书店，1993年版，页307。但韩天衡著《中国印学年表（增订本）》又将此谱系于嘉庆七年（1802），上海书画出版社，2012年版，页48。

［5］详细论述参见朱琪《略论黄易的金石学贡献》，载《中国书法·书学》2016年第11期。

［6］韩天衡主编《中国篆刻大辞典》，上海辞书出版社，2003年版，页454。

［7］黄易《秋盦遗稿》，续修四库全书本，册1466，上海古籍出版社，1995年版。此段文字依《秋盦遗稿》录入，与图片有异文。

［8］据韩天衡《中国篆刻大辞典》记录，《黄氏秦汉印谱》约成书于嘉庆元年（1796），上海辞书出版社，2003年版，页466。但在韩天衡著《中国印学年表（增订本）》中，又将此谱系于乾隆五十九年（1794）下，上海书画出版社，2012年版，页44。

［9］韩天衡《天衡印谭》，上海书店，1993年版，页308。

［10］柴萼《梵天庐丛录》卷二十，中华书局，1926年石印本。

［11］阮亨《瀛舟笔谈》卷十二，清嘉庆年间刻本。

［12］参阅朱琪《番禺潘有为与黄易交游初考——兼议〈看篆楼古铜印谱〉的版本流传与学术意义》，载《印说岭南——岭南印学国际学术研讨会论文集》，东方出版社，2016年版，页145—159。

［13］黄易《秋盦遗稿》，续修四库全书本，册1466，上海古籍出版社，1995年版。

第四节　黄易佚著《武林访碑录》钞本研究

一、南图藏《武林访碑录》钞本特征

黄易一生汇辑金石资料甚多，生前刊有《小蓬莱阁金石文字》等书，后人搜集其诗文，辑为《秋盦遗稿》，其他著作多为未刊稿本，且散佚甚多，笔者曾撰文略作概述。[1]遗稿之中素知有《武林访碑录》一种，笔者十年前访得钞本于南京图书馆，但因原件残损，一直未能目验。经笔者申请以及多方努力，南京图书馆历史文献部对原书进行全面修缮，使这本重要金石学著作以全新的面貌呈现于世人面前，亦使笔者全面整理研究黄易相关文献的工作得以推进下去。

南京图书馆藏《武林访碑录》不分卷，黄易录，为瓶花斋旧钞残本，经丁丙八千卷楼钞配。原件四眼线装，开本高26.8厘米，宽18厘米。封面纸张脆化，题签无存，内页纸张为竹纸，共116叶。正文前91叶用瓶花斋笺纸钞录，半框高16.7厘米，宽11.4

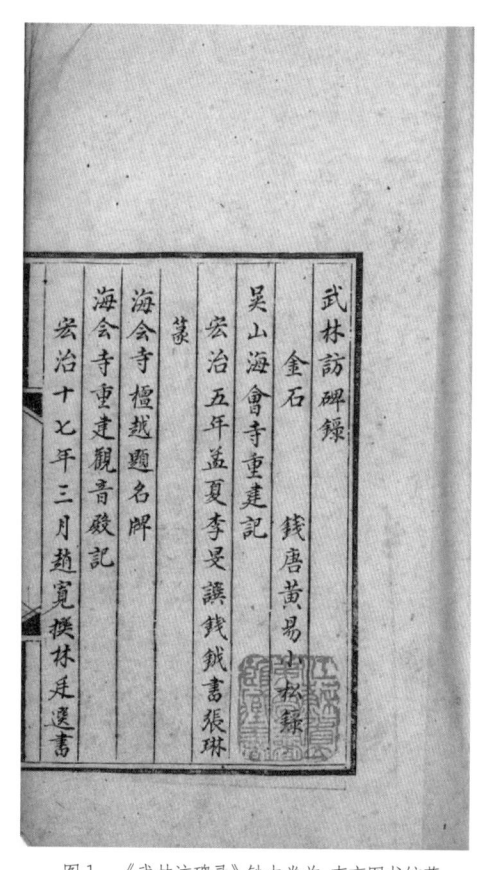

图1　《武林访碑录》钞本卷首　南京图书馆藏

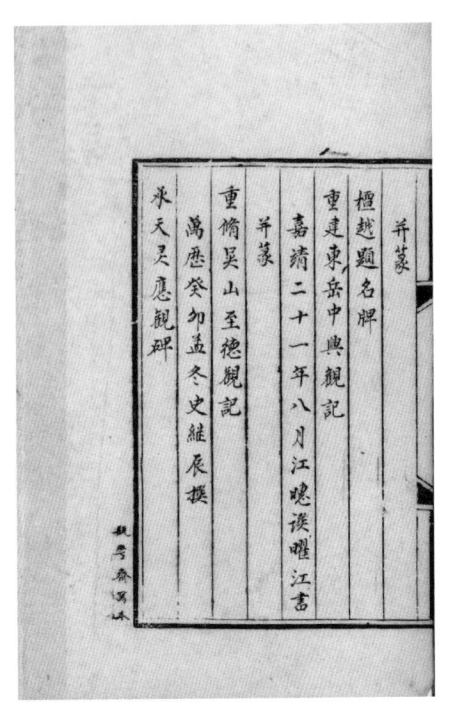

厘米，乌丝栏，黑口，双对鱼尾，版框左栏外下角印"瓶花斋写本"。卷首题名"武林金石录"，下署"钱唐黄易小松录"（图1、2）。前91叶正文半叶八行，每行一至十四字不等，小字双行字数一至二十一字不等，以楷书钞录，偶杂行草书。92至116页无版框，半叶八行，每行一至十四字不等，楷书钞录，笔迹与抄写格式与瓶花斋钞本有别，为八千卷楼钞配。全稿偶有眉批、夹注、涂乙，批注笔迹与抄手有异。

此本文字避讳之处甚多，例如"左佩玹等谒岳墓记"中"玹"缺末笔，"郑烨落星岩诗"中"烨""曄"二字"華"皆缺笔未写尽，为避康熙名讳；"胤"缺末笔避雍正名讳，"丘"也写作"邱"；"曆"作"歷""厤"；"寧"避作"寍"。"弘"字避讳情况较复杂，前面多改"弘"为"宏"，后以缺末笔避讳，到后面则完全不再避讳。"顒"字未避讳。综合来看，不避讳的情况多集中在补钞部分，故此本钞配的时间应在道光以后。

卷前有丁丙跋文半叶十行（图3）：

> 小松司马为吾杭金石家，职志著录武林，宜更加详。是录草率疏漏，当属未成之书。曩从乱籍中得残本。越数载，偶于邱春生处见一精抄本，上钤毛汲古收藏印，大可喷饭，然书则全也，遂录补之。同治癸酉重九，八千卷楼记。

李敏达《西湖志》"金石门"即据丁敬身《武林金石录》而成，余藏有丁稿本，又有倪氏《武林石刻记》，较此为详。后阮文达刊《两浙金石志》，考证尤精，然僧六舟辑《灵隐寺志》，蒐出石刻多前人未著录者。安得暇时汇而排比，重编一录，导披藓扪苔之一助乎。（下钤"丁居士"白文印）

丁丙跋文写于同治十二年癸酉（1873）九月九日，据跋可知他初得《武林访碑录》为残本，数年后于书估邱春生处见精抄本，遂据之补录。邱春生为杭州书贩，其书摊在和合桥（原址在延定巷与楚妃巷交接处，庆春路西北），同治年间丁丙常在彼处搜购书籍。[2]此抄本前后纸张与字迹不一致，说明是由丁丙所藏残本与补钞本合订而成的钞配本。因此《武林金石录》在同治年间至少保存了两个版本，即瓶花斋钞本（丁丙藏）、邱春生处精抄本。后丁丙在瓶花斋残本的基础上据邱春生精抄本钞补，形成了今藏南图的这个钞配本，而邱春生处精抄本则不知尚存天壤间否。[3]

有关《武林访碑录》较早的记载可见《两浙輶轩续录》卷十三"黄易"小传："述庵司寇云，君所著尚有《武林访碑录》，惜无刊本。"[4]述庵即清代学者王昶（1725—1806），与黄易同时且多有交流，编纂有大型金石学著作《金石萃编》。《金石萃编》编辑过程中参考了黄易著作与藏品多种，王昶云"无刊本"，可知此书在黄易生前未付刻。

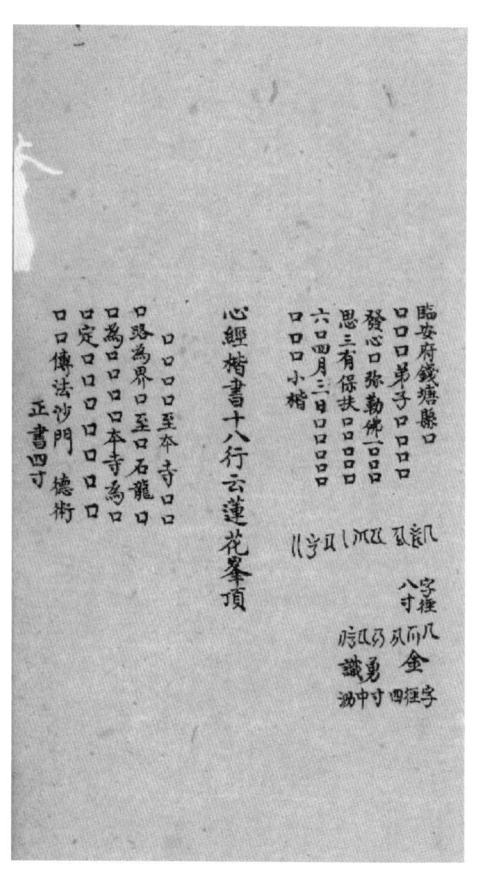

《武林访碑录》世无刊本，故流传未广，著录亦少。检《八千卷楼书目》卷九史部，著录此书云："《武林访碑录》一卷，国朝黄易撰，抄本。"[5]但龚嘉儁修、李榕纂《（民国）杭州府志》卷八十七艺文二著录时称"《武林访碑录》二卷，钱唐黄易小松撰"[6]，卷数有异。如果说此书在南图编目为"不分卷"，与《八千卷楼书目》著录"一卷"差别尚不大，那么《（民国）杭州府志》著录的"二卷本"，显然又是另一个版本，这个版本是否即"邱春生处精钞本"为未可知，因此也就不排除《武林访碑录》还有其他钞本存在的可能性。

但就南图藏钞配本来看，丁丙补录的部分抄

图4　《武林访碑录》钞配部分

写格式与之前的"瓶花斋写本"有较大区别,最显著之处在于同叶中常常出现分块抄录的现象,有时分上下两块或上中下三块,有时则多达五六块,石刻内容多在小块中纵行书写,但对石刻所在位置以及字体、尺寸的记录又时常用自右向左的横行标注,这与瓶花斋钞本行格整齐的抄写方式区别极大(图4)。从全稿来看,呈现出前略后详的特点,即瓶花斋钞本较简练,丁丙钞补部分则详细,这也说明瓶花斋钞本与邱春生处精钞本分属两个不同底本。相较而言,邱春生处精钞本可能更接近原稿的著录格式,而瓶花斋钞本更接近于整理后的誊清本。

"瓶花斋"是江南著名藏书楼之一,为康熙雍正时期杭州藏书家吴焯所建。吴焯(1676—1733)字尺凫,号绣谷,钱塘人。他藏书宏富,酷嗜金石,与厉鹗、丁敬、倪涛等为好友,也是清代中期参与搜访杭州金石遗迹的一位重要人物,并撰有《武林金石考》。张燨《吴绣谷先生行状》称:"又以吾杭为吴越建国、南宋行都,前人摩崖刻石多在湖山,而岁久文字皴剥,遂以芜没。往往乘暇携拓工,遍历幽阻,见辄摩挲剔藓,拓其文以归。"[7]其长子吴城(1701—1772)继父辈之业,继续搜求、校勘古籍,数十年丹黄不去手。此本虽用"瓶花斋写本"笺纸抄录,但吴城活动时间早于黄易,综合避讳文字来看,应系吴城后人或他人沿用瓶花斋笺纸所录。

二、钞本内容与纂辑思想

《武林访碑录》书名中"武林"为杭州旧称,出《汉书·地理志》所载"武林山",约今杭州灵隐、天竺一带群山之总称。名为"访碑","碑"主要指各类石刻,但也不排除吉金器物,只是由于石刻类文物往往坚固而不易移动,因此查访更加便利。"访"本身带有调查的含义,因此访碑的基础往往是先查找相关史志文献,再作亲身调查、记录与椎拓。

杭州在北宋时成为江南人口最多的城市,被称为"东南第一州",南宋时则为国都,其繁华逐渐达到顶峰。而杭州境内遗存的石刻,也以两宋及之后的为主。康乾时期杭州学者多有寻访辑拓金石遗迹的风气,黄易父亲黄树榖撰有《扶风县金石志》,老师丁敬则有《武林金石录》。受亲人、师长影响,黄易向来重视亲身访碑的金石学实践。乾隆五十一年(1786),黄易访得嘉祥紫云山东汉武氏祠遗址,这是其一生中访碑的最大成就。此外,嘉庆元年(1796)的嵩洛访碑,以及嘉庆二年(1797)的岱麓访碑,不仅留下《嵩洛访碑图》《岱麓访碑图》两件清代画史杰构,还留下了详细的访碑日记,在清代后期掀起了访碑热潮。相较这两次的访碑成就,黄易在家乡杭州的访碑活动规模与影响皆不大,这一点与河洛、山左一带富产汉魏石刻,而杭州地处江南,向来缺少高古碑刻有关,但此次访碑却无疑成为后来访碑活动的先导。

《武林访碑录》收录杭州金石碑刻千余种，石刻类主要为各类碑刻、摩崖题刻以及少量墓志。金类铭文则较少，要者如吴越王钱镠铁券、岳飞祭爵、杭州府儒学钟铭、同仁祠千佛阁香炉款识等。此外还包含少量砖文，如天监砖、于府君砖。这些金石品目的时间跨度很大，包含南朝、唐、五代、南北两宋、元、明、清各朝代，其中年代最早为南朝梁武帝萧衍时"天监（502—519年）砖"。石刻类最早的是唐天宝六载（747）源少良题名，唐代题刻还有宝历二年（826）唐乌重儒题名，以及长庆间（821—824）萧悦等题名、唐开成（836—840）题名等。年代最晚为清代乾隆三十五年（1770）吴颖芳撰《广济桥碑记》。此外还收录顺治、康熙、雍正年间碑刻多通，如立于康熙八年（1669）的武林南涧箬庵问禅师塔铭、雍正九年（1731）的《南山亭记》等。

对乾嘉时期金石学者来说，受复古思想影响，往往崇尚愈古愈真的观念，研究目光主要集中在时代较早的三代吉金文字以及汉魏晋石刻资料上，因为这些金石资料对于考证经史具有重要的学术意义。但对于相对晚近的宋元石刻，以及明代、清代石刻，则较为忽视。黄易金石学著作中，《小蓬莱阁金石目》著录金石由三代至元朝而止，而《武林访碑录》大量收录明代及部分清代碑刻，正是有益的延续和补充，完善了黄易金石学研究的整体框架，足证其学术眼光的超前与独到。

由于《武林访碑录》是依照原稿重抄的本子，很多原稿信息在钞本中变得模糊，但从抄手照录的文字中，还是可以略窥作者的编辑思路、方法等具体情况。《武林访碑录》的纂辑体例：碑刻一般只记题刻名称与时间、撰者、书者，如"《吴山海会寺重建记》，弘治五年孟夏李旻撰，钱钺书，张琳篆"；摩崖题刻则大多录文，并增加所在地点、书体、字径及与相关信息；记录的字体，有正书、楷书、分书、行书、篆书、八分等，下列字径尺寸；有时也会注明镌刻特征，如双钩、双钩不起底等；还有的照录下刻工姓名，如"混元三界，列宿仙班，名山洞府，一切圣众，石匠毛林正书"，"恒言格语，嘉靖庚申夏六月滁上胡松父刻"。

明清以来的访碑活动，大体上是先根据地方史志或拓片资料框定碑刻所在地，然后再进行实地考察，但在访碑活动之前或结束，一般都会保存下纪录性的文字。此稿展现的许多细节印证了这一方法的施行。例如《敕赐圣寿禅寺碑记》条记"正统十二年，文云在杭城武林山二里，疑城内"，似是根据已有拓片推定原石所在。因此，可以说，《武林访碑录》是黄易在杭州进行访碑活动的计划蓝本，以及部分实施完成的情况记录。全稿所记石刻大致可以分为已访碑目与待访碑目两部分。相对待访碑目而言，已访碑目会有较详细的说明性文字。

有的条目记录了访拓时碑刻保存的状况，如"集庆寺有宋碑题云杭州资因院贤首教藏记，下截埋土中"，又如查访天籁谷宋代题刻的实际保存情况云"半露凌虚楼外，余为槛所蔽"。黄易对瑞石山飞来石的勘察，石背、石顶皆亲自检验，并记录"石顶今浸漶"等信息，甚至一些题刻中的梵藏文字也依样画出。有的记录了访拓时的情景，如勘察宝成寺后山诗刻时，"因阳光炎炽难以再为打拓，更兼天色已晚，只得俟以异日，或即所云青衣童子像题字亦未可知"。有时经过详细勘察，访拓出前人未发现、记录的新字迹，如"万松岭有天地万物不磨，独立石一卓尔，补拓有美、登峰下刻小款"。还有的涉及碑刻的鉴真，如记载梵天寺经幢云："《西湖渔唱》谓忠懿王钱俶书，疑非。"再如在访拓至元二年《西湖书院重修大成殿记》时，黄易勘察原碑后认为"赵孟頫书四字似补刻"。

黄易对题刻文字的访查记录是十分细致的，凡有辨识不清之处，皆以缺字框（□）代替，有的字迹即使只能辨认出部分偏旁也会将偏旁抄录下来。对于勘验后有疑义而未能确定者，也详细记录以俟后考，如："嘉靖壬辰春，芹泉姚文清、苏山范永銮、白泉汪文盛、磨溪熊荣、瑶湖王□、体斋陆冕同游。楷书二寸余，二题有一纸刻莲花洞内，一刻双钩不起底，未知孰是。"

还有一些条目详细记录下勘察与考证情况。如："《孝女曹娥碑》，崇祯戊寅夏日新安王升之摹释伽像，无款，当查碑阴。""《理宗圣贤赞》伏羲、尧、舜、禹、汤、武王、周公、孔子、颜、曾、思、孟十三赞，今存十二，所阙者疑文王。""孝孙□□□亡公林十二郎、亡姑唐二娘子、亡考林一郎、亡妣严大娘子。楷书，疑宋刻。""吴山寿星石之北有宋人题名，疑即天籁谷玉牒赵某三行。"其他还有不少如"理公岩洞内未录""龙泓洞外未录"之类的记录，可见虽经实地勘察，但未及录文。

黄易十分善于将史志文献与实地勘察结合，进行文献与原石的对比研究。如下列几条记载：

> 张烜、高世彦等题名，嘉靖己酉。高世彦字仲修，号白坪，内江人，嘉靖壬辰进士，有《自得斋集》，见《明诗综》四十一卷。
>
> 西湖未晓吴山月，风雨飞空卧石龙。箕山程漫题书。行书三寸余，在瑞石山飞来石上，今铲去。
>
> 莫栻等《瑞石山志》，"紫阳书院"四字在山前，载梁允植《钱唐县志》，相传为明人书，"敦本兴让"四字在山前，相传为康熙年刻。鳌峰傍有康熙丙申镌、何山徐本题七律一首，王云廷次韵。字作小楷，乾隆丙子铲去，诗载本《志》艺文。

还有不少条目标注"当查""入录""应补入录"字样，如"咸淳钟当查"，"正德庚辰人日方豪、汪晖、陈直自灵山来。正书六寸，三生石。入录"，"张鹏翮赭山望海诗刻，康熙壬申春日。应补入录"，这些应该是编辑碑目时的批注，也可证明钞本所据底本是未经缮清的原始稿本。

钞本还保留了不少据文献录出的碑目，这部分似乎并未亲历访查，大概属于待访碑目，如"橐驼峰上有宋嘉定题名卢某，见《湖山便览》"，"思道。楷书一尺一寸，疑在圣果寺"。除文献检索所得外，还有一部分石刻信息来自黄易师长、友人口授，因此阑入待访目录。如以下诸条：

> 丁龙泓先生曾言，九里松转湾有唐开成碑。
>
> 钱竹汀云，飞来洞中有万户雷彪题名，元时刻。
>
> 黄谔云，武义庙在茅观前，有"蓬岛"二字。
>
> 胡三竹云，"华雨缤纷"四字侧有"独秀"二字，慧日峰下；欢喜岩有佛像三，崖上题名漶漫。

可见在金石学研究中，黄易对口述文献也同样重视。以上诸人大多精于金石之学，丁敬（龙泓）撰有《武林金石录》[8]，钱大昕（竹汀）编有《潜研堂金石跋尾》《潜研堂金石文字目录》。胡三竹为胡栗，与黄易同为西泠八家之一的蒋仁评其"收弃秦、汉、唐、宋以来金石文字，题识辨证，眼光洞澈，薛尚功、黄伯思一流人也"。[9]

《武林访碑录》记载大多精简，但偶尔也有较详的条目，如访拓宝成寺后山石壁石刻：

> 宝成寺后山相右近青衣泉，余见有石壁无数，所凿佛甚像多，因细阅，榻得一诗刻。其诗云：吴山曲径入西南，方之文[10]云深僧两三……以以不能成句，但不知所作何时。又有童子青衣字，此地细观尚有摹刻，时因阳光炎炽，难以再为打拓，更兼天色已晚，只得俟以异日。或即所云青衣童子像题字亦未可知。

宝成寺在吴山东南麓，原名释迦院，后晋天福年间建，以石壁间麻曷葛刺造像最为著名。观此条，颇可想见黄易在傍晚时分打拓诗刻，流连难舍的怅惘情景。黄易当日因未能辨识完整而引以为憾的诗句，实为明人左赞所作，吴之鲸《武林梵志》记之较详：

> 浙江参政左赞诗："吴山曲径入西南，方丈云深僧两三。艾纳吹风香细细，葛藤胃日影毵毵。泉分童子青衣洞，尘断维摩白石庵。画省若逢公事了，海天送目再停骖。"[11]

三、关于成书时间与过程的相关考证

由于与《武林访碑录》相关的记载极少，考证此书的编纂时间与过程存在着一定困难，但可以结合黄易的生平经历进行较为可靠的推证。首先可以明确，此稿绝非其早年所撰。而黄易乾隆四十二年（1777）报捐，次年（1778）春分派山东，此后宦居山东直至去世长达二十余年。就目前资料所知，二十余年间他仅返回故里一次，即乾隆六十年（1795）因母亲梁瑛故去，扶柩归葬杭州。而黄易此次杭州之行的行程是七月十五日启程，九月初五日抵杭。由于他在杭州已无房产，只能短期停留，营葬完毕后至十月间皆居停杭州，直至是年大雪节气（十月二十九日）后离杭。[12]

据此可知，黄易能有机会在杭城亲身访碑的时间，只有乾隆六十年（1795）的九十月间。可以想见，要在一个多月的时间内全面访拓杭城金石遗迹，即使经过充分的前期准备，在当时的条件下也是不可能完成之事。一方面，由于时间促迫，《武林访碑录》书稿体例不严，内容潦草。另一方面，由于访碑是在母丧期间进行的，因此更加低调而不事张扬。也正因为这是一部随手记录的访碑笔记，才会在黄易的金石学著作中显得相对草率。而书名与卷首皆称"录"而不称"撰"的原因，或许也与之有关。

浙江图书馆古籍部所编《馆藏浙江金石拓片目录（初编）》载有乾隆六十年（1795）冬黄易的两则题名，[13]印证了是年黄易确在杭州名迹访游，题刻所在为南屏、飞来峰龙泓洞，与《武林访碑录》中行迹吻合。近年又有文博工作者在水乐洞新发现乾隆六十年十月十日黄易等人题名石刻：

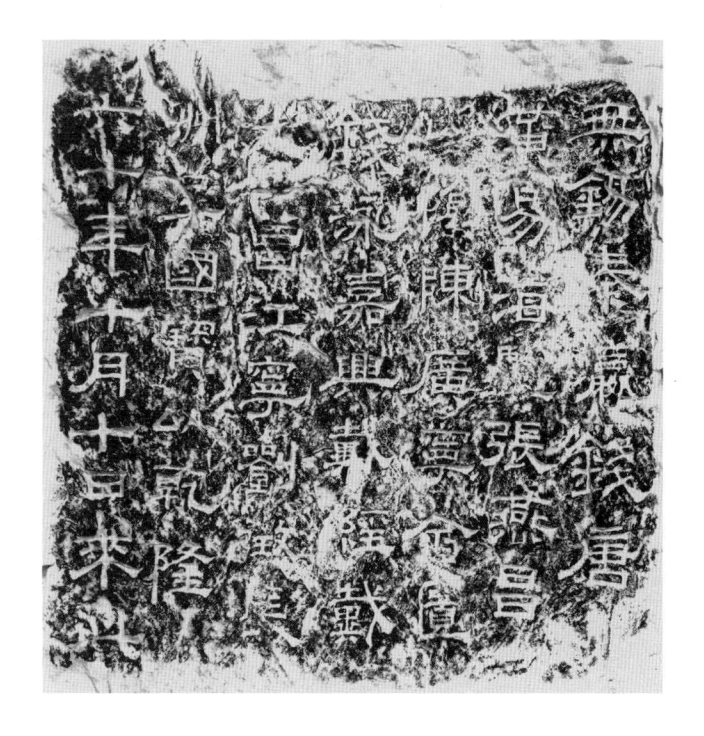

"无锡秦瀛、钱唐黄易、海盐张燕昌、山阴陈广宁、金匮钱泳、嘉兴戴经、戴光曾、江宁刘徵、长州吴国宝，以乾隆六十年十月十日来此。"[14]（图5）完全印证了笔者的考证，而实为是年所作[15]的《访古纪游图册》，记录了黄易在杭州、苏州、无锡、常熟、淮安等地访古经历，

图5 乾隆六十年黄易等人杭州水乐洞题名拓片 秦明提供

其中又以杭州为重点,又与其每访碑必绘图、记录的习惯性规律高度一致。

值得注意的是,乾隆六十年(1795)八月下旬,原在山东任职的阮元调任浙江学政,他于十一月朔抵杭州,初六日接篆。阮元在编纂《山左金石志》时,已多有运用黄易的收藏,此次出任浙江,应也已有意纂辑两浙金石,而黄易恰在同一时间段因葬母之暇访录杭州金石,两者之间或许有所关联。吴锡麒致黄易的一封信札,即传递出这样的消息:

> 前接手书,知有太夫人之戚,素旐南返,将谋窀穸之安,此时度可卜吉矣。家居读礼,幸无尘事相牵。近闻芸台宫赡复以学使至浙,窃念吾乡金石颇缺搜罗,得一大力者以提唱之,而又有足下与晋斋诸君相为翕助,大江东去。如睦、婺、东瓯、缙云诸地,多有访古家屐齿所不到者,瓦砾斜阳,湮没不少。虽吉贞著录汉魏以前之物未即能与山左颉颃,而别隐搜奇,以补欧赵诸家所未备,亦必蔚乎大观,固时不可失也。米楼以丁艰归里,其天才秀发,一时无两,尤能究心金石,如任之采访,当必能报最焉。[16]

吴锡麒邀黄易趁南归之际与赵魏一起协助阮元搜访两浙金石遗迹,并向其推荐了丁艰归杭的仁和倪稻孙(米楼)参与其事。[17]

清代学术史上,一些社会身份与经济地位不高的学者往往以游幕为生,他们协助幕主处理事务,有的则以参与文人幕府集团编修的大型综合性书籍为业,而自己的著作却零落甚至无存,黄易身边的赵魏、朱文藻、何元锡等人即此类典型。同时,很多私人著述也被幕府集团纂辑的皇皇巨著所掩盖而失色。事实上这类由幕主署名的大型图书在编纂过程中往往大量参考了未能付梓的

图6 黄易旧藏孔继涵赠古戈拓本后收入《山左金石志》

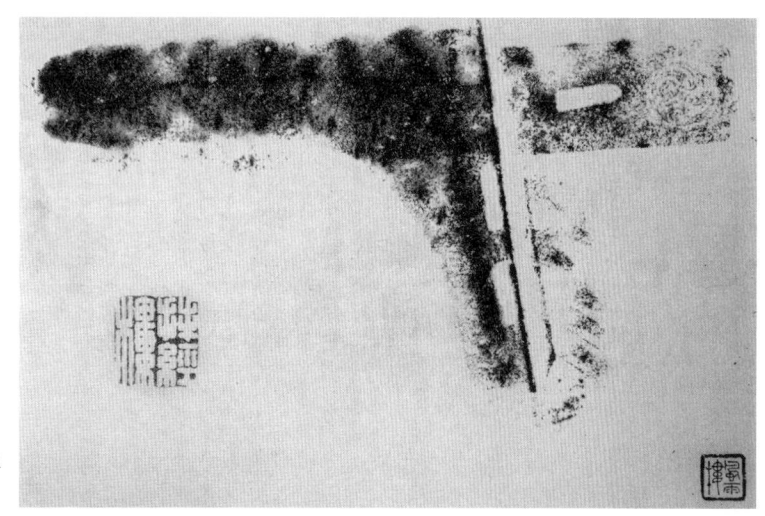

学者手稿，例如阮元官职远高于黄易等人，其《山左金石志》《两浙金石志》的纂修，运用幕宾的收藏与研究成果是十分便易的。（图6）

　　古代金石学著作的编纂方式，主要分为摹拓图文、辑录文字、题跋考证三种。因为摹拓图文的纂辑方式难度较高，一般学者大多采用的是辑录文字与题跋考证的相结合方式。当然也不乏仅辑录文字而不加考证的金石目录著作，其中最为简省者则是"碑目（金石目）"一类，即仅记录金石碑刻的名称、时间、书体等简要信息，不录具体文字内容，如黄易《小蓬莱阁金石目》、赵魏《竹崦庵金石目》等。但无论是详考还是简目，大多都经过分类与排序，例如误归丁敬的《武林金石记》（实为倪涛据丁敬底本撰编）采用录文与考订兼备的方式，并综合金石碑刻的官私性质、金石种类、地域分布、石刻类型等进行分类。即使是《小蓬莱阁金石目》这样的目录式金石著作，也按照时代细分为三代、秦、汉、魏、吴、晋、前秦、后燕、梁、后魏、北齐、后周、隋、宋、辽、金、元、辽、金、元，以及无年月拓本。然而《武林访碑录》全稿有目无文、有录无编，文字也未经校理，可能原稿连黄易本人也未暇董理便遭散出。

　　综上所述，可以确定《武林访碑录》是黄易乾隆六十年（1795）辑录的地域性金石志，为辑录杭州金石碑刻之专书，主要记录其亲身寻访、记录的石刻资料，也包含部分或见于史志文献，或师友口耳相传，但未及亲访的金石资料。从书稿命名来看，《武林访碑录》应当受到丁敬《武林金石录》、倪涛《武林金石记》（即丁丙跋文所言《武林石刻记》）等书的影响，但由于黄易素重亲身寻访，故不以"金石志"为名，而题为《武林访碑录》，进而与之前的嵩洛、岱麓访碑成为同一系列。

　　《武林访碑录》虽流传不广，但仍为清代中后期的史志纂辑与金石学研究提供了重要的参考。嘉庆十年（1805）成书的阮元《两浙金石志》可能已经参考了本书，如《武林访碑录》中存目的"梁天监砖"与待查的"咸淳钟"等，在《两浙金石志》皆著录甚详。此后龚嘉儁修、李榕纂《（民国）杭州府志》"金石"卷，更援引《武林访碑录》记载多达一百余处，而且李榕亦自纂《杭州金石志》三卷，这些书籍的编辑皆得益于《武林访碑录》。

注　释

［1］朱琪《略论黄易的金石学贡献》，《中国书法》2016年第11期。

［2］丁氏在邱春生书摊购得的书籍，有同治三年所得《厉先生文录》残卷、明刊《研北杂志》，同治四年购得宋刻钞配本《咸淳临安志》等。可参阅石祥《同光间八千卷楼丁氏访书事迹考》，载《图书馆杂志》2011年第11期。

［3］《武林访碑录》尚有清末常熟周氏郘公钟室钞本存世，今藏上海图书馆，经笔者核查，乃以丁丙八千卷楼钞本为底本所录，然谬误不少。

［4］潘衍桐《两浙輶轩续录》卷十三，光绪年间刊本。

［5］丁仁《八千卷楼书目》卷九，民国印本。

［6］龚嘉儁修、李榙纂《（民国）杭州府志》，民国十一年铅印本。

［7］闵尔昌《碑传补集》卷四十五，民国十二年刊本。

［8］丁敬所撰《武林金石记》，实应为《西湖金石文字录》，雍正九年（1731）李卫、傅王露等纂修《西湖志》卷二十七、二十八"碑碣"及卷十六至十八"古迹"的部分内容，皆来源于此。《西湖志》编纂完成后，丁敬可能对《西湖金石文字录》进行了修订，并改为《武林金石录》，后友人倪涛据之编成《武林金石记》八卷。后此书丁传（鲁斋）抄本辗转为钱塘丁氏"当归草堂"所得，即丁仁《八千卷楼书目》卷九所载"《武林金石记》十卷，国朝倪涛撰，稿本，丁鲁斋钞本。"民国七年（1916）吴隐又据魏锡曾抄录丁传副本修订后付剞劂，名为《武林金石记》，成为"吴氏遯盫金石丛书"之一，作者则误为丁敬。故今所谓丁敬《武林金石记》（或称《武林金石录》），实为倪涛《武林金石记》修订本，虽然两书源头为丁敬著作，内容也大致相同，但未可混为一谈。而丁敬《武林金石录》原本虽未见流传，但基本内容保存在《西湖志》与倪涛《六艺之一录》"石刻"部分。详细考证请参阅钱伟强《倪涛〈六艺之一录〉研究》，浙江人民美术出版社，2017年版，页182—188。

［9］胡栗，字润堂，一字润伯，号三竹，昌化人。诸生。家本素封，不事生产，日以诗酒为事。画书诗臻逸妙品，兼擅篆刻，尤精于鉴赏，有《陆浑山人集》《东蒙诗钞》。详见朱琪《真水无香：蒋仁与清代浙派篆刻研究》，浙江人民美术出版社，2018年版，页122。

［10］原抄作此，与下文所引《武林梵志》之文有异。

［11］吴之鲸《武林梵志》卷一，清文渊阁四库全书本。

［12］详见朱琪《故宫藏黄易尺牍丛考》，故宫博物院编《故宫藏黄易尺牍研究·考释》，故宫出版社，2015年版，页142。

［13］浙江图书馆古籍部《馆藏浙江金石拓片目录（初编）》，卷一，浙江图书馆油印本，1982年3月。

［14］此题刻 2017 年底由秦明、许力等先生访得，见秦明《故宫藏黄易〈访古纪游图册〉误改纪年新证》，《杭州文博》，2018 年第 1 期。

［15］约以守制期间出游不便等原因，黄易将"乙卯"刻意改为"辛卯"。

［16］吴锡麒《有正味斋尺牍》卷上，清光绪刊本。

［17］阮元《两浙金石志》成书于嘉庆十年（1805），但书刻成已在道光四年（1824）。最终列名参与编纂者仅有赵魏、何元锡、许宗彦三人。

第二章

黄易金石、艺术交游

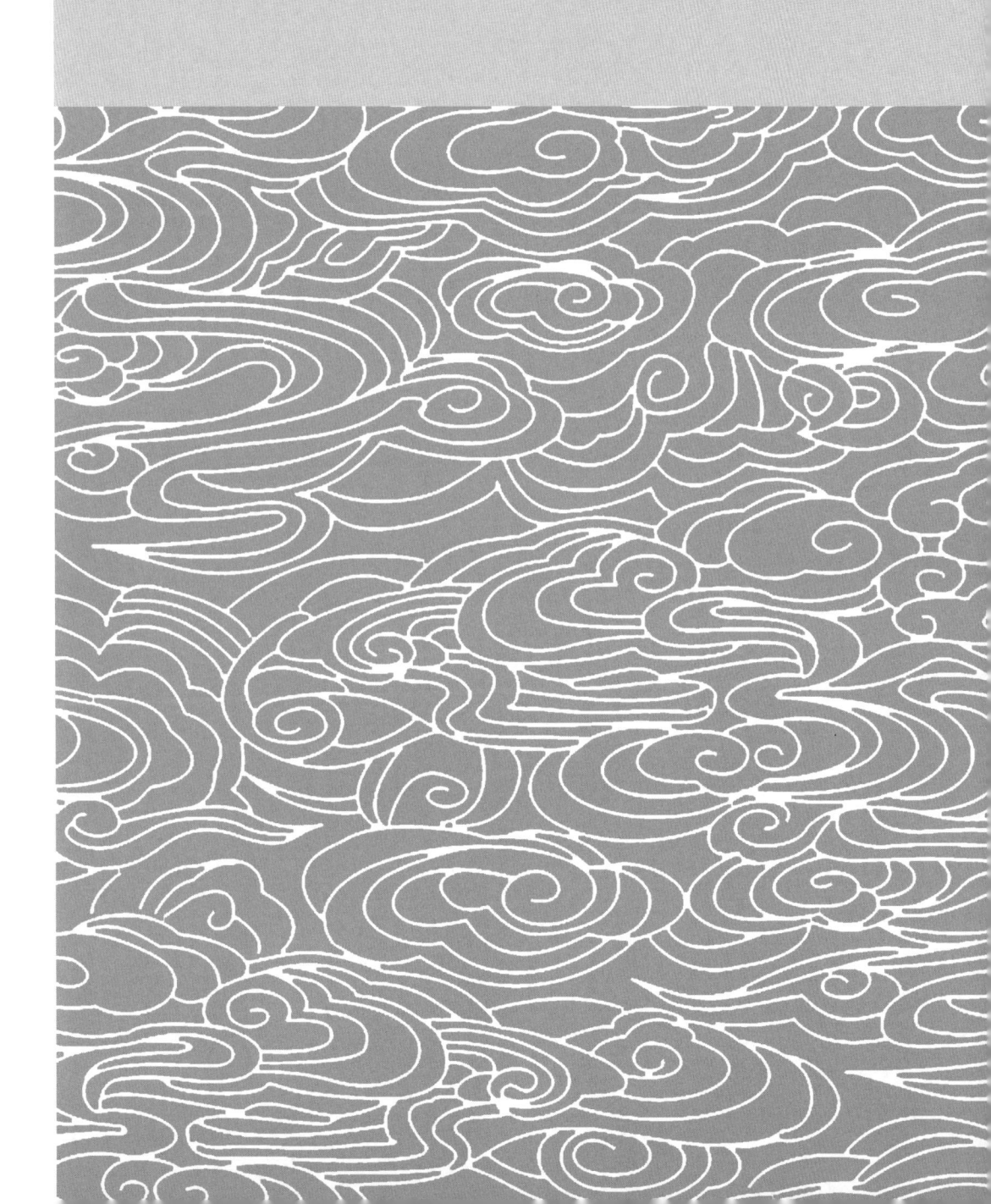

第一节　新见黄易篆刻"书巢"石印考
——兼论黄易与胡德琳之交游

一、黄易篆刻"书巢"印之背景

　　西泠八家印章实物存世稀少,尤其前四家篆刻在当时就有文人学者留心收集,真品流传有序,更加凤毛麟角,新中国成立后泰半归公善藏,[1]故今时偶有遗珍现世,必然备受关注。新见黄易篆刻青田石印章,质色青黄老旧,无雕钮,印面尺寸16×16毫米,通高58毫米。印面篆刻白文"书巢"两字(图1)。边款:"丙午长夏,黄易刻于单县朱氏绿怡轩。""书巢"印尺寸方正,印文为浙派典型的方正缪篆,布局整饬,刀法娴熟。黄易是一位风格早熟的篆刻家,自幼受家庭熏染,篆刻师法浙派宗师丁敬。字法以汉代方折摹印篆为主,善用长短结合的切刀法,又以长年浸淫于金石碑版文字,时参隶法入印,能得浑朴生动的金石意趣。此"书巢"白文印,"书"字所用篆法刻意舍简取繁,以求与"巢"字配合妥帖,是其章法上的用心所在。刀法则以长切为主,辅以局部碎切,全印气韵酣畅浑厚,虽是客中酬作,仍不失其艺术成熟期的本色。

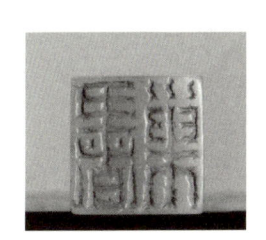

图1　"书巢"印原石、印面

图1 "书巢"印边款

笔者曾对黄易游宦山东后所刻纪年印章做过统计，今天尚能得睹印面者约33方[2]。其中作于乾隆五十一年丙午（1786）的作品，仅有七月为何元锡所刻的"梦华馆印"一方（图2），边款："年来少作印，有惠以铭心逸品，则欣然奏刀。梦华居士许我南田便面，可谓投其所好。挥汗作此，不自知其苦也。乾隆丙午七月，小松。"[3] "书巢"印作于"丙午长夏"，时序约在六月，两印先后刻成，印式、风格、款字均十分接近，颇足比勘。"书巢"边款为单双刀结合的楷书印款，其结体特征与点画镌刻技法也完全符合黄易边款成熟期的典型。

乾隆五十一年（1786）黄易四十三岁，正值年富力强之时，已在山东佐理河防事务八年，为政有能声。这一年也是其金石学活动到达繁盛顶峰的时期。就在篆刻"书巢"印的两个月之后，他先于济宁州儒学戟门下扶升《郑季宣碑》，又在查阅《嘉祥县志》时发现紫云山有汉太子墓的记载，于是亲至其地勘察，方知原为黄河泛滥淤积没入土中的武氏祠堂，并由此访得汉建和元年《敦煌长史武君之碑》（《武斑碑》）及武氏祠阙画像题字甚多，

图2 黄易刻"梦华馆印"及边款

这才将今天国际闻名的东汉儒学古迹武氏祠保存下来。黄易在山东时期的篆刻金石趣味最为醇厚，是与受到山左金石风气的濡染和启发密切相关的。

二、"书巢"印主胡德琳考

"书巢"印形状方正，显系实用性人名用印，又以未冠姓氏，故当为字号印。然考黄易交游圈中，至少有两位以"书巢"为字号者，一为董作栋，一为胡德琳。董作栋（1738—1810）字工求、干甫，号书巢，浙江余杭人。董作栋为乾隆四十三年（1778）进士，授直隶庆云知县，母忧服阕，补河南鲁山知县。为官期间立条教、除旧苛政，劝课农田，又捐赀建书院与先贤祠，修《鲁山县志》，居官六年，以病归。[4] 黄易在嘉庆元年（1796）九十月间，曾携拓工二人赴河南嵩山、洛阳一带访碑，沿途以文字纪实，是为《嵩洛访碑日记》，其中记载："（九月）二十二日，为虚谷先人吏部公书神道碑，及鲁山令董君书巢索书联额。"[5] 但这一时间已晚于"书巢"印十年，地点又远在河洛，而且董作栋索书是较为简单易写的匾额、对联一类书作，可见两人相交不深，故不太可能为这方"书巢"印的主人。

胡德琳（生卒年不详）字经畲、碧腴，号书巢，先世休宁，后迁广西临桂（今广西桂林）。他是袁枚大堂妹袁杰的夫婿。乾隆十二年（1747）举人，十七年（1752）进士，历任四川什邡知县、简州知州，二十五年（1760）末任济阳县令，三十一年（1766）官历城县令，三十四年（1769）擢济宁知州，迁东昌府尹。[6] 三十九年（1774）七月，太监高云从泄露记名官员朱批记载案发，乾隆亲自主持查案，审讯得知胡德琳在东昌知府任时，受山东按察使姚立德之托，荐高云从之弟高云龙与临清知州王溥作长随管理税口，胡德琳因此被革职。[7] 后于四十二年（1777）前后捐复，出任莱州知州。

胡德琳性喜读书、藏书，虽历任繁剧而未尝废卷。其自号"书巢"，也是因为聚书充栋。他为人重然诺，又喜交游。为官所至，振兴文教，积极参与采办山东遗书，又聚集文士名流，编纂图经、方志，先后组织纂修《济阳县志》《（乾隆）历城县志》《（乾隆）济宁直隶州志》《（乾隆）东昌府志》，又主持刊刻于钦《齐乘》（重刊）、释湛性《双树轩诗钞》、张尔岐《蒿庵集》、王苹《蓼邨集》等。

笔者所见胡德琳与黄易交往最直接的证据，是其致黄易的两通信札：

其一

生平赠缟班荆于武林诸君子甚夥，嗣以一行作吏，远隔西湖，博雅如先生惜不得一见。

图3 胡德琳致黄易信札一 国家图书馆藏《古欢》册

昨于无轩札中得悉高谊，即拟一械申意，而风尘鹿鹿，未遑也。顷承瑶札，词翰之美与先施之雅皆非近日所有。古人所谓"闻声相思，千里神交"者，殆为我两人设也。曾许铁笔，幸何如之。近有人赠林铁箫句云"秋风凉月一声箫"，仆甚爱之，欲镌一印，未知肯为赐教否？附上唐摩崖碑一副，希查收。其琅琊台秦碑、济宁新出汉碑、乐陵刘氏、元魏刁遵墓铭、李阳冰篆庚公德政碑，仆俱有之，但留东郡寓中，取至再当奉寄。数行顺覆，并候兴居不备。琳再拜。（图3）

其二

客秋阅除目，知足下拣发河东，可图把晤，心窃喜之。腊初因公至任城，询之，则文驾尚尔未到，深以为怅然，于河宪前说项者屡矣。河宪亦云与足下有世旧之好，意一见定有针

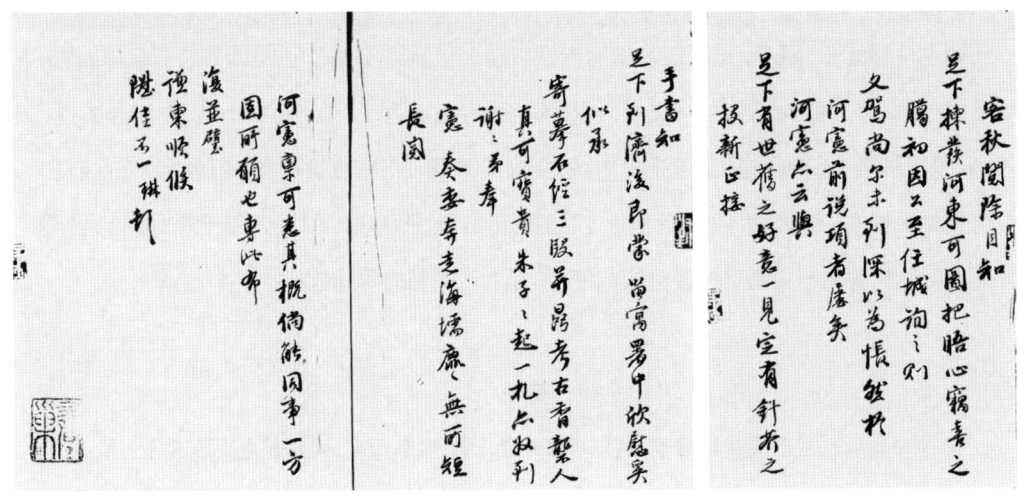

图4 胡德琳致黄易信札二 国家图书馆藏《古欢》册

芥之投。新正接手书,知足下到济后即蒙留寓署中,欣慰奚似。承寄摹《石经》三段并《鼎考》,古香袭人,真可宝贵。朱子子起一札亦收到,谢谢。弟奉宪奏委奔走海壖,鹿鹿无所短长,阅河宪禀,可悉其概,倘能同事一方,固所愿也。专此布复,并璧谦柬,顺候升佳不一。琳顿首。(钤"书巢"朱文长方印,图4)[8]

从第一通信札内容看,胡、黄相识源于二人共同好友陈焯(无轩),订交之始应是黄易托陈焯转寄胡德琳信札,并有所馈赠(约是金石拓本一类),且许为其篆刻。故胡德琳回信请黄易篆刻闲章,并回报以唐摩崖石刻拓本,又许诺馈赠碑拓多种。胡德琳在东昌府尹任上因高云从案革职后,又经捐补,由山东巡抚杨景素保奏暂署青州知府,旋补授莱州府知府,俱在乾隆四十一年(1776)年,[9]由据札中"风尘鹿鹿""(拓本)留东郡寓中,取至再当奉寄"等语,可推知当时胡氏已离东昌寓所,故此札当作于乾隆四十二年(1777)前后。

乾隆时豫工、川运例开,乾隆四十二年(1777)郑制锦等为黄易报捐,黄易七月入京师,十月筮仕东河,但在四十三年(1778)春方抵山东济宁,自此开始在山东二十余年的仕宦生涯。

胡德琳第二通信札云"客秋阅除目,知足下拣发河东",正指此事。札中提及"文驾尚尔未到,深以为怅然",又在黄易赴任前至河东河道总督姚立德处为其说项,可见胡德琳对结交志趣相投的官员、名士之热心。再据"新正接手书,知足下到济后即蒙留寓署中",可确知此札作于乾隆四十三年(1778)正月前后。胡札中所云黄易赠摹《石经》三段及其与潘应椿等新刻《丰润古鼎考》一书,[10]又可窥见黄易在官场交游中十分善于将金石、篆刻等作为结交同好、构建官场交游网络的重要方式之一。

胡德琳在山东为官二十余年,宦迹遍历青州、登州、莱州、济宁、泰安、东昌、历城、济阳等地,与黄易的交集也多。但这枚"书巢"印的受主是否为胡德琳,尚有一

图5 胡德琳题名石刻

个疑问有待解决，即由于胡德琳的生卒时间不详，黄易篆刻此印的时间，必须符合胡德琳的在世时间。胡德琳前期的活动较为明晰，但在革职起复之后的活动记载却较少，这可能是他在遭受人生巨变后倍加隐忍的自我保护方式。

据袁枚为胡德琳所作《碧腴斋诗存序》中"弱冠举于乡"的记载，[11] 胡德琳乾隆十二年（1747）乡试中举，可推其生年当在雍正六年（1728）前后。[12] 胡德琳卒年虽未可知，但据翁方纲等人诗文记载，乾隆四十八年（1783）、四十九年（1784）间胡德琳再度为捐复之事寓居京城，[13] 与翁方纲、张埙、吴锡麒、顾宗泰等多有唱和，其后又捐补山东，[14] 可见其卒年必在乾隆四十九年（1784）之后。

然而有一条确证胡德琳卒年晚于"书巢"印篆刻时间的证据。乾隆五十二年（1787）六月黄易广邀友人聚资在嘉祥重修武氏祠堂，就地保护武氏祠相关建筑与石刻，此为金石学史上史无前例的创举[15]。事成立碑为记，又仿汉碑例详书捐助名录，其中赫然就有"泰安府知府桂林胡德琳钱四千"的记载（图5），可见胡德琳此年（1787）仍在山东泰安知府任上。综合以上信息，可以大致推断胡德琳生年约为雍正六年（1728），卒年则在乾隆五十二年（1787）后，他是"书巢"印的受主完全不存在疑问，同时也为解决这位清代文化名人的疑年问题提供了可靠的时间范围。

三、"书巢"印其他相关佐证

"书巢"印边款中所记地点"单县"古称单父，位于山东省西南部，清代为曹州府所辖。《临桂县志》记载胡德琳晚岁"缘事被议，有余罪，其弟德琅纳锾代赎始得释，后掌教曹州书院卒"[16]。曹州即今山东菏泽，黄易所在兖州府济宁州，与曹州府毗邻，单县正处于曹州府治菏泽与济宁之间，距离两地路程也十分相近。黄易曾在致友人信札提及："弟亦欲与兄快谈，因孙公欲拉至单县，有应加笔墨，不及分身，竟俟出月我辈快叙何如？"此札作于嘉庆元年（1796）至嘉庆二年（1797）前后，其中"孙公"为孙星衍。可见当时单县必有黄易、胡德琳、孙星衍等官员雅士常聚之所。[17]

另，"书巢"印边款云"刻于单县朱氏绿怡轩"，清初有单县人朱绂字方来，号澹居，廷焕长子。其人不苟言笑，又轻财乐施，广交四方名士。由岁贡任蒲台县训导，教士有方，告归后与邑中三五老人结社，看花赋诗，不预外事，有《绿怡轩遗稿》。[18] 朱绂与黄易、胡德琳时代相隔较远，不可能有所交集，但朱氏既为单县世族，后代沿用祖先堂号并不足奇。

胡德琳一生执着仕途，宦海生涯颇为坎坷，先后三次革职罢官，又三次捐官，故袁枚称其

"三仕之，三已之"[19]。《随园诗话补遗》载："胡书巢太守官罢，两次捐复，家资搜括已尽，第三次再捐。余寄宋人《咏被虏女子》诗云：'到底不知颜色误，马前犹自买胭脂。'胡卒不听以行，未及补官而卒。余为刻其《碧腴斋诗集》，而葬之于金陵瑶坊门外。"[20]胡德琳一心出仕，三次捐复，晚年家财散尽，卒后由内兄袁枚助葬，是合乎情理的。

此外，黄易与袁枚亦有交往。袁枚诗集中有《再寄和希斋尚书》可证，其诗序云：

> 运河司马黄小松录司空与渠札见示，云"袁简斋盛世才人，琳久思立雪。客中携《小仓山房诗稿》朝夕讽诵，虔等梵经，如亲丰采"云云。余读之感深次骨，且知前寄答诗尚未收到，而公已总督四川，故呈二章兼以墨寄。[21]

黄易与和琳交好，证据如乾隆四十三年（1778）春，和琳在山东，黄易有《春夜即事和巡使和希斋命作》《和希斋大人新拜阁学观察率丞牧于南池奉觞时方上巳又值清明希斋首倡丽句敬步二首》等诗。袁枚所云"瑶坊门"即姚坊门，为南京明城墙外郭十八座城门之一，[22]在今南京栖霞区仙林仙尧路与太龙路、尧化门街交汇处附近。黄易篆刻"书巢"印传为十数年前南京所出，亦为印主为胡德琳提供了有力佐证。

清代诗人法式善曾为自用印册作序云："偶一展阅，觉指腕所到，性情皆见，而死生离合之感，又于是深焉矣。然则文章翰墨之外，欲以见我友之精神者，此册固不可废也。"[23]文人篆刻的珍贵之处，正是在于每一枚印章背后，都讲述着一个令人感慨的人生故事，饱含着浮沉离合的深厚情愫。正如这枚"书巢"印章所串联起来的如烟往事，不仅默默见证着旧时名士之间的一场交游，也凝固着那些惹人怀想的雅韵流风。

注　释

［1］关于西泠八家篆刻印章的流传与辨伪，可参阅朱琪《真水无香——蒋仁与清代浙派篆刻研究》，浙江人民美术出版社，2018年版。

［2］这一统计数量包含少量在河南任上的作品，详见朱琪《黄易与山东印学综考》，载《印学研究》

第十辑，文物出版社，2017年版，页270—278。

[3]【日】小林斗盦《中国篆刻丛刊第一四卷——黄易》，二玄社，昭和五七年（1982）版。

[4] 董作栋生平，可详阅吴锡麒《有正味斋骈文续集》卷七，褚成博纂《（光绪）余杭县志稿》、张吉安修、朱文藻纂《（嘉庆）余杭县志》卷三十四等书。

[5] 黄易《嵩洛访碑日记》，清刘履芬钞本。

[6] 唐桂艳《略论广西临桂胡德琳对山东文化的贡献》一文对胡德琳仕履生涯及对山东的文化贡献有详细考述，文载《图书馆界》2013年第4期。

[7] 乾隆皇帝素来重视防范太监干政，高云从泄密案是乾隆朝严厉防范、打击太监干政的典型案例。此案涉及军机大臣于敏中、侍郎观保、蒋赐棨、粤海关监督李文照及山东按察使姚立德等多位地方官员。最终高云从处斩，高云龙、其弟高云惠等发往伊犁与兵丁为奴。大学士于敏中革职留任，相关官员多被革职查办。见中国第一历史档案馆《乾隆三十九年太监高云从泄密案档案》，《历史档案》2017年第3期。

[8] 收录于国家图书馆藏《古欢》册。

[9] 参阅清宫档案乾隆四十一年三月二十九日山东巡抚杨景素《奏为恩准已革候补知府胡德琳捐复原官谢恩事》、乾隆四十一年八月十八日山东巡抚杨景素《奏为委任于易简署理登莱道并胡德琳暂署青州府知府事》、乾隆四十一年十二月二十一日山东巡抚杨景素《奏请以胡德琳补授莱州府知府事》《奏明委任胡德琳署理莱州府知府等事》《奏为将胡德琳署理莱州府另折请补事》诸档。

[10] 潘应椿于丰润获古鼎，绘鼎图，黄易摹铭文，又刻汪上湖、潘应椿、黄易、陈焯、翁方纲跋文或题诗，成《丰润古鼎考》一卷，约成书于乾隆四十二年（1777）。

[11] 胡德琳《碧腴斋诗存》，清随园刊本，收入《随园三十八种》。王英志认为《碧腴斋诗存序》作于袁枚晚年，约嘉庆初年，恐不确。因袁序云胡德琳"弱冠举于乡，从桂林来修婚兄弟礼，既见即别，别三十四年矣……今年秋以诗集见寄"，又称其"年垂六十，发苍然而室萧然，除骨肉妻孥外，只此一编与伴晨昏"，胡此际应未及花甲，如延至嘉庆初则胡德琳应已年近七十古稀，不当有"年垂六十"之语。故嘉庆初年可能为胡德琳诗集刊刻的时间，袁枚作序时间应早于此方合理。

[12] 郑幸认为胡德琳生于雍正四年（1726），但不详所据。见《袁枚年谱新编》，上海古籍出版社，2011年版，页21。

[13] 翁方纲于乾隆四十九年（1784）二月十三日作《续六客诗序》，将胡德琳列为"续六客"之一，

见《复初斋外集》文卷一。是年岁首又有《胡书巢太守自莲花寺移寓羊肉胡衕宋芝山为画移居图属题二诗诸君诗多征羊事故次章及之》一诗,见《复初斋外集》诗卷第十七,民国嘉业堂丛书本。又张埙有《招胡书巢太守小集覃溪以燕新门生不至》《送胡书巢太守以郡丞补官并寄陆青来方伯》等诗,分见《竹叶庵文集》卷二十一《乞假集》下、《赐研斋集》上,清乾隆五十一年刻本。

[14] 见翁方纲《诸城县东坡题名石刻》诗小注,云:"'禹功传道明叔子蟾游'凡九字隶书,胡书巢太守、桂未谷司训同时拓寄。"《复初斋诗集》卷三十《觐观稿》三,清刻本。

[15] 重修武氏祠经过见黄易《修武氏祠堂记略》、翁方纲《重立汉武氏祠石记》。

[16] 蔡呈韶修、胡虔纂《(嘉庆)临桂县志》卷二十九,清嘉庆七年修,光绪六年补刊本。

[17] 参阅朱琪《故宫藏黄易尺牍疏证》一文中对故宫博物院藏新00151915-19/24黄易致郑震堂"玉版札"的考释,文载故宫博物院编《故宫藏黄易尺牍研究·考释》,故宫出版社,2015年版,页102。

[18] 参阅项葆祯修、李经野纂《(民国)单县志》卷九,民国十八年石印本。杨士骧修、孙葆田纂《(民国)山东通志》卷一百四十三,民国七年铅印本。

[19] 袁枚《碧腴斋诗存序》,《小仓山房文集》续集卷二十八,《袁枚全集》(二),江苏古籍出版社,1993年版,页491。

[20] 袁枚《随园诗话补遗》卷十,《袁枚全集》(三),江苏古籍出版社,1993年版,页795。

[21] 袁枚《小仓山房诗集》卷三十五,清乾隆刻增修本。

[22] 袁枚帮助营葬的亲友,大多葬于瑶坊门外,如三妹袁机、陶姬、好友沈凤等。胡德琳致黄易信札中所提及的林李(铁箫),亦葬此处。林李字九标,江苏如皋人,以眢井中得铁箫为号,工诗文书法。李斗《扬州画舫录》卷二、王豫《淮海英灵续集》庚集卷三皆有传,附志于此。

[23] 法式善《存素堂印簿序》,《存素堂文集》卷二,清嘉庆十二年刻增修本。

第二节　新见黄易"梅花盦主"印读记
—— 黄易与汪启淑之印缘

郭若愚曾在《篆刻史话》一书中介绍过黄易篆刻的"梅花盦主"印,但未披露原石形制,近日此印现身艺术品市场,方得以一睹真容。"梅花盦主"青田石古兽钮章(图1),印面尺寸3.6×3.7厘米,通高5厘米,方形印台之上雕一作露齿嘶吼状卧兽,兽首向右后方回顾,与尾部呼应,兽尾与胡须开丝细腻,雕工颇精。印石为青田石质地,色泽青黄,纯净凝透,无论质地、雕工,皆可称道。印面镌刻"梅花盦主"四字朱文,印文为缪篆,结体方折,偶作圆转蟠曲之势,以浙派切刀为之。兽首正向下方单刀镌刻边款七行,每行四字,曰:"吴仲圭梅花盦牙印尚在钱唐汪讱庵家,亦渠老伯属刻,即仿其法。小松。"

郭若愚根据此印风貌判定为黄易三十五岁之前所作,[1]甚为允当。从此印款文来看,结字宽博而未精严,单刀刻款尚时露萧疏稚拙之气,与"一笑百虑忘""我生无田食破砚"(图2,此二印俱1776年作)边款风格十分接近,但尚不及乾隆丁酉(1777)所刻"湘管斋"(图3)印边款之端严稳健,故笔者认为此印大约作于乾隆四十一年丙申(1776)前后,黄易三十三

图1　"梅花盦主"原石、印面及边款

图 2 "我生无田食破砚"印及边款

图 3 "湘管斋"印及边款

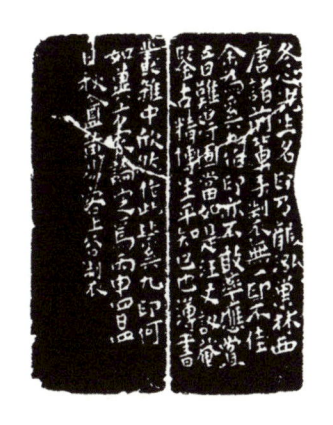

图 4 "一笑百虑忘"印及边款

岁时。印章受主"亦渠"其人失考，印款云此印系摹拟吴镇"梅花盦"牙印。吴镇之印乾隆间为汪启淑所得，黄易曾得见，故仿刻了这方"梅花盦主"。

汪启淑（1728—1799）字慎仪，又字秀峰，号讱庵，人称印癖先生，斋室名甚多，如飞鸿堂、安拙窝、开万楼、静乐居等，歙县绵潭人。徽州盐商出身，后寓居杭州。平生嗜古成癖，好藏书，尤爱收藏古今印章。汪氏家族雄于财赀，为其广泛搜罗古籍善本与书画印章提供了经济基础。乾隆三十七年（1772）四库馆开，征集天下遗书，他应诏献藏书五百余种，受到乾隆皇帝褒奖。汪启淑与当时的印人交往频繁，并时常在经济上予以资助，这样的吸附效应使他能够收集到丰富的时贤篆刻，进而汇辑成丰富多样的印谱传世。其中最负盛名者当属《飞鸿堂印谱》，是谱编辑跨度自乾隆十年（1745）到四十一年（1776），历时三十余年，分五集，总四十卷，收录清代300余位印人作品近3500方。

汪启淑与黄易的老师丁敬有所交往，其自述云乾隆十年（1745）春由其师张湄阑入西湖吟社而与丁敬订交，丁敬曾为《飞鸿堂印谱》题跋，并为其篆刻过多方印章。汪启淑年长黄易十六岁，他于乾隆四十三年（1778）捐川运例，分签署户部山东司员外郎缺，也就是晚黄易报捐一年。黄易与汪启淑何时订交，并无明确记载，但从黄易为其篆刻的数枚印章中，可以略窥端倪。乾隆四十一年（1776）四月四日，黄易于上谷为汪启淑刻"一笑百虑忘"印（原印今藏上海博物馆，图4），款曰："冬心先生名印，乃龙泓、巢林、西唐诸前辈手制，无一印不佳。余为奚九作印，亦不敢率应，赏音难得，固当如是。汪丈讱庵鉴古精博，生平知己也，簿书丛杂中，欣然作此，比奚九印何如？冀方家论定焉。丙申四月四日，秋盦黄易客上谷制。"

此印论及当时名士交游以篆刻为酬酢，互相激赏、砥砺的情形。黄易以金农名印多为丁敬、汪士慎、高翔所制为例，自言为奚冈刻印亦不敢草率应付，而为汪启淑这样的"生平知己"刻印，亦一样重视。言辞中隐约透露出黄、汪相识，可能是缘于两人共同的好友奚冈所介。黄易将自己与奚冈、汪启淑之间的交往，比拟于金农、丁敬、汪士慎等人的交游，显示出对乡贤的孺慕以及对自身未来发展的强烈自信。《飞鸿堂印谱》收录黄易篆刻五方。此外黄易为汪启淑还刻有"啸云楼""讱盦"印（图5、6），亦大约作于此际。

除编辑《飞鸿堂印谱》外，汪启淑又效仿周亮工《赖古堂印人传》的成例，搜集印人资料，撰写《飞鸿堂印人传》八卷，于乾隆五十四年（1789）刊刻成书。道光二十年（1840），顾湘更名为《续印人传》收录于《篆学琐著》丛书中。其中《黄易传》，作于当时，是一篇翔实可靠的黄易传记资料：

> 黄易字大易，号小松，浙江仁和县诗人黄树穀松石先生之子也。母梁孺人，亦能诗，名《字字香》。小松生而颖悟，又禀庭训，自儿童凛然如成人，即知向学，然家徒四壁。松石归道山后，仰事俯育无所获，小松虽教读以奉养，而不能给，去习刑名之学，常佐人于莲幕，藉藉有声。善古文词，又工丹青，得董北苑、关仝正法眼藏。研究六书、刻印，专师秦汉，曾问业丁龙泓征君，兼工宋元纯整诸家，款识亦古雅。清苑素称繁邑，小松入幕时，又届兵差，文移鞅掌，能以诗筒铁笔与簿书律例迭进，仍不废其风雅。居停甚德之，因资其行橐，遂急公川运军需，得官山左主簿，历署汶上县尹及茌平尉，题补阳谷县主簿，皆以廉能称。爱才大吏拂而拭之，腾骧正未可限也。[2]

图5　黄易为汪启淑篆刻"啸云楼"印及边款

图6　黄易为汪启淑篆刻"讱盦"印

此文记载黄易家世及其早年莲幕生涯甚详，所及事件有报捐、历署汶上县尹及茌平尉，题补阳谷县主簿诸事，因黄易此后经历付阙如，故大致可推证此传作于乾隆四十一年（1776）、四十二年（1777）之际。从目前掌握的文献来看，未见黄易与汪启淑后来的交往资料。

黄易"梅花盦主"所本为吴镇"梅花盦"牙印，笔者在汪启淑《讱庵集古印存》中找到了这方印章（图7）。事实上黄易所刻与"梅花盦"印在字法、用刀上差异颇大，"梅花"两字的字形更几乎毫无相似之处，他所谓的"仿其法"不过是一种意趣上的摹拟，也可能仅仅是按照以往的印象摹刻，甚至根本就是对吴镇"梅花盦"文化意蕴上的附丽。然而，汪启淑收藏的这方"梅花盦"，其实也非真品。

图7　汪启淑旧藏"梅花盦"牙印

吴镇（1280—1354）字仲圭，号梅花道人，浙江嘉兴人，与黄公望、倪瓒、王蒙合称"元四家"。"梅花盦"为其斋号，其书画上常见"梅花盦"（图8）与"嘉兴吴镇仲圭书画印"两方连用，如至元二年（1336）《中山图》、至元四年（1338）《松泉图》卷等。真印"楳"字左侧"木"左右两竖与上部边栏断开不连，汪启淑所藏"木"上端却与边栏全连；真印"盦"字上端"人"字头两画坡度较陡，汪藏印"人"则平展如直线。

图8　吴镇用印"梅花庵"钤于至元四年（1338）《松泉图》卷后

汪启淑素有印癖，搜罗历代印章极其丰富，这方吴镇"梅花庵"印赝鼎的出现，至少透露出两点信息。其一，乾隆时期，对名人印章的作伪已经成为一种带有普遍性的现象，它是名家书画作伪的副产品。印章的作伪既可以用于仿冒名家书画，也可向风雅文人、甚至专业的印章收藏家出售射利。其二，对名人印章的仿制，在信息交流相对闭塞的古代，由于缺乏可供比对的资料，往往具有极强的迷惑性，因此即使是号称"印癖"的汪启淑与精于篆刻实践的黄易，也未能识破"梅花盦"印之伪。中国书、画、印史上，以假乱真、真伪难辨甚至积伪成真的案例实在不胜枚举，亟待后来的研究者不断去伪存真。

注　释

［1］ 郭若愚《黄易摹古名印两则》，《篆刻史话》，宋绪康设计有限公司，2000年版，页117。2008年，笔者曾由上海裴世安先生之介，得郭若愚先生亲题"朱琪印存"（下钤"智龛"朱文小印），郭老并赠我一册新出《智龛金石书画论集》，附记于此以志金石因缘。

［2］ 汪启淑《续印人传》卷五，清道光二十年海虞顾氏刻本。

第三节　黄易与陈豫锺交往事略

　　陈豫锺（1762—1806）字耦渔、浚仪，号秋堂、墨缘居主，斋号求是斋，钱塘人。乾隆廪生。工书篆籀，喜金石。画兰竹秀逸有致，亦工画山水，篆刻尤精，名列"西泠八家"之一。陈豫锺出生于钱塘读书世家，自幼耳濡目染，习读诗书。少年时代随侍祖父陈王谟（1697—？），见其作书篆刻，心向往之，乃学执笔运刀。至十八九岁渐为人所知，弱冠时已在杭城崭露头角，请其作书刻印者渐多。受祖父熏陶，陈豫锺自幼习书。及长，真草八分并妙，尤精大小篆，兼擅飞白书。赵坦（1765—1828）称其"学凡商周彝、鼎、盘、匜、尊、罍、卣、斝、盉、敦、珊、戈、剑、弩诸款识，以及周宣猎碣，始皇石刻，下迨汉魏六朝瓦当、瓴甋、画像、志铭，莫不心摹手拟，神与古契。故其为书苍雅圆劲，凌轹一时"[1]。陈氏亦工绘画，或云师法奚冈，然不多作，今日得见者多为松石兰竹之属，皆以篆法通之，资质倜傥，逸趣横生。

　　西泠八家中，陈豫锺与陈鸿寿（1768—1822）的篆刻在当时均负盛名，并称"二陈"。二人早在乾隆甲辰年（1784）即已订交，当时陈豫锺二十三岁，陈鸿寿十七岁。阮元有论："秋堂深于小学，篆隶皆得古法，摹印尤精，与曼生齐名。秋堂专宗丁龙泓，兼及秦汉；曼生则专宗秦汉，旁及龙泓。皆不苟作者也。"[2]郭麐云："秋堂贵绵密，谨于法度；曼生跌宕自喜，然未尝度越矩矱。"[3]二陈同嗜书画篆刻，乃常向乡前辈奚冈（1746—1803）请教。[4]陈豫锺对于金石、书画的兴趣非常浓厚，时常前往收藏家赵魏（1746—1825）、何元锡（1766—1829）、陈希濂（1762—？）、赵辑宁等处观摩藏品，眼界日广。[5]陈氏家境并不宽裕，酷嗜金石书画而乏于余资购藏。即使如此,仍节衣缩食,"见名画佳砚,而重值必质衣购之",毡蜡椎拓积数百卷。[6]陈豫锺矻矻于学,除前往金石收藏家家中观摩之外,遇到罕见的金石资料,辄借观抄录、摹拓。如乾隆五十四年(1789)春,陈豫锺假馆章氏健松堂,借抄赵魏所藏金石学著作《舆地碑目》四卷,可见用笔之勤。后陈氏又将此书质于何元锡处,故其上又有何元锡亲笔所记借单:"陈秋堂三兄借去张力臣《沛州学汉碑释文》一本、《中州金石记》二本、铜章十二块。"[7]可见其力学不倦。

清季乾嘉时期,金石学蓬勃发展,已成为如日中天的"显学",这股学风由学术领域影响到艺术领域,当时的书法、篆刻家,无不受其沾溉。陈豫锺既雅嗜金石、精于篆刻,那么对于同为杭人的前辈金石、篆刻家黄易,自然仰慕有加。从年龄上来看,黄易长于陈豫锺十八岁,年龄差异较大。且黄易于乾隆四十二年(1777)之官山东等地,而陈豫锺主要活动范围集中在浙江一带,故初时两人应无缘觌面。但黄易同辈好友奚冈、赵魏、何元锡等,与陈豫锺的关系都在师友之间,黄易为杭州诸友篆刻过很多印章,陈豫锺也必有寓目。

今见国家图书馆藏《古欢》册有陈豫锺致黄易信札一则,可追溯二人交往之始,迻录于下(图1):

豫锺顿首拜书。小松老先生阁下。敬启者己酉仲冬接奉琅函,如亲麈教在乡,先达奖借后学,不靳齿芬,而受者逾分,不竟颜汗,本拟裁答,恐案牍贤劳,徒多滋扰。迩晤铁生丈,曾述雅意殷拳。贱名得挂齿颊,幸甚,愧甚!唯豫素耽金石,无如学浅质鲁,绝少师传,久倾山斗,是以前函致恳示我楷模。荷蒙不弃,许以心传,兹附上劣石二方,

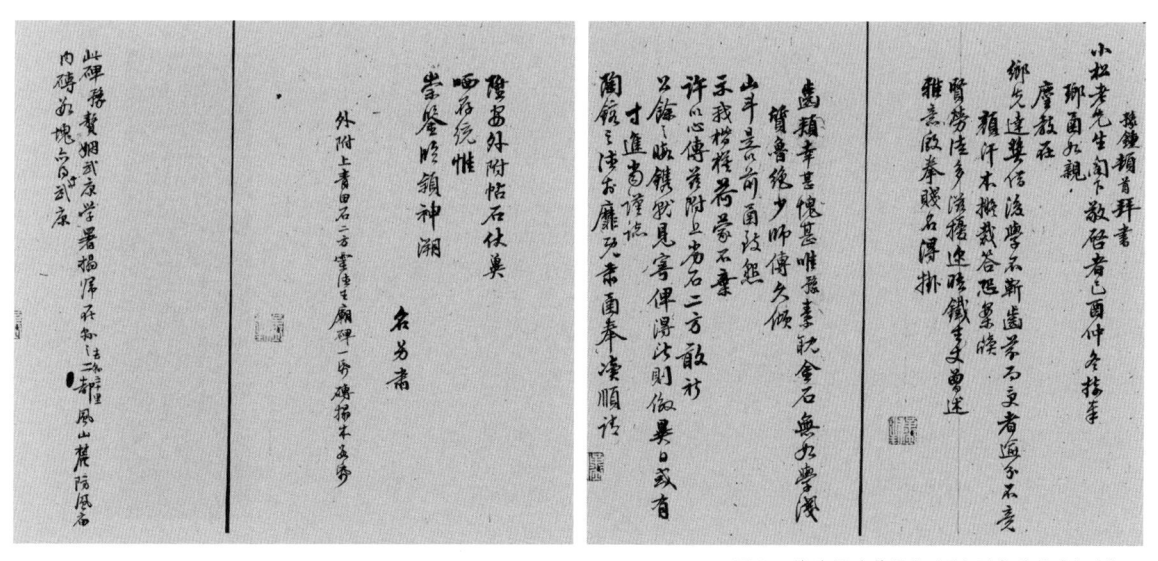

图1　陈豫锺致黄易札　国家图书馆藏《古欢》册

敢祈公余之暇镌就见寄，俾得此则，傲异日或有寸进，当谨志陶镕之德于靡既。肃函奉渎，顺请升安。外附帖、石，伏冀哂存。统惟崇鉴，临颖神溯。名另肃。外附上青田石二方、《灵德王庙碑》一纸、砖拓本数纸。此碑豫赘姻武康学署拓归，在县之二都［去县三十里。］风山麓防风庙内，砖数块亦得于武康。

据此札可知陈豫锺与黄易最早的交往时间，是在乾隆五十四年（1789），二人曾有函札互通，黄易在札中对陈豫锺褒奖有加。陈豫锺素与奚冈交好，对奚冈篆刻也十分欣赏。他在嘉庆九年（1804）观跋奚冈篆刻"寿松堂书画记"印时云："奚丈铁生自少工书画，而篆刻亦与黄司马小松角胜，后笔墨繁甚，而篆刻疏矣。此印为廿余年前所作，奏刀用意，绝似丁龙泓先生。"可见他对于黄、奚二位杭州前辈印人是非常尊崇的。他与黄易的交往正是通过奚冈的引介，由札中"迩晤铁生丈，曾述雅意殷拳。贱名得挂齿颊，幸甚，愧甚"一语可证。札中又云："唯豫素耽金石，无如学浅质鲁，绝少师传，久倾山斗，是以前函恳示我楷模。荷蒙不弃，许以心传，兹附上劣石二方，敢祈公余之暇镌就见寄，俾得此则，傲异日之德。"可见陈氏相当恭敬地将黄易引以为师长，向其请益金石篆刻之学，并寄去青田石一对请黄易篆刻，作为自己学习的范本。

乾隆五十八年（1793）六月，黄易以这对青田石印为陈豫锺篆刻"陈豫锺印""浚仪父"对印（图2、3），前者款曰："癸丑六月七日，为秋堂词长作，黄易。"后印款曰："小松仿丁居士。"这两方印章，正是黄易应陈豫锺之请刻为示范之作。由此也可考订陈豫锺致黄易信札的书写时间下限，是在乾隆五十八年（1793）六月。陈豫锺对金石收藏鉴赏有着极大的热情，更有效仿黄易亲自访碑、拓碑之经历。陈豫锺曾赘姻于浙江武康，故在武康居停过一段时间，新婚宴尔之际，他仍醉心于金石访拓，于防风庙内拓得五代吴越王钱镠所立《灵德王庙碑》（今藏德清县博物馆）。浙中汉晋古砖历来甚夥，他又在当地搜集了不少古砖，制成砖拓，分赠友人。好友陈鸿寿作《送家秋堂就婚武康学舍》一诗为贺，中有"莫便风流

图2 黄易刻"陈豫锺印"及边款

图3 黄易刻"浚仪父"印及边款

师米老,载他金石满扁舟"之句誉之。[8]乾隆五十七年(1792)前后,他将武康所得部分拓本寄赠黄易,其中的砖拓就有"俞泰作三字砖""建兴砖""义熙砖""钱文砖"等十二种。[9]今见陆心源《千甓亭古砖图释》中,收录有出自浙江武康的"建兴砖""义熙砖"(图4),应与陈豫锺访求者相类。

此后陈豫锺开始以尺牍往还的形式,向远在山东游宦的乡贤前辈黄易请教,并屡得褒奖。陈豫锺尝言"余素服小松先生篆刻,于丁居士外更觉超迈"[10],又云"后又得交黄司马小松,因以所作就正,曾蒙许可,而余款字则为首肯者再"("最爱热肠人"印边款,图5),可见二人惺惺相惜。从今天所能见到的陈豫锺纪年印作来看,正是从这一时期开始,篆刻数量逐渐增多。此后陈、黄二人往来渐多,黄易更以手题《汉晋以来砖瓦拓本》赠之。[11]黄易曾刻过多方"金石癖"印章分赠金石契友,陈豫锺也在受赠之列,乾隆六十年(1795)陈豫锺在奚冈冬花庵观跋黄易为何元锡所刻"金石癖"印(图6),款曰:"小松先生笃嗜金石,故作此印特多,以贻同有是好者。梦华与余各得其一,亦略相似,但大小不侔耳。"虽然赠给陈豫锺的"金石癖"印已佚,但足见黄易对他的奖掖。

陈豫锺篆刻,受丁敬、黄易、奚冈等人的影响很大,其中学习黄易印作者不少(表2):"竹影庵""赵氏晋斋"借鉴黄易为赵魏所刻"竹崦庵""赵氏晋斋";"鲁侬诗画"神采近于黄易"画秋亭长";"陈豫锺印"则可比照

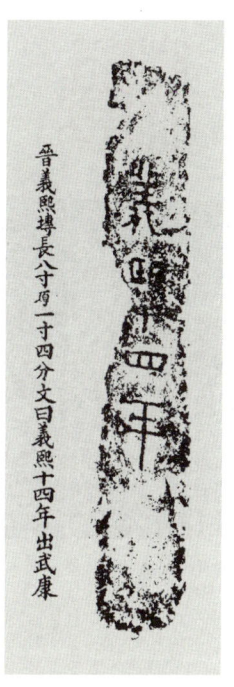

图4　晋义熙年号砖拓《千甓亭古砖图释》

图6　黄易刻"金石癖"印及陈豫锺观跋

图5　陈豫锺刻"最爱热肠人"印及边款

黄易所刻同文印。"我生无田食破砚"边款云："黄司马小松为吾宗无轩先生作朱文是句印，圆劲之中更有洞达意趣。余此作易以白文，亦略更位置，然究不若司马之流动，为可愧耳。"可知实是对黄易印章的再创作。这些都可窥见黄易对陈豫钟篆刻的影响。除"陈豫钟印""浚仪父"对印之外，今天可知黄易刻赠陈豫钟的印章还有"求是斋"（图7）、"金石癖"、"保安"三印。[12] 其中"保安"印款云："秋堂三兄以北齐保安造像祝余生日，感其意，用青州马脑石刻此报之。泉唐黄易。"[13] 亦可视为两人金石交往的佐证。

图7 黄易为陈豫钟篆刻"求是斋"印及边款

表 2　陈豫钟、黄易篆刻对比表

印文	陈豫钟印作	黄易印作
陈：陈豫钟印 黄：陈豫钟印		
陈：竹影盦 黄：竹盦盦		
陈：赵氏晋斋 黄：赵氏晋斋		
陈：鲁侬诗画 黄：画秋亭长		
陈：我生无田食破砚 黄：我生无田食破砚		

乾隆六十年（1795），黄易因母丧扶柩归葬，在杭州停留近三个月，按常理推测，与陈豫锺正式晤面应当就在此时，惜未见相关资料记载。[14]此后黄易再未履迹杭土，二人南北分隔，再会亦终无期。然而是年（1795）黄易曾写《乱石图》（后称《疏桃竹石图》，今藏杭州西泠印社，图8）寄赠陈豫锺，落款"小松写石"，陈豫锺十分珍爱。嘉庆三年（1798）十二月，陈豫锺与奚冈、高树程、余锷等集于汪瑜可花轩作诗酒文画之会，陈豫锺出观此图，奚冈为乱石补绘筱竹，高树程补绘疏桃。奚冈题曰："小松作此纸寄秋堂。越三年为戊午，蜡月廿有二日，高兄迈庵补疏桃，余写乱筱。是日集天潜山人可花轩。铁生记。"

时光荏苒，嘉庆六年（1801）阮元于孤山之阳建诂经精舍，将陈豫锺列为荐举孝廉方正及古学识拔之士六十三人之一。[15]是年，奚冈邻家不慎失火，冬花庵中书画典籍及印章俱化劫灰。奚冈用印除自刻以外多为黄易所作，火后则泰半交由陈豫锺、陈鸿寿二人补刻，可见对二人的推重。嘉庆七年（1802），陈豫锺正值不惑之年，其艺术创作与名声达到一生中最高峰，无论从名望或实力上看，都无疑是杭城篆刻的重要领军人物。时任浙江巡抚的阮元作文庙乐器镈钟，命陈豫锺摹古文以勒名，既成，阮元叹赏不已，极力招致之而陈氏终不往。[16]同年（1802）春，黄易在南旺所感寒湿疾加剧，于二月二十三日溘逝于济宁任上，享年五十九岁。

黄易辞世之后，陈豫锺又邀吴锡麒、陈鸿寿题跋于黄易《乱石图》之上。作为"西泠二陈"毕生景仰的艺林前辈，陈鸿寿亦睹物伤情，题诗感怀："秋影不知处，黯然思故人。三生盟片石，后梦亦前因。树老叶易脱，竹香寒更新。髯翁与蒙叟，珍重百年身。小松归道山之次年，种榆仙客陈鸿寿为家秋堂三兄题此志慨。"此作关系"西

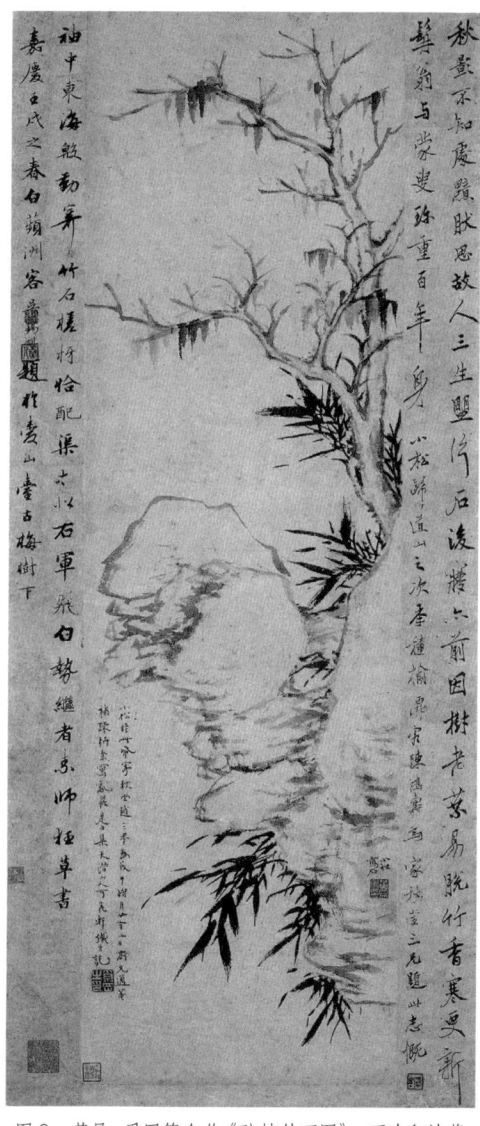

图8 黄易、奚冈等合作《疏桃竹石图》 西泠印社藏

泠八家"中半壁江山——黄易、奚冈、陈豫锺、陈鸿寿四人，为浙派印人中绝无仅有之合作，因此也是极为珍贵的艺林鸿宝。

注　释

［1］赵坦《陈豫锺传》，《保甓斋文录》卷下，清道光七年刻本。

［2］阮元《定香亭笔谈》卷一，清嘉庆五年刻本。

［3］郭麐《补罗迦室印谱》序，道光丁亥年钤印本。

［4］见陈豫锺1805年跋陈鸿寿所刻"问梅消息"印："予自甲辰年与曼生交，迄今二十余年，两心相印终无间言。"另，陈豫锺为陈鸿寿所刻"陈鸿寿印"款文："余自丙午岁始与曼生交，至今无间言。"则记二陈订交于乾隆五十一年（1786）。两者有出入，其中定有一处出自陈豫锺误记。

［5］见陈豫锺"素门所藏金石"款："余夙嗜金石，闻晋斋赵兄搜罗甚富，丙午春造庐往观，时素门兄适至。晋斋谓余曰'是亦金石友也'，与语甚惬，遂订交于吉金乐石之斋。每遇佳辰良夕，挟所有角胜以为乐。而素门藏书最富，获一古碑佳拓，涵咏词章，意会笔法，取某书细按之，必深悉其始终本末而后已。所藏奔者，品皆精美，事更融会。虽不及晋斋之多，而古人精神已贯通于千载之下矣。"

［6］叶铭《再续印人小传》卷一，清宣统二年印本。

［7］宋王象之辑，清陈豫锺钞、瞿中溶校《舆地碑目》四卷，今藏上海图书馆。

［8］陈鸿寿《送家秋堂就婚武康学舍》，《种榆仙馆诗集》卷上，西泠印社，民国四年刻本。

［9］见黄易《小蓬莱阁金石目》稿本。

［10］见陈豫锺观跋黄易为奚冈所刻"鹤渚生"边款。

［11］据谢国桢记载："一九八二年春游沪上，获黄秋盦手题《汉晋以来砖瓦拓本》，为何元锡所批校，旧藏于陈钟豫家（注：应为陈豫锺），有其白文印。"《江浙访书记》，上海书店，2004年版，页19。

［12］朱琪《"西泠八家"之陈豫锺研究》，《西泠印社国际学术研讨会论文集》（上），西泠印社出版社，2013年版，页254。

［13］黄易刻"保安"朱文印，见张鹤亭辑《芥弥精舍印萃》，清钤印本。

［14］朱琪编订《黄易年谱长编》（待出版）。

［15］孙星衍《诂经精舍题名碑记》。

［16］赵坦《陈豫锺传》，《保甓斋文录》卷下，清道光七年刻本。

第四节　黄易与陈鸿寿交游考论

《故宫藏黄易尺牍研究·手迹》一书中收录有新00151921-32/32附一记室过录黄易致陈灿《古墨札》一通，经陈鸿寿鉴别，附笔评注："此一札是记室手笔，鱼目固不可以混珠也。曼生记。"（后钤"阿曼"白文方印，图1）附二则为嘉庆甲戌（1814年）陈鸿寿题跋一则（图2）：

> 秋翁以营葬南归，枉书索鄙人篆刻，及余游历下，翁在任城，邮筒往来甚数。赠画为途中人攫去，可谓忘年交亦文字交，顾终未得相见为欢，托之神交而已。尝辑其手札与澹川、铁生两君所遗合为一册，什袭藏之。今观此册，益重人琴之感矣。秋翁平生篆刻第一，画次之，隶书又次之，行狎书古澹天真，在作者极不经意，

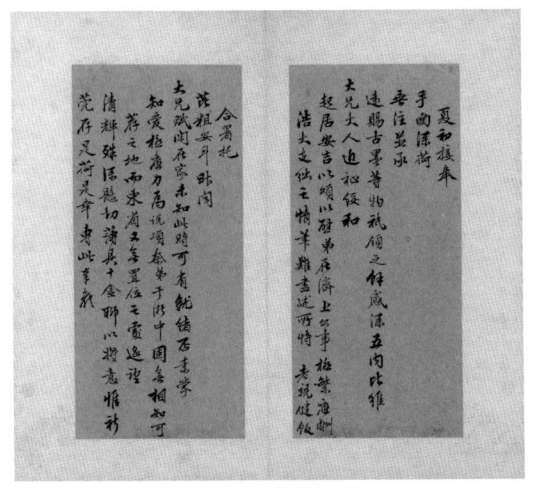

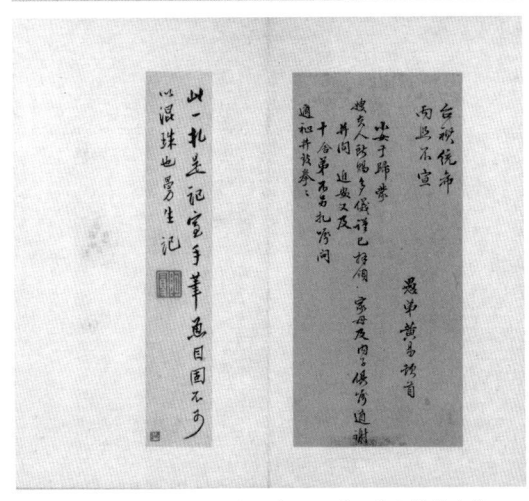

图1　记室录黄易致陈灿《古墨札》　故宫博物院藏

图2 《古墨札》陈鸿寿题跋

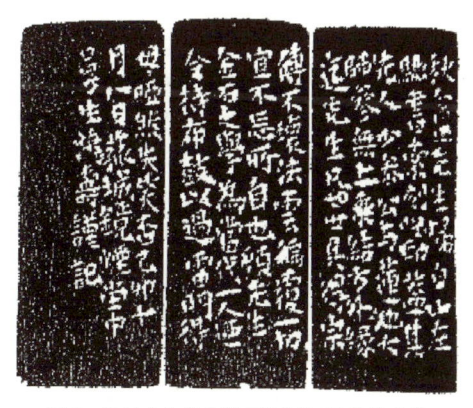

图3 陈鸿寿为黄易刻"莲宗弟子"印及边款

然非浸淫于金石之学,又安得纯任自然乃尔耶?俪金世讲其珍秘之。嘉庆甲戌闰二月,陈鸿寿题记。

黄易与陈鸿寿皆为钱塘人,同列于"西泠八家"。黄易生于乾隆九年(1744),陈鸿寿生于乾隆三十三年(1768),黄易长陈鸿寿二十四岁。从年龄上来说,是可能有所交集,在一些相关研究中,因此两人是否曾经会面,或有所交游过从,长期以来一直是笔者所关注的问题。

陈鸿寿的印章边款中多次提及黄易,极为推崇黄易篆刻,屡次言及"平生服膺小松司马一人""丁老后予最服膺小松司马",还曾经应黄易之索为其刻"莲宗弟子"一印(图3)[1]:

秋盦先生归自山左,驰书索刻,此印盖其先人少参公与莲池大师参无上乘,结方外缘,迄先生凡七世,俱得宗传不坏法云,遍覆一切,宜不忘所自也。顾先生金石之学为当代一人,乃令持布鼓以过雷门,得毋哑然失笑否。乙卯十月八日,菰城镜烟堂中,曼生鸿寿谨记。

从边款可知,此印刻于乾隆六十年(1795)十月八日陈鸿寿客居菰城(湖州)时,此时黄易以母丧南归营葬,驰书索刻,二人并未见面,这与陈鸿寿题跋中"秋翁以营葬南归,枉书索鄙人篆刻"相合。此时陈鸿寿方二十八岁,从边款内容的语气来看,对黄易也是相当恭敬。

嘉庆元年(1796),陈鸿寿为梁宝绳(接山)刻"苔园外史"印(图4),边款云:

> 予性拙率,有索篆刻者,恒作意应之,不敢以其人为进退。接山先生为今日著作手,精鉴赏,徵及鄙作,尤不敢以寻常酬应例也。吾乡此艺,丁老后予最服膺小松司马。客冬为小松作"莲宗弟子"印,用汉官印法,抽邀鉴可,今为接山先生制此,意致亦略相似,觉半年所学未进,殊可愧耳。丙辰八月五日,曼生并记。

图4 陈鸿寿为梁宝绳刻"苔园外史"印及边款

此则边款中明确提到"吾乡此艺,丁老后予最服膺小松司马",与故宫所藏尺牍题跋中"秋盦平生篆刻第一"的评价相合。

故宫所藏尺牍中新180850-3/10陈继昌致黄易历下札(图5),亦与所论有关:

> 继昌拜白。耳先生名非一日矣,前年游历下,知先生适在东,以为可以见,而不得见。昨岁客武林,闻文驾将旋里,以为必得见,而又不得见,一见尔何如是其难耶?小池、曼生皆昌性命交,先生之旧雨也,屡从二兄处知金石日富,著作等身,无由一抒

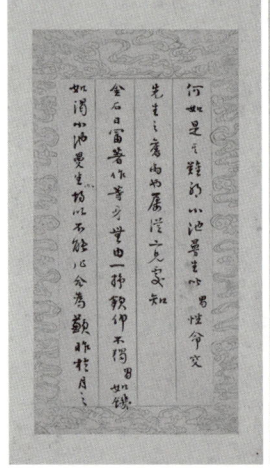

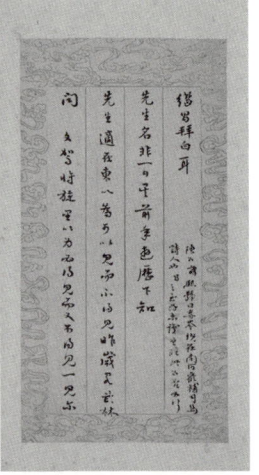

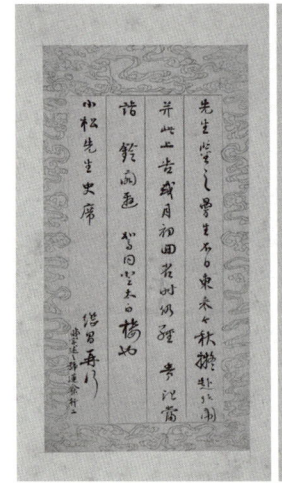

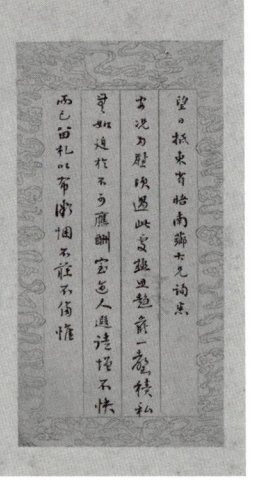

图5 陈继昌致黄易札 故宫博物院藏

钦仰。不独昌如饥如渴，小池、曼生亦均以不能作合为歉。昨于月之望日抵东省，晤南芗大兄，询悉安况为慰。顷过此处，极思趋候一罄积私，无如迫于不可应酬，室迩人遐，徒增不快而已。留札以布微悃，不庄不备，惟先生鉴之。曼生不日东来，今秋拟赴北闱，并此上告。或月初回省时仍经贵记，当诣铃阁邀驾同登太白楼也。小松先生史席。继昌再拜。[贱字述之，号莲龛，行二。]

陈公讳熙，号曰梅岑，现在南河候补司马，诗人也。昌之至好，未识曾晤此公否，又拜。

今考此札作于嘉庆三年（1798），[2] 札中提及"小池、曼生均以不能作合为歉"，可作为黄易与陈鸿寿二人此前并未有过直接接触的旁证。并且是年（1798）陈鸿寿来山东历下，亦未与黄易相见。这正符合陈鸿寿跋中所云："及余游历下，翁在任城，邮筒往来甚数……可谓忘年交亦文字交，顾终未得相见为欢，托之神交而已。"札中提到"南芗"为吴文徵，字南芗，歙县人，工书画篆刻，与黄易、陈鸿寿皆有交。嘉庆三年（1798）六月七日，陈鸿寿于山左节院为吴文徵刻"南芗书画"印（图6），款云：

南芗大兄与余订交历下，若平生欢论书画篆刻，有针芥之合。其所作印，一以汉人为宗，心慕手追，必求神似，真参最上乘者。而于拙作乃极称许，岂有嗜痂癖，抑非虚怀若谷耶？平生服膺小松司马一人，其他所见如蒋山堂、宋芝山、桂未谷、巴予藉、奚铁生、董小池、汪绣谷诸君，皆不敢菲薄所相与论次之。所以别正变而峻其防也。古人不我欺，我用我法，何必急索解人。因属刻此并书以质南芗。不知小松丈见之以为何如也。戊午（1798）六月七日，山左节院珍珠泉上。曼生附记。

图6　陈鸿寿为吴文徵刻"南芗书画"印及边款

其中"不知小松丈见之以为何如也"一句，从语意揣摩二人似亦未相见。

据钱泳《苏碑考》所载，乾隆六十年（1795）乙卯冬，黄易曾与陈鸿寿等同人谒杭州新修落成之表忠观并刻石以志。其铭文曰：

> 大兴方维翰，金匮华瑞清，古歙鲍廷博，仁和赵魏、邵志纯，钱唐朱彭、黄易、陈鸿寿、何元锡，海宁吴骞、陈鳣，海盐张燕昌，山阴陈广宁，以乾隆乙卯冬日同谒表忠观并访武肃王裔孙泳。时新修落成，仰瞻榱桷，俛视几筵，联袂行吟，试茶坐话。乌程陈焯自新城权学回郡，欣逢雅集，题石志之。[3]

这则记载明确地提到乾隆六十年（1795）冬黄易与陈鸿寿、方维翰、华瑞清、鲍廷博、赵魏、邵志纯、朱彭、何元锡、吴骞、陈鳣、张燕昌、陈广宁、陈焯同谒杭州表忠观雅集，并访钱泳，还有"联袂行吟，试茶坐话"之雅事。言之凿凿，似乎不容置疑，但却与陈鸿寿跋文所言陈、黄二人"终未相见"相抵牾。那么，究竟是陈鸿寿忘记了曾与黄易谋面，抑或是《苏碑考》所记失实呢？

据故宫所藏新155999-4/8黄易致张爱鼎南归札"易定期月半南归"，新155999-5/8黄易致张爱鼎荣擢札"兹于九月初五日抵杭，已奉先灵到山，即日安葬。故乡无屋无资，贱眷不能久住，乘此河路通行，先令返东。易俟窀穸完备，亦即赴济"，可知黄易扶柩南还之启程时间在乾隆六十年（1795）七月十五日，九月初五日抵杭营葬毕。此后至十月间，皆居停杭州，直至是年大雪节气（十月二十九日）后方离杭。[4]十一月黄易至苏州过访陆恭等人。而是年十月陈鸿寿客居乌程镜烟堂，回杭具体时间则不详。[5]

综合以上文献资料，笔者认为，虽然从时间上看，黄易与陈鸿寿有见面的可能，但事实上应当并未觌面。因为陈鸿寿是黄易的推崇者，其题跋出自亲历者本人，作为第一手资料，可信度更高。何况如果二人觌面，其后来的印章边款中提及黄易时不太可能完全没有反映。而《苏碑考》相比而言可信度弱了一些。"以乾隆乙卯冬日同谒表忠观并访武肃王裔孙泳，时新修落成"，是指乾隆甲寅（1794）七月钱泳寓居西湖监修表忠观一事。[6]杭州表忠观即钱王祠，为纪念钱镠功绩之所，现在杭州西湖畔柳浪闻莺附近。始建于北宋熙宁十年（1077），供奉吴越钱氏三世五代国王。钱泳为钱镠后裔，监修表忠观落成后，召集友朋聚会参观很可能并非在同一天，以十四人"同谒并访"勒石记事或许出于以隆其事的目的,很有可能带有矜夸成分。再者,既是如此盛事,何以不写明具体日期而仅以"乙卯冬日"含糊带过?似乎也不合常理。

陈鸿寿曾慨叹不能与黄易作合为憾,这一遗憾直至黄易去世次年,即嘉庆八年(1803)方稍有弥补。乾隆六十年(1795)黄易曾写《乱石图》(《疏栀竹石图》,今藏杭州西泠印社)寄赠陈豫锺。嘉庆八年(1803)陈鸿寿补跋其上:"秋影不知处,黯然思故人。三生盟片石,后梦亦前因。树老叶易脱,竹香寒更新。髯翁与蒙叟,珍重百年身。小松归道山之次年,种榆仙客陈鸿寿为家秋堂三兄题此志慨。"

由此可知,黄易与陈鸿寿,虽然皆为杭人,又并列"西泠八家",但由于年龄相差二十余岁,且黄易青年游幕,中年游宦,足迹远离杭城,待陈鸿寿成立之际,黄易已入晚境,加之陈鸿寿之宦迹与黄易南北分驰,终隔暌违,两人之间既无师承关系,也并未觌面,仅属忘年之神交而已。

注 释

[1] 陈鸿寿印章图版参考孙慰祖编著《陈鸿寿篆刻》,上海书店,2007年版。

[2] 详朱琪《故宫藏黄易尺牍疏证》,载《故宫藏黄易尺牍研究·考释》,故宫出版社,2015年版,页121。

[3] 钱泳《苏碑考》,清钱氏敬恕堂家刻本。

[4] 《乙卯大雪后二日徐也陶招同虞山毛寿君张子恂许子崇同里何春渚林小竹黄小松泛湖》,黄模《寿花堂诗集》卷五,清嘉庆刊本。

[5] 陈鸿寿所刻"莲宗弟子""秉衡启事",分别作于乾隆六十年(1795)十月八日、十月十日,时客乌程镜烟堂。

[6] 钱泳《岳氏铜爵》,载《履园丛话·丛话二·阅古》,中华书局,1979年版,页57。

第五节　潘有为致黄易信札十六通探考
　　——清代金石、篆刻生态视域下的文士交游

一、潘有为与黄易的交往

　　潘有为（1743—1821）字卓臣，号毅堂、六松居士。其先本福建人，入粤籍番禺，居河南龙溪，居处相传为汉议郎杨孚故宅，故以"南雪巢"颜其斋。于乡建东园、六松园等，擅园林花木之胜，平生喜收藏金石书画，故又有斋号曰"橘绿橙黄馆""看篆楼"。乾隆戊子（1768）以优行贡国子监，庚寅（1770）恩科举顺天乡试，壬辰（1772）中正榜进士，官内阁中书，久宦京华。为人性情落落，奉命校理四库全书，既毕，与权相和珅相忤，[1]卒不获议叙。戊申（1788）奉父潘振承讳南归，家居奉母周氏晨昏者十年。嘉庆丁巳（1797）复奉内讳，甲子（1804）援例守巡道，掣签名次第二，然终不入都谒选。自是里居者二十有四年，道光辛巳（1821）考终，年七十八。潘有为乃翁方纲入室弟子，与张锦芳、冯敏昌、赵希璜等齐名，又负有诗名，其诗收录于《湖海诗传》《岭南群雅》《玉壶山房诗话》《国朝诗人徵略》《艺谈录》《楚庭耆旧遗诗》《柳堂诗话》《听松庐诗话》等。此外，善设色花卉，武进钱维城属其代笔经进，求者渐众，遂阃不轻作。[2]

　　潘有为的父亲潘振承（1714—1788）字逊贤，号文岩，又名启，外国人因称之为潘启官（闽南语发音：Puankhequa）。潘振承早年家贫，习商贾。青年时期自闽入粤，从事海外贸易，开设同文行，担任广十三行行商首领达二十八年。由于眼界开阔，加之经营有方，积累了雄厚财富，曾被《法国杂志》评为十八世纪"世界首富"。潘有为之兄潘有度字容谷，官盐运使司衔，接替父业，亦担任十三行总商十余年。潘有为在家族经商的背景之下，选择了读书仕进，是潘氏家族

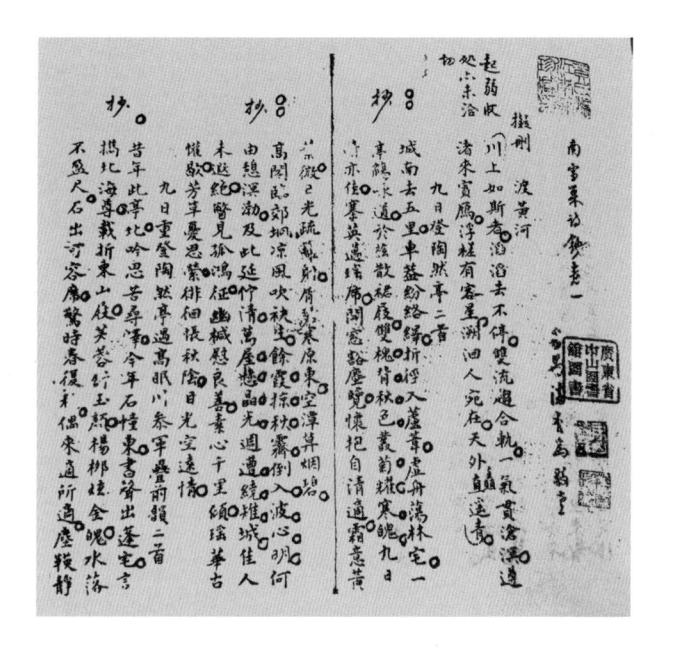

图 1　潘有为《南雪巢诗钞》稿本
广东省中山图书馆藏

定居广州后考取进士的第一人。潘氏家族的巨富家境，也为潘有为不遗余力地收藏金石书画提供了经济基础。

潘有为对金石书画的巨大兴趣，很大程度上是受其老师翁方纲的影响，成为十八世纪七十年代以翁方纲为中心的金石鉴藏研究群体中的一员。这一群体以内阁学士翁方纲为核心，人数众多，以京城为中心，辐射范围遍及全国，对乾嘉时期金石学发展贡献巨大。当时一批金石学家如钱大昕、朱筠、张埙、桂馥、黄易、陈焯、宋葆淳、赵魏、陆恭、张燕昌等，都曾参与其间。而黄易为人慷慨，交游极广，是这一群体中非常活跃的一员，声誉很高。

乾隆四十二年（1777）七月，黄易报捐毕，筮仕东河，入都等候派遣，在京城正式结识了翁方纲、朱筠、张埙、宋葆淳、孔继涵等人，他们以翁方纲为中心，时常雅集，鉴赏讨论碑帖书画。而潘有为与黄易的交往应该开始于此际。十月，黄易将离京之官，旧雨新知皆赋诗送行，翁方纲题赠黄易诗册之首曰"金石盟言"，[3]潘有为亦有诗相赠。《南雪巢诗钞》（图1）中收录与黄易有关的两首诗，大约都是作于此时。其一为《题黄小松司马秋阴（影）庵图轴》，诗云：

日下相将缟紵逢，初冬行色照芙蓉。长河气溢吞雄辩，泰岱云兴荡逸胸。六法异能黄接董，八分奇构蔡兼钟。宣南坊底论书画，丈室森然万壑松。

另一首《送黄小松之官东河得松字二首》，诗云：

平生观海诧奇踪，借问寻源路孰从。掾史载徵怀阮籍，故人一饭得茅容。壶尊巾帢缘须结，灯火舟车梦转重。何必郭髯金石史，思君长许对谈松。[4]

潘有为诗中对黄易在金石书画上的成就表现出极为敬佩的态度，可以想见，二人在京城之时定然相处甚洽。

近年笔者在进行黄易系列研究中，发现潘有为致黄易信札十六通，为考证潘、黄二人之交游提供了新的史料，较为全面地展现了潘黄二人订交、金石收藏及印学活动的相关史实细节，对于进一步研究潘有为的生平事迹及艺术、学术成就不无裨益。[5]

二、潘有为致黄易信札十六通简考

1.《无轩札》

无轩先生入京，得接手示及宝书，名贵不可言说。顽石烦铁笔兼勒印跋一则，奖借有加，叨增惶汗，妄托神交，邀青睐，恐有过当耳。向从无轩口述，稔悉先生古雅绝伦，非今所宜有，而即以无轩所友卜之，相念可知也。札内谦称，未免已堕流俗，宜珍赵屡惜，宝翰不忍舍去，奈何奈何。此候文安，相期渊宥，不尽欲言。同学弟潘有为顿首。小松先生足下。三月廿六日。

（两叶分钤"臣拙无比""惶恐再拜"朱文方印）

此札从文意看，潘有为与黄易此时尚未觌面，二人订以神交，是由两人共同好友陈焯（无轩）之介。根据信札内容，可知虽未相见，黄易已为潘有为篆刻印章并作边跋，且多奖借之辞。黄易于乾隆四十二年丁酉（1777）七月入都报捐，于京师与翁方纲、潘有为等初晤。故此札当作于黄易入都前夕，即乾隆四十二年丁酉（1777）三月廿六日。

2.《顷与札》（宋葆淳、张埙札附）

顷与芝山自厂肆归，得接手翰，兼惠金石种种，灯下展阅，精美莫状，喜慰何俟赘言。第屡承厚爱，图报之意未能免俗，觉胸中常有宿物，只管不好过去耳。《石经》一册，敝师覃溪先生跋尾精而详，副页十数幅，挥之殆尽。念生平奇遇，当嘱芝山于行笈中加倍珍重。雅意已理会得，毋劳致嘱也。《裴岑碑》经面达莊谷先生，余石印俱分致讫。铁刀收到，谢谢。欢宴未终，离情接踵，灯影眩目，芝山复在座右，欲言百未申一，容续布。特候日祺不宣。弟有为顿首，九先生足下。外附《石鼓》《云麾》《王母宫颂》，乞检收。（钤"有为白笺"白文印）

《秋影庵图》现在兰公前辈处，奉题当赶赴芝山带寄也。湘管斋主人想随沈观察办差去，匆匆不及另札，晤时希道意，千万千万。芝山"宝墨斋印"顷得佳石，以新易旧云云。孔庙汉隶二碑已用六金购得矣，并谢费心。又及。九月初一夜。（钤"惶恐再拜"朱文印）

附宋葆淳致黄易札：

廿一日取回《石经》残本，即送呈覃溪先生处，至今尚未取归，容来保时亲携奉上也。附便寄去青田石一方，祈作"宝墨斋印"四字。余俟到保面谢。不一。小松先生近安。宋葆淳顿首。（札末钤"心心相印"印，与潘有为所用者同）

附张埙致潘有为札：

晚因胁气大作，不能久坐。郇厨之惠，餍饫无既矣。小松先生拜恳转求，烦即送去，不拘朱白文，但恨无佳石耳。此上。愚弟埙稽颡。毅堂大兄老先生。

札中所提及《石经》一册，为《石经论语残碑宋拓本》，为《尚书·盘庚》五行、《论语·为政篇》八行、《尧曰篇》四行，共计一百二十七字。丁酉（1777）八月黄易于京师董元镜处易得，翁方纲曾借观，并手摹，由张燕昌勒石，并一再题跋。据陈鸿森《翁方纲年谱补正》载："（丁酉）九月初，翁方纲致札黄易，约初四日早来聚会，并向黄易借《石经残字》以对看。"[6]故此札作于乾隆四十二（1777）九月初一。另据王昶《金石萃编》："孙氏岘山斋本后流传今户部郎中董君元镜所，黄君见而借之。会董方嫁女，贫甚，黄为置奁具，直白金数十两。董君无以偿，遂举石经归之。董汉军正黄旗人，工分书，尝预修《西清古鉴》，先任大理寺评事，为昶属官，故道其颠末如此。"[7]

3.《秋色札》（图2）

秋色清霁，怅念佳安不置，日前附邮筒寄去候札，内缄碑刻两通、青田石一枚，

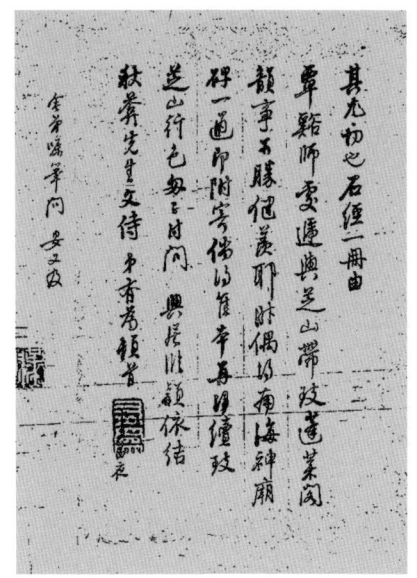

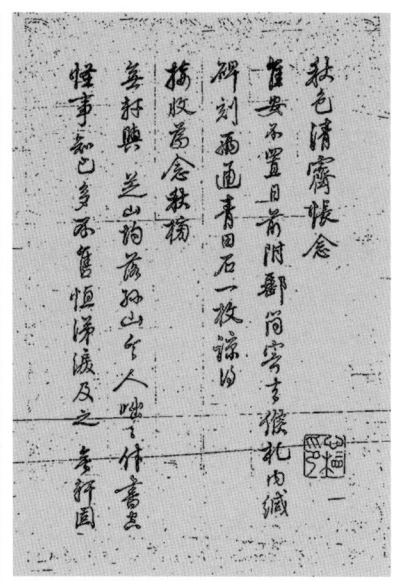

图 2　潘有为致黄易《秋色札》
国家图书馆藏《古欢》册

谅得接收为念。秋榜，无轩与芝山均落孙山，令人呱呱。作书空怪事，知己多不售。恒涕泪及之，无轩固其尤切也。《石经》一册，由覃溪师处递与芝山带致，蓬莱阁韵事，不胜健羡耶。昨偶得《南海神庙碑》一通，即附寄，倘得佳本，再行续致。芝山行色匆匆，付问兴居，临颖依结。秋庵先生文侍。弟有为顿首。九月廿四夜。

舍弟嘱笔问安。又及。（首叶钤"心心相印"朱文方印，末叶钤"有为"白文长方印）

此札言"秋榜无轩与芝山均落孙山"，提及陈焯与宋葆淳秋闱皆不第，当指乾隆丁酉（1777）秋季顺天府乡试。此札与第二札《顷与札》作于同月，与宋葆淳附札亦可互相参看，而此时黄易在保定逗留。故此札当作于乾隆四十二（1777）九月廿四夜。《南海神庙碑》石刻，或指唐代韩愈撰文者，建于元和十五年（820）十月一日，其首云："使持节袁州诸军事、守袁州刺史韩愈撰，使持节循州诸军事、守循州刺史陈谏书并篆额。"南海神庙又称波罗庙，在广州黄埔区庙头村，为祭祀海神场所。

4.《顷闻札》（图3）

顷闻明日即带领引见，非乾清宫则养心殿也，大喜大喜。银鼠风（凤）

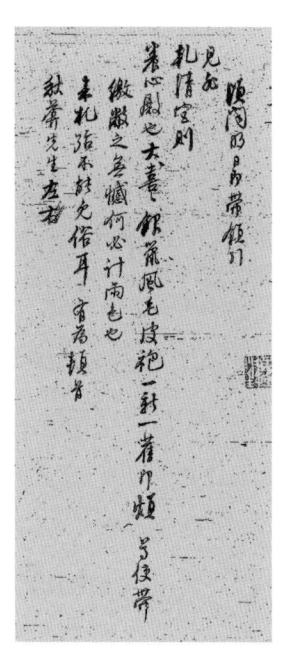

图 3　潘有为致黄易《顷闻札》
《古欢》册

毛皮袍一新一旧，即烦尊使带缴，敝之无憾，何必计两色也，来札殆不能免俗耳。有为顿首。秋荨先生左右。

此札无月日，但据内容来看，当作于黄易报捐毕，待入朝听候派遣前一日。黄易于丁酉（1777）十月之官，故定作札时间约在乾隆四十二年（1777）十月。

5.《握别札》

握别倏乎冬春，相念无已。两接翰教，稔悉德履安和，可胜欣慰。喜闻投辖帅府，暇复娱情金石，韵事添增。遥想知遇之隆，芳馨未艾，相期嗣我好音，旦暮延伫而已。承惠郭云砖拓，珍玩不已。又劳代镌石印两枚，谨谢谨谢。为别后多不如意事，薄技料必不售，颇能洒然，弗复介意。第惭难为知己引慰耳。《西清古鉴》遍觅书肆无有，武英殿局有官书发售，昨诣求之，亦告罄。来札须之甚亟，怅触不可言状，奈何奈何，只合缓期商之耳。春波双鲤，浩淼靡涯，何由解吾饥渴？匆匆草此，问请迩祺，临颖洄溯。学弟有为顿首。秋庵先生文侍。晚谦谨璧，谢罪谢罪。四月三日。（札末钤"六松居士"朱文印，旁附笔："如此印安得不可人，见之如见良友也。珍重珍重。"）

黄易于丁酉（1777）十月离京，由"握别倏乎冬春"，可知此札作于乾隆四十三年戊戌（1778）四月三日。札中黄易托潘有为代觅《西清古鉴》无获。按《西清古鉴》四十卷（附《钱录》十六卷），为著录清代宫廷所藏古代青铜器的谱录，梁诗正等奉敕纂修，有乾隆二十年（1755）武英殿刻本。

6.《前月札》

前月廿六日得接来翰，敬悉一切。承寄到《武荣碑》，上月即具札奉谢，兼致南汉《铁塔铭》全副，计大小廿五张，未审曾邀青盼否？昨承寄《兰亭》一纸，亦精美可爱，惜拓手不工，不得其神气也。所寄覃溪师《太白酒楼记》甚佳，未知能分惠一二否？渴念渴念。札示新得种种金石，如同梦寐，颇惓怀不置，且妒且喜，或者君之余即为我之有也，如何如何。无轩先生前月尽由保定来京，报满适患痢，卧病敝庐。现幸十愈八九，将来廿外可望回署也。渠捐项业行凑足，秋冬间作归计准备，春盘首蓿供一饱耳。承示意须洋刀，发箧得两柄，皆非市中物，宜珍视之，近续寄不能，得其佳者，幸勿被人夺去也。为新得青田石不数枚，其质颇文，屡思倩人捉刀，自晓足下，而观海者难为水矣。百忙中又增此不情之请，真不自安。第迫于中，不能自禁，幸恕一切，惶汗惶汗。为新得汉铜印六百余颗，暇当全印以报君惠耳。顺候佳安不备。弟有为顿首。秋庵九兄先生文侍。六月十三日。（钤"六松居士"朱文印）

此札中言及陈焯由保定来京报捐，报满适患痾，养疴于潘有为宅，此事与潘有为乾隆戊戌年（1778）所作（七）《月余札》（详下文）所及符合，故此札当作于乾隆四十三年（1778）六月十三日。《武荣碑》即《汉故执金吾丞武君之碑》，向立于济宁州学。黄易离京赴济宁，方到任即拓赠潘有为，可见二人金石交厚。

7.《月余札》

为月余愁绪万端，笔墨一味偷懒，前敝本家于十三日回任城，札成遣小力追至彰义门外，竟不及赴。乃托贵居停之东床转寄，未审曾接到否？昨灯下重得手书，似《西清古鉴》尚未收到者，怅念怅念。承惠济宁六碑及新得二砖拓，精美已极。为于金石一道梦寐与俱，得淡拓，其宝贵可知也。谨谢谨谢，九顿九顿。闻足下赴洛，洛为金石之薮，百忙中亦不宜错过，慧心人当许斯言也。倘能沾丐余波，日夜延伫。札示欲得《快雪堂帖》补清秘阁所藏，续得佳本，即当速寄。无轩先生卧病敝斋，今已十愈八九，昨捐项已完，慰甚。渠有札付寄，另芝山一札留无轩处已久，兹与芸堂札并缄封曹。皇后玉印拓本，芸堂所赠也。为新得泉范一纸，另铜镜铭、古鼎篆、古钱共五纸并上，不足一哂也。为所藏秦汉铜印，前后共得八百余颗，其气味稍涉唐宋以后者，即不入选，以此尚存七百廿余颗。足下仅以三百颗羡余，或亦轻量天下士耶。刻下甚忙，稍暇即当印寄，敝斋中一长物颇不敢轻贱也。吾兄能抽暇为我多作数印，则以此报之矣。恶赖恶赖，罪过罪过！许久不晤足下，不觉茅塞。有为顿首。秋庵先生文侍。匆匆走笔，不备。芸堂新赠芝山明人尺牍一百余幅，健羡健羡。又赠我汉铜印两三枚，皆可宝也。便此奉闻，又及。（札末钤"六松居士"朱文方印）

本札无月日。札中提及"似《西清古鉴》尚未收到者"，与（五）《握别札》所述黄易托购求此书之事相合，故作于同一年（乾隆戊戌年）无疑。"无轩先生卧病敝寓，今已十愈八九，昨捐项已完，慰甚"，可知（六）《前月札》、（八）《午后札》皆作于同时。故本札当作于乾隆四十三年（1778），月日介于（六）《前月札》与（八）《午后札》之间。札中"为新得泉范一纸，另铜镜铭、古鼎篆、古钱共五纸并上，不足一哂也"，可知潘有为与黄易在金石收藏交流上时常互通有无,据黄易亲记潘有为所赠者就有三代古鼎、鬲、盘、瞿、爵三种及汉蓝田灯等多种,可见潘氏金石收藏在乾隆时亦足自成一家。[8]

8.《午后札》

午后接读手书,百忙之中抽暇作此长札,千里故人,晤对如初,看篆楼中不曾寂寞也。无轩经于前月尽回保定去,昨得渠札,具道无恙。述堂已决计南归矣。为羁居燕邸,乡思奈何。付来各札经转致讫,芑堂有回札,内缄或即《石经》暨《金石契》未可知也。覃溪师前有一札,申刻又付一札,来并检交,望察收为嘱。为处所藏汉印,缘印谱之名未定,印格未经付梓,而用印复不得人以代,以此少稽。且为终日鹿鹿为它人作嫁衣,校对甚忙,不得休息,入秋后或冀精神稍定耳。转忆去年聚首时乎?不再赖此片札以通契阔,怅触何如,造次。尚祈节重,匆匆灯下草此问安,瞻恋无已。弟为顿首。秋庵先生文侍。闰六月十七夜。(札末下钤"看篆楼"朱文方印,旁注:"芑堂先生作。")

另叶书:

秋庵主人台升。(下钤"看篆楼"朱文方印两次)此芑堂先生所作之章也,逊君数筹矣。将来欲觅径寸之石,而石必青田中之精美者,乃敢奉烦,谅亦首肯也。谨订。

由札中"无轩经于前月尽回保定去"可知此札作于(七)《月余札》之后,即乾隆四十三年(1778)闰六月十七夜。"芑堂有回札,内缄或即《石经》暨《金石契》未可知也",此处《石经》当为翁方纲手摹,张燕昌勒石者。《金石契》五卷,张燕昌辑,乾隆四十三年朱墨两色套印本,收录收张燕昌过眼之古泉、印、洗、鼎、符、泉母、铜尺、砖瓦、砚等金石器物数十,摹刻器型并附释文。彼时正《金石契》成书之初,张燕昌或缄邮以赠黄易。

9.《有为札》

有为与足下别,冬春两易,眠食思深,每接文翰,反复沉吟,謦欬宛如昨日。饥渴之感,复何能忘。去秋以来,辄念足下,思以札慰问兴居,而中州、历下,忽忽两无定踪,笔墨以此疏懒。叠奉手书,非遇病中,即俗缘萦绊,及抽暇将伸纸少道诚意,而去鸿远矣。自问罪其可逭耶？承惠如金石种种，精美绝伦。《瘗鹤铭》尤宝贵，感谢感谢！春初舍舅自铜仁郡来就婚，其岳家即南田画史之后，远宦遵化州同，虽荆钗无以具嫁娶，为悉任其劳。其时兰圃先生来京，匆匆仅一晤，不能少运螳臂，惭悚惭悚。近再接谈，才华蕴藉，风度大佳，诚当代士也。飞腾直上，意在转盼间。足下所友即为予友，然订终身交恐不余许也。承代镌"看篆楼"一印尤朴茂，文房上品，譬之升堂入室，艺堂当厕两庑矣。余粤人不识楛纸，可发一笑也。来示明切，为终在梦梦，幸发纸式封来，当寄粤购之，想自易易耳。看篆楼所藏秦汉印七百余，苦无印色，是以迟迟，近日朱砂已得，有同年恒益亭者善制，制成当得佳本奉寄。兹为略印数印呈阅，枕上卧游，君当作道逢鞠车想也。吾家兰坨几欲成佛，诗画懒应酬，庶常功课间一为之，特适其性情而已。芝山前月闻其尊人讣，已西归。董小池亦南行，马香君在京不予来往，无轩作广文去，艺堂留东昌，闻俱晤面，不具述，余悉无恙。为暇日多雠官书，败精疲神，瘖痤不复自如，文酒之会日减，诚无以对知己，报反奈何。昨为相好迫挟，代撰泉谱，数月来颇搜罗古泉币、刀、布等物。尊藏无所不有，幸沾丐余光，分惠一二以佐见闻，更感更感。兹乘羽便，外附洋刀一持、洋巾一幅、椰珠结带一条、扇一柄，秀才人情，略见大意而已。许久患目，灯下草此，问请近安。积时不言，欲言百未中一。弟为顿首再拜。秋庵九兄先生尊前。四月十四夜。（札首叶右下钤"看篆楼"白文长方印，札末钤"有为"白文长方印、"六松居士"朱文方印）

另叶：

  再闻吾兄补缺商丘，喜慰万状。伯母大人须速迎养，谨嘱谨嘱，千万千万。又所恳代觅古钱如《汉泉目》中所罕见者幸留神，毋庸赘及其余，自唐以下所见者另单寄阅，痴人作渴，谅之谅之。为又顿首。（钤"六松居士"朱文方印）

由札首"有为与足下别，冬春两易"可知，此札作于乾隆四十四年己亥（1779）四月十四夜。札中言"芝山前月闻其尊人讣，已西归"，则当在是年三月间事。宋葆淳父宋鉴，字元衡，号半塘。[9]《清代人物生卒年表》载宋鉴卒年为乾隆五十五年（1790），必误。[10] 又漆永祥笺释《汉学师承记》："然则鉴'卒于（其弟宋絜）官署'，当为乾隆四十年至四十二、三年间或更前耳。"[11]

推算卒年亦误。今据周春《耄余诗话》卷二："夫子（半塘）戊寅迁南雄郡倅，癸未告养，己亥年五十有六而卒。"[12]周春为宋鉴弟子，所言当不伪，则宋鉴卒于乾隆己亥（1779）无疑，与本札所述时间悉合，亦为作札时间之又一力证。此札述及潘有为此际正编撰《泉谱》一书，潘氏"浸假而及于泉布"[13]，黄易亦有藏泉之好，故二人关于古钱币收藏之往来亦频。

10.《半岁札》

半岁不奉德音，饥渴无已，忽接手教，不自觉眉舞色飞也。闻宝眷来济，太夫人精神康健，足下乌私克遂，昔人捧檄而喜，于吾子期之以手加额颂祝，当何如也？比荏阳毂，较商丘谅增喜色，念念。承远寄《式古堂帖》，是囊所渴欲一见者。得之，百忙中翻阅不去手，珍重可知。《麻姑坛帖》，此拓亦少，可宝之至。古泉十三枚，北宋之景德、天圣不足贵，余俱精美绝伦。内一种两字模灭不可辨，其九府圜法也。为撰《泉谱》未成，得此不殊嘉珍，谨谢谨谢。东土搜寻尚易，乞留意。倘续有，复命尤珍，感且跂切不已。来札述尊藏古钱拓本十二册，在孔荭谷农部处，问予欲一见否。是何异示饥人而故阻之以粒食也。其何怪憨如者转增剧也。幸设法寄京为亿万致祷。番禺相国手书蝇头楷，此潭府所珍也。承命为识其尾，旬日踌躇，苦于雠校纷烦，深夜不得少息，精力疲困，双目几就盲矣。又值天气凝寒，笔砚俱冻，不敢孟浪。请暂留小斋，俟春融勉力完此举，何如？素栝纸，吾粤省城无此物，想出于加应未可知。向见裹程乡茧多用此。容札嘱弱弟上紧构办，将来由京转寄，然屈指尚须时日，奈何奈何！近得无轩手书，知其寄食于督粮使者杨公幕，未与摄广文篆，为之注念不已。芑堂竟无书来，闻渠抱病初愈，竟未赴秋闱云云。不晤两年，关切岂能言既。统祈努力，寒暑诸惟节重。临颖依切不宣。弟有为顿首。小松九兄先生研右。十一月二日。谨冲。（钤"潘氏卓臣"朱文印）

此札涉及潘有为编撰《泉谱》而向黄易求助之事，又据"半岁不奉德音"，可知此札上接（九）《有为札》，作于乾隆四十四年（1779）十一月二日。文中涉及《式古堂法帖》，为顺治康熙间书画鉴藏家卞永誉从其家藏魏晋至宋元历代名家书法中鉴选摹刻者。潘有为欲借阅黄易所藏古钱拓本十二册。黄易于乾隆五十九年曾题署自拓所藏古泉为《泉文》（又称《黄小松泉拓》）四册，是书有同治年间鲍康题跋，孙殿起《贩书偶记》曾著录。[14]此书笔者十年前曾目验，确多有揭去拓纸赠与他人者，然未知是否即潘有为所云的十二册本也。

11.《三月札》（图4）

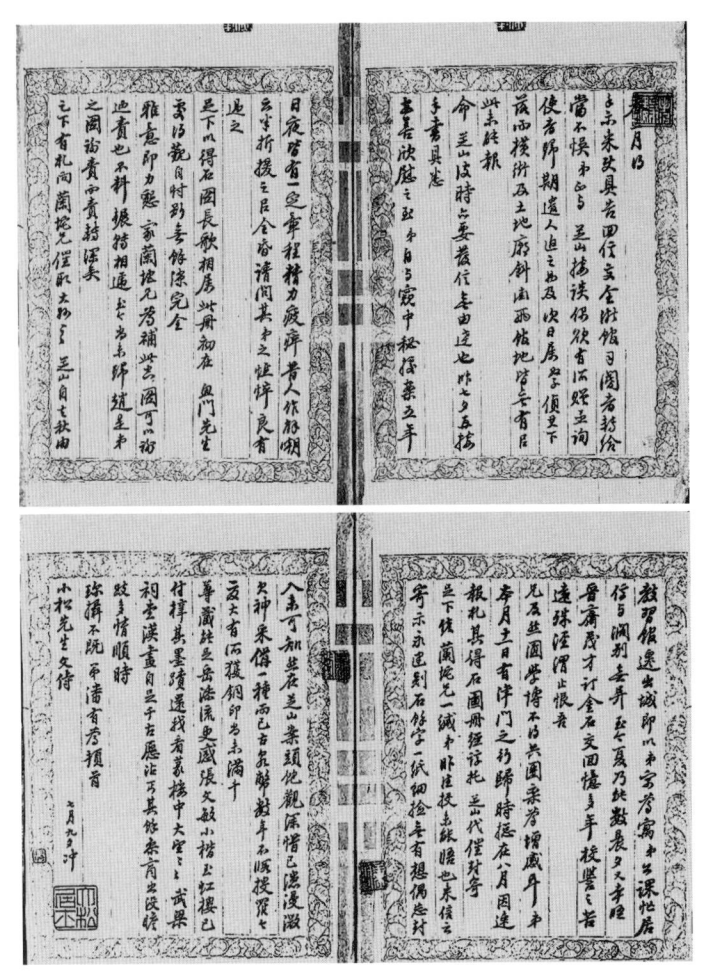

图4 潘有为致黄易《三月札》《古欢》册

　　春三月得手示，来使具告回信交全浙馆司阍者转给，当不误。弟正与芝山接谈，偶欲有所赠，亟询使者归期，遣人返之，弗及。次日属奴子侦其下落，而横街及土地庙斜街两馆地皆无有，以此未能报命。芝山彼时亦要发信，无由达也。昨七夕再接手书，具悉安善，欣慰之至。弟自与窥中秘，据案五年，日夜皆有一定章程，精力疲瘁。昔人作解嘲云："半折援之以，全昏请问其。"弟之憔悴，良有过之。足下以《得石图》长歌相属，此册初在鱼门先生处得观，自忖断无余隙完全雅意，即力恳家兰坨兄为补此空图可以谢乃责也。不料辗转相递至今，尚未归赵，是弟之图谢责而责转深矣。足下有札向兰坨兄催取，大妙大妙。芝山自去秋由教习馆迁出城，即以弟家为寓。弟公课忙，居停与阔别无异，至今夏乃能数晨夕。又幸晤晋斋茂才，订金石交。回忆多年校雠之苦，远殊泾渭，止恨吾兄与然圃学博不得共团栾为增感耳。弟本月十一日有津门之行,归时总在八月,因速报札,其《得石图》册经谆托芝山代催封寄,足下候兰垞兄一缄,弟昨往投,未能晤也。来信云寄示永建刻石余字一纸,细捡无有,想忘封入未可知。然在芝山案头饱观,深惜已漶漫,微欠神采,称一种而已。古泉币数年不暇搜罗,今夏大有所获。铜印尚未满千,尊藏能足岳添流更感。张文敏小楷《玉虹楼》已付梓,其墨迹还我看篆楼中,大望大望。武梁祠堂汉画自足千古,愿沾丐其余,参商出没。瞻跂多情,顺时珍摄不既。弟潘有为顿首。小松先生文侍。七月九夕。冲。(札首钤"看篆楼"白文印,札末钤"六松居士"朱文印)

元青红毛羽缎长褂料一端,今春要奉寄者,顷闻差官系贵相好,就便托致,乞捡收为祷,想当不误也。有为又顿首。

此札中潘有为备述任内阁中书,总校四库全书之劬劳,引"半折援之以,全昏请问其"自嘲。据梁恭辰《北东园笔录三编》卷四"亵经削禄"条载:"徐上舍(本敬)负才不羁,好作歇后语,每以经文断章取义,或涉秽亵。曾在某督学幕中作集《四书》歇后诗曰:'抛却刑于寡(妻),来看未丧斯(文),止因四海困(穷),博得七年之(病)。半折援之以(手),全昏请问其(目)。且过子游子(夏),弃甲曳兵而(走)。'"[15]札中"又幸晤晋斋茂才,订金石交",案乾隆四十九年(1784)赵魏(晋斋)赴京,与翁方纲晤面,故可知此札作于乾隆四十九年甲辰(1784)七月九夕。《得石图》为黄易为李东琪所绘,所绘内容为乾隆乙未年(1775)李东琪于济宁州学古松下得《胶东县令王君庙门断碑》并移置明伦堂事。

12.《七月札》

七月望前告假发津门,恰好重阳回都,晤晋斋、芝山,已有三秋之感,契阔如吾兄可胜言念耶。再得示忭慰,当不具言也。石拓已收到,谢谢。细审镜文,内有精绝者,宝贵之至。弟收古镜三十余面,间亦有可观,容抽暇拓寄。芝山以弟寓为寓,榻前悬汉画像六幅,皆奇古可爱,询云武梁祠堂刻石,弟因之札乞,不料竟是郭巨石室象题名,惜已漫漶掩真矣。曩见陈章侯人物,每把玩不释手,近始悟从汉画脱稿,而天分与学力两造高深,故独臻其妙。倘得一全副澹墨拓本,平生之愿足矣,惟兄惟能慰我饥渴。弟集铜印千枚,择其气味稍差与模糊欠真不入赏鉴者割置百余,以此尚未盈千,必加意拓之就正有道。《得石图》册子已索还,少顷始得纵观,惜两月辞春明,归时谈谐络绎,精神未定,而使者已迫不及待,止可将原册寄去，留为日后负适一佳话也。芝山请赵君刻汉画大有趣，惟隶书精采不出，其过不在刻者，良可惋惜。晋斋兄十八日有关中之行，欢序未畅，离愁将继，其何以为情。荭谷作古人矣，鱼门先生嗣之，良友萧索，增恸奈何。特此问安，能拨冗乞小画一幅，不异百朋。小松先生吾师。弟有为顿首。九月十四夜。冲。

据札中"荭谷作古人矣，鱼门先生嗣之"，案孔继涵（荭谷）与程晋芳（鱼门）皆卒于乾隆四十九年（1784），故可知此札作于乾隆四十九年（1784）九月十四夜。此札紧承（十一）《三月札》，"晋斋兄十八日有关中之行"，与翁方纲诗集中《京城内西南淤泥寺贞观式十二年心经石刻三改式字，顾氏〈金石文字记〉所疑年误者。予曩游此寺，未拓其文，今晋斋来京，辄拓以饷予，赋诗报之。时晋斋将之陕》一诗恰相符合，可知赵魏是年抵京，复又之陕。"芝山以弟寓为寓，榻前悬汉画像六幅，皆奇古可爱，询云武梁祠堂刻石，弟因之札乞，不料竟是郭巨石室象题名，惜已漫漶掩真矣"，案乾隆四十五年（1780）黄易于山东肥城县孝堂山访得《孝堂山石室画像题字》，即当时黄易金石圈中所称"肥城县郭巨墓前魏碑大隶"者，黄易曾拓赠金石好友，而潘有为误以为是《武梁祠堂刻石》。

13.《廿四札》

昨廿四日接手示，兼承寄赐铜章四十枚，内有精美非常者，顷与芝山细赏，不能去手，古之朋锡其何能过此，可胜道意耶。《得石图》册前番就来使专函封致，芝山亦有大字长札，未审何故不得接收，仍乞查示，以慰悬望。满拟足下荣擢来都，畅叙离惊，今又愆期，空切延伫。匆匆布谢。陈春晖书联一付伴函。特候文祺，临书深念不宣。弟有为顿首。秋庵先生侍史。十月廿五日。冲。（札末钤"六松居士"朱文印）

此札作于乾隆四十九年（1784）十月廿五日，仍涉《得石图》之事，故与（十二）《七月札》可对看。案乾隆四十九年（1784）乾隆帝再次南巡回銮，经运河，黄易以办差无误，晋秩别驾，由卫粮调捕河权下南同知。（《山东兖州府运河同知钱唐黄君墓志铭》）故包括翁方纲、潘有为在内的京城友人皆以为黄易当有赴京谢恩之行，故札内言"满拟足下荣擢来都"。是年岁末，翁方纲作《同石公怀小松仍叠前韵》，其小注云："知小松不得北来，因有此作。"[16] 由此可知黄易亦有意北上，卒未成行。

14.《春间札》

　　春间曾托蔡君带致西洋画挂屏、书信等件,并有青田石乞铁篆,至今未到,颇增疑讶。闻升任东平州司马,庆慰之至。足下精神大于身,咫尺腾达,此其小试耳。汉印捡出一枚奉上,转盼便不合用仍归我斋,亦佳话也。《朱龟》《灵台》《谯敏》等碑,宝光炯炯,吾师覃溪先生及诸君子跋尾亦复绚烂,已无庸续貂矣,留寒斋一昼夜,与芝山细细品评,设想如此等汉人面目,得一见即万幸矣,颇嫌聚讼无益,先生其许我否?内弟光远浪游,从何处得相见?此子大为人所弃绝,冬底闻仍到兰河台处抽丰,真不成事体,令人为之怅恨,以其十余年不归,闲无一事。唐六如印章有"烟花队里醉千场"之句,此其得意笔也。乘便率泐布贺,兼候近祺,余容续致不一。愚弟有为顿首。小松九兄大人如晤。七月廿八日。冲。(札末钤"六松居士"朱文方印)

札内"《朱龟》《灵台》《谯敏》等碑,宝光炯炯,吾师覃溪先生及诸君子跋尾亦复绚烂",所及三碑,为乾隆五十年(1785)五月,黄易知胶州时,张荫堂从聂剑光处所得,以赠黄易者。此三碑为翁方纲、江德量借观,并多次题跋、赋诗。故本札作于乾隆五十年乙巳(1785)七月廿八日。

15.《今晨札》(潘庭筠札附)

　　今晨捧接手翰,远承关爱,怵怵不去于怀。而金石之缘,屡叨嘉贶,目睫者若不暇给,先生厚我,则报称愈难,可知也。惭谢惭谢!付到各札,朝晡即分致讫,此时俱未奉有回书。明晨当遣力走索,奈何。颜真卿书廿七字结构精严,炯炯宝光夺目,珍意奚啻百琲,第此必无副本,受之增不安也。册首十五字笔力亦遒劲可喜,是否中郎书何必介意,且俟暇日详考。日前献之寄存一项约廿金,谨候札致为转付可耳。《韩敕碑》阙字处经裁截填补,惜不能精拓,仍不能满意,希假期为觅便补寄,惶惧惶惧。严冬冒风雪,途次诸惟调摄,春风努力,到济望锡玉音为念。临颖依依。有为顿首。秋庵先生文侍。腊月三夜,灯下呵冻,匆匆。(首叶右下钤"潘氏卓臣"朱文方印,末叶左下钤"有为白笺"白文方印)

　　敝本家兰公前辈有札来,道及足下亟需《校官碑》,嘱为为转致,[渠处已告尽耳,可知金石亦时尚也,呵呵。]兹将阴、额全副寄上,望察收为嘱。舍弟属笔问安。述堂舍人均此致意,又泐。兰泉前辈、覃溪夫子均有札乞捡收。四日饭后又及。兰公前辈今晨遣人索得

回书并呈阅，朱、余俱无札也。（札末钤"毅堂"白文方印）

附潘庭筠致黄易札：

> 翰教盥读，知荣任在即，从此飞黄腾达，曷胜颛颂。领到汉碑，纸墨精妙，如获鸿宝，谢谢。《校官碑》家毅堂已经奉寄，无庸邮上。将来别有他石可供清赏者，另当汇一二种寄呈也。前在都种种歉情，想大雅幸无督过临池不胜惭忸，肃此安，频企德音不一。小松老先生知己。愚弟庭筠顿首。嘉平四日。（钤"庭筠"白文长方印、"德园"朱文方印）

此札可与（十四）《春间札》对读，案黄易于乾隆五十年六月初三日，到署山东东平州州同任，次年实授。此札即作于黄易升任东平州司马之际，故潘庭筠附札中有"知荣任在即，从此飞黄腾达，曷胜颛颂"之语。故此札作于乾隆五十年（1785）腊月三夜。《韩敕碑》即《礼器碑》，东汉桓帝永寿二年（156年）鲁相韩敕所立（在山东曲阜孔庙），故又称《韩敕碑》或《汉鲁相韩敕造孔庙礼器碑》。《校官碑》，全称《汉溧阳长潘乾校官碑》，又名《校官之碑》《校官碑》。圭形，麻石质，立于东汉光和四年（181）十月廿一日，为汉隶成熟时期的重要碑刻，也是江苏现存最早的碑刻。[17] 历来评语传黄易隶书颇受此碑风格之影响，其实未必。黄易亟索此碑，当为校碑之用。后黄易于乾隆辛亥年（1791）得程从龙旧藏拓本，《北京图书馆藏善拓题跋辑录》著录之善拓14号，黄易题跋其上："此淮阴程荔江藏本，乾隆辛亥仲夏得于陕人碑簏中。秋盦黄易时在运河官署。"

16.《足下札》（图5）

别足下十余年矣,梦寐深思,昼夜相接。许方伯从都还,得尊札曾浼槟榔客贩北者由京转覆一械。宋四哥到来,未蒙述及,岂此信又属浮沉耶?览手画济廊一图寄阅,待留一席见邀骨肉相爱之情,触绪哽咽。弟因母老多病,决计不复出山,十五年虚度薇垣,宦途参透,亦复了了。惜日下枌榆金石之契,莫过于吾兄,而不获重听旧雨,徒以笔墨代喉舌,为增感耳。比晤李发甫先生,再接文翰,并缄金石及新刻各种,读之不忍释手。询知官况清苦,幸伯母大人精力康健,觞举融合,克慰颙祝,且盼升迁之信,尤不能去怀也。弟自归粤后,频年赴闽经营先君葬地,心勚形瘵,缭悢莫状。偶觅书画及碑帖俱无有,物力尽而眼亦穷,羡足下搜罗翠墨,希有之珍,尽归囊匧,宁不令人生妒。鱼山滞官吏部,芝山返解州,德园大兄归武林,朗斋、晋斋、芸堂、无轩俱久不得音问。药房解组后旋即弃世,离群索处,安得好怀?思之惘然而已。闻尊处亟须天青大呢,兹奉寄一板约四十尺有零,随意剪用。天青软羽要寄一板,值青黄不接,市中力索无得,所存货脚不合式,不便上,捡笥中仅存一套[袍绿京酱色],幸晒及之。印谱多年鹿鹿,未暇拓得,屡札需此甚急,谨将案头手披底本专上。另有新购汉印数十枚未补,俟有定本续寄何如?顷乘羽便特械,奉候文祺。未竟之言,纸尽不能缕悉,会面料自有期,诸凡节重不宣。愚弟潘有为顿首。小松先生文侍。弟处搜求古钱,尚乞洪熙、正统、大顺、成化四种,专乞留意。谨及。(札末钤"六松居士"朱文方印)

此札是潘有为致黄易十六通信札中时间最晚者。由"别足下十余年矣",可知此札距潘、黄

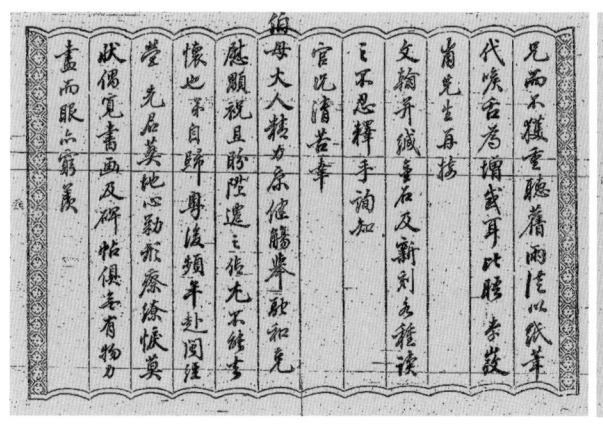

图5 潘有为致黄易《足下札》《古欢》册

二人晤面已逾十年。黄易于乾隆四十二年丁酉（1777）七月入都报捐，与潘有为订交。据札中"弟因母老多病，决计不复出山，十五年虚度薇垣，宦途参透，亦复了了"，"弟自归粤后，频年赴闽经营先君葬地，心剿形瘵，缭悢莫状"等语，可知此时潘有为已离京返粤。案潘有为《南雪巢诗钞》中《戊申十一月予自都门缤经抵里，时母病初痊，医士颜希曾延自同安，馆予南园别墅，分题索和。余哀未已，用其韵为赋自伤》一诗，可知潘有为奉其父潘振承（1714—1788）之讳返粤在乾隆戊申年（1788）十一月之后。[18] 而"频年赴闽经营先君葬地"，则时间又必下延，至少在乾隆五十四年己酉（1789）之后。

营葬之事颇费周折，在潘有为诗集中多次提及，如《侄汝舟自同安驰书告余丁卯所营先人窀穸有疑其龙附者，归葬不果，春寒彻骨，爰纪哀思二首》（卷二），《戊寅初夏，奉先大夫灵榇归同安卜兆未果，秋中返粤诹吉，腊之三日先奉周太夫人安葬于戚旗茶山，自春徂冬，忽闽忽粤，困心横虑，备历诸艰，聊仿〈七哀〉，永矢不忘悲痛尔》（卷二），此诗小注："黄太夫人灵榇戊子归闽，余即于是科以优贡礼部廷试。"

又据《册头村旧辟东园，选树莳花，为先大夫莫年怡情之所。自庚寅北上，迄遭讳南还，辛亥奉母版舆来停于此，感时追昔，触处伤怀，漫成十绝句》（卷一），《侄汝舟秀才天性纯笃，闻余辟踊南还，自同安来侍余三月。将归，意殊恋恋，因勖以诗四首》小注云："丁亥侄生于同安，弟铭石驰札告予，旋以应试春官，恋职薇省，迄乞养归，侄以诸生相见，屈指廿四年也。"又注云："丙申予偕铭石供职春明，戊戌别竟成永诀。"（卷一）可知乾隆庚寅年（1770）潘有为北上应殿试，丙申年（1776）随即供职中枢。札中"十五年虚度薇垣"，由乾隆丙申（1776）下推十五年，则约在乾隆五十六年辛亥（1791）前后。

再据札中"药房解组后旋即弃世"，案张锦芳（1747—1792）字粲夫，又字花田，号药房。广东顺德县龙江乡人。乾隆四十五年（1780）广东乡试解元，乾隆五十四年（1789）进士，选庶吉士，授翰林院编修。在京三年，因病辞官回乡疗养，乾隆五十七年（1792）病逝。由此可推知本札约作于乾隆五十七年壬子（1792）。

三、《看篆楼古铜印谱》的成书过程

潘有为与黄易之间的金石、印学活动，主要体现在古铜印收藏（编辑《看篆楼古铜印谱》）与黄易为潘有为治印两方面。潘有为是清代岭南地区开风气之先的重要金石收藏家，他在乾嘉时期所编《看篆楼古铜印谱》是广东地区钤辑古印印谱之滥觞，具有重要的学术意义。对于潘有为的相关研究，笔者曾撰《番禺潘有为与黄易交游初考——兼议〈看篆楼古铜印谱〉的版本流传与学术意义》一文，初步梳理了潘有为的生平经历，与黄易的交游，以及《看篆楼古铜印谱》的版本流传和学术意义。今将潘氏信札十六通，略作考释，系以年月，加以排序，则其古印鉴藏活动的发展一目了然，《看篆楼古铜印谱》的成谱过程，也更加清楚。

乾隆时期编辑印谱之风气尚不算浓厚，但黄易收藏金石极富，自身又是印人，对于古印的搜集应该具有一定规模，目前仅能根据文献记载知悉黄易曾辑有《黄氏秦汉印谱》《种德堂集印》。但关于黄易注重访求古印的记载并不少见，如黄易在《小蓬莱阁金石文字》中自述乾隆丁酉（1777）秋，曾与朱筠一同访汉印于京师。翁方纲在诗中也透露出当时京城金石圈的情谊，如乾隆四十三年（1778）夏，桂馥、张燕昌、陈焯、宋葆淳、潘有为过翁方纲斋中。翁方纲有诗怀黄易。时隔不久，翁方纲又与桂馥、张燕昌、陈焯、宋葆淳同集于潘有为寓斋，观潘有为所藏古印。是日并观高凤翰手题《集古印册》，适陈焯病足，张燕昌亦甫病起，翁方纲作诗记之。[19] 此际正是潘、黄二人结交之时，可以想见，这一批对于金石文字怀有强烈兴趣的文人学者，当时在京城相聚，对酒论印，是何等快意之场面。

此外，黄易在《题王莲湖汉铜印谱》中，也述及当时古印收藏的动向，可见古印在当时已是金石收藏一大门类，并且出现具有一定藏品数量的大藏家，整体出让的交易方式也使得古印章在金石收藏圈内流传有绪。黄易久官济宁，山东地区常有古印出土，汪启淑、潘有为皆曾对济宁吴氏所藏古铜印表现出极大兴趣，出现了争相购藏的场面。

乾隆戊戌年（1778）六月十三日，潘有为札告黄易新得铜印六百余颗（《前月札》）。这批印章的由来，应是得自从程从龙师意斋旧藏，为看篆楼藏印的最大基数。至是年闰六月十七日，潘有为藏秦汉铜印前后共得八百余颗，其气味稍涉唐宋以后者，即不入选，以此尚存七百廿余颗。而此时黄易所藏铜印数量在三百余枚，在致潘有为札中流露出艳羡之意，故潘有为答书云"足下仅以三百颗羡余，或亦轻量天下士耶"，谦虚之中亦不乏自得之意，并有钤辑印谱之意。然此时印谱之名尚未确定，印格亦未付雕版。潘氏欲亲自钤制，而又因分校四库全书终日忙碌无暇，故未有进展。然至此看篆楼所藏古铜印主体部分业已完备，是年及稍后续有购得，又有友人零散馈赠，如张燕昌赠以汉铜印两三枚等（《月余札》《午后札》）。

乾隆己亥年（1779）四月十四日，潘有为札告黄易云："看篆楼所藏秦汉印七百余，苦无印色，是以迟迟。近日朱砂已得，有同年恒益亭者善制，制成当得佳本奉寄。兹为略印数印呈阅，枕上卧游，君当作道逢麹车想也。"由此札来看，当时潘有为虽有钤辑之意，但缺少印泥，方购得朱砂请人调制印泥（《有为札》）。至乾隆甲辰年（1784）七月，潘有为藏印尚未满千，驰书向黄易求援，故札中有"尊藏能足岳添流更感"之语（《三月札》）。是年九月，自云"集铜印千枚，择其气味稍差与模糊欠真不入赏鉴者割置百余，以此尚未盈千，必加意拓之就正有道"。由此可窥潘有为收藏古印的概况和鉴藏标准，其遴选古印之标准甚严苛，弃置"气味稍差与模糊欠真不入赏鉴者"百余，故符合入谱标准的印章数量不及千枚（《七月札》）。

从潘有为信札中反复出现的"千枚"这一数量来看，《看篆楼古铜印谱》的收录数量的标准是古铜印章千枚，且对于唐宋以后以及气味稍差的赝品、钤印模糊者一概不取。得知好友潘有为藏印数量不够，钤辑古铜印谱不成的情况，黄易寄出铜章四十枚，以补成数，其为人之慷慨与笃于友谊可见一斑（《廿四札》）。故今见较为完整的《看篆楼古铜印谱》版本，收印数量多在千枚上下。

据乾隆五十二年（1787）程瑶田所作《看篆楼古铜印谱序》记载："（毅堂）浸假而及于印章，虽别为一体，而中多前世古文，毅堂蓄之多至千余事。丁未中秋，邀余往鉴焉，时阳城张君古余、安邑宋君芝山，皆主于毅堂，遂相与发其箧而遍观之，已乃榻之为谱，人各获其一，所谓《看篆楼印谱者》也。"可知至乾隆五十二年（1787）秋，潘有为藏印数量仍在"千余"，增加并不多，但已定名《看篆楼印谱》。得到初钤馈赠者仅有当时参与钤拓的程瑶田、宋葆淳、张敦仁（古余），故属乘兴为之的自钤本，可以想见，这种分赠同好、"就正有道"的初拓，数量自然不会太多。而潘氏虽屡札致黄易许诺赠谱，然竟未践诺。后黄易急索此谱，潘有为不得不将自留底本付寄。他在乾隆五十六年辛亥（1791）或稍早的《足下札》中云："印谱多年鹿鹿，未暇拓得，屡札需此急甚，谨将案头手披底本专上。另有新购汉印数十枚未补，俟有定本续寄何如？"此时潘有为已由京返粤，而印谱尚未成书，后续所得古印亦未能补入。

据何昆玉记述："番禺潘毅堂舍人官京师时，广搜古铜印，得一千三百余事，拓为《看篆楼印谱》，与《程荔江印谱》中相同者十之七八，荔江积蓄十余年，所得三千有奇，择其善者一千二百，舍人盖尽得之矣。"[20]指出看篆楼藏印数量为"一千三百余"，其中得自程从龙（荔江）《师意斋秦汉印谱》中精善部分的数量为"一千二百"，但从新见潘有为致黄易新札来看，潘氏藏印来源并非单一地继承程从龙旧藏，其中也包括了黄易作缘与襄助的部分，以及其他渠道的购藏与馈赠，其藏品来源是多方面的。

原钤印谱，特别是古玺印谱录，向来具备一种类似于古籍版本学中"稿本"性质，即往往由于钤拓时间与条件的不同，即使印谱的名称相同，所收录的印章个体、钤编次序和收印数量却可能差异很大，更会产生卷数或册数上的差异，《看篆楼古铜印谱》的版本情况就存在这方面的问题。基于这一特征,笔者曾将《看篆楼古铜印谱》分为乾隆间钤本、嘉庆间钤本和分支版本三大系统。[21]而乾隆间钤本几乎皆存于文献著录之中,实物多不可寻,而判断的依据大概都是程瑶田乾隆五十二年(1787)所作《看篆楼古铜印谱序》一文。而程瑶田所得印谱,只是当时即兴钤拓的稿本,恐非正式锓版印行之本。反过来推想,这也就可以解释为何今天所能见到的《看篆楼古铜印谱》,几乎皆为嘉庆年间所钤辑者了,如广州图书馆藏仪清室所集本《看篆楼古铜印谱》八册(嘉庆丁丑本,图6),太田梦庵藏本《看篆楼古印谱》六册(嘉庆戊辰本)。其原因是很可能潘有为于乾隆年间并未正式锓版钤印此谱,郑重成事乃在嘉庆年间。

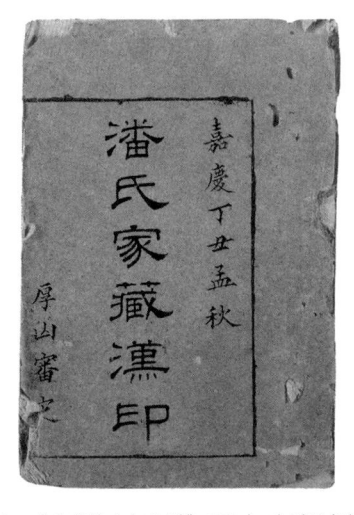

图6 《看篆楼古铜印谱》丁丑本 广州图书馆藏

四、看篆楼藏印的流传与学术意义

潘氏看篆楼藏印的主体部分,可上溯到明代后期。嘉靖二十六年(1547),范大澈随进士范钦赴京谋事,步入仕途。初官鸿胪寺序班,后出使琉球、朝鲜等国,历仕三朝,进秩二品。范大澈酷嗜搜集古铜印,于万历二十八年(1600)属其子范汝桐整理毕生所藏三千六百余印,钤辑为《范氏集古印谱》,[22]此谱与上海顾从德所辑《集古印谱》并为我国早期以原印钤拓的稀有印谱。范大澈去世之后,藏印易手,其中大部为长沙吴观均所得。吴观均于康熙二十三年(1684)将所藏二千七百印编为《稽古斋印谱》十卷。这批古印于乾隆三年(1738)入藏程从龙(荔江)师意斋中,程从龙钤辑为《师意斋秦汉印谱》。其后不久再度易手,分别为常州庄同生、番禺潘有为两家所得,庄同生所藏,拓为《孝慈堂印谱》行世。[23]潘有为时官北京,得程从龙藏印,并增益好友黄易所代觅者及新入藏者,于乾隆五十二年(1787)开始编拓《看篆楼古铜印谱》,并请程瑶田作序。[24]潘有为殁后,藏印归其侄潘正炜,于道光十二年(1832)重编改名为《听帆楼古铜印汇》。潘正炜殁后,藏印为人窃去入质库中,潘氏后人讼之于官,悬赏三百金,遍访弗获。同治四年(1865)秋,为张梦楼得之,欲售于高要何昆玉,何昆玉不敢遽受,以告潘氏,潘氏后人愿息讼,何氏乃以重价得之,钤辑为《吉金斋古铜印谱》六册,收印一千二百六十六枚。后何昆玉于同治十一年(1872)以其藏印二千七百余尽归潍县陈介祺,为陈氏钤辑《十钟山房印举》之一大宗。[25]这批古铜印自明代范大澈官北京所得,历经四百余年沧桑,最后仍回归北京,现大部分由故宫博物院收藏,少数流失国外。[26](流传情况参见图7)

```
万历二十八年(1600)
范大澈《范氏集古印谱》
(三千六百余印)
        ↓
康熙二十三年(1684)
吴观均《稽古斋印谱》
(二千七百印)
        ↓
乾隆三年(1738)
程从龙《师意斋秦汉印谱》
(一千一百五十七印)
        ↓
乾隆五十二年(1787)
潘有为《看篆楼古铜印谱》
(一千余印)
    ↙       ↓
庄同生《孝慈堂印谱》    道光十二年(1832)
                潘正炜《听帆楼古铜印彙》
                (一千余印)
                    ↓
                同治四年(1865)
                何昆玉《吉金斋古铜印谱》
                (一千二百六十六印)
                    ↓
                同治十一年(1872)
                陈介祺《十钟山房印举》
```

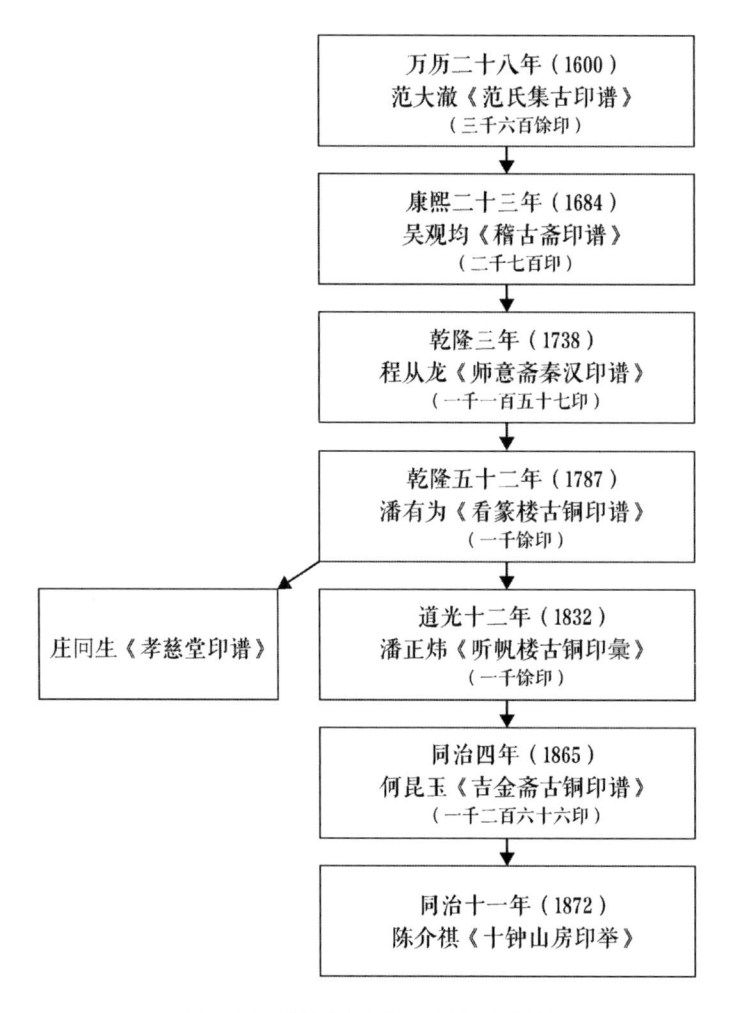

图7 潘氏看篆楼藏印流传情况图表 朱琪编绘

由此可见,潘氏看篆楼所藏古印主体部分,是中国印学史与金石史上流传有绪的一批古代玺印精品,在从明代万历年间至今的四百多年里,辗转流经多个藏家,在流传过程中又不断被割裂、分解、增益，先后被钤辑为至少八种重要的印谱，堪称印史上一段传奇故事。《看篆楼古铜印谱》的钤辑，是这批古印精品流传播迁的重要一环，这些古印作为番禺潘氏的两代家藏，几经编钤，成谱版本面貌众多，又可以作为印学史上的经典案例来考察古印递藏传世与印谱版本流变。

其次，《看篆楼古铜印谱》反映了乾隆时期金石鉴藏与金石学发展的一段脉络，推进了古代玺印研究和古文字学的发展。清代学者程瑶田为《看篆楼古铜印谱》所作的序言，是古文字学和印学发展史上极其重要的一篇论文。清代以前，学者对先秦古玺的认识十分模糊，大多不能辨识古玺及其所属时代。在编钤印谱时，有时作为附录，有时不予收录，即使收录于印谱，也往往与后世印章混为一体，不加分别。如看篆楼所藏同一批古印，在康熙二十三年（1684）吴观均《稽古斋印谱》与乾隆三年（1738）程从龙《师意斋秦汉印谱》中，均未将古玺分辨归类。[27]

直至乾隆五十二年（1787），程瑶田在《看篆楼古铜印谱序》中，明确考释出"私玺"二字，并认为乃"卑者之玺"，提醒学者注意到古印中"古玺"这一类别，提升了古印研究的高度，为后世学者准确辨识古玺并断代打下基础。虽然程氏未能够进一步指出其所属时代，但在当时已是巨大的学术成果，推动了当时的印学与古文字研究。程瑶田继辨识出"私玺"之后，进一步从文字学的角度论证了对"私""曲"二字的看法，他以古物和文献两相印证的考证方式探研古代印章和古文字，这一学术方法，也给予后世学者很大的启发和影响，此文后收录于程瑶田自撰《通艺录》中。正因为这篇序言所具有的学术分量，后来就这批藏印所编辑的印谱——潘正炜《听帆楼古铜印汇》、何昆玉《吉金斋古铜印谱》，都沿录了程瑶田《看篆楼古铜印谱序》一文，是以此文流传很广，成为清代小学研究的经典论文。另一方面，程瑶田对于"私玺"的考证，引导学者和印人将目光投注到战国古玺这一新的古印门类，提升了人们对古玺的认知和审美，为后世印人借鉴古玺形式与文字进行篆刻创作奠定了基础。

由于远离中原汉文化中心，地理位置的相对偏僻，岭南一带素少金石出土，故清人龚自珍有"但恨金石南天贫"之叹。明代以后，对古印的搜集整理日趋形成气候，出现如《集古印谱》等大型古代玺印原钤谱录，但直至清代乾嘉之前，广东地区一直未能出现具有影响力的金石学家与著作。潘有为在京城为官十余载，受到以翁方纲为中心的金石收藏圈影响，耳濡目染，酷嗜收藏古印、泉布等金石文字，成为首开广东金石收藏、著录、研究之风气的先行者。尤其看篆楼藏印流传有绪，数量丰富，印谱钤拓精良，开粤人集拓古印为印谱之先河，不但在岭南地区掀起金石收藏研究的风气，在印史上也具有相当重要的地位，为翁方纲《两汉金石记》等金石学著作所援引。受潘有为的影响，其后岭南地区钤辑古印印谱之风日炽，其中重要者如杨永衍《添茅小屋古铜印谱》，何昆玉《吉金斋古铜印谱》及《吉金斋古铜印谱续集》，何昆玉、何瑗玉《汉印精华》，黄霖泽《铭雀砚斋印存》，居巢《今夕庵古印藏真》，潘仕成《海山仙馆印存》，商承祚、罗福颐等《古陶轩秦汉印存》，商承祚《契斋古印存》，蔡守《集古玺印谱》等。粤地藏辑古玺印之风至今不灭，乃自潘有为肇始。古玺印等金石文字的收藏、著录和传播拓宽了岭南地区印人的眼界，使得印人能够加以学习和借鉴，这也为岭南地区篆刻艺术的繁荣和发展作出了巨大的贡献。

五、潘有为与黄易的篆刻交流

乾隆四十二年丁酉（1777）黄易赴京前后，正是黄易开阔交游的重大转折点，也是与潘有为订交之始。此际京中金石书画鉴藏之风初炽，黄易率先与翁方纲通过邮书订交，交流金石碑版收藏。七月入都报捐，又携去大量金石资料，与翁方纲结为金石至交，又与朱筠、王昶等结交。翁、朱、王三人皆尚金石，其下门人、幕客菁英荟萃，如陈焯、潘有为、宋葆淳、钱坫、武亿、董元镜、桂馥、张燕昌等。此时京城中鉴藏金石之风已初成其形，而黄易到来之后，将各地访碑所得的金石碑版资料慷慨分赠同好，遍邀题跋，如鲜花著锦、烈火烹油，将京城金石风尚推到极致。也正由是年开始，翁方纲与黄易二人联袂推手的金石鉴藏之风，藉由翁氏文幕与黄氏宦迹，雅布四海，以翁、黄为核心的金石交游圈正式形成，其流风沿至嘉道年间而不息。

除金石交流以外，黄易更凭借篆刻艺事，与友人结下深厚的交谊，这在信札中有生动反映。潘有为十分欣赏黄易的篆刻，屡次在信中求印。潘、黄二人尚未相见，潘有为已由陈焯之介得黄易篆刻一方。乾隆丁酉年（1777）三月廿六日《无轩札》云："顽石烦铁笔兼勒印跋一则，奖借有加，叨增惶汗，妄托神交，邀青睐恐有过当耳。"潘有为素有在信札上钤印的习惯，此札钤"臣拙无比""惶恐再拜"两印，或许其一即为黄易手刻。同年九月初一《顷与札》，述及宋葆淳向黄易索刻之事："芝山'宝墨斋印'顷得佳石，以新易旧云云。"宋葆淳同有附札："附便寄去青田石一方，祈作'宝墨斋印'四字。"同月廿四夜，潘有为《秋色札》又邮去青田石一方请黄易刻印。

黄易离京之后，潘有为索刻亦不在少数。乾隆戊戌年（1778）四月三日《握别札》言："又劳代镌石印两枚，谨谢谨谢。"札末钤"六松居士"印，旁笔附注"如此印安得不可人，见之如见良友也"，可知此印必为黄易新镌无疑。同年六月十三日《前月札》云："为新得青田石不数枚，其质颇文，屡思倩人捉刀，自晤足下，而观海者难为水矣。百忙中又增此不情之请，真不自安。第迫于中，不能自禁，幸恕一切，惶汗惶汗。为新得汉铜印六百余颗，暇当全印以报君惠耳。"一次奉上数枚青田佳石求刻，既是出于对黄易篆刻的激赏，又为自己的不情之请而不安，乃许以所藏汉印钤本为报。稍后的《月余札》复加强调："刻下甚忙，稍暇即当印寄，敝斋中一长物颇不敢轻贱也。吾兄能抽暇为我多作数印，则以此报之矣。恶赖恶赖，罪过罪过！"同年闰六月十七日《午后札》附叶，钤张燕昌所刻"看篆楼"，并云："此芑堂先生所作之章也，逊君数筹矣。将来欲觅径寸之石，而石必青田中之精美者，乃敢奉烦，谅亦首肯也。"另据乾隆己亥年（1779）四月十四日《有为札》（图8）："承代镌'看篆楼'一印尤朴茂，文房上品，譬之升堂入室，芑堂当厕两庑矣。"张燕昌是潘有为与黄易共同的好友，与黄易同为浙派篆刻开宗者丁敬弟子。潘有为直言张燕昌篆刻远逊黄易，黄易篆刻已登堂入室，张燕昌只能厕居两庑。此虽为潘氏私密语，坦率中不乏狡狯，但也侧面说明当时对于黄易与张燕昌篆刻的评判确有高下之别。其后乾隆乙巳年（1785）七月廿八日《春间札》："并有青田石乞铁篆，至今未到，颇增疑诧。"可见后来潘有为续有索求。

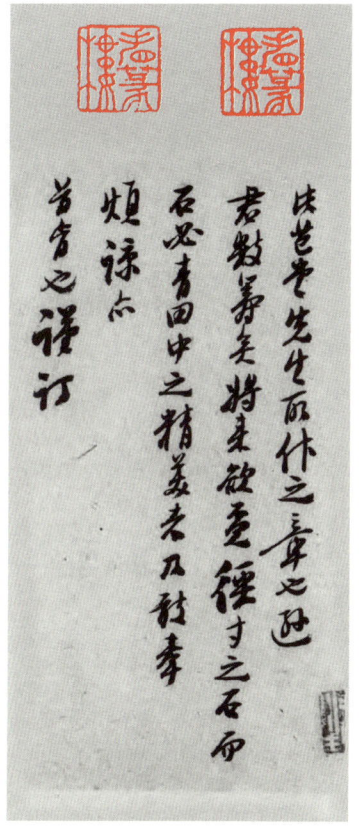

图8　张燕昌为潘有为刻"看篆楼"印钤潘有为致黄易《有为札》

潘有为系翁方纲门人，长期居住京城，他在京城的寓所也成为黄易与翁方纲及京城众友人通联的收件地址，大量的信件与物品均由潘有为负责中转传递。也正是因为这一点，黄易与潘有为之间的联络十分频密，除亲向黄易索刻之外，京城友人的印章也多由潘有为代为转致，除前述宋葆淳"宝墨斋印"之外，黄易为翁方纲、张埙等人的篆刻亦由其转达，《顷与札》中所言"余石印俱分致讫"可证。再如乾隆丁酉年（1777）张埙向黄易索篆的函札（图9），即附于潘有为致黄易信札之中："晚因胁气大作，不能久坐。郇厨之惠，餍饫无既矣。小松先生拜恳转求，烦即送去，不拘朱白文，但恨无佳石耳。此上。愚弟埙稽颡。毅堂大兄老先生。"同年十一月廿一日翁方纲致黄易札亦云："今

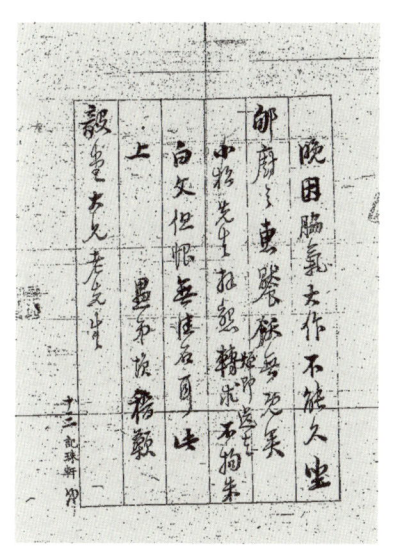

图9　张埙致潘有为札《古欢》册

图10 黄易为张埙刻"文渊阁检阅张埙私印"及边款

日毅堂送来手札并碑六并'诗境'印俱收到。"黄易为张埙所刻印,今见存者有"文渊阁检阅张埙私印"(图10),边款云:"乾隆丁酉八月,瘦铜先生请假南还,为仿水晶宫道人篆意即以志别。杭人黄易时客京师。"或许正是张埙札乞之印。

笔者在搜集黄易篆刻印作的过程中亦发现,丁酉年(1777)黄易刻印最多,多为赴京前后所作。如四月在上谷为张方理刻"雪筜"印,六月于上谷为陈焯刻"湘管斋",八月为翁方纲刻"苏米斋",九月在京师寓馆为宋葆淳刻"芝山审定",为铁岩作"明华"印,为翁树端作"树端临本",十月为方维翰刻"栖翩望云之室",为翁方纲刻"诗境",十一月宋葆淳刻"葆淳"印等。黄易将篆刻作为增进同好之间交流的重要方式,其篆刻师承丁敬,是典型的浙派风格,随着黄易宦迹所至,他也将浙派篆刻的声名播扬各方。其印章的受主皆名士文人,这些印章既是彼此友谊的见证,在使用流传中,复又伴随物主的行踪散播四方。因此可说黄易是浙派篆刻在乾嘉时期重要的传播者,扩大了浙派印风在各地的影响。例如他在京城所刻印章,必然对京城篆刻风气有所影响;而他为潘有为所作印章,又随着潘氏返粤而携至岭表,成为浙派印风在岭南地区初传之作。

潘有为喜于信札上钤用印章,存于这十六通信札之上的用印计有"臣拙无比"(图11)、"惶恐再拜"(图12)、"有为白笺"(图13)、"心心相印"(图14,此印为潘有为与宋葆淳信札共用)、"有为"(图15)、"六松居士"(图16)、"看篆楼"(图17)、"潘氏卓臣"(图18)、"毅

图11 潘有为信札用印"臣拙无比"

图12 潘有为信札用印"惶恐再拜"

图13 潘有为信札用印"有为白笺"

图14 潘有为信札用印"心心相印" 此印为潘有为与宋葆淳信札共用

图15 潘有为信札用印"有为"

图16 潘有为信札用印"六松居士"

图17 潘有为信札用印"看篆楼"

图18 潘有为信札用印"潘氏卓臣"

图19 潘有为信札用印"毅堂"

堂"（图19）十方，除张燕昌所刻"看篆楼"之外，从印章风格来看，黄易所刻者应占多数。其中"有为白笺""有为""六松居士""看篆楼""潘氏卓臣""毅堂"六印，是典型的浙派风格，应当皆出自黄易手刻。

此外值得留意的是，潘有为等向黄易索刻所使用的石料，多为青田石质。尤其屡次提及青田石佳者，如"其质颇文"，"径寸之石，而石必青田中之精美者"等等，可见清代以来篆刻家对于浙产青田石之好尚。亦可佐证当时厂肆所售印石中，青田石当为大宗主流。黄易印款中有云："琢石为印，肇煮石山农。正嘉间，文氏踵其法，所取尽青田俗所谓灯光冻者。后来无石不印，求其坚刚清润，莫青田若也。"[28]道出青田石质地清润坚刚，宜于篆刻表现的特质。自丁敬以降，对于产自浙江南部瓯江中下游的青田印石十分推崇。其后蒋仁亦云："自王元章用花乳石刻私印后，人竞尚昌化、青田。青田佳者日少，昌化刚涩，赏鉴家不取也。"（"雪峰"边款）笔者曾对"西泠八家"印人中所使用印材作出统计，总计得到石质印章样本数量三百九十方。其中青田石的数量占到七成以上，而寿山石的数量则不足两成。[29]这一点，也与今天所见浙派篆刻实物情况相吻合。

除印谱纂辑、篆刻交流之外，信札中还涉及清代印学研究与交流的其他间接史料。如张燕昌曾以"皇后玉印"拓本赠潘有为，黄易曾向潘有为商借汉印等事，其间消息亦颇耐人寻味。今存陕西历史博物馆的西汉"皇后之玺"，即为玉质，螭虎钮，印台四周刻有云纹。此印于1968年发现于陕西咸阳渭河源上韩家湾狼家沟水渠，当时被人捡拾上交国家，并非考古出土。发现地点距离汉长陵西南一公里处，历来论者聚讼纷纭。有人认为是吕后所用，也有认为属于汉景帝、武帝时期，或认为是汉初物，然非某后专属，属于传世之玺。[30]信札所说的"皇后玉印"与这方"皇后之玺"是何关系，其下落如何，皆令人好奇。

六、结语

潘有为致黄易信札十六通，是目前除《南雪巢诗钞》《看篆楼古铜印谱》之外，首次披露的最为直接的潘有为研究资料。这些信札集中还原了清代篆刻、金石收藏、印学研究等多方面细节与史实。对于研究潘有为的生平与学术成就,以及清代乾嘉时期金石学兴盛、金石收藏家之间交流细节,具有重要的研究价值。通过对这些信札的考释研究,可以看到潘有为与黄易从神交到订交,再至共同切磋、相交莫逆的全过程。潘有为在京城为官十余载,受到以翁方纲、黄易为中心的金石收藏圈影响,雅嗜鼎彝、碑刻、古印、泉布、铜镜等金石文字,两人常有金石拓片寄赠交流。例如在黄易影响下,潘有为更留心收藏本乡碑刻,如《南海神庙碑》。潘有为纂辑之《泉谱》《看篆楼古铜印谱》等金石著作,皆受到黄易给予的无私帮助,黄易自编所藏金石存目时,也多次记载潘有为以金石拓片寄赠,这种金石收藏上的往来交换、无私惠助是相互的。潘有为最终能够成为首开广东金石收藏、著录、研究之风气的先行者,黄易对他的影响十分深远。

潘有为信札中所保存的黄易、张燕昌相关事迹和篆刻印蜕,是极其重要的清代篆刻文字和图像资料。信札中涉及的相关人物关系和事件,也为乾嘉学者学术和艺术交流,尤其是当时文士交游圈层的相关活动保存了真实、生动的史料。与以往流于疏阔的清代金石学史与艺术史研究不同的是,通过这批信札,我们看到的是清代学术与艺术的原始生态语境,在这一视域之下观照当时热衷于金石书画的官员、文人的交往,使我们得以聚焦以往被忽略的细节史料,完善了金石学史研究宏大视野与精微细节相结合的学术理路。

表3　潘有为致黄易信札所涉金石书画篆刻(印学)活动简表

信札	时间	涉及人物	金石书画交流	篆刻(印学)活动	其他
(一)无轩札	乾隆丁酉年(1777)三月廿六日	潘有为、黄易		黄易为潘有为刻印。	
(二)顷与札	乾隆丁酉年(1777)九月初一	潘有为、黄易、宋葆淳、翁方纲	翁方纲跋《熹平石经》《裴岑碑》《石鼓文》《云麾》《王母宫》、孔庙汉隶二碑、《秋影庵图》	宋葆淳托请黄易篆刻"宝墨斋印"。	
(三)秋色札	乾隆丁酉年(1777)九月廿四夜	潘有为、黄易	碑刻两通、《南海神庙碑》(潘有为赠黄易)	青田石一枚求刻。	
(四)顷闻札	约乾隆丁酉年(1777)十月间	潘有为、黄易			潘有为交黄易银鼠风毛皮袍一新一旧。

五）握别札	乾隆戊戌年（1778）四月三日	潘有为、黄易	郭云砖拓、《西清古鉴》	黄易为潘有为篆刻两印。	
（六）前月札	乾隆戊戌年（1778）六月十三日	潘有为、黄易	《武荣碑》、南汉《铁塔铭》全副大小廿五张、《兰亭》拓本、翁方纲《太白酒楼记》	（一）潘有为新得青田石数枚求黄易篆刻。 （二）潘有为新得铜印六百余颗。	潘有为赠黄易洋刀两持。
（七）月余札	乾隆戊戌年（1778）六月十三日至闰六月十七日之间	潘有为、黄易、张燕昌	济宁六碑、砖拓、《快雪堂帖》、《西清古鉴》、泉范、铜镜铭、古鼎篆、古钱	（一）潘有为藏秦汉铜印前后共得八百余颗，其气味稍涉唐宋以后者，即不入选，以此尚存七百廿余颗。 （二）其时黄易藏铜印三百余枚。 （三）潘有为求黄易为其多刻数印。 （四）张燕昌赠潘有为汉铜印两三枚。 （五）张燕昌赠潘有为皇后玉印拓本。	张燕昌赠宋葆淳名人尺牍一百余幅。
（八）午后札	乾隆戊戌年（1778）闰六月十七日	潘有为、黄易、张燕昌	《石经》《金石契》	（一）潘有为所藏铜印，拟钤辑成印谱。而印谱之名未定，印格亦未付梓，又欲亲自钤制而又无暇，故未有进展。 （二）张燕昌为潘有为篆刻"看篆楼"朱文印。 （三）潘有为欲觅径寸之青田佳石请黄易篆刻。	
（九）有为札	乾隆己亥年（1779）四月十四日	潘有为、黄易	（一）黄易赠潘有为《瘗鹤铭》。 （二）潘有为欲代撰泉谱，搜罗古泉币。 （三）潘有为请黄易代觅古钱如《汉泉目》中所罕见者。	（一）黄易为潘有为刻"看篆楼"印。 （二）潘有为藏印七百余，苦无印色钤拓。 （三）潘有为钤拓数方藏印供黄易赏玩。	（一）黄易托潘有为代寻梧纸。 （二）潘有为赠黄易洋刀、洋巾、椰珠结带、扇。

（十）半岁札	乾隆己亥年（1779）十一月二日	潘有为、黄易	《式古堂帖》、《麻姑坛帖》、古泉十三枚、《泉谱》、黄易自藏古钱拓本十二册、番禺相国小楷		黄易托潘有为在粤代寻栝纸。
（十一）三月札	乾隆甲辰年（1784）七月九夕	潘有为、黄易	黄易绘《得石图》、永建刻石余字、古泉币、张照小楷《玉虹楼》付梓	潘有为自云"藏印尚未满千"，向黄易求助。	潘有为交黄易元青红毛羽缎长褂料一端。
（十二）七月札	乾隆甲辰年（1784）九月十四夜	潘有为、黄易	石拓、古镜三十余面、汉画像六幅（郭巨石室题名）、潘有为向黄易乞小画	潘有为集铜印千枚，择其气味稍差与模糊欠真不入赏鉴者割置百余，以此尚未盈千。	
（十三）廿四札	乾隆甲辰年（1784）十月廿五日	潘有为、黄易	《得石图》、陈春晖书联	黄易寄潘有为铜章四十枚。	
（十四）春间札	乾隆乙巳年（1785）七月廿八日	潘有为、黄易	潘有为观黄易所藏《朱龟》《灵台》《谯敏》等碑拓本，并有翁方纲等人跋尾。	（一）潘有为以青田石乞黄易篆刻。（二）潘有为检出汉印一枚供黄易借用。	潘有为赠黄易西洋画挂屏
（十五）今晨札	乾隆乙巳年（1785）腊月三夜	潘有为、黄易	颜真卿书廿七字、《韩敕碑》（礼器碑）、《校官碑》		钱坫寄存潘有为处廿金。
（十六）足下札	约在乾隆辛亥年（1791）之间	潘有为、黄易	黄易绘《济廨图》、潘有为搜求古钱，乞黄易留意洪熙、正统、大顺、成化四种。	（一）潘有为《看篆楼印谱》定本尚未拓成，黄易急需，乃将手披底本寄去。（二）潘有为新购汉印数十枚，尚未补入印谱。	黄易托潘有为代寻天青大呢、天青软羽。

注 释

［1］据李福泰等修纂《（同治）番禺县志》等书记载，潘有为因"与权贵忤，卒不调，退居林下"。今见广东省中山图书馆藏有潘有为《南雪巢诗钞》稿本，为潘有为从子潘正亨原藏，后归潘飞声，

其中有潘有为之侄陈昙道光丁酉（1837）二月题跋，记述其生平稍详。其小注云"奉命□校四库全书，既毕，忤和相，不获议叙"，可知所忤者为和珅。和珅曾在就任四库全书馆正总裁后，大兴文字狱，把反对他的一部分文人诬陷为"私藏逆书""禁逆不力"。

［2］参阅《（同治）番禺县志》《南雪巢诗钞》《画史汇传》等书中所关于潘有为的记述。

［3］沈津《翁方纲年谱》，"中研院"中国文哲研究所，2002年版，页109。

［4］潘有为《南雪巢诗钞》，卷一，广东省中山图书馆藏本，收录于《清代稿钞本》第一辑，册二十六，广东人民出版社，2008年版。

［5］以下十六札（含附札）皆出黄易自题《古欢》信札册，今藏国家图书馆。

［6］陈鸿森《翁方纲年谱补正》，载《中国文哲研究集刊》第二十五期，"中研院"中国文哲研究所，2004年出版。

［7］王昶《金石萃编》卷十六，民国十年扫叶山房石印本。

［8］据黄易《小蓬莱金石目》稿本之金目。

［9］江藩《汉学师承记》："又有安邑宋半塘者，传潜邱之学。半塘名鉴，字元衡。世居运城。生而颖悟，善读书。乾隆甲子举于乡，戊辰成进士，铨授浙江常山县知县。三年，调鄞县。莅鄞七年，以廉能升广东南雄府通判，署连州，又署澳门同知，又署潮阳县。所至有政声，士民立生祠颂遗爱焉。以亲老告归，囊无长物，携书数千卷而已。归田后，弟某为确山令，驰书招之。至确山，卒于官署。半塘湛深经术，尤精小学。以潜邱《古文尚书疏证》文词曼衍而不尔雅，重辑《尚书考辨》四卷。"见漆永祥笺释、江藩纂《汉学师承记》，上海古籍出版社，2013年版，第90—91页。

［10］江庆柏《清代人物生卒年表》，人民文学出版社，2005年版，第370页。

［11］漆永祥笺释、江藩纂《汉学师承记》，上海古籍出版社，2013年版，第90—91页。

［12］此承许隽超示以《宋葆淳年谱》（未刊稿）中周春之记载，方得以纠正前人研究中宋鉴卒年之误，附此志谢。

［13］程瑶田《看篆楼古铜印谱序》，见《通艺录·解字小记》，《程瑶田全集》（二），黄山书社，2008年版，第519页。

［14］朱琪《略论黄易的金石学贡献》，载《中国书法·书学》，2016年第11期。

［15］梁恭辰《北东园笔录》，清刻本。

［16］翁方纲《复初斋集外诗》卷十八，民国六年（1917）刘氏嘉业堂刊本。

［17］关于《校官碑》的研究，可参见朱琪《江苏第一汉碑——〈汉校官碑〉研究》，载《汉代

石刻研究——首届济宁汉代石刻国际研讨会论文集》，中国书画出版社，2010年版，页154—164。

［18］潘有为《南雪巢诗钞》卷一，广东省中山图书馆藏本，收录于《清代稿钞本》第一辑，册二十六，广东人民出版社，2008年版。

［19］俱见翁方纲《复初斋集外诗》卷十二，民国六年吴兴刘氏嘉业堂刊本。

［20］何昆玉《吉金斋古铜印谱序》，《吉金斋古铜印谱》，上海书店，1989年版。

［21］参考朱琪《番禺潘有为与黄易交游初考——兼议〈看篆楼古铜印谱〉的版本流传与学术意义》，《印说岭南——岭南印学国际学术研讨会论文集》，东方出版社，2016年版，第145—158页。

［22］据韩天衡主编《中国篆刻大辞典》载，《范氏集古印谱》收印三千三百余方。

［23］参阅方去疾《新版吉金斋古铜印谱序》，上海书店，1989年版。另检韩天衡《中国印学年表（增订本）》，上海书画出版社，2012年版，收录《孝慈堂印谱》两种：一为雍正十一年（1733）黄树穀所辑，一册；另一为乾隆三十一年（1766）薄孟养所辑，二册。庄冏生所辑者未载。

［24］广州图书馆编《广州图书馆藏仪清室所集广东印谱提要》页9云："岭南古铜印极为稀少，潘氏所藏古铜印，原为安徽金石家程瑶田旧藏，程于精于鉴赏著称，是以此谱中所收千余方汉印，泰半为真品，尤为难得。"将"程从龙"误为"程瑶田"，误。

［25］陈敬第《十钟山房印举序》，载陈介祺编《十钟山房印举》，涵芬楼民国间影印本。

［26］可参阅方去疾《新版吉金斋古铜印谱序》，载《吉金斋古铜印谱》，上海书店，1989年版。

［27］可参阅曹锦炎《古玺通论》，上海书画出版社，1995年版，第15页。

［28］赵之谦"沈氏金石"印侧黄易旧款。

［29］参见朱琪《真水无香——蒋仁与清代浙派篆刻研究》，浙江人民美术出版社，2018年版，页215。

［30］孙慰祖《历代玺印断代标准品图鉴》，吉林美术出版社，2010年版，第27页。

第六节　新见邓石如致黄易信札及其相关印学解读

一、邓石如致黄易信札所涉人事考

邓石如（1743—1805），安徽怀宁人。初名琰，字石如，因避清仁宗嘉庆帝颙琰讳，遂以字行，后更字顽伯，号笈游道人、完白山人、凤水渔长、龙山樵长等。精篆刻，工真、草、篆、隶四体书，尤精篆书，宗法李斯、李阳冰，后稍参隶意，称为神品。性廉介，布衣终身，喜遍游名山水，以书刻自给。有《完白山人篆刻偶存》印谱行世。

笔者曾于数年前见到国家图书馆藏《古欢》册中邓石如致黄易的信札，可以证明在乾嘉时期，邓、黄二人之间的交流十分深入。兹将信札全文照录（图1）：

　　去冬匆匆一睹光仪，倏值公事倥偬之际，获领竟夕清谈，且窥所藏金石之秘，此亦一段翰墨缘也，幸何如之！时光驰忽，便尔夏讫，遥想台禧，与时偕茂，庆慰奚似。前蒙赠车，至宿迁境，大困绿林，书剑无恙，而

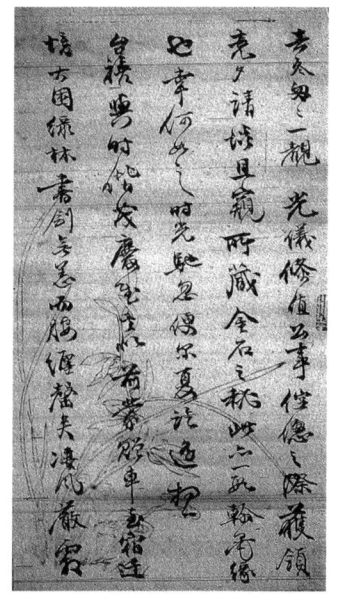

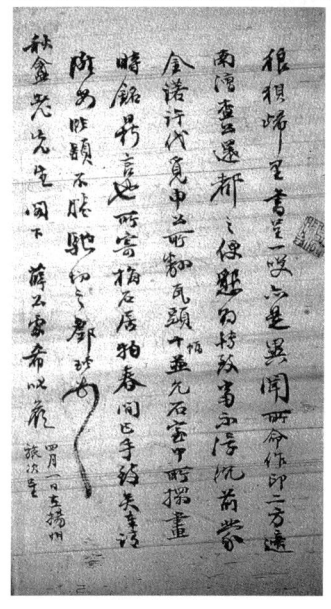

图1　邓石如致黄易信札　国家图书馆藏《古欢》册

腰缠罄矣。凄风严霜,狼狈归里,书呈一笑,亦是异闻。所命作印二方,适南漕查公还都之便,恳为转致,当不浮沉。前蒙金诺许代觅申公所翻瓦头十幅,并允石室中所拓画,时铭鼎言也。所寄梅石居物春间已手致矣。奉请升安,临颖不胜驰切之。邓琰顿首。秋盦老先生阁下。薛公处希叱候。四月一日。在扬州旅次呈。

此信札虽无纪年,但落款署名邓琰,可知在嘉庆帝颙琰即位邓石如避讳更名之前。承陈硕修正,此札约作于邓石如离京归里之后,即乾隆五十六年(1791)四月一日。[1]现根据信札内容将札中所涉及人物与事件列为下表并略作考证:

表4 邓石如致黄易信札所涉人物、事件表

信札所涉人事	人物	秋盦(黄易) 查公(查莹) 申公(申兆定) 梅石居(梅镠) 薛公(待考)
	事件	一、邓石如观赏黄易所藏金石。 二、黄易赠车资助行。 三、邓石如至宿迁境,大困绿林,书剑无恙,而腰缠罄矣……狼狈归里。 四、黄易请邓石如作印二方。 五、黄易许诺代觅申兆定所翻瓦当及拓寄武梁祠画像。 六、黄易托邓石如转交物品给梅镠。

邓石如与黄易同时活动于乾嘉时期,论年齿邓年长于黄一岁,从以往的资料和相关研究来看,未见有关两人有接触、交往的证明,故此札所反映出的印学意义十分重要。

邓石如少年时即喜书法、刻印,从其父木斋先生书迹印章入手学习,用功甚勤,然篆法多谬误,后得张惠言指引六书之旨。[2]他于乾隆三十九年(1774)鬻书印至寿州,梁巘见其书极推重,言"石如善篆书,吾不能,然亦不可以晋以后书格尘法鉴也"[3],乃介之客江宁梅镠家。梅镠家藏金石善本甚富,邓石如客其家八年,遍观金石,苦学书印,学成后游历名山大川。后由金榜之介,于乾隆五十五年(1790)随曹文埴入都,曹文埴以四体书皆为"国朝第一"遍赞于诸公,并得刘墉、陆锡熊盛赞。其时京城有翁方纲夙擅分篆,"慕山人,山人不为下,乃力抵之",耳食者附和其说,"都人士以此摒山人",未几(山人)被迫"顿踬出都"。[4]值得注意的是,因为黄易与翁方纲订交极早，又是相交数十年的金石挚友，而邓石如在京城遭到翁方纲等人排挤，因此甚至无法居留京城，则让人很容易推测黄易在此事件中的立场可能是倾向于翁方纲的。[5]但在这封信札中所还原出的事实却并非如此，黄易与邓石如在山东的会面不仅相谈甚欢，且在分别之后互有投赠，二人皆未因翁方纲非议邓石如之事而心存芥蒂。黄易为人宽容随和，故能交友遍天下，这一点从黄易与严长明、孙星衍两人之间关系（严、孙二人曾共事毕沅幕府，但矛盾极大）皆十分友善，也可为证。

今由此札可知，邓石如离京后曾短暂归里，这一点是以往邓石如研究中未曾提及的，他在回乡之后复以曹文埴之介往楚中毕沅节署，三年而辞归。今见杨沂孙记邓石如"笃行纯孝，远游归，必先展墓而后入"，可知他并未由京城直赴毕沅幕的原因是回乡祭拜祖先。[6]邓石如在毕沅湖北幕府虽得毕沅赏识，但落落寡合，"矫若野鹤之难驯"[7]，因此"无所知名"。[8]乾隆五十八年（1793）六月，邓石如致徐嘉穀的信札中就已流露出去意："来此坐食无事，日见群蚁趋膻，阿谀而佞，此今之所谓时宜，亦今之所谓捷径也。得大佳处，大抵要如此面孔，而谓琰能之乎？日与此辈为伍，郁郁殊甚，奈何奈何！琰将弃此而归。"[9]毕沅乃为其置田宅，厚贶而送归，并称："山人吾幕府一服清凉散也，今行矣，甚为减色。"[10]邓石如后在致徐嘉穀信札中云："石如自甲寅年（1794）游楚归，治田四十亩，年可获稻七十余挑，除国课外，仅足敷终岁饘粥之资。"可为证明。[11]

邓石如致黄易信札中所言"去冬匆匆一睹光仪，倏值公事倥偬之际，获领竟夕清谈，且窥所藏金石之秘"，可知邓石如离开京城，乾隆五十五年（1790）冬已游历至山东济宁，并与黄易作竟夕清谈，获观黄易所收藏的金石碑版。谈话之内容当是围绕金石、书法、篆刻，故云"翰墨缘"也。临别之际，黄易又赠车资为邓石如助行，可见晤谈甚欢。黄易还托请邓石如治印两方，虽然这两方印章已佚，甚至连篆刻的内容都不知道，但这条文字记录，却是乾嘉时期徽（皖）、浙两派印人进行篆刻交流的重要证据。也许是作为报答，黄易许诺邓石如代为寻觅申兆定翻沙摹刻的瓦当拓片，并拓寄武梁祠画像石拓片。除此之外，黄易还托请邓石如转寄物品给江宁梅镠。

今存邓石如《德州署中赠王莲湖使君》隶书诗轴，诗云："仆仆长安道，陵州此一游。地称周上国，官是古诸侯。政肃郊原静，风清棨仗休。开冰出河鲤，十日为淹留。"此轴当是黄易于乾隆五十五年（1790）冬离京返乡道经山东德州与王毂会晤时所留之墨迹。[12]王毂字御辀，号东莲、莲湖，安徽黟县人，嗜金石书画，《续印人传》有传。王毂收藏古印颇丰，黄易在乾隆六十年（1795）所作《题王莲湖汉铜印谱》一文中详细记述了他收藏山东济宁吴好礼世德堂藏印的经过。王毂亦属黄易金石收藏交游圈中人物，邓石如淹留其德州官署十日，推想亦为游历山川及赏鉴金石书画之雅会。

"前蒙赠车，至宿迁境，大困绿林，书剑无恙，而腰缠罄矣。凄风严霜，狼狈归里，书呈一笑，亦是异闻。"诸家传记皆载邓石如喜好游历，"尝一筇一笠，肩襆被，日孤行百里，自号笈游道人。扪岱、峄古碑，住山中，旬月而返。登匡庐绝境，蛇行猿挂，粮绝饿八日，茹草木实，得不死。游黄山，踏遍三十六峰，云海奇幻，尽得其变。见黄山石秀诡者，辄拾而藏之，累累贮两巨囊，担而归。足破肩肿，扬扬有喜色"[13]。然而孤身独游是时常会碰到危险的，邓石如札中所述，即于宿迁境内遭遇"绿林好汉"剪径之事。而他最终能"书剑无恙"，可能得益于身材高大，魁伟异于常人。[14]据《怀宁县志》载："（邓石如）气刚力健，能伏百人。客楚时，有群匪聚踞僧舍，僧不能制。偶半夜僧应门缓，匪怒，搥僧，石如起救僧。一匪前斗石如，（石如）拳至辄踣，众匪齐进，又连踣数十人，遂大骇窜去。石如每被酒，必述前事，自豪也。"[15]以往读到此条，尝怀疑其真实性，现在从此札所叙之事来看，可信度似又提高几分。

除之前提及与邓石如关系密切的梅镠之外，信札中出现的人物还有查莹、申兆定等。查莹（1743—1803）字韫辉，号映山，别号竹南逸史。祖籍山东海丰，入籍浙江海宁。乾隆三十一年（1766）进士，授编修，官文渊阁校理、武英殿提调官，后升为山西道御史，吏科给事中。信札中言"所命作印二方，适南漕查公还都之便，恳为转致，当不浮沉"，可知邓石如为黄易所作两印由查莹帮忙转达。查莹曾祖父查升（1650—1707）字仲韦，号声山，选翰林院庶吉士，授编修，康熙帝选儒臣侍值以备顾问，他经荐入直南书房多年，累迁至少詹事，著有《淡远堂集》。查莹自乾隆五十六年（1791）即出任巡视南漕御史，乾隆壬子年（1792）八月任湖北学政，故1792年赵翼有《送查映山漕史入都》诗可为佐证：

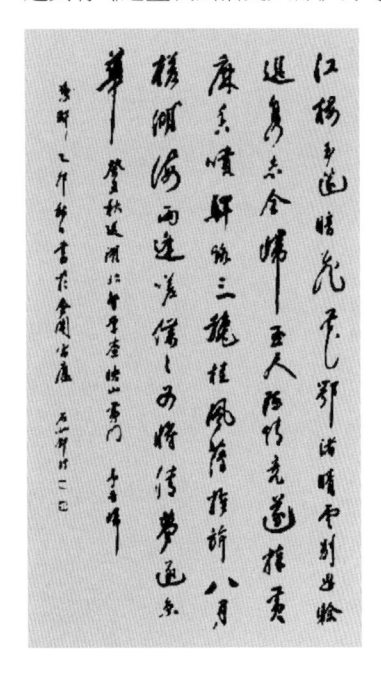

家声内相侍丹枫，[君曾祖声山宫詹，康熙中直南书房。]奉使今资转漕功。双蠹尘清骢马步，千艘帆饱鲤鱼风。辞金暮夜虚斋白，挥翰云烟画烛红。报最殊迁有成例，仁看节钺镇繁雄。[管松崖巡漕三年，即洊擢漕督；今君亦巡漕两年，最绩久邀宸鉴，故云。][16]

今见邓石如墨迹中，亦有乾隆乙卯（1795）秋所书自作诗《癸丑（1793）秋送湖北督学查映山黄门予告归京邸》（图

图2 邓石如赠查映山诗轴

2）可证两人交游：

> 江楼玉笛暗飞花，鄂渚晴云别思赊。选隽未全归玉尺，陈情竟遂捧黄麻。香喷驿路三秋桂，风薄旌旗八月槎。湖海两逢嗟仆仆，又将清梦逐京华。

笔者曾将此札系于乾隆五十九年甲寅（1794）四月一日邓石如自毕沅节署笈游回乡之后，今以文中"南漕查公"之称谓来看未妥。因乾隆壬子年（1792）八月查莹已转任湖北学政，不在漕任，故此札理当作于壬子年（1792）八月之前，那么较为合理的时间节点，当属乾隆五十六年（1791）邓石如离京归里之后。"前蒙金诺许代觅申公所翻瓦头十幅，并允石室中所拓画，时铭鼎言也。"黄易许诺邓石如向申兆定寻其所翻沙摹刻瓦当十幅，并允拓赠汉武梁祠画像。申兆定字圆南，号铁蟾、绳斋，山西阳曲人，乾隆庚辰（1760）举人，官定远（一说白水）知县。其人聪明绝特，驰骋名场，以风流自命。与人交，意气如云，邮筒走天下。中年沉迷于道教神仙，后生魔障，迷罔以终。[17] 善诗歌、工八分、飞白书，精篆刻，遇有汉魏碑碣，必于齾缺寻其点画，凡偏旁波磔反复考证，临摹数十过乃已，撰有《涵真阁金石文字》（又作《涵真阁汉碑文字》）。申兆定精于分隶，尝覆刻《王稚子阙》等汉碑。因宦游陕西，他也是清乾隆年间较早收藏、研究瓦当的金石学家，著有《涵真阁秦汉瓦当图说》。程敦《秦汉瓦当文字》得以成书，其主要内容即客陕西时申兆定、赵魏、钱坫、俞太学等人所赠瓦当拓片。申兆定所藏的"有万熹"瓦当，钱坫、申兆定曾"各得其半，合以成文"，是瓦当收藏史上一段奇缘佳话。[18]

乾隆五十一年（1786）黄易于嘉祥紫云山访得汉建和元年《敦煌长史武君之碑》，后又陆续访得武氏石阙铭、武氏祠阙画像题字甚多。次年（1787）经黄易首倡，天下好古之士醵资于紫云山就地重修武氏祠保护石刻，并监拓汉画分赠金石学者。此乃乾隆时金石界轰动一时的重要事件，自武梁祠被黄易原址保护之后，监拓的拓片数量并不多，故在当时十分珍贵，四方学者、金石家、书法家也皆以能得之为荣幸。[19] 今以邓札来看，邓石如亦在黄易馈赠之列，可见两人交情并非泛泛。黄易本以篆刻名世，他请邓石如治印，当怀有惺惺相惜之意，更深一步说，这也是同道之间以金石订交，切磋交流印艺的佳话。

二、梅镠致黄易信札所涉邓石如印学事迹考

黄易与邓石如相识订交之始末已泯然无考，但其中梅镠的介绍与推荐定然是主要原因，此外

也与罗聘、毕沅等人从中协调相关。今见国家图书馆藏梅镠致黄易信札，保存了梅镠向黄易推荐邓石如的相关史料（图3）：

> 嘉平廿日孔户部书中邮到瑶函，且疑且信，急启读之，且感且愧。先生以仕宦之身，公务旁午，乃于千里外之新知应答如响，何气谊之笃如是哉！真镠之大幸矣，更蒙汉碑及《金石史》之赐，拜谢拜谢。谕及吴山夫[20]《金石存》，向惟于友人帖上抄一二跋语，久觅其全书，不得一见。使其见之，断无《天玺碑》之刻矣。江太守宋拓《校官碑》亦未得闻，故前与邓石如妄生臆测耳。凡此，尤相知恨晚者也。读《小蓬莱阁帖目》，经先生搜罗物色而现者

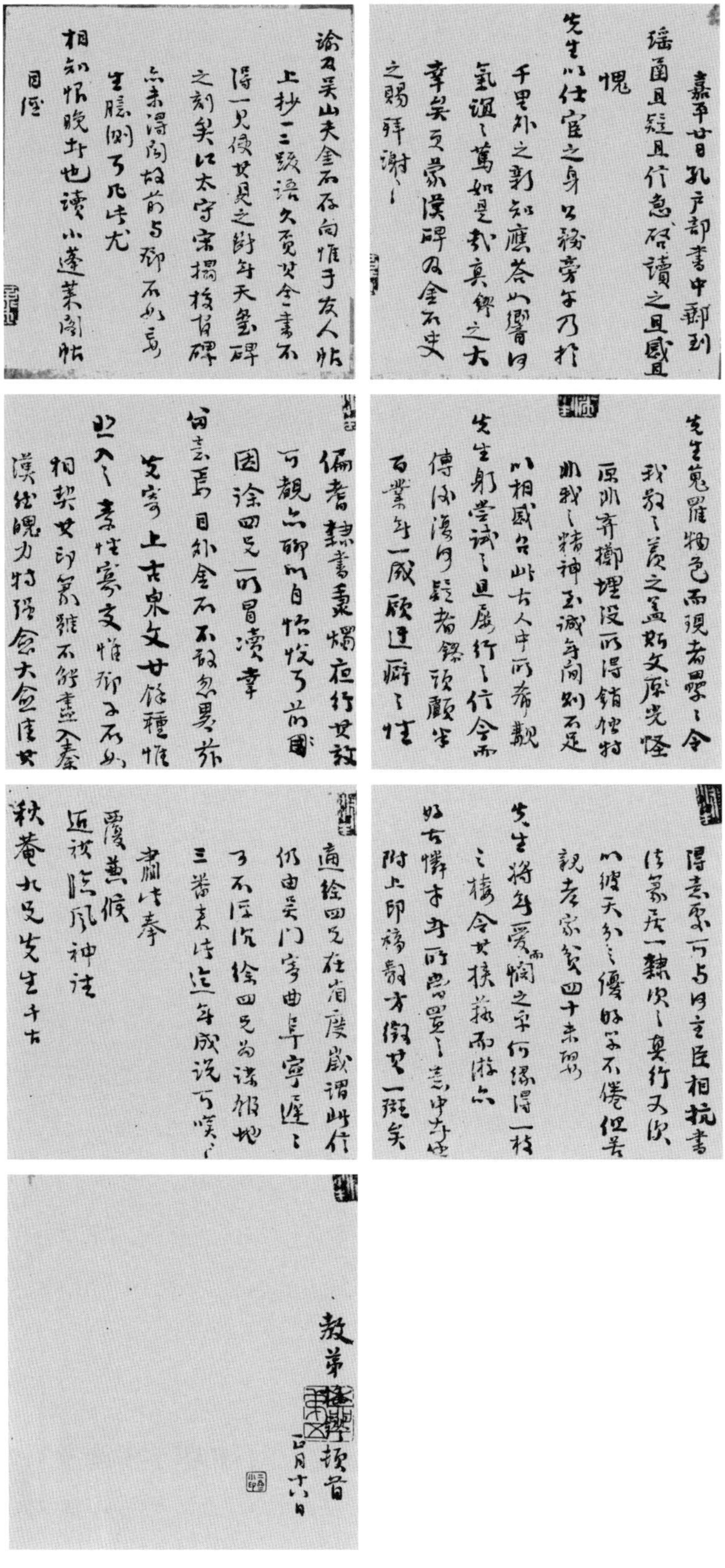

图3 梅镠致黄易信札 《古欢》册

累累，令我敬之美之，盖斯文光怪，原非弃掷埋没所得销蚀。特非我之精神至诚无间，则不足以相感召，此古人中所希觏。先生躬尝试之，且屡行之，信今而传后，复何疑者。镠头颇半百，业无一成，顾迂癖之性，偏耆隶书，秉烛夜行，其效可睹，亦聊以自怡悦耳。前因徐四兄所冒渎，幸留意焉。《目》外金石，不敢忽略，兹先寄上古泉文廿余种，惟照入之。素性寡交，惟邓子石如相契，其印篆虽不能尽入秦汉，然魄力特强，愈大愈佳，其得意处可与何主臣相抗。书法篆居一，隶次之，真行又次。以彼天分之优，好学不倦，但苦亲老家贫，四十未娶，先生将无爱而悯之乎？何缘得一枝之栖，令其挟艺而游，亦好古怜才者所当置之意中者也。附上印稿数方，徵其一斑矣。适徐四兄在省度岁，谓此信仍由吴门寄曲阜，宁迟迟可不浮沉。徐四兄为谋馆地三番来此，迄无成说，可叹可叹！肃此奉覆，兼候近祺，临风神往。秋庵九兄先生千古。教弟梅镠顿首。正月十八日。（札末钤"柳下第五"朱文方印）

梅镠字既美，字石居，安徽宣城人，梅文鼎曾孙；翰林院编修、左都御史梅瑴成之子，早岁随父移籍江宁。[21]宣城梅氏家族是著名天文历算世家，祖孙四代人中有十多位数学家。

邓石如曾客梅镠家八载，梅镠为梅瑴成第五子，"家多奉藏金石善本，尽出示之，为具衣食楮墨使专肄习"[22]。邓石如为梅镠篆刻印章颇多，如乾隆四十五年（1780），邓石如三十八岁时所作"半千阁"（图4），款曰："梅文穆公卜白下之居，人咸陋之。泾上赵侍御登阁，指古柏曰：'值五百金。'第五子因以名阁。石如并志。庚子五月石如邓琰。""文穆公"即梅瑴成，"第五子"为梅镠，故"半千阁"为梅镠斋室名。又"清素堂"印（长条印，图5），款曰："'念

图4 邓石如刻"半千阁"印连边款

图5 邓石如刻"清素堂"印连边款

其家计清素',壬午南巡诏也。文穆公感主知,名其堂以训子孙。第五镠请古浣邓琰篆。乾隆庚子夏。"所记为梅毂成承赐御旨,以"清素堂"颜其堂号之事,可知此印当为邓石如应梅镠之请而作于同时之物。梅镠也曾于同年(1780)赠邓石如隶书对联(安徽省博物馆藏,图6):"天球高朗一梅和,良马超翔二李程。"题跋曰:"古浣吾友于乾隆庚子至白门,留六阅月。刀篆既造古人之堂,其摹秦相、唐监书复有一日千里之效。欣赏之余,书此为赠。其文则揖光和题名碑字也。古浣游踪所止,出此以供人讥笑,幸志之以告我,则爱我矣。柳下第五子梅镠。"[23]邓石如在梅家的八年中,得以系统学习秦汉碑刻,极大地开阔了眼界,并由此奠定了其以篆、隶为根基的碑派书法基调。对于江宁梅氏的知遇之恩,邓石如在篆刻印迹中也多有反映,除上述印章外,邓石如印谱中还有"两地清溪"(图7)、"山口梅家"(图8)、"文穆公孙"(图9)、"宣州旧族"(图10)、"宣城梅氏"(图11)等印,亦当是邓石如为梅家人所作。此外,梅镠用印"梅镠之印"、"石居"、"其家宛陵"、"一回相见一回老"、"愿君寿"、"清素堂"(方形,图12)等,甚至本札所钤"柳下第五"朱文印(图13),亦可能出自邓手。[24]

梅镠札中言:"素性寡交,惟邓子石如相契,其印篆虽不

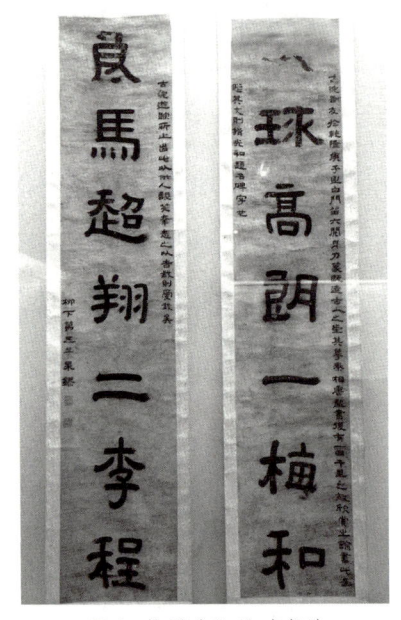

图6 梅镠赠邓石如隶书联
安徽省博物馆藏 董建提供

图7 邓石如刻"两地青磎"印

图8 邓石如刻"山口梅家"印

图9 邓石如刻"文穆公孙"印

图11 邓石如刻"宣城梅氏"印

图10 邓石如刻"宣州旧族"印

图12 邓石如刻"清素堂"印

图13 梅镠致黄易信札所钤"柳下第五"印,亦可能系邓石如所刻

能尽入秦汉,然魄力特强,愈大愈佳,其得意处可与何主臣相抗。书法篆居一,隶次之,真行又次。以彼天分之优,好学不倦,但苦亲老家贫,四十未娶,先生将无爱而悯之乎?何缘得一枝之栖,令其挟艺而游,亦好古怜才者所当置之意中者也。附上印稿数方,徵其一斑矣。"陈硕由邓石如"四十未娶",及孔继涵户部卒于乾隆四十八年(1783)十二月十八日,将此札系于乾隆四十九年(1784)正月十八日,甚为精允。据此札可知,梅镠早在乾隆四十九年(1784)已向黄易力荐邓石如,不仅盛赞邓氏天分与力学兼具,书法、篆刻成就非凡,并且希望黄易能为其谋得"挟艺而游"之门径,尤其"亲老家贫,四十未娶"一语,可谓动之以情,关爱溢于言表。

对于邓石如的篆刻,梅镠认为其得意之作可与何震抗衡,并且寄去印稿数方请黄易鉴赏。梅镠此番评价与程瑶田十分相近:"怀宁邓君字石如,工小篆,已入少温之室。刻章宗明季何雪渔、苏朗公一辈人。以瑶田所见,盖亦罕有其匹。时复上错元人,刚健婀娜,殊擅一场。秦汉一种则所未暇及者,然其年甚富,一变至道不难也。"[25]邓石如曾于乾隆四十五年(1780)于广陵得程瑶田指授篆隶书学,故程氏评价,亦中肯之极。[26]从邓印创作时间上看,邓石如在乾隆四十九年(1784)之前已基本步入印风的成熟时期,尤其是在乾隆四十六年(1781)至乾隆四十八年(1783)之间,先后创作了一批经典的大印面作品,其中包括"淫读古文甘闻异言"(图14)、"意与古会"(图15)、"折芳馨兮遗所思"(图16)、"振衣千仞冈濯足万里流"(图17)、"休轻追七步须重惜三余"(图18)、"事无盘

图14 邓石如刻"淫读古书甘闻异言"印

图15 邓石如刻"意与古会"印及边款

图16 邓石如刻"折芳馨兮遗所思"印

图17 邓石如刻"振衣千仞冈濯足万里流"印

图18 邓石如刻"休轻追七步须重惜三余"印

图19 邓石如刻"事无盘错学有渊源"印

图20　邓石如刻"古欢"印

图21　邓石如刻"燕翼堂"印

图22　邓石如刻"以介眉寿"印

图23　邓石如刻"江流有声断岸千尺"印

图24　邓石如刻"笔歌墨舞"印连边款

图25　邓石如刻"新篁补旧林"印

图26　邓石如刻"被明月兮佩宝璐驾青虬兮骖白螭"印

图27　黄易为毕沅刻"河声岳色"印（《黄小松印存》）

图28　邓石如为毕沅刻"河声岳色"印

图29　邓石如为毕沅刻"毕沅秋帆之章"

图30　邓石如为毕沅刻"家住灵岩山下香水溪边"印

错学有渊源"（图19）、"古欢"（图20）、"燕翼堂"（图21）、"以介眉寿"（图22）、"江流有声断岸千尺"（图23）、"笔歌墨舞"（图24）、"新篁补旧林"（图25）、"被明月兮佩宝璐驾青虬兮骖白螭"（图26）等，皆以邓氏所精擅之篆书入印，结字婉曲流丽，用刀明快爽健，正是"书从印入，印从书出"的典型。这也是梅镠札中所特称邓印"魄力特强，愈大愈佳"的原因。由此推想，梅镠所寄印稿当为上列印章中之佳者，惜已无从考索作为浙派印人代表的黄易在当时是如何评价邓石如篆刻的了。

除梅镠的关系之外，黄易、邓石如早年皆与罗聘交厚，时有画、印互赠，罗聘《衣云印存》中存黄、邓二人刻印不少。而毕沅性喜金石篆刻，其幕府尤其重视金石搜访和研究，编纂有《关中金石记》《中州金石记》等。黄易与毕沅幕府多有金石收藏、研究的交流，此外黄易与邓石如皆为毕沅篆刻过"河声岳色"同文大印（图27、28）[27]，邓石如还为他篆刻过"毕沅秋帆之章""家住灵岩山下香水溪边"两巨印（图29、30）。邓石如书法以篆隶著称，他对各种金石碑版自然十分关注，以往在研究邓石如的"皖派"篆刻时，往往强调其"书从印入，印从书出"的风格特征，却忽视了其书风（包括其楷书与行草书）、印风形成与当时金石学大盛之互动关系。现在从这些新见信札的内容来看，邓石如对于当时新出现的金石文字资料，是十分关注和重视的。他将这些金石资料所提供的滋养和借鉴，不断转化到艺术创作中，因此才形成了今天我们看到的邓石如书、印风格面貌。

三、邓石如印风、印史地位的形成及批评

新见邓石如、梅镠致黄易信札，是关于邓石如与黄易研究的第一手资料，其中的新信息足以填补前人研究的空白，而对某些史实的细节性叙述以及与以往记载重合的材料，则加强了人们对于已知史实的认定，廓清和锐化了某些原本朦胧的认知。

从邓石如致黄易信札的称谓来看，"秋盦老先生阁下"中的"老先生"显示出邓石如对于黄易的尊敬，而在故宫博物院收藏的另一通与邓石如致黄易札作书时间相近的梅镠致黄易信札里，梅镠也同样是以"老先生"来称呼黄易的。从年龄来看，邓石如年龄长于黄易，但从社会身份来看，梅镠为孝廉，邓石如乃布衣之身，而黄易则属朝廷官员；同时，从金石收藏、研究的圈层来看，黄易的学术地位在当时很高，因此梅、邓二人在信札中均对黄易采用了极为尊敬的称谓。从梅镠信札中托请黄易为邓石如谋一席之地，同时寄上邓印印稿请其审正来看，也都反映出黄易在当时已享有盛名，艺术地位远过于邓石如。

邓石如在后来被推为"皖派"（"邓派"）的开山宗匠，成为"书从印入、印从书出"的代表人物，先后启发了吴让之、赵之谦、吴昌硕、黄牧甫等大批篆刻家，在篆刻史上具有崇高的地位。那么邓石如印章风格具体是如何形成的？它具有怎样的艺术特色？在邓石如生活的乾嘉时代，其篆刻究竟受到怎样的评价，又具有何等艺术地位呢？新近披露的相关信札，或许可以引领我们再次深入地探寻历史的原貌。

首先面临的是邓石如的师承取法问题。邓石如祖、父辈虽为读书之家，然家道中落，至邓石如时已十分贫困。杨沂孙云："山人幼逐村童樵采，暇则读书，效其父为篆隶，橅其印，卖诸市。"[28]可知其幼时即喜书、印，所藉启蒙者乃是其父邓一枝（木斋）所作书法、篆刻。包世臣的记载也与杨沂孙大体相合："少产僻乡，鲜少闻见，顾独好刻石，仿汉人印篆甚工。弱冠孤露，即以刻

石游。"[29]邓石如祖父邓士沅为邑庠生，精通书法，父亲邓一枝也是喜好书印的耕读之人，然皆名不出乡里。由此可知邓石如并非生长于世家大族，也难称家学渊源，其早年的书法、篆刻启蒙，也大多只是通过自学完成，因此在取法与宗尚上并不见得高明。这一点缺憾，在邓石如之后的经历记载中逐渐显现出来。邓石如早年曾任童子师，以生徒调皮，即舍去，"刻石印，写篆隶鬻诸市"[30]。后至寿州寿春书院鬻书扇、篆刻，书院主讲梁巘初见邓石如书，叹曰："此子未谙古法耳，其笔势浑鸷，余所不能。充其才力，可以陵轹数百年巨公矣。"[31]吴育《邓完白传》载："（邓石如）亦不读书。初学刻印，忽有悟，放笔为篆书，视世之名能篆书者，已乃大奇。遂一切以古人为法，放废俗学，其才其气，能悉赴之……翰林张先生时尚未第，馆于金所，出见生书，善之，谓门者通焉。邓生虽能书，然不识字，体多谬。张先生为讨论六书之旨，生大好之，为书益放，云行风止，初若不经意，脱手视，皆殊绝。"[32]由二人所论可知，邓石如的书法篆刻虽然在很早即已显示出超群的才气与笔力，但由于启蒙初时未循古法，全凭天赋与悟性，因此存在着明显的缺陷。首先是不得古法，当是因为受到学习条件制约，学习资料缺乏所致，这一点直至后来客梅镠家刻苦学习金石之学方得以弥补；其次是读书少，篆书存在篆法谬误，后经张惠言指点《说文》六书要旨，方有所改观，书印为之一进。邓石如早期篆法上的缺陷，在存世印作中是有所反映的，如早年的"二分明月一声箫"（图31）中的"声""箫"，"山口梅家"（见前图8）中的"梅""家"等字，都存在一定的篆法与用字上的冷僻与乖谬之处。杨帆在其博士论文《清乾嘉时期的〈说文〉学与篆书创作》中，曾对邓石如篆书书法中的用字问题作出详细分析，持论公允，亦可参阅。[33]此后为了加深对篆书构形的理解，他曾在梅家手写《说文解字》二十本，奠定了篆学基础，匡正了篆书字形，此后所作乖谬渐少。在毕沅幕中时，更得以小学课毕沅之子，并为之书《说文字原》一编，以为启蒙范本。[34]

图31 邓石如刻"二分明月一声箫"印

图32 邓石如刻"太羹玄酒"印

图33 邓石如刻"聊浮游以逍遥"印

图34 明甘旸刻"太羹玄酒"印

图35 明甘旸刻"聊浮游以逍遥"印

图36 明何震刻"聊浮游以逍遥"印

图37 明梁袠刻"聊浮游以逍遥"印

图38 明梁袠刻"折芳馨兮遗所思"印

图39 明汪关刻"折芳馨兮遗所思"印连边款,作于万历四十六年(1618)

联系到邓石如后来在京城与翁方纲的不快经历,一来与邓石如布衣身份和廉介兀傲的个性有关——这种具有江湖气息的任侠个性或许也是邓石如出身草根、闯荡打拼的一种自我保护;其次与邓石如毕竟缺少较为正式、规范的教育经历有关。翁方纲时为内阁学士,素以治学严谨著称,即便邓石如篆隶笔力不可一世,但若在字法上存在谬误,遭到翁方纲等以证经补史、考订金石之学著称的学者讥刺,也在情理之中。以包世臣记载的钱坫诋邓书不合六书之事为证:"献之(钱坫)自负其篆为直接少温。然与余同游焦山,见壁间篆书《心经》,摩挲逾时,曰:'此非少温不能作,而楮墨才可百年,世间岂有此人耶?此人在,吾不敢复搦管矣。'及见山人,知《心经》为山人二十年前所作,乃摘其不合六书处以为诋。"[35]钱坫在肯定邓石如书法技艺高超的同时,认为其作品有不合六书处,应该也是实事求是之论,因为以邓石如自幼弃文从艺的游艺经历来说,他在学识上是无法与翁方纲、钱坫等人同日而语的。

其次,邓石如所走的篆刻之路很特殊,与大多数印人不同。他并非按照历来印人奉为圭臬的"印宗秦汉"道路学习篆刻,而是直接取法近世的明代流派篆刻,因此踏出了一条普通人不敢选择的叛逆之道。"印宗秦汉"的观念萌发自宋代,形成于元代,自吾丘衍、赵孟頫开始,被认为是最经典的篆刻学习途径,也被视为篆刻艺术的"不二法门"。可能是由于秦汉玺印资料的匮乏,或是出于恃才自负的个性,邓石如并未选择这样一条常规的艺术道路。因此从邓石如存世印章来看,几乎很少纯正汉印风格的作品,其边款中也极少标榜汉法。[36]邓石如篆刻是直接学习与其生活时代相去不远的明人篆刻,正如程瑶田所说的"刻章宗明季何雪渔、苏朗公一辈人"。邓石如印谱中的作品中,不少正是摹刻自明人印谱,尤其是徽派印人的作品。"太羹玄酒"(图32)、"聊浮游以逍遥"(图33)为模仿甘旸同文印作(图34、35),"聊浮游以逍遥"同文作品,何震、梁袠也有(图36、37),唯字形稍异,可见为明代十分流行的印语。此外,"折芳馨兮

图40 明吴迥刻"被明月兮佩宝璐驾青虬兮骖白螭"印

图41 邓石如刻"西湖渔隐"印

图42 明程远刻"西泠渔隐"印

图43 明梁袠刻"西泠渔隐"印

图44 邓石如刻"一日之迹"印,实为模仿明梁袠所作

图45 邓石如刻"一日之迹"印

图46 明梁袠刻"一日之迹"印

图47 明梁袠刻"业素堂"印

遗所思"(见前图16)亦见于梁袠、汪关印谱(图38、39),"被明月兮佩宝璐驾青虬兮骖白螭"(见前图26)则仿刻自吴迥(图40)。此外,早年所作"西湖渔隐"(图41),实仿刻程远、梁袠所刻"西泠渔隐"印(图42、43);邓石如两方"一日之迹"印(图44、45),其中之一直接摹刻的是梁袠同文印章(图46);"清素堂"(见前图5)也是对梁袠"业素堂"印(图47)的仿作。从这一大批模仿明人篆刻的作品来看,明代何震、甘旸、梁袠、苏宣、程远、吴迥等人都曾是邓印模仿和创作的直接取法来源,而对于秦汉印的学习和取法痕迹却几乎很难见到。从邓石如边款也能窥见其宗法明人篆刻的线索,其边款大多保持明人双刀款的传统,署款时也多用"××篆"(见前图24)而不用"刻"字,这一点也是明人署款的重要特征之一。[37] 联系到梅镠所说"印篆虽不能尽入秦汉",程瑶田所论"秦汉一种则所未暇及者",以及王灼所说"刻石为印章,自名一家,间摹秦汉人,然非所欲也"[38],以上皆为明证。

邓石如篆刻在清代独树一帜的原因除不走"印宗秦汉"的常规路径外,还在于将书法与篆刻打通,以具有个性特征的书风入印,形成书印一体的鲜明风格。这也是魏锡曾与赵之谦所论"完白书从印入,印从书出,其在皖宗为奇品,为别帜"的原因。[39] 所谓"书从印入,印从书出",今人多作互文理解,着重强调"印从书出"的一方面,却忽略了"书从印入"的一面,也就是书法与篆刻互相生发、相辅相成的内涵。其实在魏锡曾之前，已不乏对邓石如篆刻提出类似总结的学者，如杨沂孙"摹印如其书，开古来未发之蕴，自有花乳石以来，山人之奏刀独神矣"[40]，李祖望"从书法出，得其篆势，如邓顽白是也"[41]，他们所说的"摹印如书""（印）从书法出，得其篆势"，正是"书从印入，印从书出"观念的先期性总结。

邓石如最为精擅的书体是篆、隶二体，其篆刻也由这两种字体引入。金天羽曾总结邓石如篆、隶书法之精："石如篆法，以二李为宗，而纵横捭阖，则得之史籀，稍兼隶意，杀锋以取劲折，字体微方，与秦当额文为近。其分书遒丽淳质，变化不可方物，盖约《峄山》《国山》法而为之者也。石如自谓：'吾篆未及阳冰，而分不减梁鹄。'"[42]历来所谓"秦书八体，五曰摹印""汉时六书，五曰缪篆"，可知在印宗秦汉的篆刻审美观念之下，以方正结体、字形介于篆隶之间的摹印篆，也就是缪篆进行篆刻，是最为常规与合理的字法选择。然而邓石如却能摆脱"秦汉"之法的约束，独以形体婉曲的小篆和具有书写笔意的隶书入印。朱文以婉转流利的小篆入印，宋元时已大行其道，非邓独创，但以小篆和隶书篆刻白文印，在当时却鲜见。这倒并非前人没有进行过尝试，明代的何震、苏宣、甘旸等人已有一些笔势圆转的白文小篆印作品，但未成气候而已，如苏宣的"流风回雪"印（图48）即为十分典型的作品。这类印章的创作难度在于，受方形印面所限制，以流转圆势的小篆书体安排，在字体笔势的"印化"上难以成功统一，故多驻足不前。而邓石如以小篆治白文印多有佳作，如"淫读古文甘闻异言"（见前图14）、"我书意造本无法"（图49）、"灵石山长"（图50）、"疁城一日长"（图51）、"侯学诗印"（图52）、"在心为志"（图53）等，都属于打

图48　明苏宣刻"流风回雪"印

图49　邓石如刻"我书意造本无法"印

图50　邓石如刻"灵石山长"印

图51　邓石如刻"疁城一日长"印

图52　邓石如刻"侯学诗印"印

图53　邓石如刻"在心为志"印及边款

193

第三章　黄易金石、艺术交游

图 54 邓石如刻"石如"印　　图 55 邓石如刻"石如"印　　图 56 邓石如刻"琴士父"印　　图 57 邓石如刻"子才父"印

图 58 邓石如刻"邓氏完白"印　　图 59 邓石如刻"完白山人"印　　图 60 邓石如刻"包氏慎伯"印　　图 61 邓石如刻"古欢"印

破禁忌的创新风格，这些都深刻地启发了后来的吴让之、徐三庚、吴昌硕、黄士陵等人。邓石如以隶书入印，虽不乏别具只眼者点出，却往往易被研究者忽略，所谓"以汉碑入汉印，完白山人开之，所以独有千古"[43]，"山人尝言刻印白文用汉，朱文必用宋"是也。[44]其"石如"（方形白文大小各一，图54、55）、"琴士父"（图56）、"子才父"（图57）、"邓氏完白"（图58）、"完白山人"（图59）、"包氏慎伯"（图60）、"古欢"（椭圆印，图61）等，都是隶书入印的代表。尤其如"古欢"（白文椭圆印），"古"字甚至保留了隶属特有的波磔特征"雁尾"，却丝毫不显突兀，显示出良好的印化融合效果。

邓石如以小篆入印的方法，多被后人目为"汉碑额"入印。所谓"汉碑额"，即汉代碑刻的额首，位于碑的顶部，多为篆书，亦有八分书。汉碑额篆位于汉碑额首，字数通常不多，又在框限之中，与印章的效果有相通类似之处。汉碑额字体多为小篆，又比《琅琊》《峄山》等标准秦篆多了奔放洒脱的气息，故能引起邓氏镜鉴。曾熙所云"完白山人取汉人碑额生动之笔，以变汉人印用隶法之成例"[45]，实质是指以形体较为灵活生动的小篆书体入印，而不以方正缪篆入印。今人王光烈言："完白篆书，完笔粗画，力追上蔡《琅琊石刻》，参以汉碑额，一改唐人玉箸之习。（小字注：乾嘉以前之作篆书者，必胶笔齐尖，作画匀细，世谓之玉箸文。）"[46]亦指邓石如以汉碑额篆法加以调节字形变化，以博其趣。这一字法上的创新，对后世篆刻家的影响极大，晚清黄士陵远宗邓印，曾以邓氏小篆入印之法刻"化笔墨为烟云"印，其款云"或讥完白印失古法，此规规守木板之秦、汉者之语"，道出邓石如在篆刻艺术上勇于开拓创新的过人胆识和强大魄力。

由此可见，邓石如篆刻不仅具备"书从印入，印从书出"的特征，更借鉴了碑版文字，实际已经隐然开启了"印外求印"的篆刻新门径。吴让之毕生私淑邓石如篆刻，其晚年所言"邓老图章，不尽在铜印也"[47]，实为苦心勘破之的论，不足为外人道也。从新见两通信札中，也可窥见邓石如对于当时新出金石资料的重视，以及金石碑版对其书风、印风形成的深刻影响。邓石如对金石之学的浸淫之始，当属客居梅镠宅邸的八年。包世臣详细记述了这段经历：

> 山人既至，举人（梅镠）以巴东（梁巘）故，为山人尽出所藏，复为具衣食楮墨之费。山人既得纵观，推索其意，明雅俗之分，乃好《石鼓文》，李斯《峄山碑》《泰山刻石》。《汉开母石阙》《敦煌太守碑》，苏建《国山》及皇象《天发神谶碑》，李阳冰《城隍庙碑》《三坟记》，每种临摹各百本。又苦篆体不备，手写《说文解字》二十本，半年而毕。复旁搜三代钟鼎，及秦汉瓦当碑额，以纵其势，博其趣。每日昧爽起，研墨盈盘，至夜分尽墨乃就寝，寒暑不辍。五年篆书成，乃学汉分。临《史晨前后碑》《华山碑》《白石神君》《张迁》《潘校官》《孔羡》《受禅》《大飨》各五十本。三年分书成。山人篆法以二李为宗，而纵横阖辟之妙，则得之史籀，稍参隶意，杀锋以取劲折，故字体微方，与秦汉当、额文为尤近。其分书则遒丽淳质，变化不可方物，结体极严整，而浑融无迹，盖约《峄山》《国山》之法而为之。故山人自谓："吾篆未及阳冰，而分不减梁鹄。"余深信其能择言也。山人移篆分以作今隶，与《瘗鹤铭》《梁侍中石阙》同法。草书虽纵逸不入晋人，而笔致蕴藉，无五季以来俗气。[48]

邓石如一生数度远游，除沿途拜访黄易、王毂这样的金石之交外，他还亲自访碑，观摩原石。读书行路，素来于学于艺有益，在毕沅幕府时，他曾"登衡山，访《岣嵝碑》"[49]，后又"扪岱、峄古碑，住山中旬日而返"[50]。早年"意与古会"一印边款，记录了他用印章与友人毕兰泉交换焦山《瘗鹤铭》旧拓的经过，足见其对于金石古刻的渴求。款云：

> 此印为南郡毕兰泉作。兰泉颇豪爽，工诗文，善画竹，江南北人皆啧啧称之。去冬与余遇于邗上，见余篆石，欲之。余吝不与，乃怏怏而去。焦山突兀南郡江中，华阳真逸正书《瘗

鹤铭》，冠古今之杰。余游山时睇视良久，恨未获其拓本，乃怏怏而返。秋初，兰泉过邗访余，余微露其意，遂以家所藏旧拓赠余，爰急作此印谢之。兰泉之喜可知，而余之喜亦可知也。向之徘徊其下，摩挲而不得者，今在几案间也；向之心悦而神慕者，今绺若若而绶累累在襟袖间也，云胡不喜？向之互相怏怏，今俱欣欣，不可没也，故志之石云。乾隆辛丑八月，古浣子邓琰并识于广陵之寒香僧舍。

梅镠致黄易信札中，也涉及他们之间对于金石收藏、交流、考订的记载。"更蒙汉碑及《金石史》之赐，拜谢拜谢。谕及吴山夫《金石存》，向惟于友人帖上抄一二跋语，久觅其全书，不得一见。使其见之，断无《天玺碑》之刻矣。江太守宋拓《校官碑》亦未得闻，故前与邓石如妄生臆测耳，凡此尤相知恨晚者也。"黄易以钱塘鲍廷博新刻知不足斋丛书中郭宗昌《金石史》赠梅镠，并问询吴玉搢所著《金石存》及宋拓《校官碑》事。札中所提及《天玺碑》与《校官碑》皆为江宁（南京）所存汉代、三国碑刻。《天发神谶碑》又称《吴天玺记功颂》《三段碑》，三国吴天玺元年（267）刻石，传为皇象所书。原碑旧在江宁县学，于清嘉庆十八年（1813）年毁于火。《校官碑》（图62）全称《汉溧阳长潘乾校官碑》，南宋时溧水县尉喻仲远在固城湖（今南京市高淳区境内）发现，刻于东汉灵帝光和四年（181），洪适《隶释》有载。[51]

图62 明拓《汉校官碑》轴 故宫博物院藏

黄易寄赠梅镠的明代郭宗昌《金石史》一书，称《天发神谶碑》"怪诞""可疑"，斥为"牛腹书""牛鬼蛇神"[52]，此碑实与梅镠及邓石如有莫大之渊源，故黄易致札梅镠询及此碑。赵绍祖《古墨斋金石跋》载："吴《天发神谶碑》，碑石三段，在江宁学宫尊经阁下。宣州梅石居既缀三段，惧有谬误，复与怀宁邓石如要余同往，摩挲其下，考订偏旁点画，然后刻其释文，与石如各为跋以附其后。余惟石居爱古好博，有功金石，乃就所缀读之。……今依梅氏所释，装界之而书其后。"[53]《天发神谶碑》久断为三截，梅镠曾亲为监督将断碑缀合，又与邓石如邀请赵绍祖一同考订辨识字形，刻其释文，邓石如亦有跋文于释文之后，可见邓氏亦是乾嘉时期金石研究活动的直接参与者,只是,他生活的江、淮一带汉魏石刻数量有限,因此未能更加广泛深入地参与其中。赵绍祖(1752—1833)字绳伯,号琴士,安徽泾县人,廪生。从朱筠受《说文》之学,两任滁州训导。道光元年(1821)举孝廉方正,为安徽布政使陶澍延纂《安徽省志》。累主皖南秀山、翠螺两书院。其人好古博学,尤深于金石经史。著有《琴士诗钞》《琴士文钞》《安徽金石录》《泾川金石记》《古墨斋笔记》等。邓石如曾为其篆刻"赵绍祖印"(图63)、"绍祖"(图64)、"绳伯"(图65)、"琴士父"(见前图57)等印,皆存于谱录,可见其亦为梅、邓所在之徽皖金石圈中之人。

图63 邓石如为赵绍祖刻"赵绍祖印"

图64 邓石如为赵绍祖刻"绍祖"印

图65 邓石如为赵绍祖刻"绳伯"印

图66 邓石如刻"人随明月月随人"印

邓石如篆刻对于金石碑刻的借鉴,近人黄高年曾举一例(图66):"邓完白制'人随明月月随人'一印,'明'字下置二小画,以借'明'字之右边'月'字,为下'月'字之用。初见之,疑为因章法而故意创此。后读岐阳《石鼓文》拓本,至'旭日杲杲'句,见'旭'字之下,亦置二小画,以借'旭'字之右边'日'字,为下'日'字之用。遂悟邓氏之印,固本于此。"[54]他将邓石如在印面中运用的重文符号,归结于借鉴《石鼓文》,实际此法明清时期常见,他提出加以分析,亦可聊备一说。

邓石如篆书结体刚健婀娜,章法气息朴茂,用笔圆融劲健,篆刻本于其书法,时人有"篆刻饶古致"之评[55],后人亦有朱文"篆法太姿媚"之讥。[56]故康有为曾论之:"近人多为完白之书,然得其姿媚靡靡之态,鲜有学其茂密古朴之神。然则学完白者虽多,能为完白者其谁哉?"[57]今以邓印观之,可贵之处在于具有强大的艺术自信,因此呈现出"真情""气盛"的特点。有关邓石如的艺术自信,可以当时王灼所记事例证之:"(邓石如云)'近闻张编修惠言,奉命篆镌御宝十余事,予若在京师,惠言必让我。今惠言独专其最美,焜耀千古,命也。'夫惠言篆法,盖学于石如者也,故石如云然。"[58]邓印气韵生动,气势雄浑,能于刀法中见笔意、笔法,体现出篆刻印章中的书写性特征，正所谓"先生作印，使刀如笔，与书律纯用笔心者正同"[59]。在当时书坛，以篆刻名世者不少，但能达到以书入印、书印一体的，却无其人。这一点，无论是之前的程邃、丁敬，或是同时期的黄易等人，都未能做到，故邓石如篆刻之名，足以抵挡一世。张约轩《东园还印图跋》云："余少时游金陵，朝夕过家姑丈之集园，论金石之学，必谓余曰：'怀宁邓山人摹印之法，为当代第一。'且示二印曰：'其超越古今处，在不用墨描，奏刀时不事搜剔；一石方寸之间虽数十字，其布置疏密，浑如一字。人或数次修刮，而山人则运刀如飞，独以腕力胜。其苍劲之致直抵秦汉。'……余于摹印之学，未尝究心，尝与人论书画云：'前人名迹足传千百年者无他，以其有真精神在。'今读山人印册，龙盘凤舞，使铁如笔，想见山人一生观摩考究，精神毕注，故能不落人之窠臼，为后世之津梁也。"[60]这一段文字道出邓石如篆刻腕力雄强，冲刀直刻，不事削刮的用刀特征，以及他直抒胸臆，自用我法的艺术创作性格。

但是需要指出的是，邓石如一生刻印并不多，据孙慰祖先生编订，考核至谨的《邓石如篆刻》所收录邓印不过一百余方，即使算上其他印谱泛录及摹刻者，总数亦不过二百方左右。考虑到邓石如印史地位的重要程度，这一作品数量并不大，这也印证了王尔度所说"中年以篆、隶、真、行驰名海内，无暇为人镌刻"[61]，以及孙慰祖所得出的结论："邓石如生前并不以篆刻作为面向社会的主要艺术展示方式。"[62]在这一百余方印作中，邓石如印章所呈现出的水平也参差不齐，精彩之作固有，但平庸之作也不在少数。"其风格的变化较大而且作品的高下亦有很大落差。除了四十岁前后一段短暂时期外，几乎一直处于颇不稳定的状态"。[63]近人赵石也曾道及："昔邓完白先生篆法能自成家，每观其所作印，白文佳者十五六，朱文佳者十二三而已，何也？盖白文不越汉人藩篱，朱文则以已意，篆法太姿媚耳。"[64]

邓石如一生篆刻作品不多，可说是一大遗憾。通观其存世印作，虽然富有个人特色，但却未臻精熟、定型，篆刻形式语言也不够统一，故在艺术面貌上稍显芜杂，未能达到精纯的境地。近人王光烈有论："完白篆书，为古今第一，宜其精到，足补浙弊。惟椎轮大辂，尚未尽工耳。"[65]"尚未尽工"一语，即是认为邓印未尽纯熟，这与其篆刻作品不多具有相当关系，毕竟成熟的艺术风格是需要一定作品数量作为支撑的。但从另一个角度来说，过早地成熟定型，形成鲜明的艺术风格，也极易落入程式化创作的窠臼之中，印史所谓"浙宗后起而先亡"之论调，正是典型例证。邓石如篆刻虽未尽精熟，但却开启了"书从印入，印从书出"以及"印外求印"的门户，其以小篆、分隶入印的形式，雄强写意的刀情笔力，注重书写笔意表现等诸多方面，都为后继者提供了可以深化发展的艺术空间。

综合来看，邓石如在乾隆年间篆刻之名未远，主要受到徽皖、淮扬一带学者士人推崇，此外欣赏之人并不广泛，其同时人张惠言也说"海内知重其书者，数人而已"[66]。推其原因，应与当时皖派经学刚刚兴起有关。邓石如格外得到皖派经学家的推重，故后世也称"邓派"为"皖派"，而吴派经学家如钱坫等的指摘或许也与两派学术观点分歧有所关联。邓石如在嘉庆以后得何绍基、杨沂孙、包世臣、赵之谦、吴让之、吴昌硕、黄士陵等书法篆刻巨擘推崇，乃得以垂范书史印史，其中，弟子包世臣之功尤巨。包世臣（1775—1855）字慎伯，晚号倦翁、小倦游阁外史，安徽泾县人。嘉庆二十年举人，曾官江西新渝知县。包世臣学识渊博，二十八岁时遇邓石如，师从学篆隶，后又倡导北碑。著《艺舟双楫》等鼓吹碑学理论，对清代后期书风变革影响很大。邓石如在清代书史上取法古碑刻，弘扬篆隶书，解放篆隶笔法，崇尚笔墨表达的抒情性，都是十分重要的创举，加之他是包世臣之师，包氏在《艺舟双楫》中盛推邓石如书法，以为神品，邓因此成为"碑学"书风的代表人物。陈彬龢有论云："乾隆末渐有病帖学遇疏之论调……直至嘉庆间，始有邓石如出，以超群之才，刻苦力学，故能实现奇迹，惊动天下。其弟子包世臣复鼓吹之，于是研究北碑之风，盛行于时，而帖学旧派则为人所厌弃也。"[67] 邓石如在后世被推崇，也是书史演进潮流的必然。

邓石如生前的寂寥落拓，与卒后的艺术名声显扬，也引发了后人对于艺术家命运与艺术作品评价上的思索。张原炜评曰："邓氏一布衣耳，名不出州闾，位不及一命之士，世既无知者，邓氏亦不求人知，生长蓬藋之中，行吟荒江之畔，其后少见矣……无安吴包氏，其人将老死牖下，汶汶以终焉耳。史迁言：'闾巷之士，非附青云，恶能相得而名彰？'自邓氏名为世重，识者未尝不引为深幸。顾叩其所由来，则徒以安吴故。由是言之，世之重邓氏者，非真知邓氏者也。"[68]

四、余论：浙派与皖派篆刻的交流

明清时期文人篆刻勃兴，盛况空前。明中叶时，徽州印人数量庞大，名家辈出，从者如云，自何震有雪渔派、苏宣有泗水派，后继者有朱简、汪关、程朴等。当时朱简在《印经》中已提出篆刻流派"南北宗"的观点，认为"南北归宗，趣异轨同"。至清代黄易在"方维翰"印边款中写道："画家有南北宗，印章亦然。文、何（文彭、何震），南宗也；穆倩（程邃），北宗也。文、何之法，易见姿态，故学者多；穆倩融会六书，用意深妙，而学者寥寥。曲高和寡，信哉。"可视为朱简南北分宗之说的深化。

后世又习将清初程邃与巴慰祖、胡唐、汪肇龙并称"歙四子"，纳入"徽派"。乾隆时安庆怀宁有邓石如异军突起，独竖大纛，世称皖派或邓派。清人李祖望（1814—1881）曰："其法大要于字里见刀法，字外见笔法。因刀法见笔法，故世称为铁笔。然其派不必以南北分，而其流自别。从书法出，得其篆势，如邓顽白是也。庶不失秦汉古印遗法，董小池诸人尤能之。若字体结构必方，是为浙派，陈曼生诸人是也。"[69]从艺术特征而非地域归属的角度将邓石如归为一派，与浙派并称雁行。

需要指出的是，"徽""皖"并非同一个概念，"徽"是徽州的简称，并非安徽之简称。古徽州一府六县，即歙县、黟县、休宁、祁门、绩溪、婺源。清康熙六年（1667）建安徽布政司，取"安庆""徽州"两府首字为省名。乾隆二十五年（1760）移省会至安庆，"皖"遂成为安徽省的简称（取安庆潜山县境内之皖山为名）。[70]关于流派的划分，这里不作详细论述，但自清同治年间，胡澍、赵之谦、魏锡曾等人，明确将当时印坛分为"浙派""徽派"两宗，已成事实。同治二年（1863）赵之谦在《书扬州吴让之印稿》开篇云："摹印宗两家，曰'徽'曰'浙'。"[71]魏锡曾《吴让之印谱跋》云："皖印为北宗，浙为南宗。"[72]胡澍在《赵撝叔印谱序》提出："有明而还，递相祖述，途径益辟，门户聿分，遒劲宕逸者为浙派，浑圆茂美者为徽派……自我朝钱塘丁龙泓、怀宁邓完白两先生出，精擘苍雅，神明规矩，遂为徽、浙两大宗。"[73]他们所称的"徽派"，其实包含了明代以来的徽州印人群体以及后来邓石如开创的"皖派"，也包括在艺术风格上取法他们的其他印人如吴让之等。自此，"徽派"与"浙派"两大最具影响力的风格流派被确立，它们分属南北，但皆为中国篆刻史上的重镇，犹如董其昌提出画之南北二宗之论，对印史影响深远。

然而必须明确，无论"徽派（皖派）"还是"浙派"，都是后来学者根据自身的论述（表述）需要而进行的一种流派归结，这种归纳在某种程度上是合理的，但又具有时代局限性。如清人所述"徽派"，与明代中叶至清初的徽州籍印人关涉不大，但由于赵之谦、胡澍、魏锡曾等人提出的"徽浙南北宗"之论影响深远，使得印史研究者又经常不得不使用这一并不严谨的名称，从而造成某种程度上的混用。

同时期的不同艺术流派之间，艺术观念可能不同，虽然看似壁垒森严，但其实多少都是互有联系，相互影响、借鉴的。清代以程邃为代表的徽派篆刻的发展壮大先于浙派，在清初与清中期影响很大。至丁敬出，浙派声名日隆，大有分庭抗礼之势，至乾隆时蒋仁、黄易、奚冈出，其声势规模已经后来居上。在印史上，浙派诸子及其他人也多以两派对峙之势而观之，如陈豫锺"莲庄"印款记载陈豫锺过访陈鸿寿种榆仙馆，观摩当时被归为"徽派"的董洵、巴慰祖、胡唐、王声四人模仿汉印的印谱:"乍见绝汉人手笔,良久,觉无天趣,不免刻意。所谓笃古泥规模者是也。"陈豫钟与陈鸿寿认为学习汉印应该重天趣,去刻意,更加反对"笃古泥规模",因此贬抑董、巴、胡、王四子,也是"浙""徽"两派在艺术观念上分歧的表现。[74]

后人于两派之间,亦多横加对比,暗指其对峙之势。如王光烈云:"皖派亦谓之邓派,此派实著于邓石如完白,故云。清初名流辈出,徽州有程穆倩邃者,实开其先,至完白乃集其大成。其后传之包慎伯世臣,慎伯传之吴让之熙载,让之尊邓氏而归于汉人,造诣益精。百余年来,与浙派成对峙之局,夫岂易易哉?"[75]

由于向来缺少两个流派之间交流的直接证据,因此后人往往存在一种艺术观念上的误会,即以为徽(皖)派与浙派分属不同地域,他们之间的关系是对峙且互相角力的。尤其是在赵之谦、魏锡曾等人将两派进行对比之后,这种观念更加深入人心。如近人王光烈又言:"完白篆书,为古今第一,宜其精到,足补浙弊。惟椎轮大辂,尚未尽工耳。至吴让之所为日精,不矜才使气,自具古意。若欲学之,较浙或少弊也。歙派旧并于皖,然所作汉印,实为独到,取而法之,可救柔媚之病。"[76]这就延续了赵之谦、魏锡曾的观点并加以深化,将皖派与浙派推上了针锋相对的角逐局面。

然而,从新见邓石如致黄易信札的研读,可知事实并非如此。首先在乾嘉时期,邓石如篆刻无论从数量,或者质量上,都无法与开派百余年的浙派篆刻相颉颃,其篆刻在当时的接受度,也远不及浙派黄易等人,他在当时的历史现实中,只是草创和树立了一股印坛新风,以印坛一剂"清凉散"视之可也。其次,虽然邓石如书风流传有序可循,但由于包世臣未精于印,邓印的印风接续在当时实际已成断链,直至再传弟子吴让之的出现,以篆刻私淑完白,方连缀成"皖派"一脉。至于所谓皖派、浙派相与争锋的"格局",严格来说,是在赵之谦、魏锡曾的鼓吹之下所塑造、并深入人心的一种概念上的假象。至少在当时而言,邓石如与黄易之间关系其实是十分友善和谐的,且多有交流往还。

邓石如作为清代书法篆刻史上的重要人物,相关研究并不少见,但是由于他既非学者,又未入仕,只是湖海飘零的一介布衣,因此对于他的研究多停留在纯粹的艺术层面,对于他在当时的社会交游、个性心理、艺术与学术影响力及接受程度等方面的深入研究并不多见。本文所披露的资料,恰如邓石如研究的一扇新窗口,通过这扇窗口,可以见到,他与乾嘉时期主流的学术圈层,以及官员、书画家、金石家、篆刻家等都保持着密切联系。而从篆刻史研究的角度来看,以邓石如、黄易的交游为例,在他们所处的乾嘉时代,即使印人之间存在亲疏有别的交游圈,但被刻意划分出来的篆刻派别，以及流派对峙的局面并不明显，而后人想象出来的艺术阵营之间的壁垒则更加无从谈起。

注 释

［1］2017年3月，笔者在故宫博物院主办之"内涵暨外延：故宫黄易尺牍研究国际学术研讨会"上提交并宣读关于邓石如致黄易此信论文《皖派与浙派篆刻交流的重要物证——邓石如与黄易交游新探》时，曾将此札时间系于乾隆五十九年甲寅（1794）四月一日邓石如自毕沅节署笈游回乡之后。承陈硕撰《新见梅镠、邓石如致黄易信札三通考略》（载《中国书画》2017年第6期），以邓石如作札时查莹尚在南漕御史任上为证，予以修正作札时间为乾隆五十六年（1791）四月一日，考证精当，专此志谢。

［2］吴育《邓完白传》，李桓《国朝耆献类徵初编》卷四百四十一，清刊本。

［3］据安徽省博物馆藏梁巘手迹。

［4］杨沂孙《完白山人小传》，《完白山人印谱》，西泠印社民国年间钤印本。

［5］朱琪《黄易的家世、生平与金石学贡献》，载故宫博物院编《黄易与金石学论集》，故宫出版社，2012年版，页357。

［6］杨沂孙《完白山人小传》，《完白山人印谱》，西泠印社民国年间钤印本。

［7］杨沂孙《完白山人小传》，《完白山人印谱》，西泠印社民国年间钤印本。

［8］吴育《邓完白传》，李桓《国朝耆献类徵初编》卷四百四十一，清刊本。

［9］邓石如《复徐嘉穀》，穆孝天、许佳琼编著《邓石如研究资料》，人民美术出版社，1988年版，第181页。

［10］包世臣《邓石如传》，载《艺舟双楫》，《艺林名著丛刊》，中国书店出版社，1983年版，第113页。

［11］邓石如《丙辰致徐嘉穀》，穆孝天、许佳琼编著《邓石如研究资料》，人民美术出版社，1988年版，第182页。

［12］穆孝天、许佳琼编著《邓石如研究资料》，人民美术出版社，1988年版，第132页。原书

考订为"公元1790年，山人入都时路过德州，王莲湖留住十日乃去。"今以诗中所记时序及新见邓石如致黄易信札综合来看，为离京返乡途中事更为合理。

［13］朱之英等纂《怀宁县志》卷二十一，民国五年铅印本。

［14］李兆洛《石如邓君墓志铭》，《养一斋文集》卷十，清光绪四年刊本。

［15］江尔维《邓石如传略》，穆孝天、许佳琼编著《邓石如研究资料》，人民美术出版社，1988年版，页231。

［16］赵翼《瓯北集》卷三十五，上海古籍出版社，1997年版，页808。

［17］纪昀《阅微草堂笔记》卷八，巴蜀书社，1995年版，页161。

［18］参阅汪和礼《秦汉瓦当文字缩本》，嘉庆元年钤印稿本。

［19］朱琪《黄易的家世、生平与金石学贡献》，载故宫博物院编《黄易与金石学论集》，故宫出版社，2012年版，页362—363。

［20］吴山夫，指吴玉搢，字籍五，有《天发神谶碑考》。

［21］梅文鼎（1633—1721）字定九，号勿庵，是清初著名的天文、数学家，为清代"历算第一名家"，梁启超曾说："我国科学最昌明者，惟天文算法。至清而尤盛，凡治经者多兼通之，其开山之祖，则宣城梅文鼎也。"梅毂成即梅珏成（1681—1764），字玉汝，号循斋，又号柳下居士。以燕子，文鼎孙。曾入职南书房，为康熙帝天文历算之师。一生精研天文、数学，曾预修《明史·天文志》《律历渊源》，增删校订程大位的《算法统宗》，主编《数理精蕴》，校正《梅氏律算全书》等。乾隆十五年（1750）告老还乡，乾隆赐籍江宁，建宅于明瓦廊（今南京明瓦朗小学校区）。卒谥"文穆"。

［22］《邓石如传》，载《清史稿》第一百二十三册，艺术传二第四页。转引自穆孝天、许佳琼编著《邓石如研究资料》，人民美术出版社，1988年版，页228。

［23］梅镠赠邓石如隶书联，安徽省博物馆藏，实物照片由董建社兄拍摄提供，嵓此志谢。

［24］梅镠用印可参阅白手《邓石如未见于谱的印章》，中国书法家协会安徽分会主编《邓石如研究丛刊》第一辑。

［25］程瑶田《致云升七兄信》，穆孝天、许佳琼编著《邓石如研究资料》，人民美术出版社，1988年版，页283。

［26］邓石如手稿《赠程瑶田八十寿序》云："忆自庚子岁余学篆隶书于扬之地藏僧舍，先生适出都门，过此地，见余临古有获，归寓检行箧中书帖数十事，借余抄录临摹，彻昼夜不休。并

手录所著书学五篇贻余，余朝夕揣摩，且时聆议论，余书始获张主。今余篆隶书颇见称于世，皆先生教也。"见邓以蛰《〈邓石如〉序》，穆孝天、许佳琼编著《邓石如》，安徽教育出版社，1983年版，页2。

[27] 黄易《黄小松印存》，民国间神州国光社印本。

[28] 杨沂孙《完白山人小传》，《完白山人印谱》，西泠印社民国年间钤印本。

[29] 同上。

[30] 李兆洛《石如邓君墓志铭》，《养一斋文集》卷十，清光绪四年刊本。

[31] 包世臣《邓石如传》，载《艺舟双楫》，《艺林名著丛刊》，中国书店出版社，1983年版，页112。

[32] 吴育《邓完白传》，李桓《国朝耆献类徵初编》卷四百四十一，清刊本。

[33] 杨帆《清乾嘉时期的〈说文〉学与篆书创作》，南京艺术学院2016年博士学位论文。

[34] 邓石如致毕沅信札，穆孝天、许佳琼编著《邓石如研究资料》，人民美术出版社，1988年版，页181。

[35] 包世臣《邓石如传》，载《艺舟双楫》，《艺林名著丛刊》，中国书店出版社，1983年版，页113、124。

[36] 仅见邓石如为罗聘所作"众香之祖"，《衣云印存》中墨笔录款文云："戊申初冬为两峰子仿汉，古浣子邓琰。"

[37] 参阅朱琪《新出土明代文人印章及其艺术特征综论》，《国家博物馆馆刊》，2018年第9期。

[38] 王灼《邓石如传》，穆孝天、许佳琼编著《邓石如研究资料》，人民美术出版社，1988年版，页213。

[39] 魏锡曾《吴让之印谱跋》，韩天衡编订《历代印学论文选》，西泠印社出版社，1999年第二版，页596。

[40] 杨沂孙《完白山人小传》，《完白山人印谱》，西泠印社民国年间钤印本。

[41] 李祖望《汪孟慈先生海外墨缘册子答问十六则·问刻印》，《锲不舍斋文集》卷三，清刊本。

[42] 金天羽《邓石如传》，穆孝天、许佳琼编著《邓石如研究资料》，人民美术出版社，1988年版，页232。

[43] 吴让之《赵𢱿叔印谱序》，韩天衡编订《历代印学论文选》，西泠印社，1999年第二版，页606。

［44］包世臣跋"雷轮""子舆""古欢""燕翼堂""守素轩"五面印边款。

［45］曾熙《吴让之印存跋》，韩天衡编订《历代印学论文选》，西泠印社，1999年第二版，页599。

［46］王光烈《印学今义·着墨》，1918年活字排印本。

［47］吴让之致魏锡曾手札，见潘承厚《明清两朝画苑尺牍》。

［48］包世臣《邓石如传》，载《艺舟双楫》，《艺林名著丛刊》，中国书店出版社，1983年版，页112。

［49］李兆洛《书完白翁传后》，穆孝天、许佳琼编著《邓石如研究资料》，人民美术出版社，1988年版，页219。

［50］江尔维《邓石如传略》，穆孝天、许佳琼编著《邓石如研究资料》，人民美术出版社，1988年版，页230。

［51］关于《校官碑》的研究，可参见朱琪《江苏第一汉碑——〈汉校官碑〉研究》，载《汉代石刻研究——首届济宁汉代石刻国际研讨会论文集》，中国书画出版社，2010年版，页254—264。

［52］郭宗昌《金石史》卷上，《石刻史料新编》第三辑，台湾新文丰出版公司，第39册，页474。

［53］赵绍祖《古墨斋金石跋》，见牛继清、赵敏点校《赵绍祖金石学三种》，黄山书社，2011年版，页327。

［54］黄高年《治印管见录》，天津古籍书店，1987年影印本，页27、28。

［55］孙云桂《完白山人传》，穆孝天、许佳琼编著《邓石如研究资料》，人民美术出版社，1988年版，页210。

［56］赵石《印谱自记》，《拜缶庐印存》，1912年钤刻本。

［57］原文见康有为《广艺舟双楫》，转引自穆孝天、许佳琼编著《邓石如研究资料》，人民美术出版社，1988年版，页294。

［58］王灼《邓石如传》，穆孝天、许佳琼编著《邓石如研究资料》，人民美术出版社，1988年版，页216。张惠言为皖派经学家，曾著《说文谐声谱》二十卷。与邓石如初识于金榜家，其《跋邓石如分书后》云："余之知为篆书，由识石如，石如之书一以古作者为法，其辞辟俗陋廓如也。"见《茗柯文补编》卷上，民国四年四库丛刊影印本。其篆书学邓石如，而邓亦得其指授《说文》六书之学。另包世臣《完白山人传》亦记张惠言"从山人受篆法一年"。今由邓石如语可知其篆刻亦师从邓石如。

［59］何绍基《书邓完伯先生印册后为守之作》，《东洲草堂文钞》卷五，光绪年间刊本。

［60］张约轩《东园还印图题记》，穆孝天、许佳琼编著《邓石如研究资料》，人民美术出版社，1988年版，页280。

［61］王尔度《古梅阁仿完白山人印剩序》，据孙慰祖编著《邓石如篆刻》，上海书店出版社，2001年版，页14手迹。

［62］孙慰祖《邓石如篆刻作品系年——兼论邓石如印风印艺》，孙慰祖编著《邓石如篆刻》，上海书店出版社，2001年版，页17。

［63］同上。

［64］赵石《印谱自记》，《拜缶庐印存》，1912年钤刻本。

［65］王光烈《印学今义·弃取》，1918年活字排印本。

［66］张惠言《跋邓石如分书后》，《茗柯文补编》卷上，民国四年四库丛刊影印本。

［67］陈彬和《中国文字与书法》，转引自穆孝天、许佳琼编著《邓石如研究资料》，人民美术出版社，1988年版，页293。

［68］张原炜《鲁庵仿完白山人印谱序》，穆孝天、许佳琼编著《邓石如研究资料》，人民美术出版社，1988年版，页290。

［69］李祖望《汪孟慈先生海外墨缘册子答问十六则·问刻印》，《锲不舍斋文集》卷三，清刊本。

［70］翟屯建《徽派篆刻》，安徽人民出版社，2005年版，页31。

［71］赵之谦《书扬州吴让之印稿》，韩天衡编订《历代印学论文选》，西泠印社出版社，1999年第二版，第597页。

［72］魏锡曾《吴让之印谱跋》，韩天衡编订《历代印学论文选》，西泠印社出版社，1999年第二版，页596。

［73］胡澍《赵撝叔印谱序》，韩天衡编订《历代印学论文选》，西泠印社出版社，1999年第二版，页608。

［74］参阅朱琪《西泠八家之陈豫锺研究》，载西泠印社编《西泠印社国际学术研讨会论文集》，西泠印社出版社，2013年版，页260。

［75］王光烈《印学今义·派别》，1918年活字排印本。

［76］王光烈《印学今义·弃取》，1918年活字排印本。

第四章

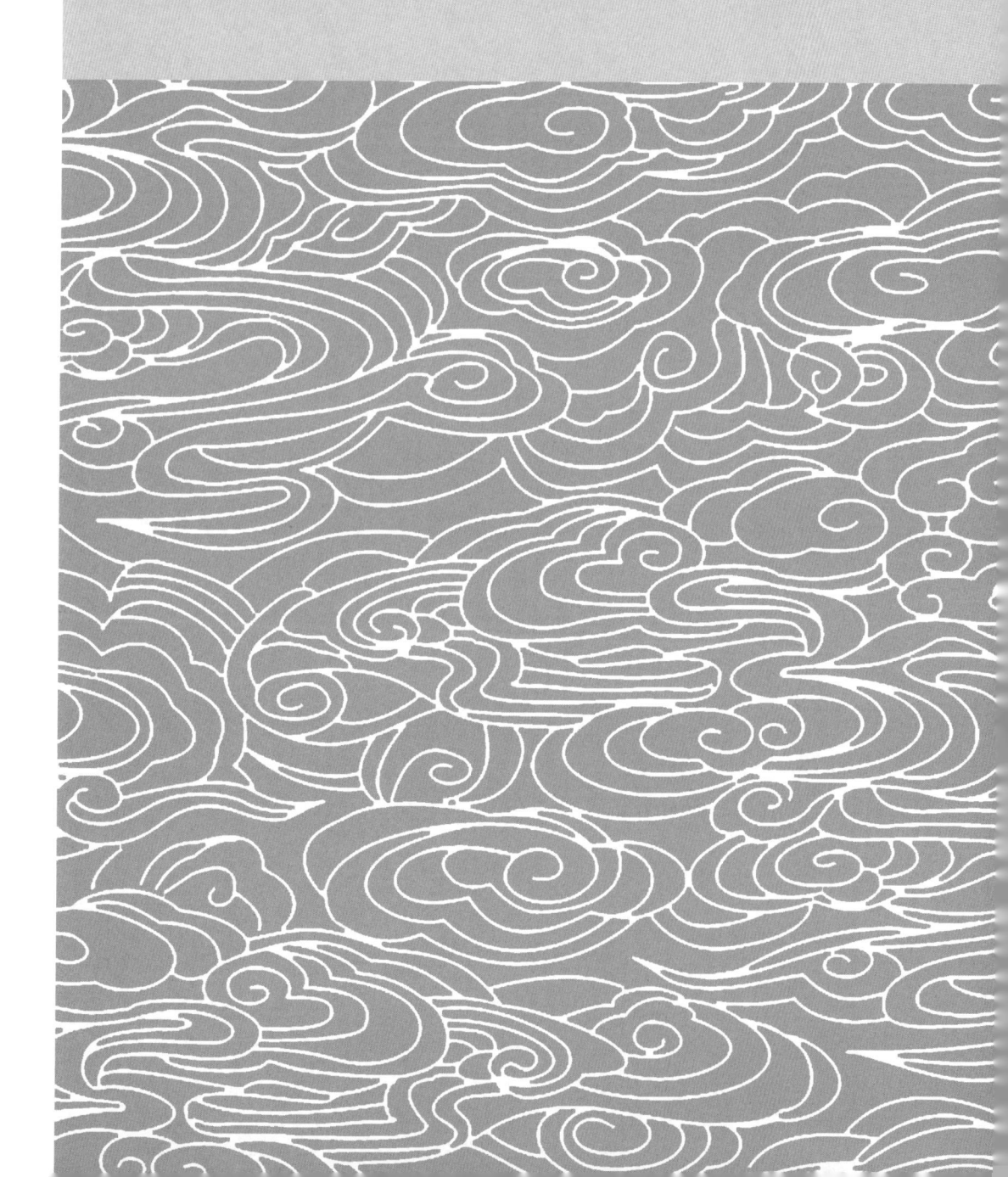

黄易及其相关信札文献研究

第一节　故宫藏黄易尺牍疏证

北京故宫博物院所藏黄易往来尺牍九十余通，收录于《故宫藏黄易尺牍研究·手迹》（故宫出版社 2014 年 6 月出版），信札数量较多、涉及内容丰富，以金石学家黄易为中心，保留了大量乾嘉时期金石学家、官员、文人的交流、治学史料，具有很高的艺术价值和学术价值。但由于信札的私密性强，涉及人物众多，名讳繁复，使得今天在阅读和研究时难以全面深入地了解信札的内容，因此阻碍了对这批尺牍进一步的整理和研究。笔者自 2007 年来集中于清代"西泠八家"研究，因此对黄易及与其相关人物、事件略有了解，同时正在纂辑《黄易题跋手札辑录》《黄易年谱长编》两书（待出版），今不揣谫陋，在既往的研究基础上，对这批信札略作梳理考证，希望能够对相关学者的进一步研究有所帮助。

本文在对这批信札进行疏证时，尽量点出重要的时间、地点、人物、事件和相关背景，提出信札中涉及的重要金石、书画、书籍资料，以方便学者深入研究。本文行文力求简明扼要，尽量不在具体的考证过程上枝蔓，但对于以往研究者较少注意到的重要资料，仍略作考证。由于笔者学识有限，加之时间仓促，文中不足与错误之处必然不少，敬请读者批评指谬。

新 00069087-2/12 黄易致王毂宠光札（《故宫藏黄易尺牍研究·手迹》（以下简称《手迹》）页 10—13）

释文：

宠光感佩无既□□□□敷政已届数年，乔迁定在旦晚，欣望欣望。泊船在境，最烦防守，一旦出疆，如释重负，快极。弟押首进大河，前帮于十九日出汶境，约在二十四五可抵。春□物丽，怀念良朋，忽拜手笺，极感存注，寄巡使帽服二个，当为转呈，尊乘即留为送巡使之用也。至惠弟二个赠荷……尊境因长中丞清查漕□□丁，美余较少，带货较多，首帮吃水，河尺四尺二□，弟恐卫河难行，力劝帮弁在东昌一带，早为起卸，免致卫河水浅受累。弟恐丁疲利重，未必能早为之计也。兹在靳江舟次，匆匆。顺候升祺。恭请□□大人福安，候诸世长不一。莲湖大兄大人。愚弟黄易顿首。十九日。

疏证：

此札内容涉及河务行程，信札残损字数较多，又或有缺页。《故宫藏黄易尺牍研究·手迹》中受信人失考，从行文语气和末行收信人"□湖"来看，疑为"莲湖"。与黄易交游者中有济宁王穀，字御辂，号东莲、莲湖。安徽黟县人，嗜金石书画，《续印人传》有载。黄易曾为刻"王穀印信"（朱白文各一）、"莲湖主人"、"莲湖"、"王穀私印"等印。又尝趣其购买古印六巨椟共计五百四十方，辑为印谱。乾隆六十年（1795）黄易为撰《题王莲湖汉铜印谱》。

又，黄易于乾隆五十九年（1794）三月，曾作"枯木竹石图"扇面（天津市艺术博物馆藏）。题曰："乾隆甲寅三月为莲湖大兄仿乌目山人笔意于秋影行庵。杭人黄易。"上款称"莲湖大兄"。另黄易行书"慈云寺石壁刻字扇面"（故宫博物院藏，新00039770）上款亦称"莲湖大兄"。故此札中"□湖□兄"残损处释文可定为"莲湖大兄"无疑。

关涉人物：莲湖大兄（王穀）

新00069087-3/12 黄易致某人岭云札（《手迹》页14—15）

释文：

……别十一年矣，迢递岭云，徒增梦想。昨从蒋刺史寄到手书并荷佳什，念怀郑重，感慰交并，庄读回环，欣佩无极。姜书《禊序》，易不过一时言及，尚烦清虑，拳拳益深心感矣。闻先生惠政泽民，荣迁要地，自此扶摇万里，欣庆无似。易自就微官……

疏证：

此为残札，前后叶均无存，受信人与作札时间难以考证。

涉及金石书画资料：姜书《禊序》（当指姜宸英所书《兰亭序》）

关涉人物：蒋刺史、姜（姜宸英）

新 00069087-4/12 黄易致江昉乡思札（《手迹》页 16）

释文：

　　仲春之初，曾致片械并隶书小联请正，谅已青及。春风吹面，易感乡思，而于紫玲珑阁尤惓惓也。有王谦谷先生，天长名宿，吏隐河干，澹于官情，引疾南返，因楚中制府旧雨情殷，行将题襟汉上，虽有登高之呼，而其间介绍玉成，非志翁不可。谦翁与易莫逆之交，求六先生推爱赐札，切致志山太翁，俾其得济，易感同身受，恃邀至爱，知不斳齿芬也。易仍栖河帅幕府，必承荤念敬闻。（钤"秋庵"印）

　　并请近安，统惟玉照，临笺瞻企，黄易顿首上。橙里先生词伯。（钤"大易"印）

　　蔗畦先生与易前在王大廷尉席间偶及倚声，廷尉极慕尊制，欲求稿汇刻，谅有札托玉屏兄也，又及。三月十五具。

　　起堂大哥、石沧、礼门先生乞至候。

疏证：

　　此札内容为黄易友人王谦谷将赴汉上，故黄易托请江昉向江恂求札推荐王谦谷于江志山（志翁、志山太翁）。"志翁"是"江志翁"，为江兰尊人，见新 069087-10/12 黄易致陆飞暮春札。又信中提及"易仍栖河帅幕府""谅有札托玉屏兄也"，案"玉屏"为江立字号，迄于乾隆四十五年（1780），基于以上的分析，可推断此札作于乾隆四十三年（1778）至乾隆四十五年（1780）之间。

　　涉及书画资料：隶书小联（黄易书隶书小联）

　　关涉人物：王谦谷、志山太翁（江志山）、六先生（江昉）、橙里（江昉）、河帅（陈辉祖）、蔗畦（江恂）、王大廷尉（王昶）、玉屏（江立）、起堂（江振鹭，江昉子）、石沧、礼门（陈振鹭）

　　附：王谦谷，安徽天长人，活动于乾隆时期，有诗名。

新 069087-5/12 黄易致汪㴶等奉候札（《手迹》页 17—18）

释文：

　　中秋后，具二函奉候，想经收照。久不得手书，怀念之至，近履佳安，自符远祝。差务甫兴，弟事极冗，尊处想更甚耳。闻南边甚荒，颇为闷闷。此间寄家信难极，兹幸主人遣价金陵，特将银信一函送上。若交庄船，诚恐迟缓，舍下未免悬悬。外具足费二金求大哥、二哥觅妥足，即为发去。取一回信存于尊处，主人之价不久过扬，仍可取信至北也。感极感极。近状一切及家兄前项均祈细示，以慰鄙怀，至祷至祷。弟苦无墨用，前札奉求者，求惠我为祷。十斛量珠，千丝结网，兄得其人否？念念。东巡差扬州诸君来迎，（钤"大易"印）兄必偕来，敝东在吴桥史家庄办水营，弟或至彼，如相距不远，弟可来把晤矣。率请近安，敬请伯母大人福安不一。雪礓、阪隐两兄大人。愚弟黄易顿首。（钤"黄易之印"印）十月卅日。鹤亭先生、介亭先生均希叱候。外，江三哥、罗两峰四兄札，乞致之。

疏证：

此札事涉黄易问询其兄黄庭纳赎之事，以及向汪岕求佳墨，劝汪岕纳妾等。此札所言诸事亦见于新069087-11/12黄易致汪岕等楚事札，故可知此札紧承新069087-11/12黄易致汪岕等楚事札之后，作于乾隆四十四年（1779）十月卅日。

关涉人物：家兄（黄庭）、雪礓（汪岕）、阪隐（汪大宗，即汪邻初）、鹤亭（江春）、介亭、江三哥（江立）、罗两峰（罗聘）

案：汪岕即汪大岕，其弟汪大宗，字邻初，号阪隐。

新00069087-6/12 黄易致汪岕等同寅札（《手迹》页19—21）

释文：

前因小价王玉为吴同寅接眷去南，曾寄寸函并字卷三件，想经台照。弟仍在济宁大差局内办事，家母以下托庇平宁，可慰远念。日内想两如嫂当已育麟，伫盼喜音也。顷接杭州何东甫夫子来札，知玉屏兄仙去，不禁痛悼。家贫子幼，如何是好？虽贤昆仲古道照人，自必代谋尽善，以全数十年骨肉至交。然侨寓扬州，大非易事，身后一切如何布置，甚切悬念，乞详示以慰弟。寄江世兄一札并赙分乞致之。

我弟兄近境渐佳，正可欢聚湖山，偿昔年夙愿，乃才人不禄，可胜叹惋。兹弟有寄天聚堂徐店要件，乃是转致郑居停家中之物，希命纪达之。今来敝同寅李六兄，乃李河台之子，今南河河台之胞弟也，至南办贡，如有信件祈即交来为荷。渠乃知厅程公廷镜之妻舅，有信交程府最便也。专此。敬请伯母大人福安，二嫂近安，两如嫂安，不一。中也大哥、邻初二哥大人。愚弟黄易顿首。（钤"大易"印）八月廿三日。家母、内子、舍弟俱请伯母安。

鹤亭先生所刻姜白石诗，姚、陈两大人争而取之，弟箧中又无存本，乞再惠三四部，至感至感。

疏证：

  由"日内想两如嫂当已育麟"，可知此札作于069087-8/12黄易致汪崟等诞麟札之后。又札中提及江立（1732—1780）去世，则可考作于乾隆四十五年（1780）八月廿三日。

  案：这批信札中多次出现的扬州汪氏与江氏家族，是互有联姻的两个大家族，与黄易交游极为紧密，故在黄易信札中时常连带出现。

  涉及书籍资料：鹤亭先生所刻姜白石诗（姜夔《姜白石诗词集》十五卷，乾隆八年（1743）陆钟辉原刻，乾隆三十六年（1771）江春随月读书楼增刻本。）

  关涉人物：王玉（小价）、吴同寅（黄易同僚）、两如嫂（如嫂者，旧时对他人之妾的敬称）、何东甫（何琪）、玉屏（江立）、郑居停、李六兄（李河台之子，南河河台胞弟，李河台为李奉翰）、程廷镜、中也大哥（汪崟）、邻初二哥（汪大宗）、鹤亭（江春）、姚陈两大人（姚立德、陈辉祖）

新00069087-7/12 黄易致汪崟刻间札（《手迹》页22）

释文：

  刻间冗极。来价自豫而来，匆匆起程，何夫子、陆筱饮二哥、江玉屏三哥、鹤亭先生、应何翁均不及肃函奉候，乞叱名先为致谢，容数日续寄，一一致达也。愚弟易顿首。

  再，来价系接敝同寅原武吴公家眷，乃弟至好也。过扬关时，求大兄鼎力转托友人照应之，至感至感。家信一函，求付便船寄之。

疏证：

  此札受信人"大兄"在《故宫藏黄易尺牍研究·手迹》中失考，今综合尺牍内容及"小蓬莱阁"信笺版式的使用时间来看，应是黄易写给汪崟的信札。"原武"为地名，在今河南原阳，信中所言"来价自豫而来"，应该是作于黄易在河南任职期间，约在乾隆四十四年（1779）前后。

  关涉人物：大兄（汪崟）、何夫子（何琪）、陆筱饮二哥（陆飞）、江玉屏三哥（江立）、鹤亭先生（江春）、应何翁、原武吴公（同寅）

新00069087-8/12 黄易致汪崟等诞麟札（《手迹》页23）

释文：

  二嫂、两如嫂俱安，欣闻两如嫂诞麟在迩，不禁欣跃。家母、弟妇念切之至，嘱为请安。

并乞即赐佳耗为望。来价起程匆遽，愧无伴函，不一。雪礓大兄、阪隐二兄大人。愚弟黄易顿首。八月初三日。

疏证：

此札中汪氏两如嫂"诞麟在迩"，故作札时间在069087-6/12黄易致汪盉等同寅札之前，为乾隆四十五年（1780）八月初三。

关涉人物：雪礓大兄（汪盉）、阪隐二兄（汪大宗）、二嫂（汪大宗妻）、两如嫂（汪盉、汪大宗二人妾室）、家母（黄易之母梁瑛）、弟妇（黄易弟黄童之妻）

新00069087-9/12 黄易致黄童来示札（《手迹》页24—25）

释文：

前接手书，以冗未覆。今又读来示，细悉近况，为之攒眉不已。贺公所荐馆事，已覆之矣。七级既不可久居而作急，另图栖止，亦不可缓。承命种种，兄理宜速办，但兄近日不独差幕之事，忙不可言，自辰及暮，无片刻之闲。而大人又以画山水贡扇五十柄见委，须得一日一柄，已抑居闭门为之，偷暇仍至道署办事。实在杜门谢客，所以觅屋一事兄实万难也。最要者，自当尽力寄助，而此时兄用度益大，无日不典质，日日如过除夕。今年三月矣，而家用未寄，心急如焚，虚言非人类也，以是徒深浩叹。然老弟境界乃尔，兄岂可不问？容再布置以寄，然亦可笑之至也，恐不济大事也。兄从不言穷，今则实穷矣。如何如何。

姚大人已具折谢恩，阿公亦关切，尚未奉存旨意。李大人于月底工程完毕，始来泉河，无陞信。潘奕翁亦未来，顾三表叔亦未来，匆匆率覆，并候日安，不一。愚兄黄易顿首。初二日。（钤"手屈一指"印）

疏证：

此札述及黄易与其弟黄童之家事，从"七级既不可久居而作急，另图栖止，亦不可缓""觅屋一事兄实万难也"等处可知，黄童原居于七级镇（在阳谷县城东北），因故不能再居住，故求助于黄易。黄易此时公务繁忙，又被上级委以画山水贡扇五十柄。从生活状态和经济条件看，此时黄易用度益大，到了"无日不典质，日日如过除夕""从不言穷，今则实穷"之境地。

札中"姚大人已具折谢恩，阿公亦关切，尚未存奉旨意"，当指河东河道总督姚立德因仪封漫工合而复溢被革职一事，事在乾隆四十四年（1779）四月廿四日，乾隆四十五年（1780）发往南河以同知用，故此札当作于乾隆四十五年（1780）三月初二日。

关涉人物：老弟（黄童）、贺公、姚大人（姚立德）、阿公（可能指阿礼布）、李大人（当指李奉翰）、潘奕翁、顾三表叔

新00069087-10/12 黄易致陆飞暮春札（《手迹》页26—31）

释文：

暮春之初，弟因家兄事至扬，晤陈五哥，得读手书，承赐妙笔妙文，开缄三复，如对清光，快极快极，谢谢。闻二哥将至广陵，下榻争延，自不乏友。近来邗江好事，江鹤亭外实无其人，然鹤亭差事太繁，无暇及此。能事者郑德启，与鹤亭居然牛李也。郑之令坦陆名尔炽，君家司马之少君也。吾哥来扬，机宜或与晋昭先生商之如何。家兄东还有望，昨已札闻，捐例止须千二。今汪中兄在鹤亭处，近事极佳，承其关爱，为家兄图赎，恳鹤亭索各总公书至楚匦设法。有江志翁〔讳兰之，乃尊。〕在楚，承其关爱，可以垫费。据中兄云，此举可得六数，现在岢足至汉，有志翁大可不须弟亲往也。此外，中兄尚在设法，二三百金岁内可办。家兄近来馆地虽佳于前，因有眷属之累，仍系空囊，必得于内地设措齐全，方有所济，第此举必得弟亲往西边具呈。弟岁内尽力于扬州备就，大约所少四分之一。明春挈眷先归，即当北上，素蒙胡七哥高义，定蒙曲全其美。弟作札与七哥微言及之，其中更望我哥鼎言区画，切祷切祷，敬候近安，不一。四月八日。筱饮二哥大人。愚弟黄易顿首。

疏证：

此札涉及陆飞将赴广陵事宜以及在扬州相关人物的关系，但重点在于道出黄易为其兄黄庭纳锾赎罪的许多细节，如捐例为一千二百两，为此事奔走垫资者有汪峟、江春、江志翁（江兰之父）。乾隆四十五年（1780），黄庭卒于塞外戍所之中。故此札约作于乾隆四十四年（1779）四月八日。

案：关于黄庭"缘事谪轮台"（《山东兖州府运河同知钱唐黄君墓志铭》），笔者推测可能与乾隆二十八年（1763）震动湖北官场的归州"纵盗冤良"案有关。

关涉人物：家兄（黄庭）、筱饮二哥（陆飞）、陈五哥、江鹤亭（江春）、郑德启、陆尔炽（郑德启女婿）、晋昭先生、汪中兄（汪峟）、江志翁（江兰之父）、胡七哥

新00069087-11/12 黄易致汪峟等楚事札（《手迹》页32—33）

释文：

前接手书，承寄到西边家信，谢谢。楚事费神已极，日内谅必有济，深承古道，勿烦颖祝。扬州近事，闻已熨贴，欣慰之至。从来忠于事必招怨，持其柄必招嫉，陇西之后，不免更张。弟深虑如尤，聩者复来，便有不可料之事。此君外刚内明，断无过当之举，可预决其无他。弟在扬已倡言之，今则果然所谓千重浪里平安过，百尺竿头稳下来，为贤东南额庆不已。从此一往，尽是佳境。大哥切勿以今昔异宜，稍有芥蒂。世事本无实相，作空花观可耳。达人旷味，谁得而窥测哉，至祷至祷。纳宠一事，久久迟疑，何以慰老亲？娶而适意，岂不大妙，不适意遣之何妨。执意不娶，似觉过偏，昔日弟兄不得不直言屡渎。伏希垂听是幸。焦山鼎铭非兄不能得，至祷至祷。封茅社墨乞见惠，弟自北来，墨已告尽。祈大哥转恳鹤亭先生随月读书楼小墨数笏妙极，拜托拜托。来人系衙役，可以托寄，望赐回音是要。家信一函希遣交庄船带杭。顺候近安，敬请伯母大人福安不备。雪礓、阪隐二兄大人。愚弟黄易顿首。九月十六日。鹤亭先生乞候安。

疏证：

此札所言"承寄到西边家信……楚事费神已极，日内谅必有济"仍指黄易为黄庭赎罪营救之事，又涉及扬州汪氏兄弟之事以及劝汪焘纳妾，时间在069087-5/12黄易致汪焘等奉候札之前。故此札作于乾隆四十四年（1779）九月十六日。

涉及金石资料：焦山鼎铭、随月读书楼墨

案：焦山鼎旧藏于焦山寺的海云堂，焦山鼎与圣恩寺钟、《瘗鹤铭》并称吴中三大金石名器。自顾亭林、程穆倩以下，释文甚夥，断代亦无定说。翁方纲曾辑有《焦山鼎铭考》一书（图1），

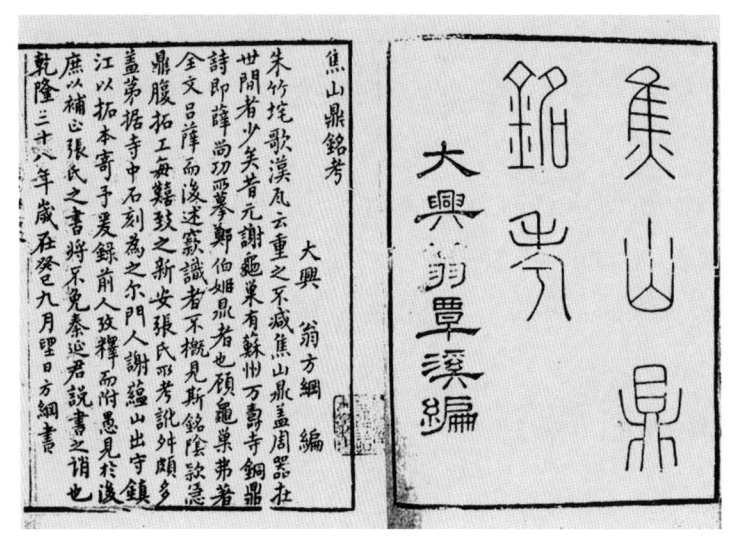

图1 翁方纲《焦山鼎铭考》

图2 汪节庵款"钱唐黄易搴碑之墨" 故宫博物院藏

考释甚详，后自疑考释有误，悔其旧作并将此书刻板毁弃，致此书流传甚稀。

又"弟自北来，墨已告尽"可知黄易用墨极为考究（图2），所提及"封茅社墨"为墨中名品，据云劳笃文《还砚斋墨录》有载。"随月读书楼墨"为江春私人定制之墨，在当时都是墨中上品。故宫博物院藏有乾隆甲子（1744）曹素功监制、江春选烟的"随月读书楼"墨（图3），曹素功为明代人，远早于江春生活时代，所谓"监制"只是沿用了"曹素功"老字号，体现出当时徽墨制作的品牌意识。

关涉人物：鹤亭先生（江春）、雪礓（汪焘）、阪隐（汪大宗）

图3 江春"随月读书楼"墨 故宫博物院藏

新00069087-12/12 黄易致赵魏惠碑札（《手迹》页34—37）

释文：

> 正月七日接手书，并惠碑种种，感谢感谢。宋元碑目有误，乞更正见示。郑道昭等碑俟觅得即寄，此外得碑甚多，今匆匆发信，不及检寄，下次必寄。古钱弟拓出二册，亦俟再寄。所得颇可观也，小品随意检呈。朱朗兄来，乞拓本见惠，至望至望。毕中丞大办金石，吾兄能一游否？翁公来信必问兄也。此候近祉，诸容再报，不一。晋斋大兄。愚弟黄易顿首。（钤"黄九"印）

疏证：

此札事关黄易推荐赵魏入毕沅幕中搜访整理金石资料，以及与赵魏进行金石交流事宜。

关于此札的时间和背景，据札中所云"朱朗兄来……毕中丞大办金石，吾兄能一游否"，今案乾隆五十八年（1793）春，黄易曾招朱文藻游山左，阮元、孙星衍皆莅任青齐，各倾箧商考，且命工匠广拓摩崖穹碑。乾隆五十九年（1794）毕沅奉命巡视山东，阮元与其倡议编纂《山左金石志》，此书于嘉庆二年（1797）由小琅嬛仙馆梓行。

又札中言及"古钱弟拓出二册"，案黄易曾于乾隆五十九年（1794）拓所藏古钱为《泉文》四册（图4），数量较札中所云"二册"更多。

综上可推测此札大约作于乾隆五十八年（1793）春。

涉及金石资料：宋元碑目、《郑道昭碑》、古钱

关涉人物：晋斋（赵魏）、朱朗兄（朱文藻，号朗斋）、毕中丞（毕沅）、翁公（翁方纲）

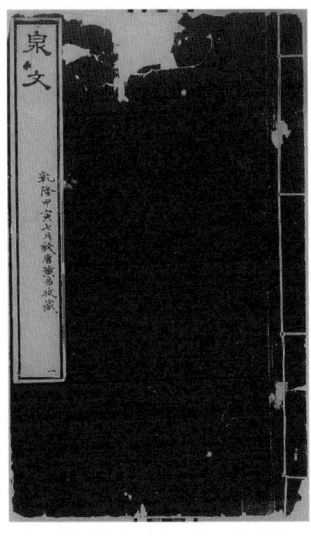

图4 黄易自拓《泉文》四册 国家图书馆藏

新00069087-12/12 附一：张廷济录黄易致赵魏新斋札（《手迹》页38—40）

释文：

［黄小松手札。其与赵晋斋之书，俱系石墨故实，可重可重。张廷济。］

前二函尚未寄，四月十有八日得大哥来书，知移居于保佑桥，新斋必雅洁，惟弟足迹未至，梦中但依依竹崦庵也。远惠启母阙足本，逾于百朋，弟两得此本，皆中心尺许，左右阙焉。施太守嗤此败纸何用，再求无益，今得此并两宝阙，足以自豪。虽少两额及画，他时尚可觅补东阙题名，并季度铭，李铁桥云是褚千峰伪托，再亲按之乃信。昔日千峰与董金瓯，今时素伯厓与巴瘦生伪作皆不少，好利好奇同一病也。西岳庙三阙中砌碎碑极多，正恐郭香察书尚有片璧，已托钱献之力谋之矣。成都武侯祠有俗名响石者，

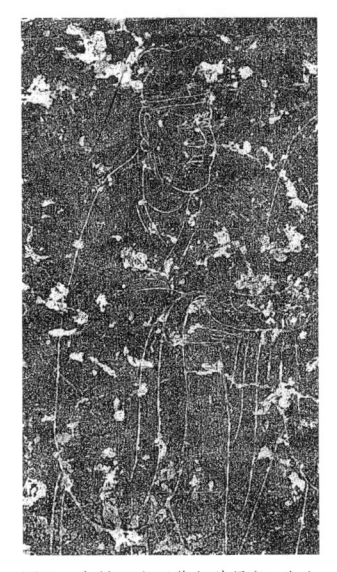

图5 朱鲔石室画像拓片局部 此人像神似武亿 故宫博物院藏

阴处靠墙，有汉隶七八字，张华阳言之凿凿，托成都太守觅之，但寄鲜于里门唐碑一种而已。前云汉碑得自金川，实无其事。王大廷尉最好金石，弟曾问过，无有也。金乡朱鲔墓有汉画人物甚古，约有七八幅，弟得一部，甚宝惜，今托蓝公子任谋，俟有必寄我兄。山东非直隶可比，古物必有。弟石经保护无恙，可慰廑念。外二函希致之，乞候回信交舍是感。晋斋大兄大人师事。愚弟黄易顿首。（钤"小松具札"印）

疏证：

此札主要内容为与赵魏进行金石交流研讨。据札中"金乡朱鲔墓有汉画人物甚古，约有七八幅，弟得一部，甚宝惜"来看，黄易初得《金乡朱鲔墓汉画》为乾隆四十二年（1777），黄易结识王昶也在是年九月之后，故此札时间应该在乾隆四十二年（1777）之后。黄易颇喜金乡石室画像，以其中一人神貌极似好友武亿（图5），故摹寄以为画像（今藏故宫博物院，图6），武亿亦颇爱之，将其刻入《授堂遗书》卷首（图7）。

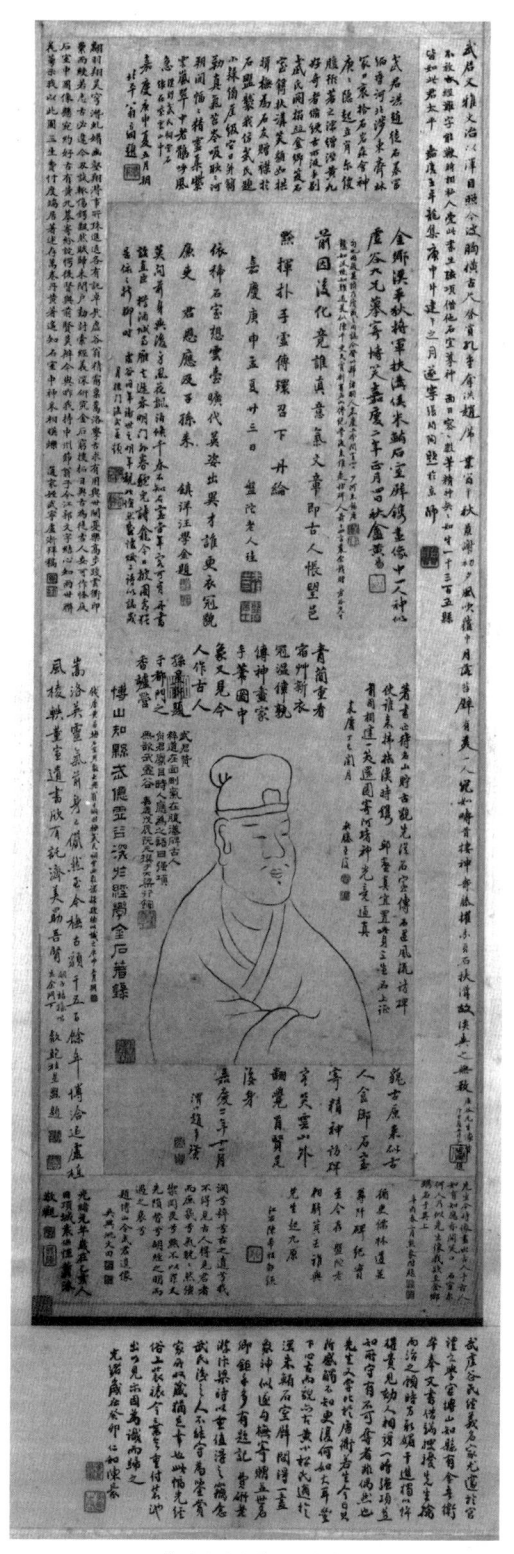

图6　黄易绘武亿像　故官博物院藏

图7　武亿《授堂遗书》卷前小像

涉及金石资料：《启母阙》足本、成都武侯祠响石（汉隶）、鲜于里门唐碑（《鲜于氏里门碑》）、金川汉碑（实无）、金乡朱鲔墓汉画、石经（黄易藏《熹平石经》）

案：《小蓬莱阁金石目》载：《平狄将军扶沟侯朱鲔石室画像并题字》，石室在金乡县城西北三里旷野中（图8）。乾隆丁酉（1777），户部主事孔继涵拓赠数幅，嗣河决室淤。甲辰（1784）夏，易谋之邑令马于荃复还旧观，得全拓本，始见在壁间有"汉朱嘉亭万吉祥"等字并细笔刻记"朱长舒之墓"及"金五"等字。

关涉人物：晋斋（赵魏）、施太守、李铁桥（李东琪）、钱献之（钱坫）、张华阳、成都太守、王大廷尉（王昶）、蓝公子、褚千峰（褚峻）、董金瓯、秦伯垕、巴瘦生、郭香察

图8　金乡朱鲔石室旧影　沙畹摄　1907年7月

新00069087-12/12 附二：张廷济录黄易致赵魏信拓札（《手迹》页40）

释文：

前月托关汉兄带杭信、拓［济案："拓"下疑脱写"本"字］披悉。顷得秦中钱献之书，寄来新出匘鼎铭，分一纸奉赏。尚有花塔寺诸唐拓，兄若阙少，当开示补记，光孝塔文已得精拓矣。数言候安，不尽神注。愚弟黄易顿首。晋斋大兄知己。五月十日具。

［张廷济注：右黄小松司马与赵晋斋札四番，朝鲜纸本。］

疏证：

乾隆四十三年（1778）毕沅于秦中得匘鼎。故此札当作于乾隆四十三年（1778）之后不久。

案：乾隆四十三年（1778）二月十日，钱坫有札致黄易，云"兹附上《周匘鼎铭》二副，外一幅祈转致葓谷"，见陈鸿森《钱坫遗文小集》（《中国典籍与文化论丛》第十二辑）。"葓谷"即孔继涵，由此札看来，黄易将其中一幅寄赠给了赵魏。今所见黄易自留匘鼎铭文拓本，有其自题"匘鼎，镇洋毕师秋帆得于秦中"并手书释文（今藏童衍方处），不知是否即钱坫所赠之另一幅。

涉及金石资料：智鼎、花塔寺碑、光孝塔文

关涉人物：晋斋（赵魏）、关汉兄、钱献之（钱坫）

新00069087-12/12附三：张廷济录黄易致赵魏惠碑札（《手迹》页40）

释文：

正月七日接手书，并惠碑种种，感谢感谢。宋元碑目有误，乞正见示。郑道昭等碑俟觅得即寄，此外得碑甚多，今匆匆发信，不及检寄，下次必寄。古钱弟拓出二册，亦俟再寄。所得颇可观也，小品随意检呈。朱朗兄来，乞拓本见惠，至望至望。毕中丞大办金石，吾兄能一游否？翁公来信必问兄也。此候近祉，诸容再报，不一。晋斋大兄。愚弟黄易顿首。（钤"黄九"方朱文印，印名上）

疏证：

本札内容与新00069087-12/12黄易致赵魏惠碑札相同，疏证详前。

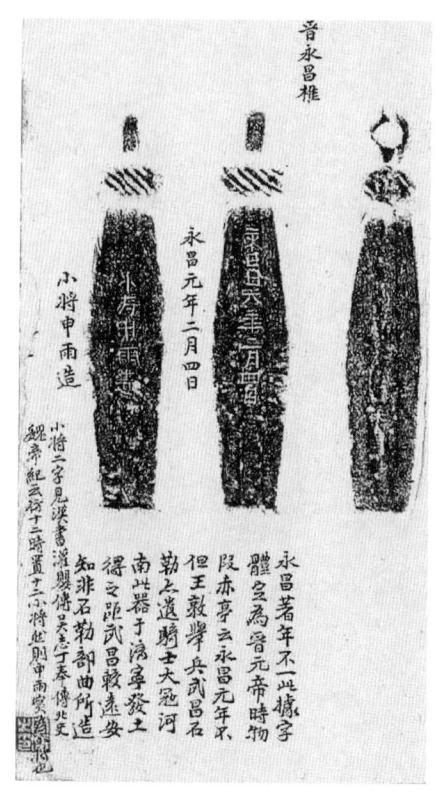

图9 黄易藏晋永昌椎拓本 山东博物馆藏

新00069087-12/12附四：张廷济录黄易致赵魏诸碑札（《手迹》页41）

释文：

前札所需诸碑，弟当留心访觅，如有即携回也。余伯扶曹州之馆已辞，是否赴试，不知消息，尊札且存之，俟来时交明。阮公办金石录，已有武虚谷、段赤子、江二世兄三位，今又添朱朗斋，定可搜出多种也。青州碑二种奉送。弟新获铜器八棱似绳鞭流星之类，款曰"永昌"，当是晋元帝时物，王敦举兵部将造器，宜有之也，但不知何名，拓本呈请考定。又启。

[张廷济注：右黄易与赵札五番，红格纸本，纸六行，其所云永昌器即《山左金石志》所载永昌椎也。]

疏证：

札中云"阮公办金石录……今又添朱朗斋"，可知此札作于阮元编纂《山左金石录》之际，故应在乾隆五十九年

（1794）之后不久，详新069087-12/12黄易致赵魏惠碑札。

涉及金石资料：青州碑、永昌椎（图9）

关涉人物：余伯扶（余鹏年）、阮公（阮元）、武虚谷（武亿）、段赤子（应为"段赤亭"，此处应系张廷济抄录错误）、江二世兄（江凤彝）、朱朗斋（朱文藻）

附：余鹏年，怀宁人，博学工诗，著有《曹州牡丹谱》。

段松苓，字赤亭。益都人。

新00069087-12/12附五：张廷济录黄易致赵魏南还札（《手迹》页41—42）

释文：

  八月间舍表舅张秉钧南还，带上寸函、碑刻，谅俱收到。久不得兄信，怅惘之至。阮学使来函云，浙省金石，吾兄与梦华办有眉目，搜出吴越王及东坡题名甚多，妙妙，弟急欲得拓本也。弟于七月赴丰县，八月杪携拓工二人由开封、汜水、荥阳、巩县、偃师至嵩山，住山中十日。又至洛阳，游龙门，住六日，与偃师王大令秋塍、武虚谷盘桓极畅。龙门古刻甚多，觅工尽力广拓，初欲拓二分，继因日促碑多，止拓一分。归由孟县、卫辉返洛，往还四十日，得碑四百余种，可谓快事。少室阙铭下又得一"伊"字，其上其前及阙侧五行，弟拓得。中岳庙前两石人前拓无字，今从东石人冠顶上得一分书"马"字，真是汉迹，弟行千里得此一字，虚谷云此是千里马也。拓二十纸，今已分尽，止留一纸与兄。弟正月赴抚军署臬之约，畅游千佛山，归途登岱岳，游灵岩，春杪回杭领咨，便可与诸兄快谈，并有副本一一带呈。弟一路得碑绘成访碑二十四图，先寄翁公题字，明年带杭传观也。敬候近祉，余俟续布。另信乞转致之。何梦华三弟即此附候不另启。晋斋大兄。愚弟黄易顿首。

  姚虎臣近况妙否，弟前寄扇并香想已达之。十二月廿三日任城具。

  弟遣工细拓郭巨石室画像，又多出建安二年高令春题名、武定二年南青州刺史郑伯猷题名、天保九年刘章题名，已钩出欲付梓也。

  ［张廷济注：右黄与赵札四番，白色纸，红印，英石峰本。中岳东石人冠顶上"马"字拓本，晋斋于丙子岁归于余，拓本上亦有小松题字。］

疏证：

  此札详述黄易于嵩洛访碑之事，并绘成《访碑二十四图》，寄翁方纲题跋。又述及明年正月将赴新任山东巡抚伊江阿臬署之约，计划游千佛山，归途登岱岳，游灵岩，春杪回杭领咨之安排。

黄易嵩洛访碑在嘉庆元年（1796），次年（1797）黄易携李大峻登岱，计划春杪回杭领咨并与赵魏等好友快谈，然最终并未成行。此事在新180850-7/10何琪致黄易贤郎札、新180850-3/10陈继昌致黄易历下札、新00150710奚冈致黄易春间札诸札中均可印证。故此札当作于嘉庆元年（1796）十二月廿三日任城。

案：此札因涉及黄易次年游岱之安排甚详，故作札时间极易误定为嘉庆二年（1797）十二月廿三日。此处承施安昌先生提醒：此札中说嵩洛访碑事详实，为过去时；说岱麓访碑事简略，为将来时。此外黄易与赵魏鱼雁频传，更不可能延宕一年多的时间才与赵魏说及嵩洛及岱麓访碑之事。故此札作札时间不可能为嘉庆二年（1797）十二月廿三日。

相关金石资料：浙省金石、龙门古刻、少室阙名、中岳庙前东石人冠顶"马"字、郭巨石室画像及题名、《访碑二十四图》

关涉人物：晋斋大兄（赵魏）、舍表舅张秉钧、阮学使（阮元）、何梦华三弟（何元锡）、王大令秋塍（王复）、武虚谷（武亿）、抚军（伊江阿）、翁公（翁方纲）、姚虎臣（姚之麟）

附：姚之麟，字虎臣，号南溪。钱唐人。阮元幕客，富藏书，工书法，善绘画，精拓金石。

新00069087-12/12 附六：张廷济录黄易致赵魏秋气札（《手迹》页43—44）

释文：

秋气已深，乡书转少，怀君有梦，归计茫然，如何如何。薛价送上诸碑，定经法鉴，两月来续得数种，有副者寄兄，无者开上，兄欲时示取可耳。家兄信云裴岑碑在巴里坤，距迪化千五百里。兹俞军门往彼阅兵，托其幕中人胡君代拓，约明春必得。又云乌什外有石壁刻大将军霍方士某某名，文字残缺，疑汉武时迹，惜不能拓，[已抄其文在都中明君处，昨往求矣。]又有唐姜行本纪功碑亦在巴里坤，昨托人拓取，一有当即寄兄。弟承孔荭谷见知，许以东鲁之碑与弟相易，大都可以尽得。中州金石已托学使及卢氏令，或可不虚。蜀中金石托成都太守，[烟客先生之孙，汉阳旧主人也。]喜是地邮致甚便，可遂其志，惜事忙匆暇，终觉草草耳。尊藏石经残字、华山残碑，希双钩以惠。尊藏唐碑，希开目速寄，使弟知其所缺，以便广致。闻梁玉立孙枝有古帖二箧，质于库，欲售五十金；又闻衡水古钟有开元之铭，若是皆扰乱心曲者。去年闻永平城楼有二漏壶极古，疑有款识，百计求之，卒云无字。若是之类极多，真孽障也。兹因周绛屏先生南归，附此候安，统惟玉照不宣。晋斋大兄知己。愚弟黄易顿首。

范三先生、姚三哥均此奉候。图书未刻，随后再寄。九月二十日。

赵册百计求售未妥，俟再报。

外奚九哥一札，乞闻韩门老伯札交之。

[张廷济注：右黄与赵启一，以启低约高四寸，启面用尊古斋长朱文印。]

疏证：

札中云"家兄信云裴岑碑在巴里坤，距迪化千五百里。兹俞军门往彼阅兵，托其幕中人胡君代拓，约明春必得"，案黄易于乾隆四十一年（1776）托黄庭拓寄《敦煌太守裴岑纪功刻石》及《唐姜行本纪功碑》，故此札当作于乾隆四十一年（1776）九月廿日。黄庭所拓《敦煌太守裴岑纪功刻石》木刻翻刻本与石人子真石本分别于乾隆四十三年（1778）、乾隆四十五年（1780）寄至黄易处。

涉及金石资料：裴岑碑、汉大将军霍方士某某石壁题名、唐姜行本纪功碑、东鲁之碑、中州金石、蜀中金石、石经残字（赵魏藏）、华山残碑、唐碑（赵魏藏）、古帖二箧（梁清标孙枝所藏）、衡水古钟开元铭文、永平城楼二漏壶、赵册（即新069087-12/12附七：张廷济录黄易致赵魏北来（妙极）札所云赵孟頫书《道德经》）

案：札中提及"梁玉立孙枝有古帖二箧，质于库，欲售五十金"，据笔者推测，可能即是梁清标旧藏宋拓《淳化阁帖》绍兴国子监本十册。

关涉人物：晋斋大兄（赵魏）、薛价（仆人）、家兄（黄庭）、俞军门、胡君（俞军门幕客）、都中明君、孔荭谷（孔继涵）、学使（翁方纲）、卢氏令、成都太守（王烟客之孙）、梁玉立（梁清标）、周绛屏、范三先生、姚三哥（姚之麟）、韩门老伯（汪师韩）

新00069087-12/12附七：张廷济录黄易致赵魏北来（妙极）札（《手迹》页44—46）

释文：

林价北来，当具存函奉复，谅已收照。满拟今岁归杭，冀与吾哥畅叙。讵身不自由，遂尔中止，天崖寥落，名利皆灰。然又不能撒手，如何如何。碑刻又得数种，并大哥所要之碑均寄上，另单开明。惟娄寿双钩本，弟应酬作书，往往临此，故未寄耳。前承远惠诸刻，妙极，感谢感谢。尊斋有石经遗字秦友本耶？抑他本耶？弟渴慕之至。兄钩碑软拓之法，妙绝千古，求大哥钩一册寄惠，俾获至宝，不则妒念深矣。华山碑京师有完本，今归朱竹君先生，弟必得见。邗江唐拓武梁祠像，弟将归杭，当至扬假观，与兄一见不更妙乎。孔庙弟可尽得，不须再觅。[因圣裔孔太史荭谷交好，自能尽致。荭谷博雅君子，好古亦类兄者。]尊藏碑目弟缺

图10 《胶东令王君残碑》
清拓本 故宫博物院藏

者甚多，仍录一单附上，伏希留意。三公碑一经品题，顿觉纸贵，弟欲得佳拓，饥渴之至，正定拓秋碧堂帖之工甚佳，昨专倩此人携薄楮精墨往拓多张，约在中秋必得，择其尤者奉寄，何如？济宁新出汉碑一种，已札至翁覃溪先生代觅矣。西边有残碑，[只济木萨等字。]巴里坤有敦煌太守碑，[人云在关侯庙，其光如镜，乃厚碣石也。]又北打版有唐吴行本纪功碑，均托家兄拓取矣。[六月二十八日。]顷得翁覃溪学士书，所跋三公碑与兄稍异，并长歌抄录奉览。有孔荭谷先生，乃圣裔最好古者，云济宁新出土汉碑乃王君庙门断碑，许弟即有，一到即奉吾哥也。赵文敏《道德经》尚无售处，且存弟处，容另报命，岁底再无人要，弟当寄还。《苍蝇赋》弟留四付，余十六付奉还。弟有银存奚九哥处，请大哥先取十两应用，余俟岁底。赵册如卖去，弟当找寄，如退册，前项为弟购碑并作《苍蝇赋》之价可耳。近日更忙，图书无暇，刻就容另寄。匆匆敬候文安，统惟雅照不宣。晋斋大哥大人。愚弟黄易顿首。[七月初三日清苑署中寄。]姚三哥不另札，均此奉候，并候范三先生。有二墨致东河，甚妙，兄可赏之。

[张廷济注：右黄与赵札六番，白纸本。案此札当在上九月两札之前。口外唐姜行本纪功碑，札作吴行本，吴字讹，盖小札是时未得见墨本耳。晋斋近以秋碧堂法帖寄售于余，拓手果佳，当即是黄所赠者。]

[右黄小松手札六，嘉庆戊寅八月□日，晋斋连吉金款识廿五种饷余，余赠以番银钱十枚。以札中多论及金石，可作道古故实，因手录而并识之。十二月十七日叔未随笔。]

疏证：

札中云"济宁新出土汉碑乃王君庙门断碑"，即乾隆四十年（1775）李东琪于古松下所访得

《胶东县令王君庙门断碑》（图10），后移置明伦堂。

另札中"三公碑一经品题，顿觉纸贵"，"顷得翁覃溪学士书，所跋三公碑与兄稍异"，案乾隆四十一年（1776）二月初六日，赵魏于竹崦庵中为黄易《三公山碑》题跋。夏五月，黄易以《三公山碑》拓本寄翁方纲。六月初八日，翁方纲为之题跋。翁方纲与黄易初未相识，乃以《三公山碑》拓本邮书相赠，翁方纲有诗谢之。综上可知，此札当作于乾隆四十一年（1776）清苑署中。另此札末"七月初三日"为"七月十三日"之误，为张更济抄录时产生的谬误，可参阅原件。

案：此札曾刻入《西泠四印人手札》。

涉及金石资料：石经遗字、华山碑、武梁祠像、孔庙碑、三公碑、《秋碧堂帖》（《秋碧堂法书》）、王君庙门断碑、西边残碑（"萨木济"等字）、敦煌太守碑（即裴岑碑）、唐吴（姜）行本纪功碑、赵孟𫖯书《道德经》、《苍蝇赋》

关涉人物：林价（仆人）、朱竹君（朱筠）、孔太史荭谷（孔继涵）、翁覃溪（翁方纲）、家兄（黄庭）、奚九哥（奚冈）、晋斋大哥（赵魏）、姚三哥（姚之麟）、范三先生、东河（邱学敏）

新00069087-12/12 附八：张廷济录赵魏吉金款识廿五种（《手迹》页46—47）

释文：

齐侯匜 郑伯簠 毕伯鼎 父辛尊 姞彝 金伯簠 册鼎 亚觯 虎卣[器盖] 父丁卣[器盖] 娃鬲 雖鬲 颂敦[字不全未审是器是盖] 秦量[绵纸本] 蜀郡洗 氾十七弩[共四纸] 儿十四弩[共四纸] 大吉羊洗 泉范[背有五月字] 周太仆盘[巴俊堂缩摹墨上] 开僖瓦枕 铁盆铭 瓦罐盖[姚虎臣见于扬州拓得者] 隋大业铃[小松手题] 楚字画像

右款识廿五种，晋斋所赠。

疏证：

涉及金石资料：略，见原文。

关涉人物：巴俊堂（巴慰祖）、姚虎臣（姚之麟）、小松（黄易）

新00133623-1/10 黄易致卢荫文鹏飞札（《手迹》页48）

释文：

接荷复函，知七兄大人鹏飞在迩，故人有弹冠之庆，快慰为何如耶？弟谨奉六十金，聊展寸意，不足言助也，不日仍可把晤，先此顺候日祉，不一。愚弟黄易顿首。海门七兄大人。

疏证：

此札中受信人"海门七兄"，《故宫藏黄易尺牍研究·手迹》定为"卢荫文"。

关涉人物：海门七兄（卢荫文）

新 00133623-2/10 黄易致黄锡蕃秦汉札（《手迹》页 49）

释文：

灯下作文鱼覆书，并检出秦汉六朝碑十四种奉上，乞察收，并候晚祉，不一。宗弟易顿首。椒升宗长兄。八月廿日。

疏证：

《故宫藏黄易尺牍研究·手迹》定受信人为"黄树升"，对照原札，受信人实为"椒生宗长兄"，"椒生"为黄锡蕃表字，故此札受信人当为黄锡蕃，此札应更名"黄易致黄锡蕃秦汉札"为妥。

涉及金石资料：秦汉六朝碑十四种

关涉人物：文鱼（张燕昌）、椒升宗长兄（黄锡蕃）

附：黄锡蕃（1761—1851）字晋康，又字椒生，晚号时安老人，浙江海盐人。邑诸生，嗜金石，富藏书。与张燕昌、黄丕烈、张廷济交好，著述甚丰。

新 00138487-1/17 黄易致吴锡麒锦帆札（《手迹》页 50—51）

释文：

济宁接教数日，欣慰之至。锦帆南下之时，正值俗忙，不得叩送，至今歉然。瞬隔经年，弥深怀想。前闻老伯大人仙游之信，不胜痛悼，因道远乏便，尚未吊慰。昨庞世兄来询，悉大人近馆扬州，体中妥健，深慰远怀。易不得亲诣叩奠，楮仪四金，绫额一悬，伏希鉴存，不恭之罪，惟望察恕。易借补张秋捕河倅，兼署运河。虽忙累可笑，幸良友时得过从，颇不岑寂。渊如观察无端改归地方候补，春松太守到扬自可详悉。今其太母金恭人化去，近况之苦，难似宣述也。易去春游泰山归，所见山水妙境及有碑刻之处，成二十四图。与游嵩二十四图作配，想大人游岱之诗必多，今寄上一页，求书一二，以便装册，深为荣幸。扬州歌吹之地，近日风雅绝响，或者曾魏二公提唱，渐有改观耶。专此敬候素履，临械驰注不尽。毂人大兄大人。愚弟黄易九顿。七月初十日。济宁具。

图11 吴锡麒跋黄易《岱麓访碑图》 故宫博物院藏

疏证：

此札中"易去春游泰山归，所见山水妙境及有碑刻之处，成二十四图"、"今寄上一页，求书一二，以便装册"，即指黄易嘉庆二年（1797）正月岱麓访碑，及作《岱麓访碑二十四图》，故此札兼向吴锡麒索跋（图11）。

又札中云"济宁接教数日，欣慰之至。锦帆南下之时，正值俗忙，不得叩送，至今歉然。睽隔经年，弥深怀想"，指的是嘉庆二年（1796）四月十八日，吴锡麒乞养南归，舟抵济宁旅舍。十九日，黄易、孙星衍、张燮、吴锡麒同登城南太白楼。二十日，吴锡麒待舟不至，闻尚滞荆门、安山间，黄易为借运河厅船，暂宿水次以俟。午间，黄易招饮，同集者有李东琪、孙星衍、张燮、钱清履、蒋伯生。二十二日，吴锡麒进城访黄易不值。二十三日，黄易遣人送鳜鱼、越酒，吴锡麒为之一醉。二十五日晚，黄易又招饮。综上，此札书于嘉庆三年（1798）七月初十日济宁，此际黄易借补张秋浦河倅，兼署运河。

关涉人物：穀人（吴锡麒）、庞世兄、渊如观察（孙星衍）、春松太守（魏成宪）、金恭人（魏成宪太母）、曾魏二公（"曾"当指曾燠）

新00151915-17/24 黄易致郑震堂急思札（《手迹》页52）

释文：

许久不得欣教，渴想之至。前大兄借临方士庶立幅，急思一赏，乞示观，同原本付下为荷。尊藏之沈士充子居山水卷、周鼎墨竹，乞假观一二日，感感。闻郑五兄欲来此，不知果否？鲜于太常卷能得否？念念。并候日祉不一。愚弟黄易顿首。震堂大兄。

疏证：

受信人"震堂大兄"应为郑震堂，《秋盦遗稿》有《调郑震堂纳姬》诗可证，《故宫藏黄易尺牍研究·手迹》书中编目失考，今补之。笔者认为《故宫藏黄易尺牍研究·手迹》书中致郑震堂的信札共计六通，包括失考的新00151915-19/24黄易致某人玉版札、新00151915-22/24黄易致某人琴谱札、新00151915-23/24黄易致某人诸画札。这批信札的书写皆较为随意，受信人皆称"震堂大兄"或"大兄"。从内容上看，黄易致郑震堂书札大多与古今书画有关，可知郑震堂亦工绘事，精于鉴赏。并可推知震堂所处亦在济宁附近，且与黄易时相过从研讨书画。从部分信札落款中"制"字来看，这批信札的书写时间大概在嘉庆元年（1796）至嘉庆二年（1797）前后，即黄易为其母梁瑛守制期间或稍晚。

涉及书画资料：方士庶立轴、沈士充（子居）山水卷、周鼎墨竹、鲜于太常卷

关涉人物：震堂大兄（郑震堂）、郑五兄、方士庶、沈士充、周鼎、鲜于太常（鲜于枢）

附：《重立汉武氏祠记》捐款题名中有"举人候补主事济宁郑如岱"者，或与郑震堂有关，俟详考。

新00151915-18/24 黄易致郑震堂受暑札（《手迹》页53）

释文：

弟因受暑头痛，闭门多日，不得与兄快谈为怅。前命册上勉尔涂完，聊供清赏。恽册想兄妙笔一临即真，能使弟快读否？郑柳田画笔殊妙，欲观恽册，便乞示看为荷。吾兄所藏徐天全有贞卷子，弟见孙月峰跋中有此，欲假此迹一对，一二日即返。专此敬候日祉。容图晤不备。愚弟制黄易顿首。震堂大兄。

疏证：

此札落款有"制"字，可知作于黄易为其母梁瑛守丧期间，即嘉庆元年（1796）至嘉庆二年（1797）前后。

涉及书画资料：恽册（恽南田画册）、郑柳田画、徐天全（有贞）卷子

关涉人物：震堂大兄（郑震堂）、恽南田、孙月峰（孙鑛）、郑柳田（郑士芳）、徐天全（徐有贞）

新00151915-19/24 黄易致郑震堂玉版札（《手迹》页54—55）

释文：

拓得玉版十三行，原刻是杭州故家所存，精神完足。奚九山水一幅，确是真迹之佳者，今奉上法家鉴赏。承招，感感。弟亦欲与兄快谈，因孙公欲拉至单县有应，加笔墨不及，分身竟俟出月，我辈快叙何如？此谢并候近祉不一。愚弟制黄易顿首。志铭一纸呈政。

疏证：

　　此札受信人当为郑震堂（详前）。内容涉及黄易应孙星衍之邀赴单县（今菏泽境），笔墨应酬之事也。落款有"制"字，可知作于嘉庆元年（1796）至嘉庆二年（1797）前后。此际孙星衍奉旨简放山东兖沂曹济兼管黄河兵备道，后补督粮道。

　　涉及书画资料：玉版十三行、奚冈山水

　　案："玉版十三行"为王献之小楷，黄易藏有两本，见《题杨大瓢十三行跋》（《秋盦遗稿》）。

　　关涉人物：奚九（奚冈）、孙公（孙星衍）

新00151915-20/24 黄易致郑震堂大好札（《手迹》页56）

释文：

　　体中大好，已极欣慰，今荷示诸画，乐不可言。女士扇固妙，李流芳轴亦精，足见赏品之妙。弟亦有新得，倘得大兄来此一看，深幸深幸。今日弟不出门，静候移玉也，并候午祉不备。愚弟黄易顿首。震堂大兄，各件俱送还。谢谢。

疏证：

　　此札乃关于书画收藏交流之事。

　　涉及书画资料：李流芳轴

　　关涉人物：震堂大兄（郑震堂）、李流芳

新00151915-21/24 黄易致郑震堂峨峰札（《手迹》页57）

释文：

　　昨承假进士录一册奉还，乞察收。见戴峨峰四兄扇头，吾兄点笔山水，淡逸有致，钦佩之甚。孙道台处，郑君来济所作亦工，惠弟扇殊妙，今奉览。俟应酬孙公去后，弟偷暇当约郑君与君烟云供养也。先此奉候。近祉不备。愚弟制黄易顿首。（钤"小松"印）震堂大兄。

疏证：

　　与新00151915-19/24黄易致某人玉版札中之"孙公"为同一人，均指孙星衍，故此札作于该札之后,即嘉庆元年(1796)至嘉庆二年(1797)前后。

涉及书画资料:《进士录》、戴峨峰扇头

关涉人物:震堂(郑震堂)、孙道台(孙星衍)、郑君、戴峨峰

新00151915-22/24 黄易致郑震堂琴谱札(《手迹》页58)

释文:

巡使何公托借琴谱,闻此书史红亭先生有之,其遗书不知在何处。大兄或知其处,特此奉托留神,倘得借观,亦韵事也。此托并候,日祉不一。愚弟黄易顿首。

疏证:

此札受信人"大兄"应当为郑震堂(详前)。"巡使何公托借琴谱",当指何道生迁山东道监察御史,钦命巡视济宁漕务,故此札约作于嘉庆四年(1799)前后。史红亭,《秋盦遗稿》中有《题史红亭小照》诗,而写此札时史红亭已不在世。

涉及书籍资料:琴谱

关涉人物:大兄(郑震堂)、巡使何公(何道生)、史红亭

新00151915-23/24 黄易致郑震堂诸画札(《手迹》页59)

释文:

承示诸画,虽无上品之物,却非赝迹,已于单内注明送上。雪梅一幅,弟甚爱之。乞大兄代弟买之,数金可也。奉托奉托,章字言在,武林人,见《栎园读画录》。顺候日祉不一。愚弟黄易顿首。(钤"黄"印)

疏证:

此札中受信人"大兄"当为致郑震堂(详前)。黄易请其代买雪梅一幅,值数金。

涉及书画资料:《栎园读画录》(周亮工《读画录》)

关涉人物:大兄(郑震堂)、章言在

新00151921-9/32 黄易致罗聘轩窗札(《手迹》页60—63)

释文:

两函奉候,未得复音,岂洪乔故事耶。兄移居后,轩窗四拓,图史杂陈,清谈挥翰其间,

此乐即仙。若弟簿书丛杂，呕心欲碎者。祝兄如天上人矣。直隶碑十得八九，最奇之三公碑，（钤"小松"印）并释文寄正。弟欲得尊画及石民琵琶美人、寿门先生兰亭，务求即赐，交汪大哥寄北。感情无既，天涯羁旅，（钤"小松"印）望故人手书不啻万金，此意知已自鉴及也。梁三先生有屈驾北来之意，果否弟不知其详。幸乞示知。肃候近安。临书神溯。两峰四哥大人。愚弟黄易顿首。四嫂前乞请安。（钤"小松"印）

疏证：

此札中提到黄易寄《三公山碑》拓本给罗聘，并索罗聘画作与张四教《琵琶美人》、金农书《兰亭》（拓本）。案乾隆三十九年（1774）秋，黄易于河北元氏县中访得《汉祀三公山碑》，谋于县令王治岐移置县城龙化寺，故此札作于乾隆三十九年（1774）秋或稍晚。

涉及金石书画资料：三公碑、罗聘画、石民琵琶美人（张四教画琵琶美人）、寿门先生兰亭（拓本）

关涉人物：两峰四哥（罗聘）、四嫂（方婉仪）、石民（张四教）、寿门先生（金农）、汪大哥（汪玠）、梁三先生

附：张四教，本名源，字宣传，号石民，本秦（今陕西）临潼人，以业鹾占籍甘泉（今扬州）。诸生。得华嵒指授，工仕女、山水、花鸟。

新00151921-10/32 黄易致陈灿暑雨札（《手迹》页64）

释文：

别后悬念之至。天气暑雨，小室中其何以堪，念切念切。赵兄来竟不得见，奈何奈何。汪公来字仍奉还，回帖一件望寄去。所要刻图书，俟秋凉即报，望先致覆。汪公好古精鉴，素所钦仰，张伯雨诗书即芑堂物否？老莲画尤多，妙甚妙甚。钉书之王姓既系王殿卿之侄，不妨与王殿卿理论。求大兄谕小价向王殿卿问明伊侄姓名住址，如王殿卿肯招担寻觅，归还书籍，便可着落。若不归还，即寄信与弟，即当札致济宁州签返可耳。此时且向王殿卿一问为妥。外一纸说话更严，不妨与王殿卿一看也。鲍兄诗俟把玩数日再寄回。此请日安，不一。愚弟黄易顿首。曙峰大兄大人。（钤"小松"印）

疏证：

此札关于黄易与陈灿之间书画与书籍来往之事。乾隆五十八年（1793）陈灿曾客济宁，此札或书于是年之后，俟详考。

涉及书画资料：张伯雨诗书、老莲画

关涉人物：曙峰大兄（陈灿）、赵兄、汪公、芑堂（张燕昌）、王殿卿、王殿卿之侄、鲍兄（鲍廷博）、张伯雨（张雨）、老莲（陈洪绶）

新00151921-11/32 黄易致陈灿领悉札（《手迹》页65）

释文：

胡凤兄来，接手书，领悉近况极为攒眉，我兄如何当得起耶？所寄堇浦集中途车上烧去，仅存诗一部又半部，文则尽去。我兄当此窘况，定可落空，弟当归价另寄。惟诗册所少自廿二卷至末卷廿六卷止，如可刷印，请代拣取补寄，如不可，则弟已抄补矣。其画有佳者，有醉墨淋漓，弟知其妙，而人不知者。容徐为题识装潢设法，看来不能多售，弟知兄贫，敢不尽力耶？承沈敬翁抄书极感，容再寄上，匆匆，附候近安，不一。曙峰大哥大人。愚弟黄易顿首。

北墅诸好友均乞致之。西堂扬州之书已取回否？念念。

疏证：

此札涉及陈灿印书及黄易帮助陈灿卖画诸事。札中所钤"湘管斋"朱文印，乃黄易为陈焯篆刻，黄易常有在信札上钤盖新刻印章之举，有请陈灿等同道互相传阅品鉴之意，这种现象在黄易手札中不止一次出现。黄易所刻"湘管斋"朱文印今存于谱录者有二，信札上所钤作于乾隆四十二年（1777）六月一日，时黄易客于上谷（今在河北张家口市）。款曰："无轩二兄以湘管名斋，有图有记有诗，友朋美其事，韵语投赠，卷帙益多，独余不能诗，乃赠此石。无轩每诗必印，与诗长留天地间。石不能言，亦自幸得所主矣。丁酉六月一日上谷雨窗，秋盦黄易记。"故此札作于乾隆四十二年（1777）六月一日之后。

涉及书画书籍资料：堇浦集（《道古堂集》）

案：札中所言"所寄堇浦集中途车上烧去……"所指为杭世骏《道古堂集》，为乾隆四十一年（1776）杭世骏道古堂家刻本。

关涉人物：曙峰大哥（陈灿）、胡凤兄、沈敬翁（即沈景梁）、西堂（陈恺）、北墅诸友、堇浦（杭世骏）

又：札中所言为黄易抄书之沈敬翁，为沈景梁，又名景良，字敬履，号菘町。杭城寒士，喜藏书抄书，与鲍廷博友善。乾隆六十年（1795）黄易自济宁归杭，袖资以赠，沈景梁作诗谢之：

"酒人归访故山栖，怪我葫芦久不提。笑赠青铜三百片，晚来依旧醉如泥。"（梁绍壬《两般秋雨庵随笔》卷五）

新00151921-12/32 黄易致陈灿古韵札（《手迹》页66—67）

释文：

　　别后想念之至，承华翰得悉安好为慰。大兄深情古韵，乃值弟贫困异常，不得奉迎聚首，此中何以遣怀耶。近日东省更荒，一切俱贵，日食维艰，不堪告知已。虽署通判，毫无意兴也。尊篋各件，急欲寄回，苦无妥便，只可俟二月开堤时觅便耳。恽画求即裱就，其工价以内子买物之余扣用可耳，奉托奉托。

　　陈十兄所借十金，承东平州蒋公代为寄还弟矣。弟忙极，不及一一写信，见何夫子、魏上兄均乞道谢请安。鲍大兄、奚九兄常会否，念切念切。此候近安，并请大嫂安，不一。曙峰大兄，愚弟黄易顿首。十一月十三日。（钤"品画楼"印）

疏证：

　　札中有"虽署通判，毫无意兴"之句，可知此札约作于黄易任卫河通判之际。据乾隆五十一年（1786）八月十六日黄易升《郑季宣残碑》时题记所署"卫河通判"（《两汉金石记》），此札当作于这一时期。札中提及"恽画"即新00151921-18/32 黄易致陈灿夏秋札提及"托兄代裱之南田立幅"，故此札在新00151921-18/32 黄易致陈灿夏秋札之先。

　　相关书画资料：恽画（恽南田画幅）

　　关涉人物：曙峰大兄（陈灿）、大嫂（陈灿之妻）、陈十兄、东平洲蒋公、何夫子（何琪）、魏上兄（魏成宪）、鲍大兄（鲍廷博）、奚九兄（奚冈）、恽南田

新00151921-13/32 黄易致陈灿寥寂札（《手迹》页68—69）

释文：

　　久疏音问，怀想正深，忽奉手书，如亲色笑，快慰之至。近况如此，深为可忧，弟僻居海滨，寥寂异常，以致所嘱之事托诸空言，负愧奚似。日前杨七兄买妾过伍，极念吾兄，弟将尊意托其留神，然不可必也，奈何奈何。弟近来虽在官衙，案牍不劳，身多萧散，无机械之心，有雅淡之趣，然窘况倍常，亦大不可奈也，如何如何。春来花不可见，柳亦不满数枝，斥卤之地，饮食皆盐，如弟淡人居此，无怪乎不合时宜也。

耑此请安，余容续闻不一。象兄大兄大人。愚弟黄易顿首。四月十八日。奚九、以文、菽町诸君希致候。

疏证：

此札内言"僻居海滨""日前杨七兄买妾过伍"，可证黄易时在郑制锦伍佑场（盐城）幕中。案黄易"佐直隶方伯郑公由伍祐场历清苑者四年"，乾隆三十六年（1771）至乾隆三十九年（1774）皆主要驻留于伍佑场，故此札当书于这段时期内。

关涉人物：象兄大兄（陈灿）、杨七兄、奚九（奚冈）、以文（鲍廷博）、菽町（沈景梁）

新00151921-14/32 黄易致陈灿金乡札（《手迹》页70—71，图12）

释文：

金乡石室画像承大兄逐幅记明自系，问明拓工，感甚感甚。传是汉朱鲔墓石室，不知是否。乞命舍弟将《前汉》《后汉》取出，求大兄翻出《朱鲔传》，命舍侄照录全传一纸，即赐寄掷是感。碑中有五字曰"朱长舒之基"，未知是朱鲔抑别是一人，不知其详也。济宁甚热，馆中逼仄，如何是好。念切念切。匆匆。候安不一。愚弟黄易顿首。曙峰大兄。

疏证：

乾隆四十二年（1777）孔继涵曾寄赠金乡石室画像拓片给黄易，乾隆四十九年（1784）夏，黄易与山东金乡县令马于荃剔朱长舒石室画像及题字。故此札当作于乾隆四十九年（1784）夏。

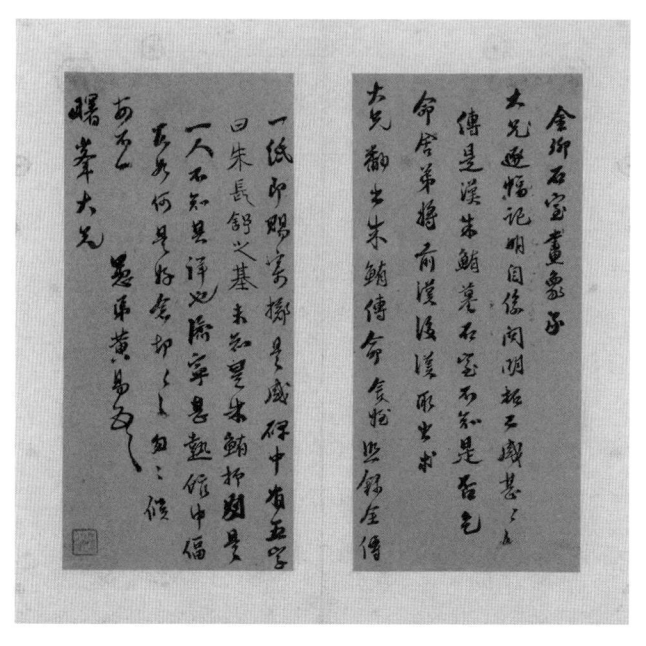

图12 黄易致陈灿《金乡札》 故宫博物院藏

札中所云"朱长舒之基"与后来审定的"朱长舒之墓"有一字之差，可以印证其考释之过程。

涉及金石资料：金乡石室画像（汉朱鲔墓石室画像、朱长舒石室画像题字）、《前汉》（《前汉书》）、《后汉》（《后汉书》）

案：《小蓬莱阁金石目》载：《朱长舒石室画像题字》，此石室相传为汉朱鲔墓，在山东金乡县城北三里，孔荭谷摹拓后河患室淤。乾隆甲辰（1784）易与县令马于荃剔出，有"朱长舒之墓"及"金五"等字，最后一石题字四行，仅露"汉朱氏鲔嘉亭万吉祥"等字。

又：《平狄将军扶沟侯朱鲔石室画像并题字》，石室在金乡县城西北三里旷野中。乾隆丁酉（1777），户部主事孔继涵拓赠数幅，嗣河决室淤。甲辰（1784）夏，易谋之邑令马于荃复还旧观，得全拓本，始见在壁间有"汉朱嘉亭万吉祥"等字并细笔刻记"朱长舒之墓"及"金五"等字。

关涉人物：曙峰大兄（陈灿）、舍弟（黄童）、舍侄（黄庭之子黄时，即黄元鼎）、朱鲔

新 00151921-15/32 黄易致陈灿慌急札（《手迹》页 72—73）

释文：

> 吾兄之事，刻刻在念，奈此地人情慌急，无处借那（挪）。近来之事大非从前之比，弟家用缺薄，至此情非得已，想至好必鉴原于格外也。蟒袍只可代销六十金，书籍请再留几部，余者只可带回。弟今奉上二十金聊作大哥盘费。其书袍之价，弟原欲借银垫去，奈实无借处，惟扬州有汪中兄存项，现着小价陈明走领，已嘱中也兄留下八十金，请大哥带回，俟弟卖去蟒袍并书再补还中也之项。惟弟正当拮据，不能全行垫出其余书价，如弟岁内有银，即当寄杭，万一不能，总于来春寄上，不致有误。至中兄之项乃属现成，且有小价同去支取，断不有误也。弟与兄可谓至好，乃有心无力，至于如此窘迫，真乃意外。弟苟可打算，必为吾兄地也，寓中诸事简慢，总惟鉴谅。外以兄覆札乞致之，以兄康里卷子，弟欲以二十金求之，不知可否？岁内弟谋得此项，即奉商也。老莲麻姑，弟别有用处，仍乞存之。我辈难得聚首，竟不得快谈十日，如何如何。贱体比出门时似乎面色略好，但仍然瘦弱，如此心境，那得一日舒眉耶。杭州、扬州诸亲友幸以弟近况告之，汪中兄因家兄之事十分仗义，尤为可感也。陈明到时恐大哥归心甚迫，须探明如水路可走，则顺风尚可径下，万一难走，不如坐车至台庄，可同陈明商之也。弟心如乱丝，不暇多述，匆匆，敬候近安。后会有期，长途千万保重。临颖黯然。愚弟黄易顿首。曙峰大兄大人。九月初一日仪封具。

蟒袍乞交小价包好即寄仪工，书亦寄两部来豫，余留济者或二三部可矣，多亦无用也。

疏证：

此札涉及售书、典质蟒袍等生活琐事，并以二十金托陈灿向鲍廷博求购"康里子山卷子"。黄易于乾隆五十四年（1789）升任兰仪同知（今河南兰考县，清代兰阳、仪封二县合并为兰仪），据札中"九月初一仪封具"，可推知此札大约作于乾隆五十四年（1789）九月初一仪封任上。

涉及书画资料：康里卷子（即元拓孤本元文宗自书自刻自拓"永怀"二字并康里子山题跋）、老莲麻姑（陈洪绶麻姑图）

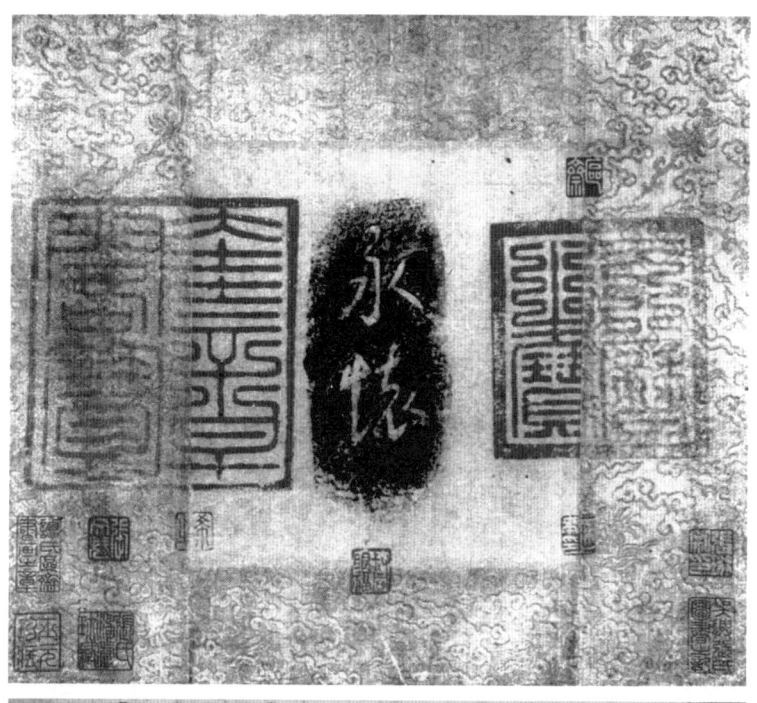

图13 元拓孤本元文宗"永怀"二字

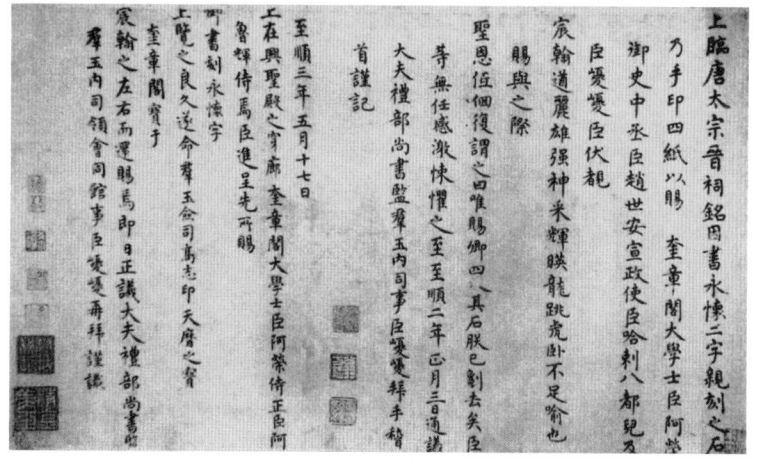

图14 元康里巎巎跋元文宗"永怀"卷手迹

案：乾隆五十九年（1794）五月，鲍廷博自浙江寄元文宗"永怀"二字（图13、14），黄易重装并题跋："《书画谱》载元文宗临唐太宗'永怀'二字赐巎巎子山，《黄文献公集》云文皇以佩刀刻芦菔根作'永怀'二字，摸赐近臣。翰林学士承旨哈剌拔都儿入侍曾被是赐，此卷亦斯时所赐。吾友鲍以文宝玩多年，乾隆甲寅（1794）五月从里中寄赠，可感也。黄易重装谨记。"

同年十二月，黄易将此卷寄至京师翁方纲处，翁方纲、余集、冯敏昌、陆致远、乐宫谱、陈珵俱有观款题于上。又有甲寅（1794）腊月翁方纲题。又有冯敏昌、陆致远等题观跋："乾隆甲寅（1794）腊月十九日荆溪陆致远、钦州冯敏昌、临川乐宫谱、金溪陈珵同观于苏斋之诗境轩。"余集题："此卷向藏鲍以文氏知不足斋，以文今年六十有七，一切嗜好淡然无所系，举此以赠吾友小松司马，小松嗜奇好古不让以文，于此卷感石交之雅好，喜旧物之有归，远寄京师见示，因得再一展阅，文宗得国始末史多微词，临此二字以赠臣僚，吾不知其意之所属矣。甲寅（1794）嘉平廿有六日余集识。"

另据马成名先生介绍："此元文宗自刻自拓《永怀》二字，乃是存世孤本。据康里子山跋元文宗自书、自刻、自拓仅四份，分赐近臣，而后即毁原石。此本乃是赐康里子山者，且第二年加钤元内府二印，跋中叙述甚详。至顺三年（1332）康里子山时年三十八岁，以正书小楷作跋足见其诚惶诚恐之至，亦见其书法功力之精深。目前所见康里子山书法行草大书居多，此正书小楷恐亦是其存世孤本也。《永怀》二字拓本，据清陈焯《湘管斋寓赏编》载乃是用描金云花碧色绫所裱，金即描于织成云花上也。左右'天历之宝''奎章阁宝'二印乃是骑缝印。可见拓本是元朝原装裱无疑。保留至今，绝无仅有，弥足珍重。此卷乾隆时为知不足斋鲍以文收藏，后鲍氏赠与黄小松。民国间为汪士元收藏，三十年代张珩从汪士元处收得，四十年代辗转归谭敬，未几谭氏又让与沪上张文魁涵庐收藏，四十年代末张氏移民巴西，遂带往巴西。1996年余往巴西收得张氏涵庐收藏，同年入九月拍卖，最后为美国旧金山一何姓华人以四万九千五百美元购得。现藏美国。"（《海外所见善本碑帖录》）

关涉人物：曙峰大兄（陈灿）、汪中兄（汪焱）、中也兄（汪焱）、陈明（小价）、以兄（鲍廷博）、家兄（黄庭）

新00151921-16/32 黄易致陈灿文祺札（《手迹》页74—75）

释文：

沈祥七月四日到伍，获悉文祺多胜为快。承寄到书四十部，我哥之命极应脱去，奈此间不识丁者居多，于无如何之中极力想法，只好留下十部，其价遵命，所少无多也。其价中秋后措寄，此中甚抱不安。然好此书者甚少，且限于时地，奚九回杭，必知其详耳。鲍大哥得赐书，妙极快极，寒家有书不守，真可愧也。承鲍大哥所惠《犷园》，奚九在扬赠人，弟未之见，何夫子来，乞转求见惠。《读画录》重刻甚妙，《印人传》何不一并刻之，弟画甚劣，少间即奉寄也。匆匆藉复，并候日安，不一。曙峰大兄大人。愚弟黄易顿首。（钤"小松"印）虾油觅上，愧不多也，菘町先生乞致候。

疏证：

此札关涉黄易代为杭城友人售书，以及鲍廷博知不足斋刻书之事。又札中提到"鲍大哥得赐书"，指乾隆三十七年（1772）清廷开四库全书馆，诏求天下遗书，乾隆三十八年（1773）鲍廷博长子鲍士恭以所藏精本六百二十六种进献，居私家进书之首。次年（1774）得乾隆褒奖，赏赐内府编纂《古今图书集成》等书。故此札当作于乾隆三十九年（1774）七月四日之后，时在伍佑场。

涉及图书资料：《犷园》（应为《狯园》之误）、《读画录》、《印人传》

案：札中《犷园》应为《狯园》之笔误，是书乃明钱希言所撰笔记，多志神怪异事。新00151921-24/32黄易致陈灿清胜札亦有提及。今覆查原本，为知不足斋外书，书带草堂藏板，乾隆甲午（1774）孟春歙邑长塘鲍氏知不足斋校刊，杭州陈立方刻，版心下端刊"知不足斋重订"六字。此书与重刻之周亮工《读画录》，在刘尚恒《鲍廷博年谱》、周生杰《鲍廷博藏书与刻书研究》等书中似乎均未提及，可补鲍氏刻书史料之阙。

关涉人物：曙峰大兄（陈灿）、沈祥、奚九（奚冈）、鲍大哥（鲍廷博）、何夫子（何琪）、菘町（沈景梁）

新00151921-17/32 黄易致陈灿忙鹿札（《手迹》页76—77）

释文：

手启。（钤"小蓬莱阁"印）

近年忙鹿异常，致疏奉候，不知大兄归后近况何如，念切之至。书价久不寄，想乡中未尝不知弟况也。鲍君知我亦不致问，尤心感耳。兹找还六部书价银二十八两，又项画售银四金一并送上，乞查收。弟托办一切，另开单交舍弟呈上，奉求大兄照拂代办。弟自离阳谷，办阿胶费事，包兄所托，俟今冬再谋之。昨小价言及，吾兄归时曾云若得一四十金之馆，即可屈驾而来，若是则弟尚可勉力奉请，不但子女可以受业，而一切得兄襄助，实为妙事。特嘱舍弟相商，如可枉驾，即屈同舍弟而来，甚妙。弟必欲移寓，当扫榻以待耳。外，微物伴函统惟照入，并候台安，不一。愚弟黄易顿首。曙峰大兄大人。

家母、内子嘱请大嫂安，余嘱舍弟代述不一。奕庭三兄何若？念甚。外二金代土物乞致之，恕不札。魏氏昆仲乞致候，不及作札，因发信在最忙之时故耳。

疏证：

此札内容涉及黄易代杭州鲍廷博售书，代售书画之事，以及欲以馆金四十两延请陈灿至济宁自己家中坐馆一事。今考乾隆五十八年（1793）陈灿在济宁，则此札或作于是年之前，具体时日难以查考。

涉及书画资料：项画（值四金）

关涉人物：曙峰大兄（陈灿）、大嫂（陈灿妻）、鲍君（鲍廷博）、舍弟（黄童）、包兄（或指包芬）、家母（梁瑛）、内子（黄易妻项氏）、奕庭三兄（陈亦庭）、魏氏昆仲（或指魏成宪兄弟）

新00151921-18/32 黄易致陈灿夏秋札（《手迹》页78—83）

释文：

手启。（钤"金石交"印）

前具函奉覆，谅经收照。弟客岁夏秋在豫，值河防异常，危险竭蹶，不遑冬间又赴直隶，春正始返，车尘马迹，既不少休，而薪桂米珠，尤难自遣，以致知己处久无信函，且缘无便回杭，尊衣等件又不能早路携带，以致迟迟。满拟开堤后可带，今遍问尚无便人，又有不相信者不敢交带，想大兄盼望甚切，弟深抱不安也。今幸何司马已补运河，与弟近在咫尺，此后正可带信，托奚九兄一问便知。不日何公有人回杭，弟当将各件陆续寄交，先以衣物早寄也。弟不知吾兄存交舍弟之物甚多，弟恐其遗忘舛错，甚不放心，今嘱其开一单寄去，乞兄点明存照为要。弟一贫至此，不能与大兄常聚，愧歉之情，不能笔述。不知大兄今年如何布置，便乞示知为荷。频行谕题之师竹斋图，勉强应命，殊为可笑，第此次最要，特托何司马处带上乞查收。托兄代裱之南田立幅，乞由何司马家寄弟，至感至感，弟盼之殊殷也。匆匆，顺候近安，并请大嫂安，不一。愚弟黄易顿首。（钤"金石交"印）曙峰大兄大人。三世兄之变殊出意外，惟达人观空以处之耳，三月十八日具。

疏证：

此札所言"托兄代裱之南田立幅"即新 00151921-12/32 黄易致陈灿古韵札所提及者，因南省裱工为佳，故黄易托请陈灿代为倩工装裱。两札内容前后相承，故此札作于新 00151921-12/32 黄易致陈灿古韵札次年，约在乾隆五十二年（1787）三月十八日。

涉及书画资料：南田立幅（恽南田立幅）、师竹斋图

关涉人物：曙峰大兄（陈灿）、大嫂（陈灿妻）、何司马、何公、奚九（奚冈）、南田（恽南田）、三世兄

新 00151921-19/32 黄易致陈灿粮艘札（《手迹》页 84—85）

释文：

前日，令郎世长乘粮艘过济，寄上寸函并毛头纸三十番。又奉贺大兄得孙之喜，微物表意，想俱收照。承兄代买之梅竹合璧，虽稍贵，然是家藏之物，如命十二金，又承代裱梅卷五千余文，又买扇面三四金，兹奉上银二十两，乞存筭可耳。所嘱子昂马卷，问之同人只肯出六两，弟不敢擅卖，暂存之，如可减值，弟当留心，否则明春寄还也。承大兄费神为弟觅得筱饮等迹，感谢感谢。弟所收扇面不拘新旧，总以书画有笔趣者为佳。筱饮西渡图妙不可言。至淡宣一幅虽工，却不知其人，乞示知。弟现存之扇面，令渭符录一清单带回，弟欲觅之扇面，亦开一单奉阅，乞大兄留神。王元章梅轴如不肯退，乞奚九鼎力换扇面亦可也。先子书翰仰人收藏者不少，弟不欲再收，有人宝惜散出何妨耶。承锁寿等兄惠，弟感感！涂数笔一纸奉报。童叙兄嘱画亦报之。捕河一缺，或者可以借补。弟渐形老景，只愿闲小之地，聊以藏拙，然买山之资，不易办也。因肺弱，苦不能饮，惟以书画消遣岁月而已。吾兄腿恙已好否？念切念切。专此敬候近祺。临书驰想之至，不备。象昭大哥大人。愚弟黄易顿首。二月初六。

疏证：

此札内容关于黄易晚年嗜好藏玩书画，故托请陈灿、奚冈等为其代购书画，同时也帮助他们销售古今书画作品，保存了清代文人赏玩、收藏书画的诸多细节，兼及乾嘉时期之书画价格，为珍贵的艺术史资料。札中云"捕河一缺，或者可以借补"，可知此札作于嘉庆二年（1797）二月初六。此时黄易服阕（为其母梁瑛守孝期满），将借补捕河。

又"王元章梅轴如不肯退，乞奚九鼎力换扇面亦可也"，在来往信札中所见有二，一是新

00151921-31/32黄易致陈灿龙泓札中所云:"奚九兄云王元章红梅有丁先生题字者,廿四金可得,虽黯亦欲买之。乞大兄代办,银不敷弟即寄上不误也。"又与新00150710奚冈致黄易春间札中所言之"煮石翁画梅"为同一物:"二西札来云,九兄欲得姚氏所藏煮石翁画梅。今特寄上,俟惬雅赏,再行定夺。其价值多少,托二西作札上闻。"这幅王冕梅花轴不知黄易购藏后为何欲退,或许因画幅太暗之故,俟考。

涉及书画资料:梅竹合璧(值十二金)、代裱梅卷(价五千余文)、扇面(值三四金)、筱饮西渡图(陆飞绘西渡图)、王元章梅轴、先子书翰(黄树穀书札)

关涉人物:象昭大哥(陈灿)、令郎世长(陈灿之子)、渭符(即黄元鼎,原名黄时,黄庭之子)、奚九(奚冈)、先子(黄树穀)、锁寿兄、童叙兄、子昂(赵孟頫)、筱饮(陆飞)、王元章(王冕)

新00151921-20/32 黄易致陈灿风致札(《手迹》页86—87)

释文:

前具一函奉复,想经照入。《花游曲》殊有风致,可见读书多者,发为文章,无往不妙也,今同原札寄还。书价俟措得即寄,舍侄老大无成,惟课其学书。弟在家时闻其在街游荡,大非所宜,是以起身时痛责之。此时同寅来豫云,敝寓子侄不时游荡,闻之闷闷。伏望大哥随时谕之,此子或能勉听教训,则家门之庆,感德不浅,倘执拗不听,仍然游荡,彼既不爱颜面,弟则惟有使蛮,又何事不可为耶。望大哥谕之,至感至感。至小价结交多事,甚至卖解妇人唤至寓中,甚属荒唐,闻之益为闷闷。匆匆作此,顺候近祉,不一。愚弟黄易顿首。曙峰大兄大人。

陈明业已荐出,不可留也,又及。

疏证:

此札提及黄易在杭子侄辈不思上进、游手好闲,黄易深为忧虑,托故人陈灿随时教谕。又闻仆人陈明结交多事,甚至将卖解杂耍妇女唤至寓中,令黄易大为郁闷恼怒,乃将小价陈明荐出,陈明为黄家服务多年,在新00151921-15/32黄易致陈灿慌急札、新00151921-29/32黄易致陈灿阔别札、新00151921-31/32黄易致陈灿龙泓札中均有涉及,由此可见黄氏家风之谨严。因作于嘉庆二年(1797)三月十四日(详后文考证)之新00151921-31/32黄易致陈灿龙泓札中尚提及小价陈明,故考订此札作于嘉庆二年(1797)三月十四日之后。

关涉人物：曙峰大兄（陈灿）、舍侄（或指黄庭之子黄时，即黄元鼎，或指黄童之子，俟考）、卖解妇人、陈明（小价）

新00151921-21/32 黄易致陈灿杭集札（《手迹》页88）

释文：

前具札奉覆，谅已收悉。杭集虽火，弟必归价，方画尚未售，秋间徐图之。寒时必寄物应急也。如有信件，希即付舍间，此时有人来北，然多书不能带，只可数部而已。率布候安，冗极恕不多及。魏大兄愈否？念念。陈亦庭大哥书收回否？念念。沈先生乞致候。匆匆，不另札。何夫子已归否？家中诸事奉托，知感古谊也。曙峰大兄大人。愚弟易顿首。（钤"黄九"印）

疏证：

此札关涉代陈灿售书籍、绘画之事。札中"杭集虽火，弟必归价"，指新00151921-11/32黄易致陈灿领悉札所云："所寄堇浦集中途车上烧去，仅存诗一部又半部，文则尽去。我兄当此窘况，定可落空，弟当归价另寄。"据前札考订，故可知此札当作于乾隆四十二年（1777）六月一日之后，详见新00151921-11/32黄易致陈灿领悉札疏证。

又：此札图版在《故宫藏黄易尺牍研究·手迹》第87、88页有重复收录，当为排印错误。

涉及书画资料：杭集（杭世骏《道古堂集》）、方画

关涉人物：曙峰大兄（陈灿）、魏大兄（魏成宪）、陈亦庭、沈先生（沈景梁）、何夫子（何琪）、杭（杭世骏）

新00151921-22/32 黄易致陈灿送览札（《手迹》页89）

释文：

对子已写坏，另书一联一并送览。云溪处已致之矣。外，画一张乃沈敬翁嘱画者，希存斋头，俟其来时交与可也。尊纸已画坏耳，另画请教何如？曙峰先生。黄易顿首。（钤"小松"印）

疏证：

此札中提及"云溪"为江立。故此札作于乾隆四十五年（1780）年江立去世之前。

关涉人物：曙峰先生（陈灿）、云溪（江立）、沈敬翁（沈景梁）

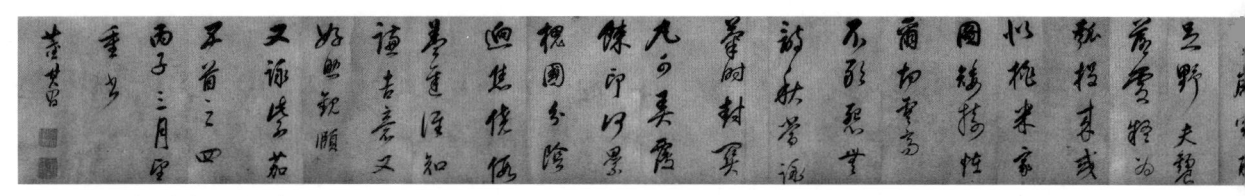

图15　明董其昌书《紫茄诗卷》

新00151921-23/32　黄易致陈灿渴念札（《手迹》页90—91）

释文：

久不得信，（钤"黄九"印）渴念异常。松窗札中闻大令郎之变，大哥近境可想，达者善为排遣为妙，切切。云溪来杭，弟事兄必尽知，落落依人消磨岁月而已。近来好作画学书，苦于俗事不少。道心初定，魔障即来，信然。前弟欲售去之董香光紫茄五咏，承大哥雅意（钤"黄九"印）许弟归赎，今寄一金奉还。闻此卷在松窗处，若另有质押，其价不敷，弟再当补上，或松窗甚爱，借弟三年何如，均在至好，或无难也。（钤"黄九"印）尊况甚萦鄙念。弟苦于有心无力，寄上一金，聊佐湖楼半醉，莞存为幸。弟寄画扇在西堂处，兄取其一，乞教示焉。菘町先生近来如何？念念。闻大哥在书局有好机否？明岁馆事若何？乞示知。顺候近安，不备。
　　曙峰大兄大人。愚弟黄易顿首。（钤"黄九"印）

疏证：

从此札来看，陈灿时在书局供事，故与黄易之间多书籍售卖之事。札中所言"董香光紫茄五咏"（图15）系黄易旧藏并托请陈灿售与魏嘉榖者，后欲赎回。此札书写时间俟考。

涉及书画资料：董香光紫茄五咏

案：《紫茄五咏》为董其昌晚年行草书，今尚存，据款文为崇祯九年丙子（1636）三月望所书，此时董其昌已八十二岁高龄，于是年十一月去世。今有谢稚柳题卷首，杨仁恺题跋，亦有学者认为存疑。此卷经黄易等人鉴藏，然未见其与魏嘉榖之钤印、题跋，黄易易手后又欲赎回，或有隐情，俟考。黄易对董其昌书迹研精，新180825-24/30黄易致赵魏夏间札曾云"惟董文敏楷册，书势微嫌软弱，似可充旧，且为暂存，如可用去，俟冬间照数寄价可也"，可见乾隆时董其昌伪赝已夥，且在藏家中需求量大，流通广泛。

关涉人物：曙峰大兄（陈灿）、松窗（魏嘉榖）、大令郎（陈灿长子）、云溪（江立）、西堂（陈恺）、菘町先生（沈景梁）、董香光（董其昌）

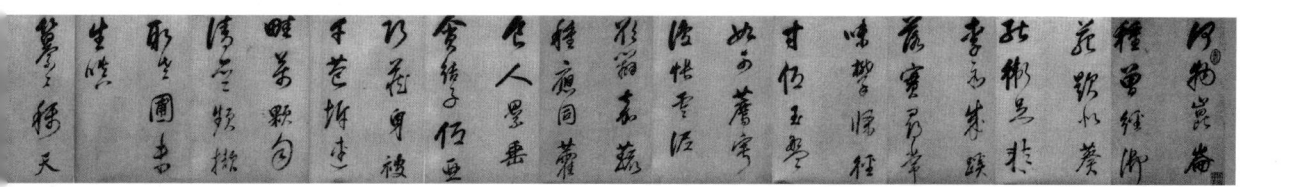

新00151921-24/32 黄易致陈灿清胜札（《手迹》页92）

释文：

　　何夫子来询，知近履清胜，藉慰远念。《采遗集》止卖去六部，弟自留二部，所余二部，实无销处，今托夫子带还，乞谅之。其八部《合扬平》，每部一两一钱，共八两八钱，《狯园》十部，系由玉池处转寄者，每部九钱共银九两，乞查收。俗忙已极，不及多述，此请近安，不一。曙峰大哥大人。愚弟易顿首。沈先生、魏五哥均候之，西堂不及札候，望致之。（钤"秋景盦"印）

疏证：

　　此札关于黄易代陈灿售书之书账，对稽考清代书价颇有价值。其中《狯园》即新00151921-16/32黄易致陈灿文祺札所提及者（详前札疏证）。故此札当作于乾隆三十九年（1774）七月四日之后。

　　涉及书籍资料：《采遗集》（每部一两一钱）、《狯园》（每部一两）

　　关涉人物：曙峰大哥（陈灿）、何夫子（何琪）、玉池（陈鸿宾）、沈先生（沈景梁）、魏五哥、西堂（陈恺）

新00151921-25/32 黄易致陈灿平安札（《手迹》页93）

释文：

　　（钤"尊古斋"印）别时承情，不安之至。廿六日已到扬州，托庇平安。大哥与沈敬翁致云兄信俱交到，托云兄之书，看来可以有济，少迟弟当催寄。尊画尚未售去，稍缓再闻。馆事云兄说渠与汪宅，正在商搬住屋，是以难定，弟当极力设法，且看下回分解。何夫子所命次第，即力办也，并乞致之。愚弟黄易顿首。（钤"尊古斋"印）象翁大兄大人。八月廿七。

疏证：

　　此札就陈灿、沈景梁托请黄易让江立代为售书之事作答，并荐陈灿至江立、汪崟处谋馆事。黄易在伍佑场郑制锦幕中之时，即乾隆三十六年（1771）至乾隆三十九年（1774），曾数次来往

245

伍佑场与扬州。又乾隆四十年（1775）黄易曾在扬州，后由扬州乘船赴南宫。故可知此札大概作于乾隆三十九年（1774）或乾隆四十年（1775）的八月廿七日。

关涉人物：象翁大兄（陈灿）、沈敬翁（沈景梁）、云兄（江立，号云溪）、何夫子（何琪）

新00151921-26/32 黄易致陈灿磁杯札（《手迹》页94）

释文：

（钤"黄九"印）接来翰，悉近履佳吉为慰。磁杯一物，江三兄云前同吴仲圭竹子令乃侄亲交大哥，细询乃侄亦如此说，江三哥信内已详之矣。所委觅馆、售画均未能报命，可愧之至。何夫子所托亦无机会，奈何。弟月底至场，不过设法支过，岁内再图馆也。此覆，兼候近安。何夫子、菘翁乞致意。象昭大兄先生。愚弟黄易顿首。（钤"小松"印）托售之书此时实不措垫，俟十一月间寄上，又及。

疏证：

札中云"月底至场"，可知此札作于乾隆三十六年（1771）至乾隆三十九年（1774）黄易佐郑制锦幕于伍佑场这段时期内。

涉及书画资料：吴仲圭竹子

关涉人物：象昭大兄（陈灿）、江三兄（江立）、何夫子（何琪）、菘翁（沈景梁）、吴仲圭（吴镇）

新00151921-27/32 黄易致陈灿抱恙札（《手迹》页95）

释文：

西堂书来知大哥抱恙，迩日定已痊好，念甚念甚。银五星聊佐一杯之需，乞存之。弟因主人出差，甚苦萧瑟，敬翁处未得少尽薄意为歉。画一幅，请雅教，并乞筱饮、铁生教我为幸。便候近安，希珍摄为妙，不一。二西大兄大人，愚弟黄易顿首。（钤"荷风竹露草堂"印）

疏证：

据札中"弟因主人出差，甚苦萧瑟"一句推测，此札约作于乾隆三十六年（1771）至乾隆三十九年（1774）黄易佐幕于伍佑场这段时期内。

案：此札上所钤"荷风竹露草堂"朱文印，为黄易为陆飞所刻并手钤。朱文藻《碧溪诗话》："家在湖墅江涨桥之北，题其听事曰'荷风竹露草堂'。"今见黄易致陆飞尺牍中有"如嫂已育麟否？荷风竹露变为玉暖香温，名士风流何所不可贺之"之句。又乾隆丁丑年（1757）陆飞所绘

"仿云林笔意"轴（北京翰海2000年春拍中国古代书画专场，Lot.0558），钤有"荷风竹露之室"椭圆白文印。又陆飞所绘《待酤观瀑图》（杭州西泠印社藏）有王福庵题跋"陆筱饮乡先辈……其故居曰'荷风竹露'，草堂在吾杭北墅"皆可为佐证。

关涉人物：二西大兄（陈灿）、西堂（陈恺）、主人（郑制锦）、敬翁（沈景梁）、筱饮（陆飞）、铁生（奚冈）

新00151921-28/32 黄易致陈灿画饼札（《手迹》页96—97）

释文：

> 手肃。（钤"黄九"印）
>
> （钤"黄"印）在扬时，乘沈祥之便，一函奉覆，想已收览。迩想大兄近履佳胜为慰。弟自扬来场，所谋之事，徒成画饼。尊画一幅未售，奈何。弟尚无就绪，枯坐而已。江玉兄所欠之项，及沈敬翁书价，渠订于十一月间寄杭，或不误也。所谕之事已告之雪礓、橙里，日内苦无机缘。云溪现在居止未定，前说乃郎就学之意，竟不妥矣，奈何。弟自当留心，但不可必。明岁之馆杭州，亦须预办，庶不两误耳。顺候，不一。
>
> 曙峰大兄大人。愚弟黄易顿首。（钤"小松居士"印）沈敬翁乞致意，不另。

疏证：

札中云"自扬来场，所谋之事，徒成画饼"，当指新00151921-25/32 黄易致陈灿平安札为陈灿向江立、汪焱求谋馆事，因江立"居止未定"，故其子就学之意竟不妥矣，并嘱陈灿预办杭州馆事，以免两误。沈祥，新00151921-16/32 黄易致陈灿文祺札亦有出现，为仆从。综上看来，此札当作于乾隆四十年（1775）秋，新00151921-25/32 黄易致陈灿平安札之后。

关涉人物：曙峰大兄（陈灿）、沈祥、江玉兄（江立）、沈敬翁（沈景梁）、雪礓（汪焱）、橙里（江昉）、云溪（江立）

新00151921-29/32 黄易致陈灿阔别札（《手迹》页98—101）

释文：

> 故人阔别，结想弥殷，昨荷手书，深感存注，兼悉大兄嘉况为慰。弟昨在黄河备尝艰苦，须发苍然。今调运河，复患繁琐，未知何年稍得自如，与大兄笠屐湖山，遂我素愿。曷胜萦望之至，所命者，苦当羞涩，勉奉十金，可笑可笑。弟欲买诸书附奉十金，希大兄

代购交陈明带来,至感至感。弟襟肘之况,询陈明尽悉也。鲍绿饮大兄近况若何?念念。所藏冯犹龙《挂枝儿曲》如得借观,妙甚妙甚。弟近日得碑甚多,不但范式、武梁等种,前人未见者层出不穷。且嵩山三石阙,续得多字,快幸之至,只此一事,可告知已耳。老母托庇甚健,两小犬渐大,其大者已攀姻兰垞侍御之媛矣。专此顺候近祺,统惟雅照,不一。愚弟黄易顿首。象昭大兄大人。十一月十五日具。大兄如明岁同舍侄到沛更妙。

疏证:

札中云"弟近日得碑甚多,不但范式、武梁等种,前人未见者层出不穷",可知此札作于乾隆五十一年(1786)秋黄易访得武梁祠画像之后,大约作于乾隆五十一年(1786)十一月十五日。由札中"两小犬渐大,其大者已攀姻兰垞侍御之媛矣",可知黄易之子黄元长娶潘庭筠侍御之女约在是年冬。

涉及金石书籍资料:范式(碑)、武梁(武梁祠画像)、嵩山三石阙、《挂枝儿曲》

关涉人物:象昭大兄(陈灿)、陈明(小价)、鲍绿饮(鲍廷博)、老母(梁瑛)、两小犬(黄元长、黄元礼)、兰垞侍御(潘庭筠)、兰垞侍御之媛(潘庭筠之女)、舍侄(黄庭之子黄时,即黄元鼎)、冯犹龙(冯梦龙)

新00151921-30/32 黄易致陈灿嵩山札(《手迹》页102—105)

释文:

张舍舅南还带上寸函,谅经台照。弟从嵩山洛阳畅游,十月返济,接大哥手书并老莲板对,兹江二世兄来东又荷手书,知宋板书已托其带来。渠止将信函付济,其书物尚存沂署,想日内可到。吾兄信中云有丁先生字一幅,金扇面一个,不知交与何人?弟尚未收到,乞询示之。祝卷、云松巢卷费神装就,感感。兄初一信云所书交寄,今信内兄云山舟先生题好彼处交寄,未知已寄否?然此物带寄颇难,兹弟遣役代孙道台请朱朗斋先生来东,最为妥便,乞大兄问取二卷,托朗兄带此为感。梁四兄信来云仍交尊处带寄,谅必未寄。原札送阅,承汪八兄见爱之至,勉涂小幅送与一笑。弟游嵩洛得碑极多,画成二十四图,明年春仲登泰山又当绘图,带回与良友快观,何如?专此敬候近安,余再布不备。象昭大哥大人。愚弟制黄易顿首。十二月廿五日。舍间托庇平安,又及。并候诸世兄,又及。汪八兄、杭雪兄乞候之。

疏证:

此札为黄易向故人陈灿叙述游嵩洛并书画交流、装裱诸事。据札中"弟从嵩山洛阳畅游,十

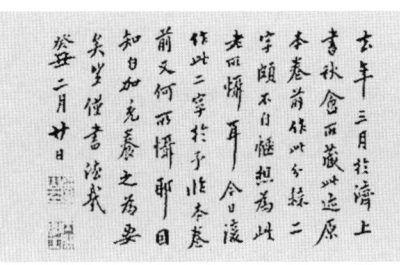

图 16　翁方纲自摹影本祝允明《成趣园记》引首"宝祝"

月返济",可知此札作于嘉庆元年(1796)十二月廿五日。

涉及金石书画资料：老莲板对（陈洪绶对子）、宋板书、丁先生字一幅（丁敬书法）、祝卷（祝允明书《成趣园记》）、云松巢卷、嵩洛访碑图

案：托陈灿装裱之"云松巢卷"当指乾隆二十一年(1756)黄易十三岁时所书篆书《云松巢志》，此作并被摹刻上石，事详《山东兖州府运河同知钱唐黄君墓志铭》。

又"祝卷"指黄易所藏祝允明书《成趣园记》。乾隆五十七年（1792）三月三日，翁方纲按试山东，与黄易于济宁见面，支篷唼面，黄易出所藏祝允明《成趣园记》欣赏，翁方纲为题。秋，翁方纲还济南，驰书黄易，借观祝允明《成趣园记》，黄易于济宁寄奉，翁方纲留观至十月，并自摹影本。

乾隆五十七年（1792）三月三日，十月朔旦，翁方纲将缄还黄易所藏祝允明《成趣园记》，题跋其上："今年春三月三日，方纲按试，道出洴上，秋盦具舟相迓，支篷唼面，同赏此卷，辄题二字于前。明日雨后宿邹县，灯下作二诗，以寄题之，即此第一首及末章也。其秋，还济南，梦寐之间，时在此卷，因复寓书至洴上，倦首重观。秋盦不吝珍秘，驰以见付。自秋至冬，百有余日，无时不陈几上，复得三诗，合前凡五首，书于其后。盖余所见祝书，未有过于此者矣。今将缄还，并为识此。十月朔旦，方纲。"（《翁方纲题跋手札集录》）

是年翁方纲又作《祝枝山书成趣园记卷为秋盦题五首》。

乾隆五十八年（1793）二月初九日，翁方纲在东昌使院题自摹影本祝允明《成趣园记》："壬子（1792）三月，道出济宁，秋盦具小舟来迎，支窗唼面，出此卷同赏，叹为祝书神品。是日匆匆为赋二诗，然此迹之妙，回环胸臆，梦寐以之。其秋，还济南，因致书借此卷来于小石帆亭，晴窗展玩，手拓成此，而还原卷于秋盦，将以今年春尾复至济宁，出此与秋盦对论之。癸丑（1793）春二月九日，东昌使院记。"（《翁方纲题跋手札集录》）

翁氏自摹影本原件上尚有翁方纲书引首"宝祝"（图16），并题"枝指生第一妙迹"，"观

所藏诸迹终以此为甲观"。复有一则题跋云："去年三月于济上书秋盫所藏此迹，原本卷前作此分隶二字，颇不自惬，想为此老所慑耳！今日复作此字于予临本卷前，又何所慑耶！因知自加充养之为要矣，岂仅书法哉。癸丑（1793）二月廿日。"（香港苏富比 2006 年春拍中国书画专场，Lot.0300）

关涉人物：象昭大哥（陈灿）、张舍舅、江二世兄（江凤彝）、山舟先生（梁同书）、孙道台（孙星衍）、朱朗斋（朱文藻）、朗兄（朱文藻）、梁四兄、汪八兄、杭雪兄（杭理）、老莲（陈洪绶）、丁先生（丁敬）、祝（祝允明）

附：杭理字友湖，号雪舫，钱唐人。

新 00151921-31/32 黄易致陈灿龙泓札（《手迹》页 106—111）

释文：

役回接展手书，藉悉大哥近履嘉胜为慰。龙泓先生诗轴领到。拙书画何足重？因近日甚忙，少缓即报也。满拟领咨，今竟弗果，怅怅。其中委屈，陈明自必详述。敝同寅徐、袁二君欲觅送何寀之画件，必得装潢好者。今从赵道台会出银一百两［杭事之承］，奉烦大兄为弟买之。素佩大兄古道，所办必然妥协。如华秋岳之人物花鸟名色［寿意更妙］不碍者，每幅数金至十金以内竟买之。再求人代买好颜色美人二三幅亦可。王元勋之工致美人、福寿及寿意堂画，每幅数金亦可买。汪八哥处崔子忠《旌阳移家图》［约廿四金］。沈石田山水条幅约十六金，夏珪卷十金，如肯割爱为弟买之。类乎此者，价不甚昂，亦可买，总要裱好者。奚九真笔，每幅一二三金亦可用，横披山水好者［要洁净不黑暗］亦可用。董思翁、梁山舟二家刻板对子［每副二千余文］，买三四付。奚九哥之扇面［数星者买之］，山舟先生真笔单款对子买二付。奚九兄云王元章红梅有丁先生题字者，廿四金可得，虽黯亦欲买之。乞大兄代办，银不敷弟即寄上不误也。梁山舟先生许题祝卷、墓图，今具函送上，乞大兄向四兄索之。陈瀫水兄云金君欲借祝卷刻石，亦不妨转借也。杭州如有堂画工妙者，价不甚可以交寄酌买。倘不用，交粮船带回亦便，乞留意，若假画及过贵者，则无用也。前托《知不足斋丛书》，弟止买数本，余者王秋塍要者，如无，暂缓亦可也。匆匆敬候近安，余再报，不一。象昭大哥大人。愚弟禅黄易顿首。三月十四日具。承购扇面价五星，大妙，即于此数内扣算之。弟尚欲买书，另单开上。沈文合璧一册，内山舟先生之乞装裱于后。

疏证：

此札涉及黄易托请陈灿代为其两位同寅在杭州收购古今书画之事甚详，这些书画是用来作为礼物送给上级官员的，既反映了乾嘉时期文人官员的雅贿现象，也保存了乾嘉时期一批颇具流通性的书画家作品价格，是十分珍贵的艺术史史料。札中提及"祝卷"可详新 00151921-30/32 黄易致陈灿嵩山札之疏证，从此札来看，后黄易又请梁同书题跋，杭州金德舆复借去摹刻上石，故今日仍有拓本流传。王冕红梅轴之前后经过则可参阅新 00151921-19/32 黄易致陈灿粮艘札、新 00150710 奚冈致黄易春间札之疏证。此札中还涉及黄易代为在朋友间销售鲍廷博所刻《知不足斋丛书》之事。札末落款"愚弟禫黄易顿首"，可知为黄易守制期满除服之际，故此札作于嘉庆二年（1797）三月十四日。

涉及金石书画书籍资料：龙泓先生诗轴、华秋岳人物花鸟（寿意更妙，每幅数金至十金以内）、王元勋工致美人福寿及寿意堂画（每幅数金）、崔子忠《旌阳移家图》（约廿四金）、沈石田山水条幅（约十六金）、夏珪卷（十金）、奚九真笔（奚冈画幅或横披，每幅一二金）、董思翁刻板对子（每副二千余文）、梁山舟刻板对子（每副二千余文）、奚九哥扇面（奚冈扇面，数星）、王元章红梅（有丁敬题字，廿四金）、祝卷（祝允明《成趣园记》）、墓图、沈文合璧（沈周、文徵明两家合璧）、《知不足斋丛书》。

关涉人物：象昭大哥（陈灿）、陈明（小价）、同寅徐袁二君、何宪（何道生）、赵道台、汪八哥、奚九（奚冈）、梁山舟（梁同书）、陈澉水（陈希濂）、金君（或指金德舆）、王秋塍（王复）、龙泓先生（丁敬）、华秋岳（华喦）、王元勋、崔子忠、沈石田（沈周）、夏珪、董思翁（董其昌）、王元章（王冕）、丁先生（丁敬）、沈文（沈周、文徵明）。

新 00151921-32/32 附一：记室录黄易古墨札（《手迹》页 112—113）

释文：

夏初，接奉手函，深荷垂注。并承远赐古墨等物，祇领之余，感深五内，比维大兄大人近祉绥和，起居安吉，以颂以慰。弟在济上公事极繁，应酬浩大，支绌之情，笔难尽述。所恃老亲健饭，合署托芘粗安耳。昨闻大兄赋闲在家，未知此时可有就绪否？素蒙知爱，极应力为说项，奈弟于浙中固无相知可荐之地，而东省又无置位之处。遥望清辉，殊深悬切。薄具十金，聊以将意，惟祈莞存，是荷是幸。专此奉候台祺，统希丙照不宣。愚弟黄易顿首。小女于归，蒙嫂夫人所赐多仪，谨已拜领。家母及内子俱嘱道谢，并问近安。又及。十舍弟不另札，嘱问迩祉并致拳拳。

[此一札是记室手笔，鱼目固不可以混珠也。曼生记。]（钤"阿曼"印）

疏证：

此札有陈鸿寿题跋，已辨出为记室笔墨。札中所云"大兄"或指陈灿。彼时黄易母亲梁瑛尚健在，故此札当作于乾隆六十年（1795）闰二月之前，具体时间俟考。

关涉人物：大兄、小女（黄润）、嫂夫人、家母（梁瑛）、内子（黄易之妻项氏）、十舍弟

新00151921-32/32 附二：陈鸿寿题跋（《手迹》页114—115）

释文：

秋翁以营葬南归，枉书索鄙人篆刻，及余游历下，翁在任城，邮筒往来甚数。赠画为途中人攫去，可谓忘年交亦文字交，顾终未得相见为欢，托之神交而已。尝辑其手札与澹川、铁生两君所遗合为一册，什袭藏之。今观此册，益重人琴之感矣。秋翁平生篆刻第一，画次之，隶书又次之，行狎书古淡天真，在作者极不经意，然非浸淫于金石之学，又安得纯任自然乃尔耶？俪金世讲其珍秘之。嘉庆甲戌闰二月陈鸿寿题记。（钤"曼生"印）

疏证：

从陈鸿寿跋文看，这批信札最初由俪金收藏，陈跋书于嘉庆甲戌年（1814）闰二月。

关涉人物：陈鸿寿、秋翁（黄易）、澹川（吴文溥）、铁生（奚冈）、俪金世讲

新151939-29/44 黄易致罗聘兰亭札（《手迹》页116—117）

释文：

寿门先生《兰亭》求拓一二幅，石民□所画琵琶美人，兄能否割爱否？弟慕之甚殷，兄不妨再求另画。似可令我真个销魂也。有信交汪大哥处，即有便人带北。天涯羁旅，惟良友尺素，可以慰之。此意谅曲鉴之。肃候文安。临楮驰溯。两峰四哥大人。愚弟黄易顿首。四嫂前乞请安。

疏证：

此札与新00151921-9/32 黄易致罗聘轩窗札内容多有重复之处，如向罗聘求金农书《兰亭》拓本及张四教所画琵琶美人图。故此札紧承新00151921-9/32 黄易致罗聘轩窗札之后，亦当作于乾隆三十九年（1774）秋或稍晚。

涉及金石书画资料：寿门先生《兰亭》（拓本）、石民琵琶美人（张四教画琵琶美人）

关涉人物：两峰四哥（罗聘）、四嫂（方婉仪）、汪大哥（汪恣）、寿门先生（金农）、石民（张四教）

新 151944-41/49 黄易致翁方纲北海札（《手迹》页 118—121）

释文：

黄易谨禀大人阁下。前易遣役入都以北海《灵岩寺碑》呈阅，谅荷垂鉴。前谕之元遗山《超化寺诗》，今始检得，特此呈赏，易另觅不难也。《安阳四残碑》内二块者有"国之裔"句，赵渭川以为《刘君残碑》。其下"凡"字，易疑是"民"字，与上句"国之裔兮"句作对。笔画虽简而字形却类"民"字，恐刻者省漏之故。伏希训示。"凡"之下作"亠"，似乎"民之慈父"等文也。梅溪北来，至淮而还。芝山自粤至杭，闻今冬北上。晋斋自粤还浙矣。专此。敬请福安。余容再禀。易谨禀。八月十三日具。

疏证：

从内容分析，此札之受信人为翁方纲无疑。内容涉及黄易遣役入都送李邕《灵岩寺碑》拓本给翁方纲，并赠元遗山题《超化寺诗》，及与考订新出《刘梁残碑》之事。札中所云《刘君残碑》即《刘梁残碑》，系"安阳残碑四种"之一，嘉庆三年（1798）四月廿五日，徐方发现于河南安阳西门豹祠内。七月，黄易与翁方纲、赵希璜（渭川）等往复函札考订，九月翁方纲为作跋文。故此札作于嘉庆三年（1798）八月十三日。

涉及金石资料：李北海《灵岩寺碑》、元遗山题《超化寺诗》《安阳四残碑》《刘君残碑》（《刘梁残碑》）

案：元遗山题《超化寺诗》，孙星衍《寰宇访碑录》有载，在河南密县。

关涉人物：大人（翁方纲）、赵渭川（赵希璜）、梅溪（钱泳）、芝山（宋葆淳）、晋斋（赵魏）、北海（李邕）、元遗山（元好问）

新 00152012-1/32 黄易致陶樑过济札（《手迹》页 122）

释文：

七兄过济，值弟匆匆赴北，未得握手奉慰，寸心歉然。别后未知近履何似，念甚念甚。接吴门徐舍亲信，承寄一诗，古调逸音，感服之至。有寄七兄一札，兹寄上。日内运河事繁，绝无雅兴，舍亲处尚未覆谢也。专此敬候近履，临笔驰注不尽。凫香七兄。愚弟黄易顿首。

九月廿二。

疏证：

此札内容为友朋候问，作札具体时间不详。札中有"承寄一诗，古调逸音，感服之至"语，查陶樑曾作《春尽日送叶村黄大之历城即呈小松先生》长句（《红豆树馆诗稿》卷一），或许即此。嘉庆元年（1796）四月二日，黄易为陶凫香作山水扇面，《秋盦遗稿》中也收录《送陶凫香归娶》一诗，可证二人之交游。

关涉人物：凫香七兄（陶樑）、吴门徐舍亲

新00152027-36/146 黄易致史红亭少暇札（《手迹》页123）

释文：

……归来矣，少暇即图领教。前云可以价求之琴砖，幸即谋之，需价几何，示知奉上，此恳，候安不一。愚弟黄易顿首。（钤"黄易私印"印）红亭老大兄。

疏证：

此札失叶已不全，难以详考。《故宫藏黄易尺牍研究·手迹》书中受信人失考，案当为史红亭，详新00151915-22/24黄易致某人琴谱札疏证。

关涉人物：红亭老大兄（史红亭）

新152040-23/71 黄易致梁同书福安札（《手迹》页124—125）

释文：

愚侄黄易敬请山舟老伯大人福安。昨汪世兄南来，接奉手书，并赐题手卷二件，敬承名翰，永作家珍，欣幸之余，不胜感谢。祝书卷首一行，诚如指训，不必装入，多印亦可从删。至陈汝器，初不知其人，昨得旧《缙绅》，始知为奉天人，官大理卿也。龚氏尺牍止获纪映钟、杜于皇等四纸，昨已由赵复堂观察呈上，谅邀清照。颜氏尺牍最多，梁今选四会令，不日过曲阜，当求得数种，另行呈上，先此敬谢，余俟再布。易谨具。闰六月初十日自济宁手肃。

疏证：

此札涉及黄易为梁同书搜集名人尺牍之事。从"祝书卷首一行，诚如指训，不必装入"来看，与新00151921-30/32黄易致陈灿嵩山札中"祝卷、云松巢卷费神装就，感感。兄初一信云取书交寄，今信内兄云山舟先生题好彼处交寄，未知已寄否"呼应，也可在新00151921-31/32黄易致陈灿龙泓札中"梁山舟先生许题祝卷、墓图,今具函送上"得到印证。综上可知,此札当作于嘉庆二年(1797)闰六月初十济宁无误。

案:此札曾收入潘承厚辑《明清两朝画苑尺牍》。

涉及书画书籍资料:梁同书手卷、祝书(祝允明《成趣园记》)、陈汝器尺牍、纪映钟尺牍、杜于皇尺牍、《缙绅》(当指《满汉缙绅全书》之类书籍)

关涉人物:山舟老伯(梁同书)、汪世兄、赵复堂观察、陈汝器、龚氏、颜氏(或指颜崇槼,号心斋)、纪映钟、杜于皇(杜濬)、祝(祝允明)

新00155999-1/8 黄易致张爱鼎石谷札(《手迹》页126—129)

释文:

岁暮穷愁,正无赖无聊之际,忽得故人一纸。携来四卷,内中石谷长卷,布置至三丈六尺七寸,题曰"江山无尽",真无尽也。笔墨结构色色俱到,若此瑰奇之宝,易眼中惟见毕师之石谷为颐庵相公作长卷,并此为二也,何容再辨题字。况王、余二跋精妙名笔,二皆真笔,更不必致疑。且系家宝,尤当珍守,宜择佳工穷半年之力装成永宝,勿轻示人为要。杭州名裱沈君系敝友陈君转托,明年四五月来此,始可面托携裱,此时不便即托。似此重器,不能不十分慎重也。至夏珪卷,神采取境俱好,笔墨虽极老到,确乎马、夏一派,然士气绝少,亦不淳古,非宋元之迹,卷之前后并无款印,细看笔路是戴文进诸人为之,不值细裱,今同石谷卷送还。如欲裱,明年夏间再取何如?至黄山谷二卷,赝笔可笑,无用物也。易得见石谷此卷,喜而不寐,谨录出跋语矣,内中松针柳叶芦竹之类,稍露稚弱,恐弟子杨子鹤辈足成之,然山骨稜稜,水云灵活,一气浑沦,天衣无缝,非石谷老子亲手布置不能也,研村以为何如?顺此奉复,并候近祉,不一。愚兄黄易顿首。封篆前一日。研村六弟大人知己。

河宪今日住康庄,明定于十九日进济。罗宪已赴北矣,又及。

[石谷为颐庵作长卷题曰"江山卧游图",约长三丈,今在杨荫伯家,洵奇迹也。丙寅二月壬寅朔,伯英获观记此。]

[七世叔祖澄斋公任延平府知府者为颐庵相国之婿,故秋庵画跋有与太原王氏戚好之语。伯英恭注。]

疏证:

此札内容关于赏鉴张爱鼎家藏王翚《江山无尽图》,及鉴定夏珪画作和黄庭坚手卷诸事。黄易认为王翚《江山无尽图》长卷（长三丈六尺七寸），与毕沅所藏王翚为王时敏之子王掞所作的《江山卧游图》（约长三丈）同为瑰奇之宝。认为"内中松针柳叶芦竹之类，稍露稚弱，恐弟子杨子鹤辈足成之，然山骨稜稜，水云灵活，一气浑沦，天衣无缝，非石谷老子亲手布置不能也"。又鉴定张爱鼎所藏夏珪卷为戴进诸人所作，黄庭坚两卷则为赝品。此札作于新155999-2/8黄易致张爱鼎远荷札之前，当在乾隆五十九年（1794）十二月封篆前一日，具体考证详新155999-2/8黄易致张爱鼎远荷札疏证。

案：《秋盦遗稿》录有黄易题王翚《江山无尽图》两跋，附此："画学至石谷，萃唐宋元明诸名家之法，精深博大，无美不具，查悔余谓其落笔妙天下，信哉。然非烟客、湘碧诸君指授之精，收藏之富，亦莫能成其业。故石谷为太仓诸贤挥洒卷轴，合作尤多。铜山张将军薇山，性嗜翰墨，与太原王氏戚好，石谷辈画家常主其家，此将军官常熟福山时所作，景物苍茫，体极宏远，长卷精善，无一懈笔，真奇宝也。"（《为张砚村跋王石谷画卷》）"观石谷此卷，浑然一气，取境幽深，设色点皴，无不神妙，是其生平合作。薇山先生官虞山时，石谷尝馆署中，从容挥洒，故所写与寻常酬应者不同。卷失，后为先生后贤砚村太守购得，赵璧复归，更足宝贵。惜有污痕，余携至吴门，命工装洗，复还旧观，谨题以还之。"（《题石谷山水卷》）

涉及金石书画资料：石谷长卷（王翚《江山无尽图》）、夏珪卷、黄山谷两卷

关涉人物：砚村六弟（张爱鼎）、毕师（毕沅）、石谷（王翚）、颛庵相公（王掞，王时敏子）、沈君（杭州名裱）、陈君（陈灿）、夏珪、戴文进（戴进）、黄山谷（黄庭坚）、杨子鹤（杨晋，王翚入室弟子）、罗宪（罗烶）

新00155999-2/8 黄易致张爱鼎远荷札（《手迹》页130—135）

释文：

远荷手书，备叨关照，感佩之至。刻字高姓，系孔十二公家人，业已转借来此，其每字工价，照易给发者开明带览，石板运二块，庶可一到即刻，盘费已经程二兄付给矣。王麓台《辋川图》虽有败笔，却是真迹，无可疑义。石师画山水，简老者居多，此作繁碎，别开一境，亦是妙品，易妄书数语奉还，法家以为何如。易所藏一小帧，用笔措意似佳于此，谨寄清赏。石谷大卷如欲南裱，易可带去，惟稍需时日，然断不失污也。此等巨迹，使吾友奚九一见亦妙。毕制府家藏《停云馆帖》十二卷，妙绝，胜孔刻多矣，不可不求之。易有业师何东甫先生托售藏金纸卷筒者，十三张，物虽好，那得知音以重价购之？然千里远托，不可不为设法。

计惟王秋塍明府可以消脱，今不知在何处，特托尊处代为寄达，取其回信带掷，感佩不浅。万一秋塍处不能，即求六弟大人代为设法，如其无用，不妨带回交还，此所谓我尽我心而已。秋塍信未封口，乞阅明转寄可耳。此候近安，临笺驰切不尽。砚村六弟大人。制愚兄黄易稽首。孔世兄札附上。

［柳州公墓铭苏园仲先生去疾所撰，一孔谷园书，刻入谷园帖中，一康茂园行书，嵌萧县祠壁。小松向孔十二公商借高登为刻康书也。萧邑无打碑人，数十年欲觅拓本不可得。柳州公后裔凋零，闻祠屋易主，铭石恐不知何往，为之恻然。］

［停云帖由毕氏散归冯氏，余见翁苏斋藏冯本，原石缺损以后刻充补，苏斋详注于上，今亦不易得。］（钤"勺圃"印）

［近代丛帖未有及停云者，岂止远胜孔刻，惟藏真千文、少师起居法，不应滥牧，致为全帖之玷。庚申七夕。勺圃。］（钤"伯""英"印）

［先七世祖荣禄公镇福山时，石谷师弟恒在署中，子鹤为公写照尚存二卷，一伯英恭藏，一在族祖仙甫家，皆巨迹也。石谷所作亦不止江山无尽一图，今则片楮无存。读秋盦先后数书，为之叹喟。乙未二月，伯英识。塔式古兄贻余《秋盦遗稿》本，有题石谷画二则，皆为此卷，附录于后："画学至石谷，萃唐宋元明诸名家之法，精深博大，无美不具，查悔余谓其落笔妙天下，信哉。然非烟客、湘碧诸君指授之精，收藏之富，亦莫能成其业。故石谷为太仓诸贤挥洒卷轴，合作尤多。铜山张将军微山，性嗜翰墨，与太原王氏戚好，石谷辈画家常主其家，此将军官常熟福山时所作，景物苍茫，体极宏远，长卷精善，无一懈笔，真奇宝也。""观石谷此卷，浑然一气，取境幽深，设色点皴，无不神妙，是其生平合作。微山先生官虞山时，石谷尝馆署中，从容挥洒，故所写与寻常酬应者不同。卷失，后为先生后贤研村太守购得，赵璧复归，更足宝贵。惜有污痕，余携至吴门，命工装洗，复还旧观，谨题以还之。"］

［二跋以未定之稿，曾否书于卷上不可知。卷虽不知所往，有此跋与书，则石谷之画虽亡犹存也。］（钤"云龙山民""张少溥"印）

疏证：

此札涉及黄易为张爱鼎寻张符升墓志铭刻手之事，兼及赏鉴书画碑帖，以及代何琪销售藏金纸等事。从此札落款中"制"字，以及所言"石谷大卷如欲南裱，易可带去"等语可知，此札当作于乾隆六十年（1795）闰二月五日之后至七月十五日黄易扶柩归里之前的一段时间内。

涉及金石书画资料：王麓台《辋川图》、石谷大卷（王翚山水卷）、《停云馆帖》十二卷、

藏金纸

案：札中所言"王麓台《辋川图》虽有败笔，却是真迹，无可疑义"，即今藏美国大都会博物馆之王原祁《辋川图卷》。乾隆六十年（1795）夏，黄易为题跋："石师道人得董、巨、倪、黄气韵，诚南宗正脉。宜其希踪辋川，信手点成，自然合古。老苍气骨，想见其人。若屋舍人物，布置精工，本非此老擅长，不足计也。砚村得此寄示，欣赏三月，将归里门，题以还之。钱唐黄易。"

又：《停云馆帖》为明代汇刻丛帖，文徵明选集，子文彭、文嘉摹勒。嘉靖十六年（1537）始刻，以后得佳墨逐次加刻，至嘉靖三十九年（1560）完成。

关涉人物：砚村六弟（张爱鼎）、高姓（碑刻刻工高登）、孔十二公、程二兄、奚九（奚冈）、毕制府（毕沅）、何东甫（何琪）、王秋塍（王复）、孔世兄、王麓台（王原祁）、石师（王原祁）、石谷（王翚）

新00155999-3/8 黄易致张爱鼎刻工札（《手迹》页136—139）

释文：

> 昨刻工高姓回济，接荷手书并新刻赵书《无逸》，谢谢。重刻旧帖神气太远，不若尊跋之秀整也。兹易公事已完，业已请咨定于七月十五日，扶服南还，即安窀穸。弟困累之余，忽逢读礼，往年除夕结算，不过四千余两之缺，乃四维复来，事事刻薄，以致同人店欠至八千余两。程二兄在此深悉其事，今累李亲家代担，易无颜以对至戚，并无颜以对小女。久郁成病，彻夜呻吟，四维相待，不应如是。不平之鸣，自不能已，不惟寅好尽知，为我不平。河宪亦所深知，施恩于易，格外垂慈，应缴之四数，宪谕赏给，断不肯收，感愧之私，难以名状也！易廿年以来承老伯与六弟骨肉相待，解衣推食，无所不至，昨慈亲举殡已荷厚情，今岂可再为琐渎。惟易荡然一空，今南归大事需费之时，运河诸好已承竭力，空中楼阁，布置甚难，六弟大人肝胆照人，易之近况尤荷垂怜，故不得已专价奉渎。南岸寅好，尤望齿芬，济易涸辙，感刻宁有既耶。前托寄王秋塍之藏经纸，未知已达否，如能藉力销去固好，万一不能，不妨寄还，以便交与敝业师了此一宗。易此日布置启程，心绪恶劣，不可名状，将来乞食何方更不可问也。王石谷卷如欲重裱，乞付下，易当妥办奉复，专此，顺请台安，临书驰切不备。制愚兄黄易顿首，砚村六弟大人。七月初一日手肃。

> 外，《郁冈斋帖》一部、拙画小扇附送清赏，又及。

[札内言及李亲家云云即指先太高祖作霖公言,《遗稿》中有挽词,所谓"不道朱陈谊,翻多管鲍情者"是也。汝谦敬记。](钤"汝谦""一山"印)

[从曾祖研村、心塬皆与秋盫厚。两家存其手迹至多,幼卿为心塬公孙,工书画,富收藏,早世可惜。](钤"勺道人""英"印)

[书中毕制府藏《停云馆帖》十二卷,妙绝,不可不求。余在萧见《停云》残帙,乃覆本,疑当时竟未访得。比来京师所见,不下廿本,均非原刻。癸丑暮春,无意中获之,虽少阙损,觉火斋本难不啻也。《郁冈斋》尤希靓,小松赠本今亦不知所在。]

[小松书画扇廿余叶,藏幼卿族叔华黍斋中,悉失去,以双钩法写水仙,真有凌波微步之态。](钤"少溥""张伯英印"印)

[《停云馆帖》初本止十册,无《书谱》及衡翁《西苑诗》,观弇州先生文帖跋语可知其次第,亦与今传本异,疑初本册首无标题字。朋图附记。](钤"姚""凤"印)

疏证:

此札述及黄易于任上店欠巨大,往年四千余两之缺今年达到八千余两,以致累及亲家李锺沛代担,又值七月十五日扶柩南还在即,盘费不济,求助于张爱鼎,并赠张爱鼎《郁冈斋帖》一部、自写扇面一件。此札作于乾隆六十年(1795)七月初一。

涉及金石书画资料:赵书《无逸》(赵孟頫书《尚书·无逸》)、王石谷卷(王翚《江山无尽图》)、藏金纸、《郁冈斋帖》、黄易扇面

关涉人物:砚村六弟(张爱鼎)、刻工高姓(碑刻刻工高登)、程二兄、李亲家(李锺沛)、小女(黄润)、河宪(兰第锡)、老伯(张符升)、王秋塍(王复)、敝业师(何琪)、赵(赵孟頫)

新00155999-4/8 黄易致张爱鼎南归札(《手迹》页140—143)

释文:

易定期月半南归,遣王兴奉渎一切。奉具寸函,想经台照,兹接手书并秋塍银信、藏经纸,深承关照,感谢感谢。纸实真品,秋塍嘱十日间寄往,易与之分售矣。近日作伪者几欲乱真,此种易深知其来历,今易留其稍次者三张,为装潢古迹卷首之用,择其洁净者十张,装潢妥协,仍为秋塍致送之用也。渊如至兖郡,大妙,闻其车压腿,幸无害,今已赴热河请训,七日到此也。叶二兄既升,六弟荣擢在迩。惟祈近地方而

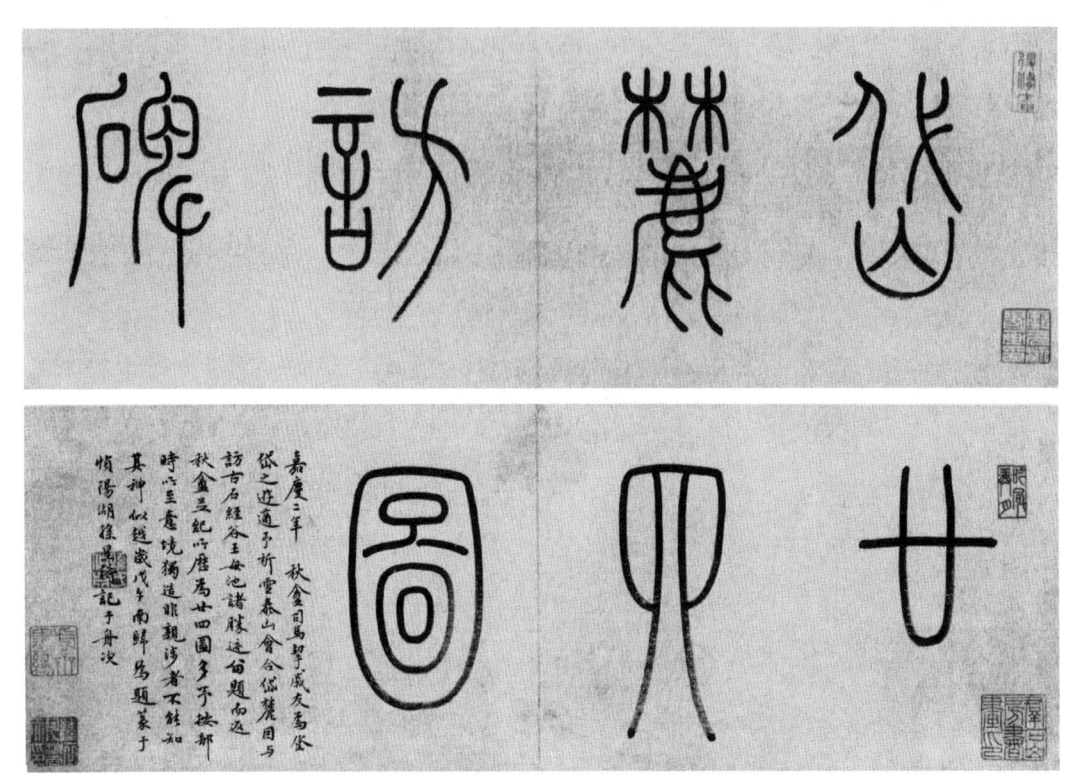

图17　孙星衍篆书"岱麓访碑廿四图"　故宫博物院藏

有古迹者,兄当畅游快谈,大妙大妙。专此奉谢,余悉前信不备,此候近祉,临笺驰注之至。研村六弟大人。制愚兄黄易顿首。十三弟在署否,均此奉候。

[案渊如年谱,于乾隆六十年简放山东兖沂曹济道,五月奉命,十月莅任,有勿庸前来行在请训之谕,藉可推知秋盦公扶服南返,即在是年七月十五矣。汝谦。](钤"后汉画室"印)

[居山东二十年矣,留意秋盦遗迹,书札尤不多见,其小行书疏古秀逸,一扫乾嘉醲俗之习,每见辄为倾倒。秋盦画多伪迹,颇有足以乱真者,惟此小字今人无可摸拟,绝少依托。少溥先生护此家宝,朋图得见为幸,谨记于后。己未初秋。](钤"姚""古凤"印)

[壬戌二月崔汉章寄余秋盦画幅,为金云庄仿九龙山居图,笔墨颇有逸致,而题字稺弱,疑李白楼辈所临。秋盦画易赝,其书不易赝也。匃圃。]

[石谷卷王、余二跋,余疑澹心,王则不知为谁,或庵《居业堂集》,有跋石谷仿巨然溪山无尽图者,当别为一本。]

[柳坪姚君与予同嗜古碑刻,于拙书推许甚。至殁后无子,予哭以联云:"盛推我书迈唐贤,

有惭斯语；喜过君斋观圣草，今付何人。"柳坪藏长史墨迹，自署圣草楼也。]

[李一山甚爱此册，借观题识，今一山墓木拱矣。丁丑春初。]

疏证：

札中所言"渊如至兖郡，大妙，闻其车压腿，幸无害。今已赴热河请训，七日到此也"，在《孙渊如先生年谱》中有所记载："乾隆六十年乙卯（1795）五月，奉旨简放山东兖沂曹济兼管黄河兵备道。先十日坠车折足，医者言百日可愈。七月至热河，奉旨不必请训，即行赴任。八月……水程往山东。"（图17）故可知此札作于乾隆六十年（1795）七月，在新155999-3/8黄易致张爱鼎刻工札之后。

涉及相关资料：藏金纸

关涉人物：砚村六弟（张爱鼎）、王兴（仆从）、秋塍（王复）、渊如（孙星衍）、叶二兄、十三弟

新00155999-5/8 黄易致张爱鼎荣擢札（《手迹》页144—145）

释文：

至好睽违，依驰倍切。伏想荣擢以后，此日五马东来，益臻景福，无任欣颂。易束装之际，倍极艰难，承古道深情，麦舟慨助，得以及期起程，举家感佩，如何可言。兹于九月初五日抵杭，已奉先灵到山，即日安葬。故乡无屋无资，贱眷不能久住，乘此河路通行，先令返东。易俟窀穸完备，亦即赴济。易大事如期而办，何莫非仁人君子关切解助所致也，感激之私，尤非浅鲜。所嘱王石谷卷，乡中赏鉴家无不叹赏，以为绝品。今装潢将就，所污者虽洗，未必能尽耳。近日谢藩台抄得内府实录中摘出开国至世宗时大事，名曰《东华录》，凡朝廷大事悉载，秘册难得，易已抄得一部，俟到东奉寄，凡为臣子不可不见也。敬此奉候，兼谢盛谊不尽。黄易顿首。志铭奉上台览。

[此叶代笔人书也。]（钤"榆庄"印）

疏证：

此札详述黄易扶柩归杭为其母下葬细节，及返程相关事宜之安排，并告知张爱鼎所藏王翚《江山无尽图》已洗毕裱就，然污处不能尽数洗净。此札虽无受信人，但明显是写给张爱鼎的，作于乾隆六十年（1795）九月初五黄易至杭安葬其母梁瑛之后不久。

涉及书画书籍资料：王石谷卷（王翚《江山无尽图》）、《东华录》、志铭

关涉人物：谢藩台、王石谷（王翚）

新 155999-5/8 附一至附六（《手迹》页 146—151）

释文：

（印章及边款拓本，略）

疏证：

所附六印中，"太平之印"为张太平所作。"茧园老人""苏门""苏门所藏"三印为张符升所作。"张爱鼎印""砚村"二印为张爱鼎所作。

案：《徐州史志》2014 年第 4 期刊有欧阳尊卿《萧县张氏与黄易交游考》一文，论及张爱鼎家族事迹甚详，可参阅。现摘引萧县张氏家族中与故宫所藏黄易尺牍有关人物基本资料如下：

张太平（1709—1788）字拱宸，号寿云，别署乐园、绥舆山人、银岭西樵。清代书画家，金石收藏家。好诗文，善书法。尤以草书知名，苍劲遒古，得张旭、怀素真传。晚年善画，宗董其昌，饶具天然妙趣。诗文结集为《岭云樵唱》。

张符升（1725—1786）字子吉，号苏门，太平侄。清代诗人，收藏家，亦善书画。历官汶上主簿、泉河通判，调商虞通判，迁下北河同知，署卫辉府事，迁柳州知府。著有《苏门山人诗钞》。

张爱鼎（1753—1809）字慎修，号砚村，一作研村，符升长子。清代收藏家，历官卫辉府粮盐河务通判，曹单同知、下南河同知、兰仪同知，武定知府。

新 00177970-1/9 黄易致邱学敏幕下札（《手迹》页 152—155）

释文：

……仍依幕下，无一可告知己。惟金石之储过于赵晋斋，断素零缣亦时涉古趣，不改奉教时面目，只此聊遣岁月耳。日内河帅有备贡之件，至保阳酌商，冲寒就道，知先生尚在都中，特此问讯。惜乎途中相左，未得握手快谈也。郑薇北六兄近绪如何，念切之至。李阳冰"黄帝祠宇"四字，易无此拓本，他种皆有之，不知先生有储本否？广东之碑从翁宫詹转乞，大概已备矣。粤中构树作纸，薄而密，颇宜泼墨。画如随意赐寄，感戢无量。敬此谢教，并候福禧，临书驰注不尽。黄易顿首。东河先生司马。（钤"小松"印）

疏证：

此札有缺损。札中云"惟金石之储过于赵晋斋"，可知此际黄易金石收藏日富，已逾赵魏。

此札时间俟考。

涉及金石资料：李阳冰"黄帝祠宇"拓本、广东之碑

案：李阳冰篆书"黄帝祠宇"（图18），旧在浙江缙云仙都山。

关涉人物：东河先生司马（邱学敏）、赵晋斋（赵魏）、河帅、郑薇北六兄、翁宫詹（翁方纲）、李阳冰

图18 李阳冰篆书"黄帝祠宇"拓本

新 00179718-2/29 黄易致李锺沛应酬札（《手迹》页156—157）

释文：

> 承委写之碑，因署中应酬络绎，不能动笔。昨带至南旺，始得偷暇写完。甚惭草率，内中添"两子俱幼"一语，似不可少，又略易一二字，乞亲家四兄酌之。对子亦写上，尚有碑前之一幅，及后土之神，弟一二日内即写送。先此奉候日祉。因漕院巡漕，忙迫之时不及奉候也。亲家四兄照。姻愚弟黄易顿首。

疏证：

此札详述黄易为亲家李锺沛书写碑文之事。今据《济宁任城李氏族谱》（三修本，崇本堂木刻活字印本），知李锺沛卒于乾隆六十年（1795）十月二十一日，故作札时间当在此之前。李锺沛字作霖，号守拙，候选府同知。《秋盫遗稿》有《吊亲家李作霖》两首。

关涉人物：亲家四兄（李锺沛）

新 00180706-20/23 黄易致孔继涑端节札（《手迹》页158—159）

释文：

> 端节前接荷复函，蒙赐法书七纸、《梅花赋》拓本，感谢无似。任旋随节豫中，三四月来，黄流骫目，笔札纠纷，以致久疏具候。嗣见邸抄，知十老伯之事，已荷圣恩宽准，定可及早归来，足慰棣华之爱。惟缴项过多，真非易办，又可念也。前面言之《郁冈斋帖》内中苏书《九辨》最精，《万岁通天帖》刻手尚好。老伯曾云借看，是以向商虞朱别驾处借来，今特送阅。

别驾名文照，号逊堂，欲求法翰单条一幅，不知可否？《郁冈斋帖》内如有可摹采者，且存尊处，徐徐再返可耳。近日有新刻之帖否，神往神往。侄日内兼署泉河，拟于月半前后查泉，往来便可再图领训。惟此日署中尚难分身，莫可必也。谨此顺请近安，临笺驰溯不既。谷园老伯大人。世愚侄黄易顿首。（钤"小松"印）

疏证：

此札关于刻帖交流鉴赏之事，从札中"侄旋随节豫中""日内兼署泉河"等语来看，约作于乾隆五十一年（1786）端午前后。

涉及金石书画资料：孔继涑法书、《梅花赋》拓本、《郁冈斋帖》、苏书《九辨》（苏东坡书）、《万岁通天帖》

关涉人物：谷园老伯（孔继涑）、十老伯、朱别驾（朱文照，号逊堂）

新00180706-21/23 黄易孔继涑卫辉札（《手迹》页160—161）

释文：

前于卫辉兑漕之际，草草率具寸函，谅经台照。昨随河帅返济，见辛斋先生，知前求张司马尊人之传，称呼未协，种种率略，此皆侄俗事倥偬之际，料理未妥之故，惶愧已极。侄因张氏父子交情莫逆，其平日仰慕最诚，专使至侄处，嘱其如何恳求，侄因其葬期已迫，不能再迟，所有刻石式样一切，难以往返问询，因毅然代其酌定，竟照云南李中丞一传求大书以垂久远。今知其称呼而写衔，实在不妥，书撰皆以人重，何在头衔称呼？即《李中丞传》内亦无衔称也。敬求老伯大人俯鉴寸忱，慨赐一书，不独张氏存殁均感，侄尤叩至爱非浅。惟当府第多事之时，又值岁暮，为此不情之请，蒙老伯推念小侄，曲为允从，实切感激之至也。张君信来，云另为泥首奉谢。诸托辛斋先生代述，伏希原鉴。辉约太史竟至于此，闻讣之余，不胜惋痛。侄羁留节署，不能亲吊，谨具薄奠于十老伯乔梓之灵，伏祈原照。侄此时不即赴豫，仍在济宁，常可寄达尺素也。昨在毕中丞处见蔡君谟诗稿，即老伯重摹秋碧之原迹，神光炬赫，致为幸快。后有元人十数跋未经刻石者，顺以奉闻。署内纷沓之时，草率奉书，幸恕不恭。专此敬请近安不备。世愚侄黄易顿首。葭谷老伯大人。初五日灯下。（钤"金石交"印）

疏证：

此札内容关于黄易应张爱鼎之请求孔继涑书写张氏尊人张符升志铭之事。案张符升逝于乾隆五十一年（1786），故此札作于乾隆五十一年（1786）十二月初五日。

又："辉约太史竟至于此，闻讣之余，不胜惋痛。侄羁留节署，不能亲吊，谨具薄奠于十老伯乔梓之灵，伏祈原照。"一句语意隐晦，"十老伯"当指孔继涑之兄孔继汾，因编写《孔氏家仪》一书，被族人告发，以篡改《大清会典》之罪充军。经其子孔广森借贷赎出后，云游南方各地，于乾隆五十一年（1786）八月六日卒于杭州友人梁同书家中。

涉及金石书画资料：秋碧（《秋碧堂法书》）

案：札中所言"昨在毕中丞处见蔡君谟诗稿，即老伯重摹秋碧之原迹"可知孔继涑曾重摹《秋碧堂法书》中蔡邕诗稿。

关涉人物：葭谷老伯（孔继涑）、河帅（兰第锡）、辛斋（沈升峤）、张司马（张爱鼎）、张司马尊人（张符升）、张君（张爱鼎）、辉约太史、十老伯（孔继汾）、毕中丞（毕沅）、蔡君谟（蔡襄）

新00180706-22/23 黄易致孔继涑役回札（《手迹》页162—163）

释文：

役回，接荷老伯大人复函，敬知张柳州之传已蒙慨许书写，感激之至，易当转告张氏，另为图报，其刻资四十金复承寄回。当此岁忙，又届启行之时扰渎，实所不便，敬候书写，至日即在济宁上石。但易因河帅有入觐之事，易于二十内，恐防起身，如书就，幸即示知，当专人走领，未敢专人即往也。苏太史知系吴人，未知其县，今已往询，恐不及待，或不为用地名，只写其名。至于葬期，今已问来，伏求于文内添写，不拘几字，皆可。济宁石工平常，略具字意而已，倘曲阜外边有可觅之工，更妙，伏求指示。如万分无法，只可济宁觅矣。易于七月接张君委托，其时即经具函奉求，不料此数月内人事变迁，一至于此。易承朋友之托，实无可诿卸，幸蒙老伯俯听，于百忙中允书，感佩宁有既耶。匆匆奉候台安，统惟涵照不一。世愚侄黄易顿首。葭谷老伯大人。

疏证：

此札内容仍是关于黄易代张爱鼎求孔继涑书写张氏尊人张符升墓志铭，兼及寻觅刻工之事。札中有"当此岁忙"之语，可知故此札当作于乾隆五十一年（1786）岁末。

关涉人物：葭谷老伯（孔继涑）、张柳州（张符升）、张氏（张爱鼎）、河帅（兰第锡）、苏太史、张君（张爱鼎）

新 180743-43/44 黄易致赵魏妙极札（《手迹》页 164—169）

释文：

　　远惠诸刻，妙极，感谢感谢。尊斋有石经遗字秦友本耶？抑他本耶？弟渴慕之至。兄钩碑软拓之法，超绝千古，求大哥钩一册寄惠，俾获至宝，不则妬念深矣。华山碑京师有完本，今归朱竹君先生，弟必得见。邗江唐拓武梁祠像，弟将归杭，当至扬假观，与兄一见不更妙乎。孔庙碑弟可以尽得，不须再觅。[因圣裔孔太史荭谷交好，自能尽致。荭谷博雅君子，好古亦类兄者。]尊藏碑目弟缺者甚多，仍录一单附上，伏希留意。三公碑一经品题，顿觉纸贵，弟欲得佳拓，饥渴之至，正定拓《秋碧堂帖》之匠甚佳，昨尚倩此人携薄楮精墨往拓多张，约在中秋必得，当择其尤者奉寄，何如？济宁新出汉碑一种，已札至翁覃溪先生代觅矣。西边有残碑，[只济木萨等字。]巴里坤有敦煌太守碑，[人云在关侯庙，其光若镜，乃厚碣石也。]又北打版有唐吴行本纪功碑，均托家兄拓取矣。[六月二十八日。]顷得翁覃溪学士书，所跋三公碑与兄稍异，并长歌抄录奉览。有孔荭谷先生，乃圣裔最好古者，云济宁新出土汉碑乃王君庙门断碑，许弟即有，一到即奉吾哥也。赵文敏《道德经》尚无售处，且存弟处，容另报命，岁底再无人要，弟当寄还。《苍蝇赋》弟留四付，余十六付奉还。弟有银存奚九哥处，请大哥先取十两应用，余俟岁底，赵册如卖去，弟当找寄，如退册，前项为弟购碑并作《苍蝇赋》之价可耳。近日更忙，图书无暇，刻就容另寄。匆匆敬候文安，统惟雅照不宣。晋斋大哥大人。愚弟黄易顿首。[七月初三日清苑署中寄。]姚三哥不另札，均此奉候，并候范三先生。有二墨致东河，甚妙，兄可赏之。（钤"小松"印）

疏证：

此札内容与新 069087-12/12 附七：张廷济录黄易致赵魏北来（妙极）札相同，疏证详前。

新 00180807-1/2 黄易致王复契阔札（《手迹》页 170—171）

释文：

　　契阔四年，忽于都门聚首，拳拳挚爱，久而益深，快慰何可胜言。汲引之情，关切之甚，尤所心感愧。弟匆匆出都，未得一辞，至今犹耿耿也。廿三日抵保，俗事如海，有甚于长安车尘马迹，八字注定不得少休，无可如何耳。如日内东河不挑，则弟必再赴都门，仰藉指授者甚多。若廿外东河折到，贱名未到吏部，则不及赴矣。王廷尉处已备小册并碑刻，乞二哥转致,如词句荒谬过甚,删去亦可。不学人动笔,可笑,污目之至,惟知已教示为幸。汪芗圃尚未来省,亦未题出也,来械候安,惟心照不宣。愚弟黄易顿首。

好友如玉池、献之、芝山、然圃皆被屈,固是闷事,此外友人亦绝无得倖者,如何如何。弟若来京,总在九月廿以外,幸告之芝山、献之两先生,冗中恕不作札。芝山、献之印章俱刻成,候其来时面上。到京为兄刻印何如?(钤"砚寿"印,注"为陈银台作";钤"小蓬莱阁"印,注"为翁学士作")

疏证:

此札中"契阔四年,忽于都门聚首……如日内东河不挑,则弟必再赴都门,仰藉指授者甚多。若廿外东河折到,贱名未到吏部,则不及赴矣",与《山东兖州府运河同知钱唐黄君墓志铭》中"佐直隶方伯郑公,由伍佑场历清苑者四年……豫工例开,直隶方伯郑公纠集同志为黄易循例报捐,筮仕东河"符契。故可知此札作于乾隆四十二年(1777)八、九月间黄易等待吏部批复东河赴任时期之内,具体时间在九月十七日之前。

关于受信人"二哥",《故宫博物院藏黄易尺牍·手迹》失考,今检《古欢》册(收录黄易友人信札,国家图书馆藏)第十三册,有乾隆四十二年(1777)九月十七日王复致黄易信札,内容恰与此札接榫缀合,可知此札受信人即王复(秋塍,图19)。陈垣《跋

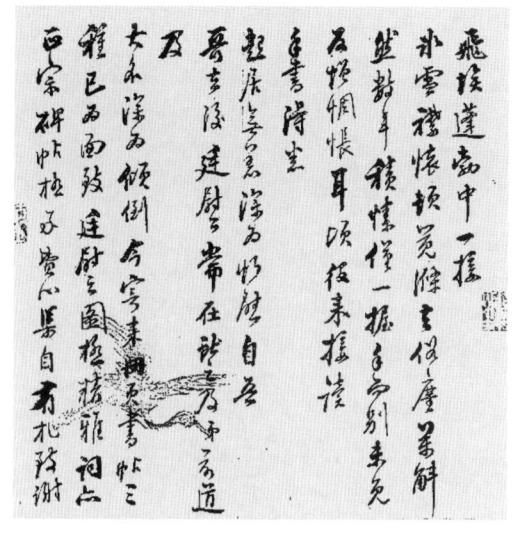

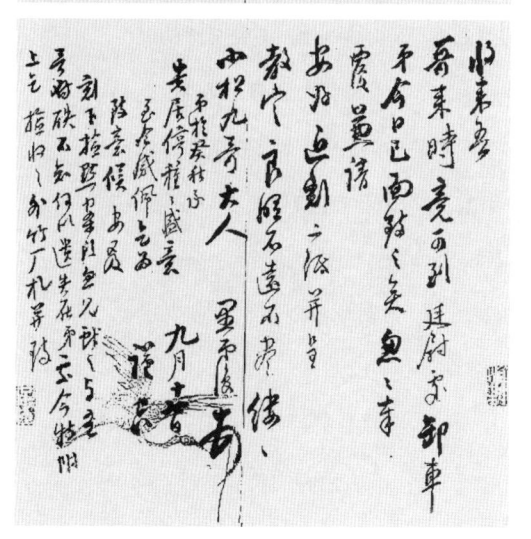

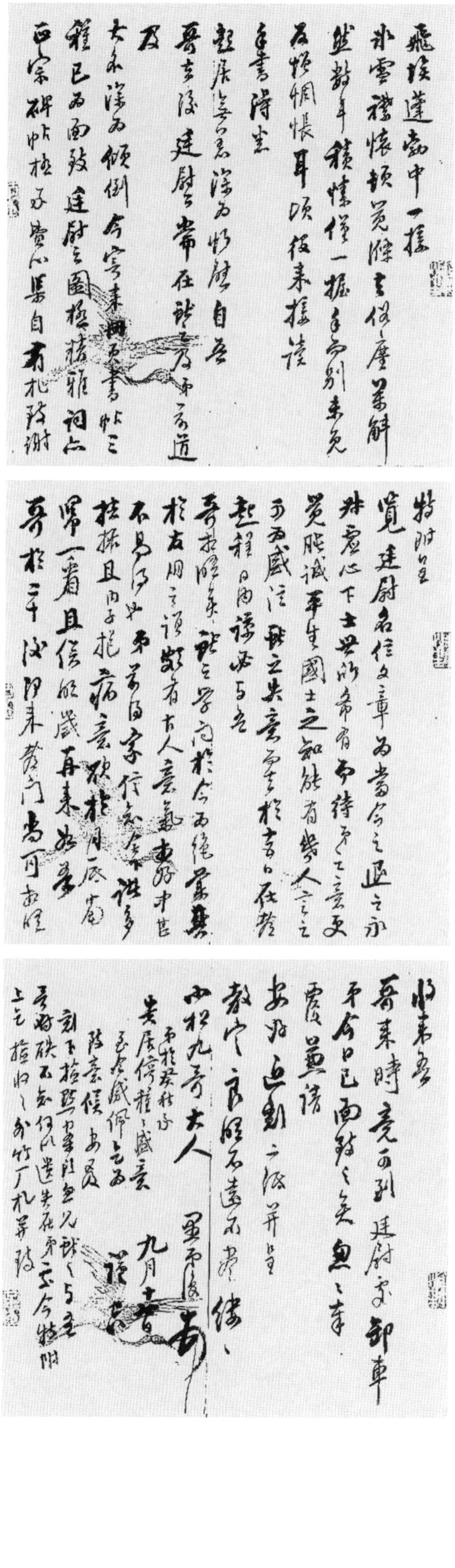

图19 王复致黄易信札,即《契阔札》之复信
国家图书馆藏《古欢》册

《洪北江与王复手札》（载《文物》1962年第9期）信札中洪亮吉称王复"秋塍明府二弟足下"，可知王复行二，可为旁证。王复生于乾隆十二年（1747），比黄易小四岁，黄易称其为"二哥"，是古人书札常见之敬谓。

由此札"弟匆匆出都，未得一辞，至今犹耿耿也。廿三日抵保，俗事如海，有甚于长安车尘马迹，八字注定不得少佑，无可如何耳"之语，可知黄易抵京后，于八月廿三日复返保定清苑处理交接郑制锦幕中事务并整理行装，预备赴任。"弟若来京，总在九月廿以外，幸告之芝山、献之两先生"，可知黄易计划在九月廿日之后回京。《古欢》册王复信札内容中有"献之失意而去，于十五日在都起程，日内谅必与吾哥相晤矣"，"弟欲于月底南归……如吾哥于二十后即来都门尚可相晤，将来吾哥来时，竟可到廷尉处卸车，弟今日已面致之矣"之语，可知札中"王廷尉"为王昶，黄易与王昶订交始于王复之绍介。另，"献之"即钱坫，渠于是年九月十五日出都赴陕，经保定，晤黄易于清苑。

关涉人物：二哥（王复）、王廷尉（王昶）、汪艿圃、玉池（陈鸿宾）、献之（钱坫）、芝山（宋葆淳）、然圃（陈焯）、砚寿（陈砚寿即陈银台）、翁学士（翁方纲）。

新180825-24/30 黄易致赵魏夏间札（《手迹》页172—173）

释文：

　　肃启。夏间接手书并铜磁各件，即拟奉覆，乃数月来因随观察南北奔驰，迨无虚日，致疏候笺。各件原欲代为货去，而赏音绝少，宋炙砚殊美，苦少多价，是以数月来未售一件，恐久稽无益，仍俱奉还。惟董文敏楷册，书势微嫌软弱，似可充旧，且为暂存，如可用去，俟冬间照数寄价可也。裴岑真拓，家兄已为觅得壹本，碑虽泐甚，而波磔宛然，与平日所钩纪晓岚本悉合，惟纪本作立德祠，褚钧本并《金石图》作立海祠，今弟所得本亦俨然海字，是褚本不为无据，惟文义则不可解，乞教示。又口外二唐碑残石甚妙，惜无副本。弟今新得肥城县郭巨墓前魏碑大隶，特奉上。又见碑客觅来汉残碑阴，有李孟初字，疑即西岳所出，大哥曾见否？承惠诸拓，谢谢。外无轩兄一札，乞致之。兹遣人南归，如有可销书画，如赵文敏册之类，乞交来代图，他物则不必矣。匆匆候安，临书驰溯不既。愚弟黄易顿首。（钤"黄""黄易之印"印）晋斋大兄大人。九月初十日。

疏证：

　　札中所言"裴岑真拓"即《裴岑纪功碑》原拓，为乾隆四十五年（1780）黄庭自塞外所寄。

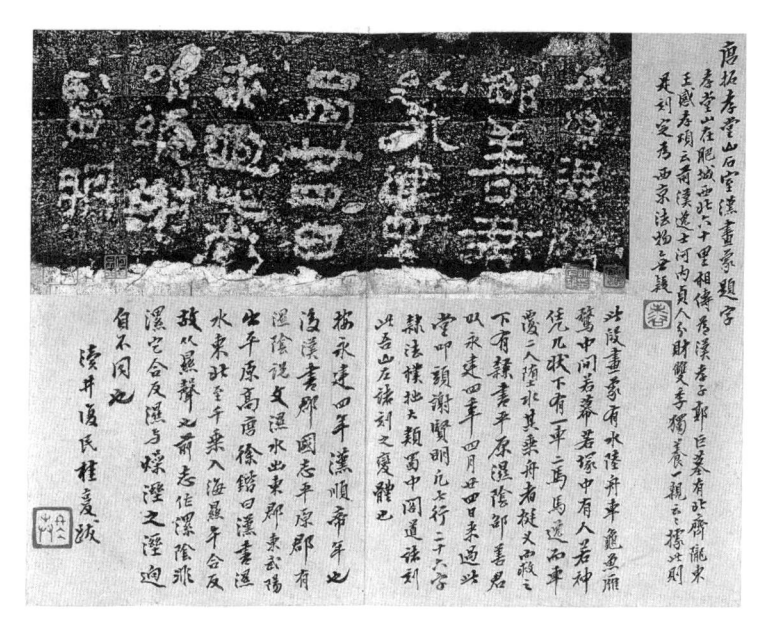

图20 桂馥藏明拓孝堂山石室画像题字册 故宫博物院藏

"肥城县郭巨墓前魏碑大隶"即乾隆四十五年（1780）黄易于山东肥城县孝堂山所访得《孝堂山石室画像题字》（图20）。故此札作于乾隆四十五年（1780）九月初十。

涉及金石书画资料：宋炙砚、董文敏楷册（董其昌楷书册）、裴岑（《裴岑纪功碑》）、肥城县郭巨墓前魏碑大隶（《孝堂山石室画像题字》）、汉残碑阴（有"李孟初"字）、赵文敏册（赵孟頫书法）

案：札中所云"汉残碑阴有'李孟初'字"，即《李孟初神祠碑》，又名《益州刺史李君神祠碑》，此碑全称《汉宛令益州刺史李孟初神祠碑》。汉桓帝永兴二年（154）立，清乾隆间白河水涨冲出，后又入土，道咸间又冲出。黄易札中所记应该是该碑初出土时的情形，此时黄易尚未闻知此碑，怀疑出自西岳，询及赵魏。此碑后经翁方纲《两汉金石记》著录。

关涉人物：晋斋大兄（赵魏）、观察、家兄（黄庭）、无轩（陈焯）、纪晓岚、董文敏（董其昌）、褚（褚峻）、赵文敏（赵孟頫）

新180825-26/30 附：张廷济录黄易黄易致赵魏夏间札（《手迹》页174—175）

释文：（略）

疏证：

此为张廷济所抄录，内容与新180825-24/30黄易致赵魏夏间札相同，唯落款处误录为"九月初一",本札疏证详前。

新00180825-25/30 黄易致汪宪楚书札(《手迹》页176—177)

释文:

昨得手书,稔悉近况。楚书承已发去,极感雅谊,谢之不胜谢也。所托余次翁店中事,无不仰体尊指。连日办灾少暇,俟面晤黄兄商酌一切,自当留意耳。胡浩兄信来,关切家兄,特抄札寄西。家信未封口,乞大哥阅后代封加札,托畹翁速致。弟今年尚难归里,虽承胡公见招,第亲老家贫,何能远去,恐又不能践约也。家兄捐事,尚未见报,前承大哥托畹翁,向部查抄,不知有回信否,乞示知。昨晤陈五哥,知玉屏三哥至杭,迩日已归否?弟寄剑潭兄信一封,图书二方,望即遣交。肃此敬托,顺候近安。敬请伯母大人福安,不一。雪礓大哥大人。愚弟黄易顿首。(钤"小松"印)邻二哥均此,已移居,便望示知。

疏证:

此札关于黄易为其兄黄庭报捐赎罪之事,黄易曾札致汪宪托请江兰向刑部查询。黄庭约在乾隆四十五年(1780)卒于塞外戍所,故此札约作于乾隆四十四年(1779)。

关涉人物:雪礓大哥(汪宪)、余次翁、黄兄、胡浩兄、胡公、家兄(黄庭)、畹翁(江兰)、陈五哥、玉屏三哥(江立)、剑潭(汪端光)、伯母大人(汪宪之母)、邻二哥(汪大宗)

新186159-4/5 黄易致潘应椿欧书札(《手迹》页178—181)

释文:

前得欧书《千文》,具函复谢。附上拙印,知承雅照。是晚得远惠《九歌》三本,先生好古信友,可谓深笃。接翰钦佩不尽,非独古帖可玩,足欣快也。《九歌》小楷,初视平正无奇,愈寻愈有意味,是知古刻可贵,非若时制,一览易尽。退翁云《九歌》石南宋已不存,博雅如王虚舟酷嗜欧书,搜考不遗,惟云小楷《千文》有覆本,《九歌》无之,则南宋后不见此书久矣。易藉先生力而得,可谓大幸。跋《千文》之周越,疑为宋人,顷见姜白石《兰亭考》,所载唐名手传拓《兰亭》乃周越所藏,越名与米海岳辈并列,必北宋人。此石或刻于京西,或附石鼓而北,不可知也。周越为白石所称,必有事实可考,客中无书,良足浩叹,幸高明开示为荷。迟二日先刻"病指生"印,余再上。获鹿新拓唐经幢二、唐《金刚经》一、金《李如珪经幢》一、《本愿碑》一,皆可观,惜字泐太甚耳。祈福碑细辨其字,乃裴元瑶复为鹿泉令,吏民感恩祈福之幢,大书唐中宗帝后尊号于上,可笑,非中宗自制文也。俱止一通,未敢分寄。向雪怀索之不难耳。藉候文祉,临书驰仰。黄易顿首。皆山先生吟席。

疏证:

此札关于与潘应椿研讨新得唐欧阳询书《千字文》《九歌》拓本。黄易《跋欧阳小楷》文中明确记载:"乾隆丁酉(1777)丰润明府潘皆山告余丰润人获欧书四残石,为王君安昆所得,余亟遣工拓致,乃《九歌》六段、《千文》六十四句耳。"(《秋盦遗稿》)故此札作于乾隆四十二年(1777)。

涉及金石书画资料:欧书《千文》(欧阳询书《千字文》)、《九歌》(欧阳询书《九歌》)、《兰亭》、《兰亭考》、《石鼓》(《石鼓文》)、唐经幢拓本、唐《金刚经》拓本、金《李如珪经幢》拓本、《本愿碑》拓本

案:乾隆四十三年(1778)春,黄易在河东幕府晤容照兄,以宋刻《欧阳询小楷九歌》拓本赠之,并为题跋:"欧阳率更小楷《九歌》,董香光、孙退谷有宋拓本,《庚子销夏记》云'石刻于长沙,南宋后已不存'。乾隆丁酉(1777)丰润明府潘皆山告余丰润人获欧书四残石,为王君安昆所得,余亟遣工拓致,乃《九歌》六段、《千文》六十四句耳。后有宋人周越子发跋,宋刻无疑,是长沙本否? 不可知也。世传率更《千文》只得大楷,此草书莫可考,然书体清润,襄阳所云'直到内史'良非虚誉。惜虚舟老人已往,不能使之一见穷源溯委耳。箧中佳拓为友人索尽,戊戌春,在河东幕府晤容照兄,出此欣赏,遂赠之。此拓僻在边鄙,他时不易致也。"(《跋欧阳小楷》)

又:乾隆四十四年(1779)二月廿三日,黄易跋宋刻欧阳询《九歌》《千字文》。跋文:"欧阳率更小楷《九歌》刻于长沙,孙退谷有此拓本。世传《千文》惟大楷,今草书载籍未见。二种近出丰润,为平浦王君所得,潘明府皆山谋于易,为遣工拓致。《九歌》二石凡六章,《千文》二石皆中断。周越题后,又有跋语未竟,不知何人书。按:周越,宋庆历、天圣间以书名,补写《黄庭》五行者是也。此帖笔精气静,为书学津梁,宋刻无疑。退谷云《九歌》刻石宋时已不存,今乃得于丰润,当时恐不止长沙一刻也。《九歌》拓数本后,首二字敲损,易尚有未损本,不减赵子固所宝《禊帖》矣。乾隆己亥(1779)仲春廿有三日,钱塘黄易识于兰阳官舍。"(《壮陶阁法帖》卷十三亨七)

关涉人物:皆山先生(潘应椿)、雪怀、欧(欧阳询)、退翁(韩愈)、姜白石(姜夔)、周越、米海岳(米芾)、裴元瑶、唐中宗(李显)、王虚舟(王澍)

第二节　故宫藏黄易友朋尺牍疏证

新 039793 张燕昌致黄易去冬札（《手迹》页 184—185）

释文：

　　去冬文驾枉顾，失迓为怅，而寒舍乏人应门，种种开罪，知大度定能见容也。承赐古刻并双勾古碑、白金一函，一一领到，谢谢。然临风驰想，至今尤抱不安也。兹奉寄《汉圉令赵君碑》一轴，聊表微忱，哂存是祷。前云张文敏所撰老伯大人《飞白书赞》，或寄拓本或先钞示。再请略叙老伯大人小传，以便载入《飞白录》耳。顺候道履不宣。小松先生九兄大人侍史。门愚弟张燕昌顿首。三月八日。（钤"张燕昌印"印）

疏证：

　　札中"兹奉寄《汉圉令赵君碑》一轴，聊表微忱，哂存是祷"，案张燕昌寄赠黄易《汉圉令赵君碑》在嘉庆元年（1796），故此札作于嘉庆元年（1796）三月八日。札中提及"去冬，文驾枉顾，失迓为怅，而寒舍乏人应门，种种开罪，知大度定能见容也"，当指乾隆六十年（1795）黄易回杭营葬返程时途经海盐，访张燕昌不值之事。

　　涉及金石书画资料：《汉圉令赵君碑》《飞白书赞》《飞白录》

　　案：嘉庆元年（1796）七月，黄易题跋张燕昌所寄赠《汉故圉令赵君之碑宋拓未剜本》："《汉故圉令赵君之碑》额题二行八字。碑文十三行，行十九字，俱隶书。顾南原《隶辨》以额为篆，误也。碑在南阳，今已不存。乾隆辛亥（1791）秋，嘉定钱少詹辛楣先生与公子星伯过易运河署斋，出所

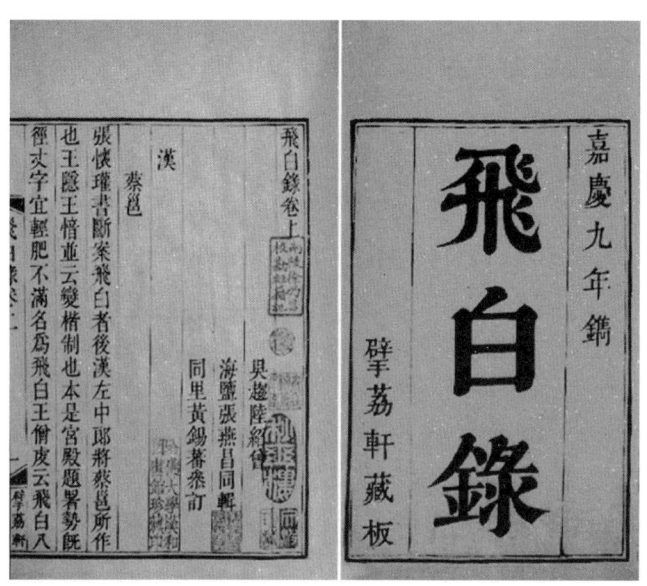

图1 陆绍曾、张燕昌辑《飞白录》 哈佛燕京图书馆藏 沈津摄

藏旧搨整本，悬诸素壁，易同李铁桥叹赏题识。今年海盐张明经芑堂寄惠整幅，与钱本同。上方侍讲梁公山舟朱书释文，旁有侍郎钱公箨石题字。扬州马徵君半槎后人有剪褾本。江郑棠、朱朗斋两君为易作缘购得。有顾云美跋仲氏真画轩题字。朱卧庵、冯霜仲、艺六游，马半槎诸印章。整本虽墨重漫漶，而四周尚留余纸，得碑之全体比褾本多。'除新'二字、'诗能散畅事司穆其戌所'等字，显然可见。褾本纸墨俱善，'能散'上'而'字尚存其半，整本'而'字尽泐，则褾本似在整本之前。然皆世间坏宝也。易所收汉刻，今时碑石尚存者，皆拓两本：一整幅，一褾册。无石者一本且难遘，安能兼有？兹碑居然两本，壁悬几展，古香袭人，诚可乐也。案洪氏《隶释》碑文共一百五十六字，今缺'积芬芳长'四字，'纂而能畅事司徒公辟'等字仅露笔踪。顾南原所得寒山赵氏本释出'其盖'二字，今辨第八行有'囗其'二字，第九行有'戌'字，洪《释》未有也。洪释第一行建下缺四字，实缺十二字，褾本缺处少六字，'纂修'二字误接，隔断于诸上。'畅'字亦误接不联属。他时重裱，当更正之。今合两本存字，摹写册后并双钩付刻，以广其传。"（《小蓬莱阁金石文字》）

又：札中所言《飞白录》（图1），为吴趋陆绍曾、海盐张燕昌同辑，同里黄锡蕃参订，嘉庆九年（1804）肇荔轩梓行。卷下"黄树毂"条记载："黄树毂字松石，号瘿楷（笔者案：实乃"楷瘿"之误，下同），有《瘿楷斋遗集》，钱唐古君子也。平生行谊详其配梁宜人所述行略暨钱少詹先生所撰墓志。松石工行书，尤善古今篆，尝主张文敏司寇家，文敏酬应之笔半出其手。亦善飞白书，客思敬上公府，与上公同作飞白，深得唐人笔势。"

关涉人物：张燕昌、张文敏（张照）、老伯大人（黄树榖）

新00151922-12/52 何道生致黄易倾倒札（《手迹》页186）

释文：

　　……倾倒之诚，有难面罄者，辄托为歌诗，奉呈大雅之教，幸砭削之。旅中无他纸可书，书之红单，酒后草草，殊不成字，谅之谅之。专此奉候即佳不备。愚弟道生顿首。秋盦先生阁下。初十日南旺行馆。

疏证：

　　此札已散失不全，难以详考。约作于嘉庆四年（1799）何道生视漕驻节之际。

新00151922-13/52 何道生致黄易粲政札（《手迹》页187）

释文：

　　近作十章录呈粲政，并附缴《樊榭诗》《谷林诗》《泰山道里记》《泰山述记》书四种，共十九本。其泰安相国所藏汉碑数种并便面册，仍有未见者，希一并捡付数本，以供消遣。耑此顺候，诸容函颂不一。弟道生顿首。小松九兄先生足下。

图2　黄易藏《范式碑》拓本并何道生观款　故宫博物院藏

疏证：

此札关于何道生与黄易诗文往还及归还所借书籍、借阅金石书画之事。札中云"泰安相国所藏汉碑数种并便面册，仍有未见者，希一并捡付数本，以供消遣"，黄易《小蓬莱阁金石文字》所录《范式碑》题跋中有"右庐江太守范式碑，与凉州刺史魏元丕碑共装一册，签题曰汉碑十，相国泰安赵公所藏"。此册今藏故宫博物院（《蓬莱宿约——故宫藏黄易汉魏碑刻特集》收录，编号新046690，图2），册后有何道生观跋，题曰："嘉庆五年莫春之月灵石何道生观。"由此可知，此册约作于嘉庆五年（1800）三月前后。

涉及金石书籍资料：《樊榭诗》、《谷林诗》、《泰山道里记》、《泰山述记》、泰安相国所藏汉碑并便面册

案：《泰山道里记》，聂剑光撰，乾隆三十八年（1773年），杏雨堂刊本。《泰山述记》，宋思仁撰，有乾隆五十五年（1790）刊本。

关涉人物： 何道生、泰安相国（赵国麟）、樊榭（厉鹗）、谷林（赵昱）

新00177862-11/18 奚冈致黄易过辱札（《手迹》页188—193）

释文：

去冬过辱雅惠，且委作梧生先生画及"秋影庵图"，比时即写就奉交令侄世长兄寄上。笔墨虽劣，然一种生疏之致，颇出自家意思者。今年复接到手书，方悉尚未之寄去，殊为怅怅。千里山川，一音难达，更增渴念之私。即今欲寄此书，竟无一便者。且冈疏懒性成，不喜过富儿贵客之门，是以官于济者皆不能往托寄书，苦何如之？今者往讯令侄所寄何人，得报云去年冬间寄胡浩轩之侄，胡六兄之家人王姓者，此人系吾兄素常属渠寄信往来，极妥当之人。故寄有潭报一封，属冈奉上，以便足下向伊主查之。冈自去年老父辞世后，落落无善状，幸以笔墨稍不寂寞，庶可支持过去，然一贫字，终为我辈知己，大可交也。足下于此兄，想亦不敢得罪于他否，笑笑。晋斋交此兄更深切，近闻兰泉先生得官江西，彼或可一往耳。足下前信云有帖数种寄彼，今尚未到，何也？大约总是洪乔作祟耳。

图2 黄易藏《范式碑》拓本并何道生观款 故宫博物院藏

汪用成七兄即小坡先生之塔，前寄上松烟并信物，未识到否？彼属问声，彼亦念足下不置耳。冈近号散木居士，又曰北潭渔长，或曰懒渔，吾兄偷暇时乞为我作小印数枚，以小为妙。近观山舟丈、处素二兄得吾兄所刻印，又一变也，倘更有八分小对寄我则更感矣。作札至此，适晋斋过我，云务欲问兄究竟，此日官于何地，乞示知，以便下次寄书，要紧要紧。肃此并候，恭请伯母大人福安暨九嫂闱吉，诸郎君好。愚弟制冈稽首，上启小松九兄大人足下。此日里中出榜，中者殊少，冈知者殊多，尤快者孙三、梁二不得意事。令太师母何老伯母辞世，应叔雅死一女一子，此子年十四，十三经、廿一史俱读遍，文章亦佳，可惜可惜，纸尽不多渎矣。

疏证：

此札涉及黄易与奚冈之间的书画交流，黄易请奚冈作画，奚冈请黄易刻印并写八分书对联，兼及通报黄易在杭亲友之消息。案札中提及"近闻兰泉先生将官江西"，可考王昶在江西有两次任职，一为乾隆四十五年（1780）三月出任江西按察使，一为乾隆五十三年（1788）三月授江西布政使。札中复云"冈近号散木居士"，据笔者所见最早署款"散木居士"的奚冈画作，是乾隆五十三年（1788）所作的"留春舫读书图"卷（即"留春小舫图卷"），题："戊申五月坐雨冬花庵作。散木居士奚冈。"钤"奚冈之印""鹤渚生"印，今藏故宫博物院。故此札或作于乾隆五十三年（1788）三月之后不久。

涉及金石书画资料：梧生先生画、秋影庵图

关涉人物：奚冈、梧生先生（龚孙枝）、令侄世长兄、胡浩轩、胡六兄（胡浩轩之侄）、晋斋（赵魏）、兰泉先生（王昶）、汪用成七兄、小坡先生（姚立德）、山舟（梁同书）、处素二兄（梁履绳）、伯母大人（黄易之母梁瑛）、九嫂（黄易之妻项氏）、诸郎君（黄易之子）、太师母何老伯母（何琪之母）、应叔雅（应澧）

附：龚孙枝字云弱，一字梧生。江宁人。乾隆十七年（1752）举人，官曹州知府。工书、画，好剑舞，善射，晓天文。寿八十余。

新 00180743-31/44 钱维乔致黄易客冬札（《手迹》页 194—195）

释文：

维乔谨启，小松先生阁下。客冬曾肃寸械并扇帧二件，托陆舍亲芬转达，谅经鉴入。

比闻阁下荣摄观察事，想上游倚重有素，不日定可即真，曷胜抃颂。兹者序入清和，伏稔起居多福为慰。政事殷繁，然以高雅之才处之，知不废吟啸。法书为海内所重，而鄙人曾无尺纸什藏。前岁蒙赐条幅，去夏忽婴横逆，遂被毁失，不识清暇尚能惠我一二否？集句一联，前求分书悬挂以作箴铭，想公冗未及挥毫，但得不虚所望可耳。陆君仰荷青睐，已补堂邑簿，惟闻此缺甚清苦，尚祈推乌有以培之，幸甚幸甚。因便率候升祺，统惟冰照，不尽依驰。四月望日乔再拜。（钤"自闻室""乔白事"印）

疏证：

此札涉及钱维乔与黄易之间书画往还。可能作于嘉庆四年（1799）十一月黄易题补运河同知之际，约在嘉庆五年（1800）四月望日，俟详考。

涉及书画资料：钱维乔扇帧二件

关涉人物：钱维乔、陆舍亲芬（陆芬）

新 00180743-33/44 钱坫致黄易会聚札（《手迹》页196）

释文：

三十年知己又作一番会聚，亦为至幸。然如弟之沉疴，恐以后遂成永别，复悽怆可哀也。此次大承盛情，感极感极。但为日甚久，费用不支尽勾渡河南行，终不能啸歌于江汉，奈何奈何。今日幸招台庄，贵役之差已毕，恨不能稍尽愚情，只给渠盘费千文，然其人甚妥，望足下有好差，照应之，以尽弟报伊之心。而足下以后凡有差遣，渠辈亦知思报恩耳。渊如入都否，如见可道念，此候升祺不一。愚弟钱坫左手书并顿首上。小松九兄权观察使大人足下。四月八日。

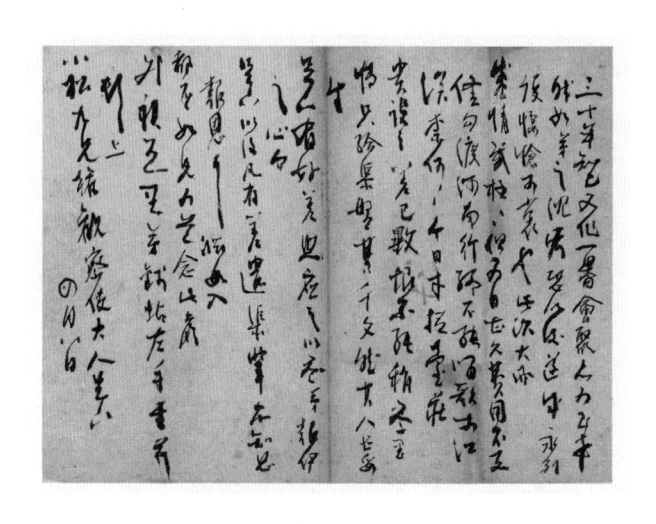

疏证：

此札中云"愚弟钱坫左手书"，据陈鸿森《钱坫年谱》可知钱坫于嘉庆四年（1799）冬因军务积劳，病风痹，右体偏废，作书改用左手。故此札当作于嘉庆四年（1799）之后。（图3）

关涉人物：钱坫、渊如（孙星衍）

图3 钱坫致黄易《会聚札》 故宫博物院藏

新 00184123-56/78 杨骈致黄易晤后札（原晤及札，《手迹》页 197）

释文：

  小松仁丈大人阁下，晤后瞬即经旬，念甚。比维筹祺纳福为颂。前委见新之锡器等件，其碗口上因其太薄，诚恐损坏之故。计介哥适有尊名下摘存本洋，水哥划过两讫。月内典务进出颇形寂寥，较之上年六七折光景。前示所备之三竿，期除用过尚有余。至多再用使尽足觳矣，其余一竿无所用场也。闻今庚各典皆然，未识确否？我典更甚，大约兼被唯亭之故。佺本欲趋候，缘天雨泥途，不克如愿，容新正初三贺岁再行面陈一是也。泐此布致，即请年安。令弟前均此候安。佺杨骈顿首。附送上破白单一札，系令弟应三叔所取要，乞转交，又拜。即。

疏证：

  此札与黄易典质之事相关，时间无考。

  关涉人物：杨骈、令弟（黄童）

新 00180850-1/10 李尧栋致黄易同官札（《手迹》页 199）

释文：

  闻阁下名久矣，今得同官一方，则相见有日，私心窃幸，未卜何时得遂愿也。猥蒙手书辱问，栋自问非吏才，久欲息影江乡，以官累不得已，再涉风尘。到此甫月余，尝鼎一脔，毫无滋味矣。江世兄已回平阴，书即致去。穀人昨冬在湖上犹相见，今到此尚未通问也。此复并候钧安。尧栋启上。小松先生。初九日。

  杭州严历亭嘱致声，又及。

疏证：

  此札当作于李尧栋官山东时，具体时间俟考。

  关涉人物：李尧栋、江世兄（江凤彝）、穀人（吴锡麒）、严历亭（严守田）

新 00180850-2/10 唐仲冕致黄易企怀札（《手迹》页 200—201）

释文：

  小松先生阁下，企怀风雅，日切辋饥，接席缘悭，钦迟曷已。丙岁行旆赴东，道经吴会，虽曾互达音邮，一通诚款，流光似织，鹈蟬浡移，鹿鹿尘劳，嗣音遂缺。比惟阁下道履胜常，政祺安善，宣房之暇，著述日增，可胜企抃。仲冕菲材当剧，鸠拙为惭。敝境六如居士祠墓，自商邱中丞修葺，岁月寝久，几欲鞠为茂草，迹复小为整娓，颇已缮完。项谋梓其遗集，已刊过半，适闻阁下藏有六如小像，思欲刻于集首，竹虚新从禾中来，下榻荒斋，亦乐为临摹，务望暂假，俟摹勒后即行归赵，想蒙慨诺也。专此奉状，顺候升安，诸惟鉴察不具。唐仲冕顿首。

疏证：

此札详述唐仲冕任苏州吴县知县时以唐氏族裔身份重修唐寅墓，立"明唐解元之墓"石碑，覆以石亭。又刻唐寅遗集，听闻黄易藏有"六如小像"（唐寅画像），欲借去让吴履临摹刻于卷首。唐仲冕修墓刻书之事均在嘉庆六年（1801），故此札当作于嘉庆六年（1801）。今检嘉庆六年（1801）冬唐仲冕所刻《六如居士全集》（吴唐寅伯虎著，长沙族裔仲冕陶山编，新阳魏标霞城校，果克山房藏板），卷首并无唐寅小像，同人题诗中亦无黄易，原因俟考。

涉及书画资料：六如小像（唐寅小像）、遗集（《六如居士全集》）

关涉人物：唐仲冕、竹虚（吴履）、六如居士（唐寅）、商邱中丞（宋荦）

新00180850-3/10 陈继昌致黄易历下札（《手迹》页202—203）

释文：

继昌拜白。〔陈公讳熙，号曰梅岑，现在南河候补司马，诗人也。昌之至好，未识曾晤此公否，又拜。〕

耳先生名非一日矣，前年游历下，知先生适在东，以为可以见，而不得见。昨岁客武林，闻文驾将旋里，以为必得见，而又不得见，一见尔何如是其难耶？小池、曼生比昌性命交，先生之旧雨也，屡从二兄处知金石日富，著作等身，无由一抒钦仰。不独昌如饥如渴，小池、曼生均以不能作合为歉。昨于月之望日抵东省，晤南芗大兄，询悉安况为慰。项过此处，极思趋候一罄积私，无如迫于不可应酬，室迹人遽，徒增不快而已。留札以布微悃，不庄不备，惟先生鉴之。曼生不日东来，今秋拟赴北闱，并此上告。或月初回省时仍经贵记，当诣铃阁邀驾同登太白楼也。小松先生史席。继昌再拜。〔贱字述之，号莲龛，行二。〕

疏证：

此札乃陈继昌通候之信也，述渠与董洵、陈鸿寿为"性命交"。札中所言"昨岁客武林，闻文驾将旋里"，指嘉庆二年（1797）黄易曾有回杭起咨之信，然未成行，故此札当作于嘉庆三年（1798）。又，札中所言陈鸿寿"不日东来，今秋拟赴北闱"，事在嘉庆三年（1798），亦可为佐证。

关涉人物：陈继昌（字述之，号莲龛）、小池（董洵）、曼生（陈鸿寿）、南芗大兄（吴文徵）、陈熙（梅岑）

附：吴文徵，字南芗。歙县人。工书画篆刻，与黄易、陈鸿寿皆有交。

新00180850-4/10 魏成宪致黄易爱怀札（《手迹》页204—205）

释文：

小松九兄大人阁下，大东往复，极荷爱怀，勿促星奔，犹蒙俯临舟次，慰唁勤挚，感不可喻。弟兼程南返，七月廿八抵署，九月十二扶护至家，大事艰钜，迷瞀勿胜。沉痛之余，入山觅地，幸已得桐扣片壤，择吉经营，冀负土种松，一切粗就，则穷饿家居非所计矣。每念起居，日深驰结，以不祥姓氏，未敢率尔奉书，正切歉忆。刻接十月望间手札，兼拜盛仪，二十韵谏章全轴捧领展陈，叩头泣感。阁下近中清况，弟所稔知，乃垂念椿灵如此，其厚且挚，令人踌躇难安，益纫古道，得仁者之粟以为祀，衔结寸心图报未有期也。后会不知何日，阁下千万自爱，勿费心力，日加强健。海内文章性命之友，亦甚寥寥，系心之至，谨此布展感私。家慈命谢，舍弟各各申颂。伏希珍重不宣。门愚弟制魏成宪九顿。二月十三日。何师甚健，兰公侍御府中一一安好。惟奚九近况苦极，可谓命途多舛，但胸次旷达，笔墨之兴不减耳，又及。

疏证：

嘉庆五年（1800）六月初九，魏成宪之父魏银河逝于金陵官署。（《仁庵自撰年谱》）魏成宪星夜兼程奔丧，此札详述营葬经过，并对世交黄易所奉楮仪及谏章二十韵深表感激。故此札当作于嘉庆六年（1801）二月十三日。

关涉人物：魏成宪、大东、家慈（魏成宪之母吴恭人）、舍弟（魏彝宪、魏景万等）、何师（何琪）、兰公侍御（潘庭筠）、奚九（奚冈）

附：魏银河字星槎，号秋浦。工诗古文词，著有《桂岩小隐集》《心和书屋文稿》。

新00180850-5/10 徐日簪致黄易颀知札（《手迹》页206）

释文：

颀知九兄大人处有《扬州画舫录》，务恳暂借一观，迟日即当奉缴，断不有失。特此布渎，并请日安不一。愚弟徐日簪顿首。

疏证：

此为徐日簪致札黄易借阅《扬州画舫录》之事。时间无考。

涉及书籍资料：《扬州画舫录》

关涉人物：徐日簪

附：徐日簪字柳塘，江苏阳湖人，廪生。嘉庆七年（1802）黄易卒，替任兖州府运河同知。历升济南知府。

新180850-6/10 何琪致黄易心盦札（《手迹》页207—211）

释文：

六月初，心盦先生来杭，即承见过，晤对之下，古道照人，出示所选诗集，知其风雅多情，可胜敬佩。接读尊书，藉悉□状，并稔三月间已得令孙，德门有庆，定卜宁馨，翘贺翘贺。嗣儿辈南回，又接翰言，并询悉一切，知老弟处艰窘之际，赠以盘费，重累清心，良深感佩。仆今岁仍在秋子处教读，修脯所入家用不敷，兹恳者，粮道张公近陞浙江都转，渠与老弟有水乳之契，将来回浙时道出济上，务祈为大小儿、震伯极力嘘致，俾得枝棲，仆感激更难言喻矣。专此布渎，即候孝履，并贺潭吉不备。小松老弟。姻同学何琪顿首。

儿辈禀笔请安。秋子三兄嘱笔候好。

月前陈无轩广文枉过，仆往答拜。言及芸台学宪欲辑两浙采风诗，似有延仆分纂之意，此事须俟秋凉，然尚未竟定也。六月廿四日。

疏证：

此札事关何琪庆贺黄易得孙黄珍，并托黄易为其子何震伯于即将赴任的浙江都转使张映玑前极力嘘致。案黄珍约出生于嘉庆二年（1797）前后，故此札当作于嘉庆二年（1797）六月廿四日。札中所言阮元"欲辑两浙采风诗，似有延仆分纂之意"，指阮元召集编纂《两浙輶轩录》之事，时在嘉庆二年（1797），书成于嘉庆三年（1798），可为佐证，然何琪终未参与其事。

关涉人物：何琪、心盦（黄承增）、令孙（黄易之孙黄珍）、儿辈（何琪之子何震伯、何震仲）、秋子三兄（项墉）、粮道张公（张映玑）、大小儿震伯（何震伯，何琪之子）、陈无轩（陈焯）、芸台学宪（阮元）

附：黄承增，号心盦。歙县人。编有《广虞初新志》。

新 00180850-7/10 何琪致黄易贤郎札（《手迹》页 212—213）

释文：

　　月之四日，接阅手书兼惠朱提，惭感奚似。贤郎近想学业益进，令孙亦福慧兼具，德门余庆，信而有徵，欣羡何已。去冬闻有回杭起咨之信，满拟畅叙，而又不果，怅何如之。阮学使荐举之事，愧不敢当，已作诗辞谢矣。张公不一晋谒，车笠悬殊，未敢先之也。陈无轩亦因在张公处，不便往还。兹藉尊使之便，率布数行，并请阃潭福祉不既。小松九弟。姻同学何琪顿首。四月十一日。

疏证：

　　此札中"去冬闻有回杭起咨之信"，可知黄易曾有拟于嘉庆二年（1797）冬回杭州之事，后未成行。可与新 069087-12/12 附五张廷济录黄易致赵魏南还札、新 180850-3/10 陈继昌致黄易历下札、新 00150710 奚冈致黄易春间札互相参照，故此札作于嘉庆三年（1798）四月十一日。

　　关涉人物：何琪、令孙（黄易之孙黄珍）、阮学使（阮元）、张公（张映玑）、陈无轩（陈焯）

新 00180850-8/10 宋葆淳致黄易巡漕札（《手迹》页 214）

释文：

　　二月间有一信从巡漕寄去，想已收到矣。弟于明日入广，所有扇印等件俱交薛衡兄处，可差人持银到彼取之。今托驾堂先生带去铜戈一件，何缓斋扇面十册，旧牙箧印章盒一件，旧甸漆印章盒一件查收。弟冬间可以回扬，再寄信奉闻，余不尽言。并候小松九兄先生大人孝履。制葆淳顿首。三月初五日拜。

疏证：

　　此札中有"弟于明日入广"，从黄易嘉庆三年（1798）八月十三日所作新 151944-41/49 黄易致翁方纲北海札"芝山自粤至杭"来推测，此札当作于嘉庆三年（1798）八月之前，时间可能是嘉庆二年（1797）三月初五日，俟详考。

　　涉及金石书画资料：铜戈、何缓斋扇面、印章盒

　　关涉人物：宋葆淳、薛衡兄（薛铨）、驾堂（周厚辕）、何缓斋

　　附：周厚辕字驭远，一字驾堂。江西湖州人。薛铨字衡夫，扬州画家，罗聘亲家。

新 00180850-9/10 陈焯致黄易鉴湖札（《手迹》页 214—215）

释文：

节前自鉴湖旋省，获接手书并与纪纲相见。曾泐一函并法帖释文、碑帖等件交穆庵都转，于价旋时奉复矣，请咨之事，都转公上下关会，计不日可得，自即驰呈。弟此时缘贱眷来杭，挈之赴署，将来渡江东西较为便益，亦因时制宜也。兹有德清两徐君为苹村宗伯曾元，亦竹林诸贤。咸籍弟与尊叔、尊人世交至好，今以风云之会，作水衡之思，投效东河，已蒙奏准。惟是初登仕版，仍是书生，于一切工程，似难即时谙习。因念九兄大人著绩河工，为帅府所倚重，仰望者何止天际真人。为介一言，惟希推爱，不吝指南，俾获得陶者之型，感同身受矣。专此布恳，恭候台安，余悉前函不备。愚弟陈焯顿首。小松九兄大人侍史。

芑堂、梅溪均在运署，真一时嘉会，亦与芸台阁学，苏潭方伯时讲金石之学，弟则瞠乎后矣。陈纪行当均有物致，又拜。

疏证：

札中云张燕昌、钱泳与阮元、谢启昆"时讲金石之学"，约在嘉庆二年（1797）阮元、谢启昆商议并合辑《两浙金石志》之际，参见林纯阳《〈史籍考〉编纂始末辨析》（《故宫博物院院刊》2006年第1期）。故此札当作于嘉庆二年（1797）前后陈焯在两浙都转盐运使张映玑幕中之时。

涉及金石资料：法帖释文、碑帖

关涉人物：陈焯、穆庵都转（张映玑）、苹村宗伯（徐倬）、两徐君（徐倬后裔）、尊叔（黄易之叔）、尊人（黄易之父黄树榖）、芑堂（张燕昌）、梅溪（钱泳）、芸台阁学（阮元）、苏潭方伯（谢启昆）、陈纪行

新 00180850-10/10 何元锡致黄易舍舅札（《手迹》页 216—217）

释文：

小松九兄大人阁下，四月间舍舅赴东，曾泐数行，相邀鉴及。迩维公候胜常为慰。弟近状托庇，惟酬应日增，倍形忙碌耳。寿阶家务日累，大非昔比，现为芸台中丞荐至扬州康山主人处，于前日动身赴扬。颜运生昨来吴门，邕叙数日，甚乐。桂未谷闻委解京饷，欲藉此息肩，可谓见几而作。吴竹虚大病垂危，于端节前归里。孙渊如领得咨文，已回江宁，秋初北上。知阁下关心旧雨，谨以奉告。前云扇面俟尊处差人之便，可令其来取。弟寓在苏州阊

门内卧龙街黄土塔桥边,吴县官房内便是。兹有友人徐明经名颋,号直卿,系陶凫香妻舅,词章考据俱臻绝顶,篆书极古雅,现由水路进京秋试,日期甚促,恐途中或为水阻,必须起早,雇觅车马,人地生疏,务祈推爱关照,俾寒士不致受累,不独凫香闻之感激,弟亦佩德不浅矣。凫香现为兰泉少寇招往,续选二十五家词及续词综,故未得致书奉托。诸唯鉴察为荷,专此布述,并请近安不具。愚弟元锡顿首。五月十七日苏州寄。

疏证：

此札为何元锡向黄易通报旧雨新知之行踪与近况的书信,涉及人物包括袁廷梼、江振鸿、颜崇槼、桂馥、吴履、孙星衍、徐颋、陶樑、王昶等。札中所记"孙渊如领得咨文,已回江宁,秋初北上"。检《孙渊如先生年谱》,嘉庆三年（1798）六月二十七日,孙母金夫人卒于兖州官舍,孙星衍扶榇南还,十一月葬金夫人于常州郡城西郊祖茔,葬毕归金陵守制。此后至嘉庆八年（1803）之活动范围都在以金陵、常州、杭州为主的江浙一带,直至嘉庆八年（1803）五月方北上。综上看来,此札写作时间大约在嘉庆四年（1799）左右。

涉及书籍资料：《国朝词综》《国朝词综二集》

案：王昶编纂《国朝词综》《国朝词综二集》,得陶樑之襄助,两书分别成书于嘉庆七年（1802）与嘉庆八年（1803）。

关涉人物：何元锡、舍舅、寿阶（袁廷梼）、芸台中丞（阮元）、康山主人（江振鸿）、颜运生（颜崇槼）、桂未谷（桂馥）、吴竹虚（吴履）、孙渊如（孙星衍）、徐颋（直卿）、陶凫香（陶樑）、兰泉少寇（王昶）

新00151916-1/24 奚冈致黄易别后札（《手迹》页218—219）

释文：

小松九兄阁下,冈自别后,相思殊殷,有从北来者每讯足下起居,闻违和治事,甚念之至。今得看手书,并蒙雅惠及八分楹帖,拜领之下,感愧交深。且悉动止安吉,阃署蒙庆,慰怀无既。承谕作拙墨,尊纪纲止有三日之留,而天时溽暑,今年省中较他时尤酷,因以东方未白即起,研者括括,役其五指,兹已信得就绪。惟山水一纸,系他人者,将挪应用,故不能双款矣。濲水本拟四月间进都,以有事不果行。亦时过我,晤时当为致意。玉玲珑一峰,高几二丈,以暑日之下难于拓字,然字有数行,皆后人所刻,亦皆漫灭,字复下劣,无足取者,晤修白时属其图之呈寄可也。粗箑四握,皆挥汗乱涂,不足供笑。梅老竹石拓本非近日之翻刻，乃舍亲曹雪泉［此人精藏尺牍，明人者几有五、六千纸。］得之石五枚，又于菜圃村舍中得之三枚，是真竹懒家物也。顷奉一册，二者聊以伴函。冈家居甚闲，只有笔墨山积，腕几欲脱耳。须巳幡然，精力大非如昔。且喜老母八十尚健，二子已出考试，家下百凡粗遣，不足为故人道也。使还，草此问安，不尽。小松九兄大人阁下。令郎、令孙均为道候，愚弟冈顿首。（钤"奚""老九"印）

疏证：

此札涉及黄易与奚冈之间书画投赠之事，黄易以八分书楹帖赠奚冈，并向奚冈索画。奚冈之亲戚曹雪泉于李日华故家旧址中得梅老竹石画原石五枚，奚冈拓裱成册寄赠黄易。札中提及黄易之孙黄珍出生于嘉庆二年（1797）三月，又札中提及"且喜老母八十尚健，二子已出考试"，案奚冈两子奚濂、奚澧大约在嘉庆六年（1801）前后染白喉而逝，详见朱琪《奚冈的家世、生平与篆刻艺术》（载《第三届"孤山证印"西泠印社国际印学峰会论文集》）。故此札书写时间约在嘉庆二年（1797）三月之后嘉庆六年（1801）之前，从"阖署蒙庆"一句来看，很可能作于嘉庆二年（1797）三四月间。

涉及金石书画资料：八分楹帖（黄易八分书楹帖）、奚冈山水、竹懒家梅老竹石拓本（李日华故家流散原石所拓）

关涉人物：奚冈、尊纪纲（黄易仆从）、潋水（陈希濂）、修白（姚嗣懋）、曹雪泉（奚冈亲戚）、竹懒（李日华）、老母（奚冈之母）、二子（奚冈之子奚濂、奚澧）、令郎（黄易之子黄元长、黄元礼）、令孙（黄易之孙黄珍）

新00150710 奚冈致黄易春间札（《手迹》页220—221）

释文：

春间接读手书并画册法书等件，旋为致与汪七未山、余二慈柏信，各欢喜无量，彼时即欲奉函，以九兄有还杭在迩之信，故作缓计，兹复辱远颁翰教，得悉体履安胜，深慰鄙怀。且审九兄以山水书画纵情，放策其间，惊奇骇异，使冈闻之恨，不能置身君侧，同为叫绝也。二西札来云，九兄欲得姚氏所藏煮石翁画梅。今特寄上，俟惬雅赏。再行定夺。其价值多少，托二西作札上闻。冈迩时笔墨忙极，几欲断腕，是以九兄欲抽笔数纸，只好在得再寄，先此请安，余墨不尽。小松九兄大人至谊。冈弟顿首。（钤"翠玲珑""奚冈言事"印）

疏证：

此札中提到黄易欲购之王冕画梅花，原藏杭城姚氏，由奚冈作缘售与黄易，此事在新

00151921-19/32 黄易致陈灿粮艘札、新 00151921-31/32 黄易致陈灿龙泓札中均有印证，故可知此札作于嘉庆二年（1797），可详前二札之疏证。此札中所提及黄易"有还杭在迩之信"，指嘉庆二年（1797）黄易曾有回杭起咨之信，然卒未成行。此事在新 069087-12/12 附五：张廷济录黄易致赵魏南还札、新 180850-3/10 陈继昌致黄易历下札、新 180850-7/10 何琪致黄易贤郎札均可印证，可详前，兹不赘述。

涉及书画资料：画册法书、煮石翁画梅（王冕画梅花）

关涉人物：奚冈、汪七未山（汪用成）、余二慈柏（余锷）、二西（陈灿）、姚氏（可能是指姚嗣懋）、煮石翁（王冕）

新00187424 翁方纲致黄易新岁札（《手迹》页222—223，图4）

释文：

昨接九兄手教，稔知新岁荣禧，忭慰曷似。郑碑四分并永元洗文收到。[此洗妙极，更求拓数付。]弟现在按试曹郡，于二月三十日起程前往沂郡，三月二日可抵嘉祥，初三到济宁也。不知是日兄在署否？若因公他往，自不能因弟之来而废公务耳。如无他务，即妙极矣！然弟亦仍宿公馆，而自己单舆到兄衔斋作午谈，亦不能似前岁谈至夜深也，竟要巳刻即到，谈至将篝灯时仍回公馆，则亦可抵前岁夜深之谈矣。弟舆中亦略携一二求跋之件，仍用苏米雍邱故事。对案作书，一偿数年来积渴之怀，何快如之！

然又有一层，须先请教者，不知是日河帅李公在署否？若李公在署，则弟岂有迳先到尊署者？又有道台亦须酬应，如此则分我光阴，奈何奈何！抑还是再须匀出一日否？然若李公、沈公俱在署，则虽匀多一日，而二处势必俱要应酬，况且尚有南池、浣笔泉诸胜，则李、杜二公处又要分我胜致之晷刻，又将奈何！此皆须先请兄代为筹计，应如何分合前后，即求先示一信，以便早为计定之，亦断不能勾留至三日之久者也。先此敬候升禧，即求回示。临颖驰切，不一一。弟方纲顿首。二月十七日。秋盦九兄先生左右。

再求示者，弟到济之前一日，欲到武氏石阙处，前已告知邑宰刘君矣。但不知紫云山在何处？还是先到紫云山，而后至嘉邑？抑是先县而后紫云山？求示知，以便计算是日路程也。如兄代筹已定，即求便中先通知嘉祥刘君一声，尤妙耳。弟又及。

晋斋兄来否？铁桥虽本处人，然济宁已试毕，似亦不妨晤之，即先恳致意也。附上拙刻一册。余再致。（钤"苏斋""内阁学士"印）

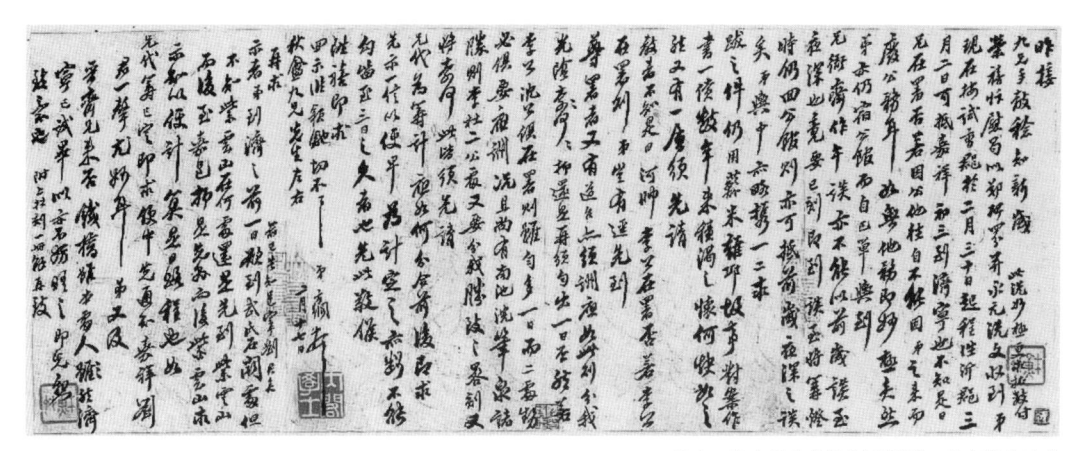

图 4　翁方纲致黄易《新岁札》　故宫博物院藏

疏证：

此札之背景是乾隆五十七年（1792）二月，翁方纲按试曹州府，因久慕嘉祥（图5）武氏祠之名，急欲藉此机会偷暇亲访，并欲与黄易当面研讨金石书画，细读此札，翁方纲渴念热切之情跃然纸上。

案：翁方纲之信札、题跋，常自留一抄件作为底本自留，此为翁氏长期以来的习惯，故常常同一题跋，可见到两到三个内容大同小异的文本，例如同一内容之草稿（手稿本）、定稿、文集刻本，三者时有小异。此札在《复初斋文集》手稿影印本中亦有，文字略有差异，今一并录出，供学者研究比较："昨接手教，捻知新岁荣禧，快慰无似。《郑季宣》全拓四分并洗款收到。弟见在按试曹郡，於二月三十日起程前往沂州，大约三月二日可到嘉祥，初三日可到济宁。按照原开路程，本是初二日在嘉祥打尖，初二晚宿济宁。今所以改於初三日到济宁者，以吾兄在济宁，不可无半

图 5　清末嘉祥县　沙畹摄　1907年 7 月

日聚话也。但不知是日兄在署否？若有别项公事他出，则不能因弟之来而废公务耳。如无他务，则弟亦仍住公馆，而自己单舆到衙斋来作午谈，亦不能似前岁至夜深之谈，竟要巳刻即到，谈至构灯时仍回公馆，则亦可抵前岁半夜之谈矣。弟舆中亦略携一二求题之件，同几作书，一偿数年以来积渴之劳，何快如之。""然又有一层，须先请教者：不知河帅李公是否在府否？若李公在府，则岂有径自先到尊斋者？又有道台亦须应酬，如此则分我光阴之甚，奈何奈何。抑或须再匀出一日否？然若李公、沈公俱在家，则又恐虽匀出一日，而二处俱要酬接，况又有南池、浣花泉之胜，又恐青莲、浣花二翁处分我胜致之晷刻，奈何奈何。此皆须预先请教，求兄为通筹时日晷刻，而先示一信，以便早定之，亦断不能勾留三日之久者也。先此，敬候新禧，即求回示。""再者，前一天弟到嘉祥，昨已告知县宰刘君，欲顺便往看武氏诸刻。弟不识紫云山在何处？还是先到紫云山，而后至嘉邑？抑先到县，而后至紫云乎？亦求示知，以便计算途程耳。"（《复初斋文集》手稿影印本）

涉及金石资料：郑碑四分（《郑季宣碑》）、永元洗文、武氏石阙（嘉祥武氏祠画像）

关涉人物：翁方纲、河帅李公（李奉翰）、道台沈公（沈启震）、嘉祥邑宰刘君（刘翰州）、晋斋（赵魏）、铁桥（李东琪）、李杜二公（李白、杜甫）

第三节　清人书札钤印风气的典型实例
—— 故宫藏黄易尺牍相关印迹研究

一、对故宫藏黄易尺牍相关印迹的整理

北京故宫博物院所藏黄易往来尺牍九十余通[1]，保存了大量黄易相关印迹。黄易是清代著名印人，名列浙派篆刻"西泠八家"之一，尺牍中所钤印章大部分可能出于自刻，对于研究黄易的篆刻创作和相关书画作品鉴定，均具有重要的参考和研究价值。因此，笔者将尺牍中所出现的黄易印迹（包括少量不能完全确定是否乃黄易所钤的印记）整理为下表（表5），并与拙文《故宫藏黄易尺牍疏证》所考证的信札时间对应，供学者参考。

表5　故宫博物院藏黄易尺牍相关印迹表

序号	印文	图版	性质	出处与信札时间	备注
1	江南春（白）		自用	新 069087-2/12 黄易致郑震堂宠光札（时间不详）	
2	秋庵（朱）		自用	新 069087-4/12 黄易致江昉乡思札（约1778年—1780年）	使用两次

3	大易（白）		自用	新069087-4/12 黄易致江昉乡思札（约1778年—1780年） 新069087-5/12 黄易致汪峹等奉候札（1779年） 新069087-6/12 黄易致汪峹等同寅札（1780年）	同寅札使用两次
4	江南春（白）		自用	新069087-5/12 黄易致汪峹等奉候札（1779年）	
5	黄易之印（朱白相间）		自用	新069087-5/12 黄易致汪峹等奉候札（1779年）	
6	手屈一指（白）		不详	新069087-9/12 黄易致黄童来示札（1780年）	从用印位置看似乎为黄易钤
7	黄九（朱）		自用	新069087-12/12 黄易致赵魏惠碑札（约1793年）	
8	小松（朱）		自用	新00151915-21/24 黄易致震堂峨峰札（约1796年—1797年）	
9	黄（朱）		自用	新00151915-23/24 黄易致郑震堂诸画札（时间不详） 新151944-41/49 黄易致翁方纲北海札（1798年）	
10	小松（白）		自用	新00151921-9/32 黄易致罗聘轩窗札（约1774年或稍晚） 新180743-43/44 黄易致赵魏妙极札（1776年）	轩窗札使用三次、妙极札使用五次

11	湘管斋（朱）		展示	新 00151921-11/32 黄易致陈灿领悉札（1777年）	为陈焯所刻，使用两次
12	品画楼（白）		不详	新 00151921-12/32 黄易致陈灿古韵札（约1786年）	疑为黄易所钤
13	小松（朱）		自用	新 00151921-16/32 黄易致陈灿文祺札（1774年或稍晚） 新 180825-25/30 黄易致汪嵒楚书札（1779年）	文祺札倒钤
14	小蓬莱阁（朱）		自用	新 00151921-17/32 黄易致陈灿忙鹿札（时间不详）	案："小蓬莱阁"印今见三方，小林斗盦辑《中国篆刻丛刊》第十四卷收录一方与《故宫藏黄易尺牍研究·手迹》中两方不同，出处不详，附录于下。
15	金石交（白）		自用	新 00151921-18/32 黄易致陈灿夏秋札（约1787年） 新 180706-20/23 黄易致孔继涑端节札（约1786年）	两札各使用两次
16	黄九（朱）		自用	新 00151921-20/32 黄易致陈灿风致札（约1797年） 新 00151921-21/32 黄易致陈灿杭集札（约1777年） 新 00151921-23/32 黄易致陈灿渴念札（时间不详）	渴念札使用四次

291

序号	印文	印图	用途	出处	备注
17	小松（白）		自用	新 00151921-22/32 黄易致陈灿送览札（1780年之前）	
18	秋影盦（朱）		自用	新 00151921-24/32 黄易致陈灿清胜札（1774年）	
19	尊古斋（白）		自用	新 00151921-25/32 黄易致陈灿平安札（1774年—1775年）	使用两次
20	黄九（白）		自用	新 00151921-26/32 黄易致陈灿磁杯札（1771年—1774年）新 00151921-28/32 黄易致陈灿画饼札（约1775年）	
21	小松（白）		自用	新 00151921-26/32 黄易致陈灿磁杯札（1771年—1774年）	
22	荷风竹露草堂（朱）		展示	新 00151921-27/32 黄易致陈灿抱恙札（1771年—1774年）	为陆飞所刻
23	黄（朱）		自用	新 00151921-28/32 黄易致陈灿画饼札（约1775年）	此印与新00151915-23/24 黄易致郑震堂诸画札有异
24	小松居士（朱）		自用	新 00151921-28/32 黄易致陈灿画饼札（约1775年）	

25	尊古斋（朱）		自用	新 151939-29/44 黄易致罗聘兰亭札（1774 年或稍晚）	
26	易（朱）		自用	新 151939-29/44 黄易致罗聘兰亭札（1774 年或稍晚）	
27	黄易私印（白）		自用	新 00152027-36/146 黄易致红亭少暇札（时间不详）	
28	太平之印（朱白相间）		印章受主或后人自存	新 155999-5/8 黄易致张爱鼎荣擢札附一	原札附边款
29	茧园老人（白）		展示或印章受主或后人自存	新 155999-5/8 黄易致张爱鼎荣擢札附二	原札附边款
30	苏门（朱）		展示或印章受主或后人自存	新 155999-5/8 黄易致张爱鼎荣擢札附三	原札附边款
31	苏门所藏（白）		展示或印章受主或后人自存	新 155999-5/8 黄易致张爱鼎荣擢札附四	原札附边款
32	张爱鼎印（白）		展示或印章受主或后人自存	新 155999-5/8 黄易致张爱鼎荣擢札附五	原札附边款

序号	印文	印图	用途	出处	备注
33	砚邻（朱）		印章受主或后人自存	新 155999-5/8 黄易致张爱鼎荣擢札附六	原札附边款
34	小松（朱）		自用	新 177970-1/9 黄易致邱学敏幕下札（时间不详）	
35	小松（朱）		自用	新 180706-20/23 黄易致孔继涑端节札（约1786年）	
36	砚寿（白）		展示	新 180807-1/2 黄易致王复契阔札（1777年）	为陈（砚寿）银台所刻
37	小蓬莱阁（朱）		展示	新 180807-1/2 黄易致王复契阔札（1777年）	为翁（方纲）学士所刻
38	黄（朱）		自用	新 180825-24/30 黄易致赵魏夏间札（1780年）	
39	黄易之印（白）		自用	新 180825-24/30 黄易致赵魏夏间札（1780年）	
40	长相思（白）		自用	新 180825-25/30 黄易致汪孟慈楚书札（约1779年）	

41	鸿雪鸥波(白)	（印章图）	不详	新 180825-25/30 黄易致汪 嵇楚书札（约 1779 年）	疑为黄易所钤
42	小松具札（朱白文不详）	（印章图）	自用	新 069087-12/12 附一：张廷济录黄易致赵魏新斋札（1777 年以后）	张廷济墨笔摹本，原印附下：（印章图）

二、略论故宫藏黄易信札相关印迹

表 5 所示，笔者共辑得黄易相关印迹 42 方，其中半数以上为以往辑录黄易印谱所未见，是十分珍贵的印学资料。其中包括张廷济墨笔摹录"小松具札"印的《新斋札》（图 1），幸运的是这通经由张廷济过录的信札（《新斋札》）并未散佚，辗转由庞莱臣收藏，并辑入《国朝名贤手札初集》册十六，"小松具札"印亦因此得睹原貌（图 2）。这些印章的使用大致可分为以下几种情况：

（一）自用姓名印。这类印章占黄易尺牍用印的绝大部分，如"黄""黄九""小松""秋庵""易""大易""黄易之印""黄易私印""小松居士"等。钤印的位置多在名款上，尺牍起首处以及信札空白处，并常出现同一印在同一通尺牍中每页均钤盖一次的现象，如新 180743-

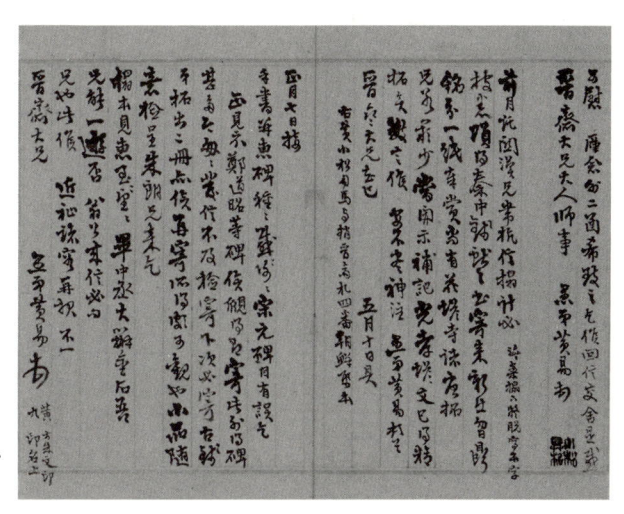

图 1　张廷济录黄易致陈灿《新斋札》并摹录"小松具札"印章　故宫博物院藏

43/44黄易致赵魏妙极札中,"小松"白文印钤盖达到五次之多。

(二)斋号印。黄易尺牍中出现的斋号印有"秋影盫""尊古斋""小蓬莱阁"三种,这些斋号印可以和作札时间对应,确定其使用的具体时间段,作为鉴定黄易书画作品时的参考。

(三)闲章。这批信札中所钤盖的闲章有"江南春""长相思""金石交"等,用以寄托写信人当时之情志。"长相思"则为常见的信札用印,西泠八家中如丁敬、陈豫钟等均刻有同样内容的印章。"江南春"或许跟黄易长年羁旅而生思乡之情有关,除信札中所见两种不同形式的"江南春"之外,罗聘《衣云印存》中亦收录一方,与黄易信札中所用长方形者大同而小异。

(四)为他人所刻印章,作为展示欣赏之用。如"湘管斋"为陈焯所刻,"荷风竹露之室"为陆飞所刻,"砚寿"为陈银台所刻,"小蓬莱阁"为翁方纲所刻。黄易把这些印章钤于尺牍之上的目的应该是展示其最新的篆刻作品,请受信人欣赏。黄易所在的乾嘉时期,印人自辑印谱之风未炽,此举也起到保存自己篆刻印迹以及通过受信人传播的作用。

(五)在这批尺牍中还有数方印章不能确定是否为黄易所钤,如"手屈一指""品画楼""鸿雪鸥波"。这些印章的风格与黄易印作接近,且从印泥颜色判断,与后人钤盖的鉴藏印有所区别。钤盖位置也接近原始状况,并与黄易钤盖闲章于尺牍之上的习惯位置相契合,故一并录出供参考。

通过这批印迹和信札书写时间来看,这些印记的钤盖时间约在乾隆三十六年(1771)至嘉庆三年(1798)之间,时间跨度近三十年,贯穿黄易早年游幕就馆至其辞世前四年,其中尤以乾隆三十六年(1771)至乾隆五十四年(1789)这一段时间用印频率最高。嘉庆三年(1798)可视作黄易身体状况的转折点,是年冬,

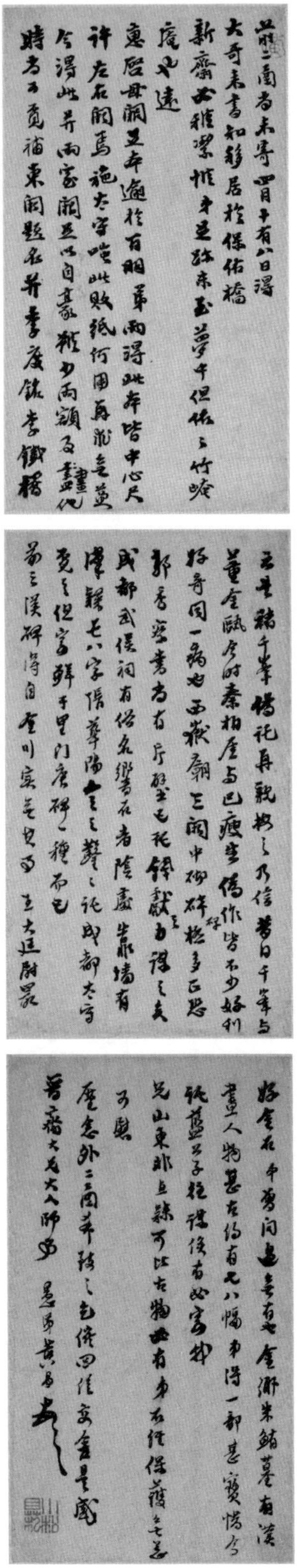

图2 《新斋札》原件 上海图书馆藏

图3 黄易致张爱鼎《荣擢札》所附"太平之印""茧园老人"印 故宫博物院藏

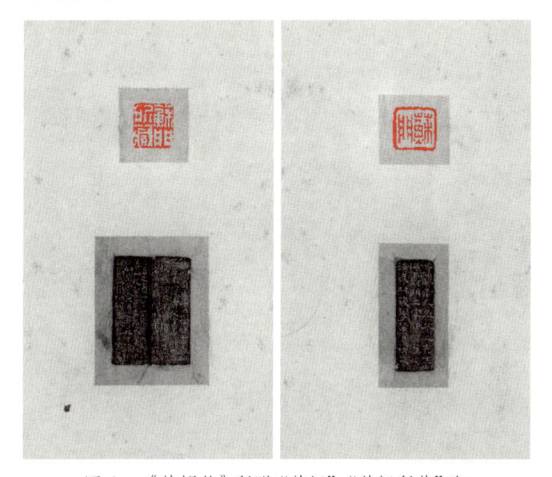

图4 《荣擢札》所附"苏门""苏门所藏"印

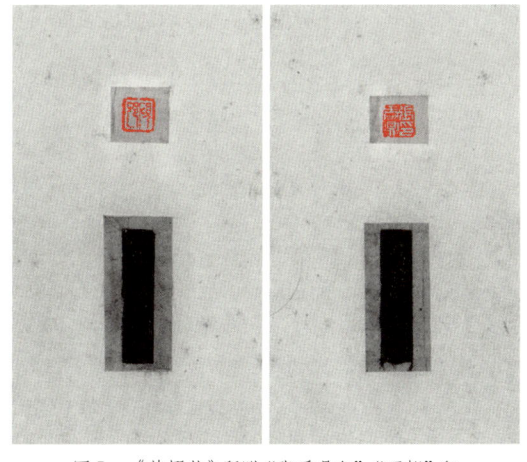

图5 《荣擢札》所附"张爱鼎印""研邨"印

黄易在南旺感寒湿疾，此后数年日益加剧。故此后的信札，不仅书写逾趋潦草，加盖印章的频率也渐趋减少。在约作于此时的诗中，黄易日益感到身心衰惫，他感叹道："渐觉年来壮气销，归心最怕路迢迢。""手障狂澜不易成，宦情浑似踏春冰。""人到衰年厌官场，凋零师友最凄凉。官贫幸守图书在，遣闷时时味古香。"[2]在嘉庆五年（1800）黄易致赵魏的信中，他感慨地写道："弟服官至今，贫病交深，愿拂袖而去，无奈家无擔石，何恋此一官，真是万不得已，几乎右体不仁，服参羹二年，始得渐好。然作画刻印竭蹶之至，只有翻弄碑帖扇面，为娱悦而已。"嘉庆七年（1802）春，黄易在南旺所感寒湿疾顿剧，二月二十日，黄易致信故交陈灿，尚有"贱休尚好"之语，二月二十三日，即溘逝于济宁任上，享年五十九岁。黄易晚年健康状况的急剧下降，正好也在这批信札的书写渐趋潦草和用印频次愈来愈少的情况中体现出来。黄易晚年抱病之后极少奏刀治印，刻印数量的锐减，加之公务繁忙和心态变化，是以用印渐趋简率，甚至无暇从容用印。

在这些印迹中，有一些细节颇值关注，对这批信札的研究考证，有很好的辅助作用。新155999-5/8黄易致张爱鼎荣擢札附一至附六的六方印记，皆黄易为同僚好友张爱鼎一门所刻。（《故宫藏黄易尺牍研究·手迹》页146—151，以下简称《手迹》，图3、4、5）

"太平之印"为张太平所刻,边款:"己亥元旦,大梁河上为寿云先生篆。吉人嘉名,试笔良美。黄易。"

"茧园老人"为张符升所刻,边款:"乾隆甲辰九月,睢州行馆,刻寄茧园老伯大人正。钱塘黄易。"

"苏门"为张符升所刻,边款:"心观老人为冬心先生作'寿门'二字印,有汉人法。武林后学黄易仿之。"

"苏门所藏"为张符升所刻,边款:"苏门司马,嗜学味古。卷册之富,不让青父书画舫也。古人收藏印,苟不慎择,翻为翰墨累。天籁阁物最可惜。前人已言之矣。易为司马作此,施诸卷册。后人重司马名,或美此印。正如见金栗道人、云林子诸印,悬知为周伯琦辈所篆。黄易。"

"张爱鼎印"为张爱鼎所刻,边款:"辛亥仲冬二日为研村六弟作。小松。"

"研邨"为张爱鼎所刻,边款:"小松刻於南旺。"

今见《徐州史志》2014年第4期刊有欧阳尊卿《萧县张氏与黄易交游考》一文,论及张爱鼎家族事迹甚详,现摘引萧县张氏家族中与故宫所藏黄易尺牍有关人物基本资料如下:

张太平(1709—1788)字拱宸,号寿云,别署乐园、绥舆山人、银岭西樵。清代书画家,金石收藏家。好诗文,善书法。尤以草书知名,苍劲道古,得张旭、怀素真传。晚年善画,宗董其昌,饶具天然妙趣。诗文结集为《岭云樵唱》。

张符升(1725—1786)字子吉,号苏门,太平侄。清代诗人,收藏家,亦善书画。历官汶上主簿、泉河通判,调商虞通判,迁下北河同知,署卫辉府事,迁柳州知府。著有《苏门山人诗钞》。

张爱鼎(1753—1809)字慎修,号砚村,一作研村,符升长子。清代收藏家,历官卫辉府粮盐河务通判,曹单同知、下南河同知、兰仪同知,武定知府。

其中"张爱鼎印""研邨"两印,从形制上看当为对章,亦见于黄易自钤印谱《黄小松印存》中(图6)。[3]《黄小松印存》为黄易的原始钤本,并有其墨笔批注,故《黄小松印存》中所钤者当为最早的面貌,取手札所附钤本与之相较,"张爱鼎印"的"爱"字左上已现残泐,"研邨"一印边栏也有明显残断,故手札所附钤本当为后出者,这也可以说明,此附录六印并非出自黄易亲自钤拓,而是萧县张爱鼎后人或收藏者钤拓附于黄易手札之后。《黄小松印存》中还收录了

图6 黄易刻"张爱鼎印""研邨"印

图7 黄易刻"张爱鼎印"　　图8 黄易刻"研邨"

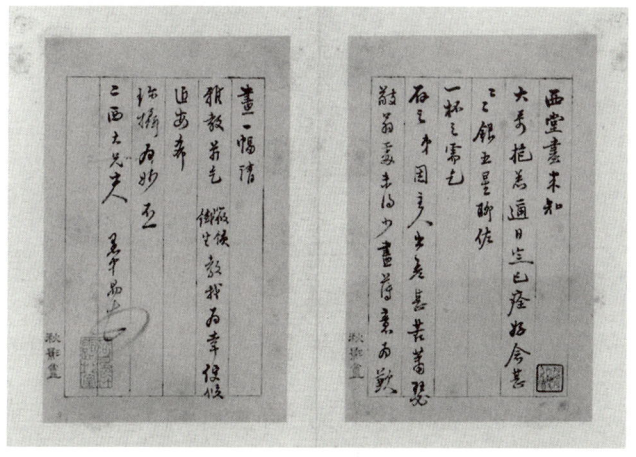

图9 黄易致陈灿《抱恙札》所钤"荷风竹露草堂"印

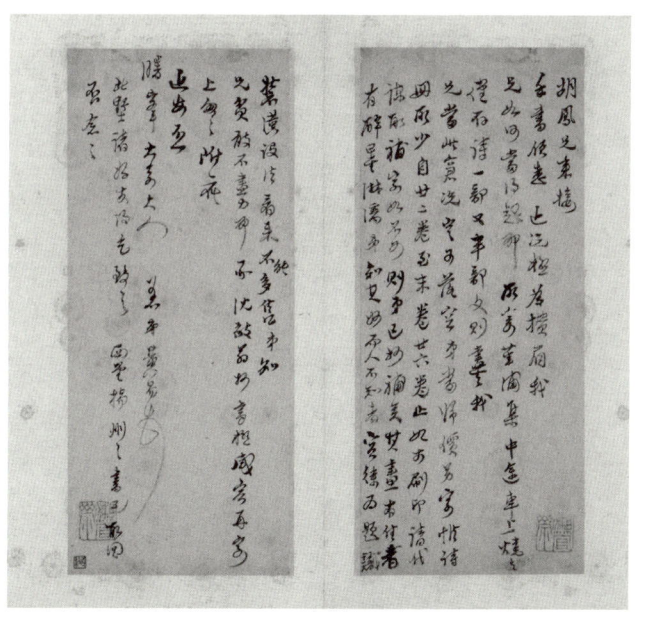

图10 黄易致陈灿《领悉札》所钤"湘管斋"印

另一对"张爱鼎印""研邨"印蜕（图7、8），尺寸较大，为手札附录未收，不知何故。故黄易为萧县张氏所刻印章目前可见者至少有八方之多，可见交谊匪浅。

新00151921-27/32 黄易致陈灿抱恙札（《手迹》页95，图9）钤有"荷风竹露草堂"朱文印，为黄易为陆飞所刻并手钤。今见黄易致陆飞尺牍中有"如嫂已育麟否？荷风竹露变为玉暖香温，名士风流何所不可贺之"之句。另朱文藻《碧溪诗话》云"（陆飞）家在湖墅江涨桥之北，题其听事曰'荷风竹露草堂'"；乾隆丁丑年（1757）陆飞所绘"仿云林笔意"轴，钤有"荷风竹露之室"椭圆白文印；[4] 又陆飞所绘《待酷观瀑图》（杭州西泠印社藏）有王福庵题跋"陆筱饮乡先辈……其故居曰'荷风竹露'，草堂在吾杭北墅"，以上皆可为佐证。陆飞与黄易家族乃属世交，黄易为其刻印甚夥，见于谱录者有"陆飞起潜"、"筱饮"、"卖画买山"、"乙酉解元"（有朱文、白文印各一方）、"自度航"等。

新00151921-11/32 黄易致陈灿领悉札（《手迹》页65，图10）中所钤"湘管斋"朱文印（图11），乃黄易为陈焯（字无轩，号然圃）篆刻，

图11 黄易为陈焯刻"湘管斋"印及边款

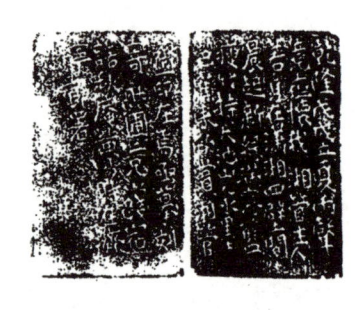

图12 黄易为陈焯摹刻徐渭"湘管斋"印及边款

图13 徐渭用印"湘管斋" 钤《花果鱼蟹图卷》

黄易常有在信札上钤盖新刻印章之举,应该是请陈灿等同道互相传阅品鉴之意,这种现象在黄易手札中不止一次出现。黄易所刻"湘管斋"朱文印今存于谱录者有二,信札上所钤作于乾隆四十二年(1777)六月一日,时黄易客于上谷(今在河北张家口市)。款曰:"无轩二兄以湘管名斋,有图有记有诗,友朋美其事,韵语投赠,卷帙益多,独余不能诗,乃赠此石。无轩每诗必印,与诗长留天地间。石不能言,亦自幸得所主矣。丁酉六月一日上谷雨窗,秋盦黄易记。"

另一枚见于谱录的"湘管斋"(图12)亦为朱文,边款:"乾隆戊戌立夏,雨声竟夜,怀我湘管斋主人,若身在潇湘四壁间。晨起,新绿满窗,蓝瘦竹持天池山人水墨芭蕉来欣赏,湘管斋一印在焉。亟摹刻寄然囿二兄,以践宿诺。秋盦黄易,时在济宁节署。"明代徐渭斋名"湘管斋",陈焯也以之为斋名,后著有《湘管斋寓赏编》六卷,故黄易为之摹刻徐渭原印(图13)以赠。[5]此一段艺林掌故,附记于此。

在这批信札中,还保留了两方不同的"小蓬莱阁"印。新

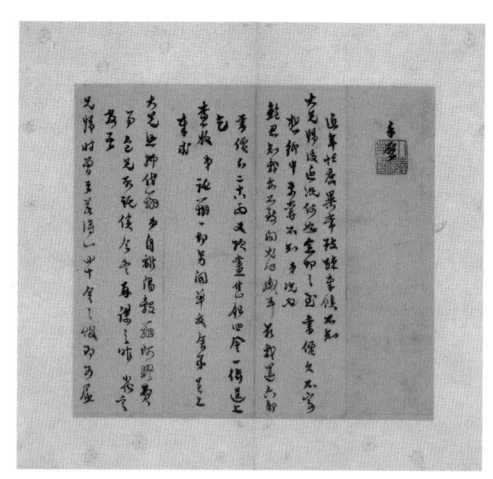

图14 黄易致陈灿《忙鹿札》所钤自用印"小蓬莱阁"

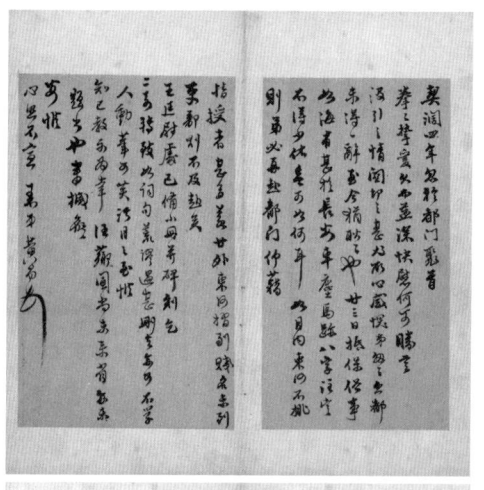

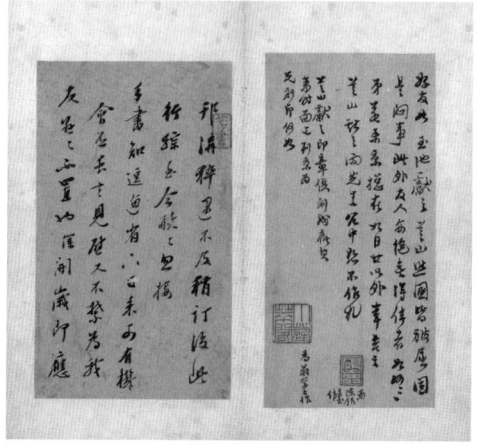

图15 黄易致王复《契阔札》所钤"小蓬莱阁"印
此印黄易为翁方纲刻

00151921-17/32 黄易致陈灿忙鹿札（时间不详，《手迹》页76，图14）所钤者为黄易自用斋号印，取自黄易先人黄汝亨南屏读书处"小蓬莱"之名，黄易的金石学著作《小蓬莱阁金石文字》《小蓬莱阁金石目》皆以之命名，可见其志。新180807-1/2 黄易致王复契阔札（作于1777年，《手迹》页170，图15）所钤"小蓬莱阁"印，则是黄易为翁方纲所刻，翁氏亦曾以"小蓬莱阁"为斋号，与黄易不谋而合，两印形式、大小皆相若，唯细节之处略有不同，细看则区别较为明显。又小林斗盦《中国篆刻丛刊》第十四卷亦收录一方黄易所刻"小蓬莱阁"印（见表5），与《故宫藏黄易尺牍研究·手迹》中两方不同，出处不详，使用状况也不明确，姑且存疑俟考。[6] 其中黄易自用"小蓬莱阁"一印，后流入济宁碑帖收藏家庄绶度（字眉叔，号裴斋）之手，尝钤诸碑拓之上射利。李葆恂《三邕翠墨簃题跋》云："'小蓬莱阁'印，黄小松司马自刻，屡见于碑版书画者。道光中，眉叔得之任城常买家，必黄小松官运河同知时所偶遗者。眉叔收汉、魏碑甚富，遇铭心绝品，即以此印加之。铁塔寺复初上人年八十余矣，尝与眉叔善，向予道之如此。"[7] 这一枚印章，涉及黄易、翁方纲、庄绶度三个金石收藏家，故辨清此印异同和流传，对于金石碑帖的鉴定，意义不小。[8]

故宫藏黄易尺牍是近年来发现的乾嘉学者、书画家手札之大宗，系统集中了清代单个学者的大批量信札原件，且受信人范围广泛，因此具有一定的统计学价值，可以作为清人信札用印研究的一个范本来看待。综合以上信札的用印情况，笔者对其中的用印情况作出简单统计分析。

故宫藏黄易尺牍共计 73 通，除去张廷济笔录 8 通、记室笔录 1 通，故属于黄易亲笔所书原件共计 64 通。其中钤有黄易印章的信札数量约 32 通，占到总数的百分之五十，这一比例颇高。所钤印章中包含黄易的私印、斋号印、闲章，也包含了他为受信人及相关人物所刻的印章。当然，如果抛开黄易篆刻家的身份，排除一部分附钤于信札供展示的篆刻作品，实际个人用印比例约百分之四十。如上文所揭示的，黄易信札用印集中在他二十八岁至四十六岁之间，正是其青壮年时期。在这一段时间内，他的仕途平顺，个人时间支配相对自由，身体健康情况良好，心情也较为优游平和，信札用印，且钤印次数频繁，也就在情理之中。至其晚年，由于公务繁忙，身体和精神状态皆不佳，则信札用印减少，甚至不再用印。

在尺牍上加钤印章，是文人书写信札的一个附加过程，而并非必备程序，黄易的信札用印研究也仅是其中的一则个案。尺牍钤印是一种特殊印章使用习惯，它与书画落款用印区别甚大，带有随意性、偶然性、针对性、变化性等多种特殊性质。这种用印习惯真实地受到时代风气、交游圈层、物质条件和环境变化的影响，但又因人而异，因此具有较大的个体差异。

注　释

[1] 收录于故宫博物院编《故宫藏黄易尺牍研究·手迹》，故宫出版社，2014 年版。相关考释，详见秦明主编《故宫藏黄易尺牍研究·考释》，故宫出版社，2015 年版。

[2] 黄易《秋盦遗稿》，续修四库全书本，册 1466，上海古籍出版社，1995 年版。

[3] 《黄小松印存》，上海神州国光社，民国印本。

[4] 见北京翰海 2000 年春拍中国古代书画专场，Lot.0558。

[5] 见万历庚辰（1580 年）徐渭《花果鱼蟹图卷》。

[6] 小林斗盦《中国篆刻丛刊》第十四卷 清8，二玄社，昭和五十七年版。

[7] 转引自谢国桢《记黄易与庄缙度之藏汉魏碑刻》，载《瓜蒂庵小品》，北京出版社，1998 年版，页 142。

[8] 关于"小蓬莱阁"一印，故宫博物院秦明也有详细考证，可参阅《黄易"小蓬莱阁"印沿用考》，载《第四届"孤山证印"西泠印社国际印学峰会论文集》，2014 年版，页 599。

第四节　金农"冬心砚"与《冬心斋砚铭》新探
——从黄易藏冬心砚拓谈起

金农（1687—1763）字寿门、吉金，号冬心先生、稽留山民、曲江外史、昔耶居士、寿道士等，钱塘（今浙江杭州）人。清代书画家，扬州八怪之首。平生好游历，卒无所遇而归，晚寓扬州卖书画自给，布衣终身。其人嗜奇好学，工诗文书画，精鉴别。书法特用笔书体，兼有楷、隶体势，时称"漆书"。晚年工画，造型奇古，工画梅、竹、马、佛像。有《冬心先生集》行世。

金农有砚癖，蓄砚多至百余方，自号"百二砚田富翁"，并自道由来："平昔无他嗜好，惟与研为侣，贫不能致，必至损衣缩食以迎来之。自谓合乎岁寒不渝之盟焉。石材之良楛美恶，亦颇具识辨，若亲德人而远薄夫也。稍收一二佳品，得良匠斫研精古。居北之身，日习其事，共得砚一百零二方，故自号百二砚田富翁。"[1] 更自写"百二砚田富翁小像"，并书题记："自写百二砚田富翁小像毕，喑喑申言之。富翁者，田舍郎之美称也，观予骨相贫窭，安得有此谓乎？赖家传一砚，终身笔耘墨耨，又游食四方，岁收不薄，砚亦遂多，一而十，十而百有二矣，乃笑顾曰：'不啻洛阳二顷也。'署号'百二砚田富翁'，宜哉！"[2] 得意之情溢于言表。有朋友远来，携砚相赠，金农喜不自胜，欣然写竹相报："吴门薄君自昆相见广陵，赠予东魏兴和砖砚一枚。色泽若幽幽之云吐岩壑中，琢手精奇，四周三道墨池深洼，真希世物。贮砚之器是宋髹漆，纹理如牛毛，如蛇腹，亦可宝也。因试其良，画西蜀丛竹长幅报之，题云：'贻我古砚，报君新篁。'此中有渭川之千亩，何用洛阳二顷之耕疆？"[3]

正因为金农为砚痴狂，藏砚成癖，更调教奴仆为琢砚良工。据金农好友全祖望记载："寿门

303

所得苍头皆多艺。其一善攻砚，所规模甚高雅。寿门每得佳石，辄令治之，顾非饮之酒数斗不肯下手。即强而可之，亦必不工。寿门不善饮，以苍头故，时酤酒。砚成，寿门以分书铭其背，古气盎然，苍头浮白观之。"[4] 金农好游历名山大川，其藏砚大多并非成砚，而是以四处访得砚料佳石，命工匠按照自己的构想琢制为砚，并根据砚之形制、质地、色泽、寓意，撰作砚铭，请工于书法、镌刻的友人，或由自己刻铭文于砚上。其历年撰制的砚铭，被辑为《冬心斋砚铭》付梓传世，成为砚史上最具代表性的砚铭专书，这就使其藏砚脱离了炫耀财力的庸俗层次，而成为一件文人亲身参与制作，增加藏砚文化附加价值的雅事，对后世影响深远。

本文就新见金农铭砚，及其藏砚、砚铭、用印等方面实物、事迹撰成小文，不当之处，尚请诸位方家批评指正。

一、新见黄易旧藏冬心斋砚四种

故宫博物院藏《黄秋庵竟砚拓本合辑》，一函两册。函套隶书题签"黄秋庵竟砚拓本合辑，戊辰元日"，下钤"武进"（白文）、"赵"（朱文）小印。内分《小松集拓竟铭》《小松集拓研铭》各一册。《竟铭》封面隶书题签"小松集拓竟铭"，落款"许印林、陈寿卿题，戊辰元旦"，签条下钤"药农平生真赏"朱文长方印。《研铭》封面隶书题签"小松集拓研铭"，落款"辛酉春日购，戊辰元日书，夜碧庐"，签条下钤"药农平生真赏"朱文长方印。外封面下有黄易原书签条（图1），隶书"砚铭"，并署"秋影庵藏玩"，并钤有"半勾留阁"（朱文）、"余集之鈢"（白文）两印，可知曾经黄易与画家余集旧藏。原封面上还钤有"小松所得金石"（白文）、"药

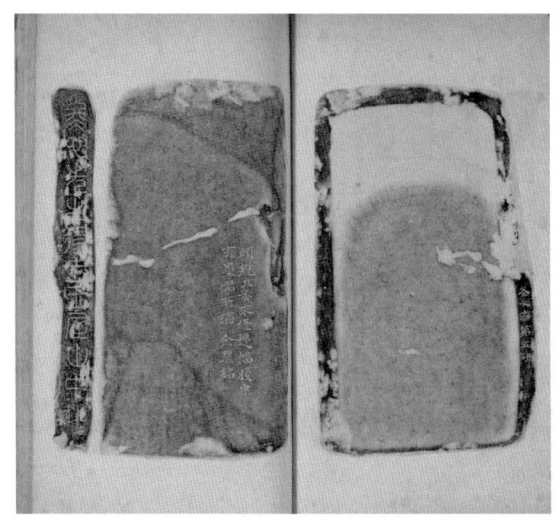

农平生真赏"（朱文）印。其中收录金农砚铭拓片四种，原物经乾嘉金石学家黄易家族递藏，流传有绪，为以往未曾公布之资料，对于金农藏砚及砚铭研究具有较高的范本价值，今在此略作介绍。

（一）冬心斋第五砚（缺角砚）

此砚为长方形淌池砚（图2），正面右侧边栏下端隶书镌刻"冬心斋第五研"；砚背楷书镌刻"头锐且秃，不修边幅，腹中有墨君所独。金农铭"；砚侧铁线文篆书铭"冬心先生得于王屋山中"，并行楷书落款"松石题"。

此砚砚铭著录于《冬心斋砚铭》，题为"缺角砚铭"。从原砚拓本可知，为金农冬心斋编号第五砚，黄树穀篆书铭文云此砚得于王屋山中，今以拓本来看，此砚墨堂、砚背、砚侧、边栏都有自然孔洞，应当是制砚时保留的原石自然痕迹，应为金农游王屋山时所得之石加工制成，其形状和石皮特征，与砚铭描述的"头锐且秃，不修边幅"的"缺角"特征完全符合。

王屋山位于河南省西北部的济源市，东依太行，西接中条，北连太岳，南临黄河，是中国九大古代名山之一，也是道教十大洞天之首。《列子》所载"愚公移山"，即出此处。其顶峰传为轩辕氏黄帝祈天之所，名曰"天坛"。金农曾两度游王屋山，尤其首次游山盘桓三日方归，并留下诗作多首，可见对此山之留恋。《冬心先生集》有《游王屋山》《游天坛值雪》《憩王屋山后十方院二首》《重游王屋山访唐开元时御爱松并韩抗为司马炼师书刻石不得小憩阳台观抵暮出山》等诗[5]，可为佐证。

（二）金寿门春帆书屋砚

砚作椭圆随形（图3），背刻行草书铭文："产南粤，路五千。珠江上，绿榕天。春帆客，

图1 《黄秋庵竟砚拓本合辑》 黄易"砚铭"题签 故宫博物院藏（左图一）
图2 冬心斋第五砚（缺角砚）拓本 黄易旧藏（左图二）
图3 金寿门春帆书屋砚拓本（左图三）

载汝还。文笔快，下水船。金寿门铭春帆书屋砚，黄松石书。"

此砚铭著录于《冬心斋砚铭》，题为"春帆书屋砚铭"，今对照原砚拓本，落款中多出"金寿门铭"四字，可见为金农自用自藏之物，故"春帆书屋"亦为金农斋室名之一，可补金农斋号室名之阙。金农一生奔走四方，尤其于江淮、杭州、扬州等处往返频密，所藉交通工具当以舟行最为便利，因号"春帆"，以"春帆"喻其生涯、又借以形容文笔如"春帆""下水船"，大抵不误。从铭中"产南粤""珠江上"等语推测，此砚质地当为端砚。此页拓本下有黄易行草书标注"此砚已归富公"，可知原砚经黄易手而归他人所有。

（三）不自满砚

砚作正方形（图4），砚背刻隶书铭："虽小缺而如句丽之天，虽小蚀却享大椿之年。谷神抱虚，真气绵绵。惟其不满分，得方寸之独全。"行楷书款"冬心铭，松石书"。砚侧篆书铭"不自满研"。

此砚著录于《冬心斋砚铭》，题为"获亭主人不满砚铭"，与原砚自铭有异。"获亭"，金农曾有信札及画册上款题此，亦有华嵒致获亭信札存世，可见为冬心友人。从侧面砚形拓片上看，砚首背部有缺不完整，铭中说"小缺""小蚀"当指此，故名"不自满砚"或"不满砚"，两者含义实稍有异。

（四）冬心先生写周易砚

此砚长方形而略方（图5），砚背刻八分书铭："蛊履之节，君子是敦。一卷《周易》，垂帘阖门。手写不倦心光存，吾慕《乙巳占》，可以释百忧。水泂泂，云幽幽，此道最精颜恶头。"并刻"金农"

图4　金农不自满砚拓本（上图）
图5　冬心先生写周易砚拓本（下图）

朱白文相间印。砚侧篆书铭"冬心先生写周易砚"。

此砚铭著录于《冬心斋砚铭》，题为"写周易砚铭"，并见于广东省博物馆藏《金农砚铭册》墨迹，然文字稍异。原砚铭"垂帘阖门"，《金农砚铭册》墨迹与《冬心斋砚铭》作"垂帘闭门"；"吾慕《乙巳占》"，《砚铭册》作"吾闻《乙巳占》"，《冬心斋砚铭》作"吾慕蓍龟占"。由铭文可知，金农所习驳杂，并精于易经占卜。

《乙巳占》为唐代李淳风所撰天文占星学著作，宋代以后流传已稀。清初朱彝尊曾见残本七卷，清乾隆年间编修《四库全书》未收，阮元的《畴人传》亦未提及，晚清陆心源门人从金匮蔡氏钞得一本，收入《十万卷楼丛书》，方得流传，并云"上元乙巳之岁，十一月甲子朔，冬至夜半，日月如合璧，五星如连珠，故以为名"[6]。"颜恶头"者，北齐时人，精于占卜之术。唐李延寿《北史》："颜恶头，章武郡人也。妙于《易》筮。游州市观卜，有妇人负囊粟来卜，历七人，皆不中而强索其粟，恶头尤之。卜者曰：'君若能中，何不为卜？'恶头因筮之，曰：'登高临下水洞洞，唯闻人声不见形。'妇人曰：'妊身已七月矣，向井上汲水，忽闻胎声，故卜。'恶头曰：'吉，十月三十日有一男子。'诸卜者乃惊服曰：'是颜生邪？'相与具羊酒谢焉。"[7]

此砚拓片下端有行楷书墨笔题记："'研露著书得筌中，鱼取颔下珠含溪。'此砚左侧有此十四字，因为印林同年补书。善旂。"下钤"善""旂"连珠印。题跋作者朱善旂（1800—1855）字大章，号建卿，当湖（今浙江嘉兴平湖）人。朱为干之子，出嗣为朱为弼长子。道光辛卯（1831年）举人，官国子监助教、武英殿校理。著有《敬吾心室彝器款识》。此段题跋乃朱善旂为此册藏者许瀚补书，从内容来看，原砚亦曾同归于许瀚。许瀚（1797—1866）字印林，山东日照人，室名攀古小庐。许瀚为清代山东学者，在山东为官、讲学多年，曾主讲济宁渔山书院，任《济宁直隶州志》总纂，黄易藏品多为其后人于山东济宁散出，此砚及拓本为其所得。

黄易藏金农四砚中，冬心斋第五砚（缺角砚）、金寿门春帆书屋砚、不自满砚（不满砚），三方均由黄易尊人黄树穀书铭文。黄易曾留心搜访黄树穀遗墨、遗物，此四砚或为黄氏家藏，或为黄易搜求所得，渊源有自。黄树穀所书三方砚铭，篆、隶、真、行、草五体皆备，从书法角度来看，铭文布局工整多变，时常将数种字体进行搭配，在浑然一体中体现出丰富的变化。铭字庄重工整，线条匀称劲挺，气度高雅从容，有高士之风。其中篆书为清初铁线篆之典型，结体饱满，线条纤而不弱，绵里藏针，对比黄树穀篆书手迹，同有浑融典雅、真力弥满之气象。

据乾隆十二年（1747）郑燮所记云："王箬林澍、金寿门农、李复堂鱓、黄松石树穀（后名山）、郑板桥燮、高西唐翔、高凤翰西园，皆以笔租墨税，岁获千金，少亦数百金，以此知吾扬之重士也。"[8]黄树穀与金农本为同乡，又皆于雍正间游艺维扬，相交甚密，金农诗集有《怀张机客淮阴黄树穀客广陵》诗可证。当时金农、丁敬、高凤翰、黄树穀这一交游圈中人皆有砚癖，如金农号"百二砚田富翁"，丁敬号"砚林"，高凤翰则著有《砚史》。

金农砚铭交由黄树穀书铭文者不止于此，台北故宫博物院藏有"金农勘书砚"（图6，见于《兰千山馆名砚目录》，《中国书法》2016年第7期），背篆书刻铭"冬心先生勘书之研"，及楷书砚铭"开卷不辨虎与鱼，莫对君而书。君爱洁，朝沐日有度。毋盗贪泉来，恐触君怒"。题款曰："冬心先生自为之铭，属友人黄树穀书于高士湖浮梅槛。"其篆书与"冬心斋第五砚（缺角砚）"风格一致，当为珍品，此砚亦著录于《冬心斋砚铭》，连同前面三方砚，黄树穀书铭者，已见四种。可见金农与黄树穀互为对方创作、书写砚铭的雅士流风。此外《冬心斋砚铭》中还著录有"黄松石黄云研铭"："若缊若缊，非沉非冥。一见生喜，黄色天庭。"西泠印社2015年秋季拍卖会上，曾出现过一方陈廷焯"白雨斋填词砚"（图7），砚作门字式，色黄微带绿，质地颇细润，背面石皮斑驳，古色盎然。正面砚额上刻有楷书"白雨斋填词砚"六字铭记，背面镌刻行草书铭文："若缊若缊，非沉非冥。一见生喜，黄色天庭。乾隆甲子，松石题。"可知即金农所题"黄松石黄云砚"，作于乾隆九年甲子（1744）。所谓"黄云"即指砚石色黄绿如云；"缊缊"谓烟气弥漫之貌；"沉冥"则指隐逸，借指隐士有泯然无迹之致。石色氤氲泯然，如黄色天庭云隐无迹，形容此砚，浑然天成。然金农砚铭早在雍正十一

图6　金农勘书砚
台北故宫博物院藏

图7　陈廷焯白雨斋填词砚　应即"黄松石黄云砚"

年（1733）即已撰成，为何迟至乾隆九年（1744）方镌刻于砚，此为难以索解者。

砚作为文房四宝之一，不仅具有实用功能，更因为石材、造型、雕工之美，而具有艺术审美功能。明清以来，制砚的题材、样式、雕刻等艺术形式逐步完善，更与当时的诗文、金石、书法、绘画、印章、雕刻等文学艺术门类互相融合，成为文人玩赏的雅事、雅物。所谓"古今佳砚，因质美工良而鉴赏品题，因人增贵"（《西清砚谱》），故与名人雅士相关之砚，更是身价高昂的宝物。金农撰《冬心斋砚铭》行世，为清代铭砚之风气大张一军。砚中凡经金农题铭或撰砚铭者，皆身价倍增，"冬心砚"成为清中期以后珍贵之物，因此仿造、摹刻之作也多，当今所见"冬心砚"真品，百不得一。黄易旧藏金农砚四件拓本的发现，将为鉴别"冬心砚"实物，研究"冬心砚"的撰铭、书铭、刻铭方式提供重要的图像参考，也对研究和梳理目前存世的"冬心砚"真品具有参照意义。

二、金农《砚铭册》墨迹与《冬心斋砚铭》校读记

广义所谓"砚铭"，一般指的是镌刻于砚台边栏、背面及侧面四周的文字，金农所作的砚铭，则特指镌刻于砚上的韵文，类于诗词又有所区别，可称为"铭文体"，一般性记录时间、落款等的闲散文字不在此列。金农精于诗词歌赋，故对砚铭创作也十分重视，认为"文章之体不一，而铭为最古"[9]，又于雍正十一年（1733）辑《冬心斋砚铭》付雕，可见有传之后人之意。《端溪砚史》"铭砚"条云："刻砚宜慎，必使砚与人并传，文与字兼绝，加以刻工精妙，斯可以铭。若强作解事，踏袭庸腐，混题姓氏，乖悖古法，殊污此端友也。"[10]可见砚铭文字不可苟作，必须精心结撰，郑重其事，以寓规箴。

《冬心斋砚铭自序》交待金农铭砚之缘由、主旨、文辞诸方面甚详："平昔无他嗜好，惟与研为侣……稍收一二佳品，得良匠刓斫精古。居北之身，日习其事，铭因此作，亦陶贞白山中白云聊自怡耳。舟屐所至，朋游好事者谓有奇响，各出所储相索，予因喜得尽窥诸家之秘而甲乙之，几如子将之月旦、季野之阳秋也。下逮侍书明童、扫黛房老，圆奁椭匣，群请品题，而予之斐章于是盈轴矣。赅而存之，其中寓规者十之三，彰美者十之七。寓规者，座右所陈之比也；彰美者，彝器所勒之比也。至其辞之为雅、为郑、为庄、为谐、为正、为庾，则予不自知。石不能言，惟俟有道者定之耳。"[11]《跋林吉人砚铭册》亦云："予卅年最癖于研，自履所至，作韵语品定者约百余种，为人铭十之七，为己铭者十之三。"[12]金农平生喜好吉金乐石，故将砚铭视为与金石碑版同类，"研正石类，铭成辄以八分书之"，一幅砚铭正如一方碑刻，内容可以表现情志，

图8　金农行书《砚铭册》　广东省博物馆藏

形式可以彰显书法，两全其美。其砚铭除自书外，黄树穀、高翔均曾为之书铭，镌刻者有汪士慎等，当然金农自己也会篆刻，其中应有自镌者。

金农行书《砚铭册》(图8),纸本册页,单叶纵24.5厘米,横13.7厘米,广东省博物馆藏,《中国古代书画图目》及《中国书法》2004年第3期均有著录、发表。此册抄录金农所作砚铭二十二则,末尾题记:"右予所作砚铭也。拙存尊丈先生见而爱之,委书乌丝小册。匆匆作字,殊愧潦草。庚戌十月十二日俶装将归,并识别情。金农。"钤"金农印信"朱白文相间印。此墨迹作于雍正八年庚戌(1730)十月十二日,是年金农南还在山东曲阜停留数月,张郁明先生《金农年谱》载"阙里逢华阳蒋衡,作诗纪之"[13],检《冬心先生集》有《阙里逢华阳蒋三丈衡》,故可知此册为在曲阜惜别蒋衡时所写留念者。

蒋衡(1672—1743)又名振生,字湘帆,一字拙存,号江南拙叟。江苏金坛人。少为诸生,试辄不利,乃肆力于古,复博涉晋、唐以来各家名迹,积学既久,名噪大江南北。性好游,足迹半天下,在西安见唐《开成石经》出于众手,又失于校勘,手书《十三经》八十余万言,装成五十函三百册,阅十二年而成。乾隆二年(1737)江南河道总督高斌特疏进呈,授国子监学正,翌年,谕旨以蒋衡手书为底本,刻石太学,于五十九年(1794年)刻成,定名《乾隆石经》。著有《拙存堂临古帖》《拙存堂诗文》《易卦私笺》等。作为书法家,蒋衡自然对砚台也有爱好,《冬心斋砚铭》有"拙存老人水岩研铭",为金农为蒋衡藏砚所作,铭曰:"紫绯之衣非贵秩,石分三品此第一。山中人兮甘世黜,手校遗文无坠失。"记蒋衡校书《石经》之事,可见被金农引为同道中人。

雍正十一年(1733),金农新编《冬心先生集》,将《冬心斋砚铭》收录于《冬心先生杂著》(雍正十一年广陵般若庵刊本)中,其中《冬心斋砚铭自序》作于是年十二月十五日,成书时间较为清楚。金农行书《砚铭册》墨迹,书于雍正八年(1730)十月十二日,早于《冬心斋砚铭》三年,属于手稿,将两者进行校读,对于了解金农著作的编著构想,以及在这一时期的思想变化不无裨益。

《砚铭册》中计有写周易砚铭、草书大砚铭、井田砚铭、冬心斋缺角砚铭、张孝廉仲弢试闱砚铭、胡卢砚铭、勘书砚铭、鹤砚铭、王舍人橙斋古泉砚铭、合砚铭、口砚铭为内子作、巾箱砚铭、腰带砚铭、鸥砚铭、纸裘先生注书砚铭、水田砚铭、抄本草砚铭、敝屣研铭、水墨云山粥饭僧写经砚铭、屐砚铭、陆舍人审斋砚铭、作汉隶砚铭,共二十二则,其中刻入《冬心斋砚铭》者二十则,删去未刻者("合砚铭"与"抄本草砚铭")两条。收入《冬心斋砚铭》者,其标题与内容也多有与墨迹不同者。今以雍正刻本《冬心斋砚铭》为底本,取《砚铭册》对照,将墨迹中的异文整理为下表(表6)。

表6　金农砚铭异文校勘表

《冬心斋砚铭》题名	《砚铭册》题名	《冬心斋砚铭》文字	《砚铭册》异文
写周易研铭	同	蛊履之节，君子是敦。一卷《周易》，垂帘阖门。手写不倦心光存，吾慕蓍龟占，可以释百忧。水泂泂，云幽幽，此道最精颜恶头。	1. 垂帘闭门；2. 吾闻《乙巳占》。
秋竹先生田研铭	井田砚铭	一夫用力，乃芸己田。刈之获之，岁获大年。却无猛虎之吏，白昼打门横索钱。	白昼打门来索钱。
缺角研铭	冬心斋缺角砚铭	头锐且秃，不修边幅，腹中有墨君所独。	同
张仲弢孝廉试闱研铭	张孝廉仲弢试闱砚铭	七十老翁何所求？三上春官名不收。尚夸磨研絪缊浮，作文辛苦书蝇头。曲江领宴愿始休。	同
王橙斋古泉研铭	王舍人橙斋古泉砚铭	契刀赤仄，当千直一。用之不竭，果是王郎有钱癖。	当千值一。
内子口研铭	口砚铭为内子作	毋长舌，毋露齿，闺中之研乃如此。椒有颂，菊有铭，以笔代口含芳馨。	同
注书研铭	纸裘老生注书砚铭	石卿助我笺虫鱼，相随海角天涯居。白发满头了残书，河东猗氏真不如。	白头发满了残书。
敝屣研铭	同	东郭雪中，老髯江上。弃之弃之，吾何忍弃之！	吾不忍弃之！
屐砚铭	同	莫笑老而无齿，曾行万里之路。蹇兮蹇兮，何伤乎迟暮。	1. 崎岖勿惧，淤泥毋污。蹇兮蹇兮，何伤乎迟暮。2. 莫笑老而无齿，曾行万里之路。

王东令舍人著作研铭	陆舍人审斋砚铭	紫薇省,文笔新。得汝润泽如丽春。心无垢,面无尘,风格老,何嫌丑舍人。	紫薇省,文笔新。得汝润泽如丽春。汝毋嫌,丑舍人。
作汉隶研铭	同	月霸圜孕象尔形,其上异色开翠屏。杀墨如剚犀,何啻大食之刀新出硎。五官中郎将,落笔役百灵,吾欲继之书鸿都之石经。	月魄圆孕砚象形,远来南海诃子林。杀墨如剚犀,何异大食之刀新出铏。手役百灵续书鸿都之石经。

上揭异文的改动,有几点值得注意:

一、砚铭在正式刻书时,一部分作了文字和修辞上的改动,如"田砚铭""敝庑研铭""古泉砚铭",此类属于正常改动。

二、部分砚铭题目,在刻书时有所调整,有时删去原砚藏者,如墨迹中"冬心斋缺角砚铭""纸裘老生注书砚铭"在刻书时均省去藏者,这一点容易理解,因为这两方皆为金农自藏,故不必赘言。有时增补原藏者,如墨迹中"井田砚铭",刻版时改为"秋竹先生田研铭"。但有的改动很大,如墨迹中"陆舍人审斋砚铭",在刻本中变成"王东令舍人著作研铭",虽然两者铭文稍异,但似乎应是同一方砚台。

三、有的铭文内容在刻书时有所增删,如"展砚铭"墨迹中为两则,刻本中有所删略合成一则。"作汉隶研铭"则内容改动、增加多处。按照情理,砚铭为一砚一铭对应,铭文亦短小精悍,既已刻毕,便基本不会作大改动,但这两处却增删频密。

除以上三点之外,还有几处删改十分重要。首先是《冬心斋砚铭》刻本较《砚铭册》墨迹删去"合砚铭""抄本草砚铭"两则,那么为何金农要在刊本中删去这两则砚铭呢?试看这两则砚铭:

合砚铭: 上下开阖通神明,沐日浴月百宝生。

抄本草砚铭: 石丈何来?来自羚羊之峡,朱明之天。病夫见之,拱入药院上坐相周旋。三百五部炎帝经,草根树皮一一通仙灵。目辨心释手识,赖汝资我笔不停。汝乎多寿得非餐茯苓?

清代文字狱空前酷烈，明朝灭亡以后，清初汉族知识分子眷恋旧朝，反清思想浓厚，"夷夏之防"思想对巩固清廷统治极为不利。为巩固满洲贵族的封建专制统治，顺治、康熙、雍正、乾隆四朝都以文字狱方式对文人进行压制与打击。而在康熙、雍正年间，皇族权力斗争空前激化，皇子之间的皇位争夺进入到你死我活的阶段，史称"九王夺嫡之争"。雍正帝即位之后为了巩固皇权，除囚禁、杀戮夺嫡诸王外，更以文字狱为打击"党附诸王"势力的手段。金农的老师何焯（1661—1722），担任过皇位竞争者皇八子胤禩的老师，兼任武英殿纂修，曾被人诬陷下狱，家藏书籍被抄。事隔多年之后，雍正四年（1726）钱名世"名教罪人"案发，雍正犹在谕旨中恨恨不已："向来如钱名世、何焯、陈梦雷等，皆颇有文名，可惜行止不端，立身卑污，所以圣祖仁皇帝摈斥不用，置之闲散之地。"[14] 这些往事，金农自然十分清楚。

《砚铭册》书于雍正八年（1730），"合砚铭"中"通神明""沐日浴月"，都含"明"字，正是清代皇帝最忌讳的字眼。"抄本草砚铭"中"石丈何来？来自羚羊之峡，朱明之天"，虽然其本意是将肇庆羚羊峡端石与惠州罗浮山朱明洞并举[15]，但"朱明之天"是不折不扣的违碍之语。清代文字狱戴移孝《碧落后人诗集》一案中，其祖父遗诗中"长明宁易得"，被认为是"悖逆显然"。李骥《虬峰集》中"杞人忧转切，翘首待重明""日有明兮，自东方兮"，都是治罪的证据，可见当时官民忌讳"明"字到了精神极为敏感的地步。[16] 而雍正四年（1726）"维民所止"试题案杀查嗣庭，并迁怒浙江士子，停浙江乡试、会试；雍正七年（1729）曾静、吕留良案起，雍正十年（1732）刨吕留良尸，诛其族，金农友人长兴王豫也牵连下狱；雍正八年（1730），以"清风不识字，何故乱翻书"句兴狱，杀翰林庶吉士、刑部尚书徐乾学之子徐骏……这些因为文字悖逆而惹来杀身之祸的人事，皆发生在金农身边，自然令金农心惊胆战。《砚铭册》中多处有违禁之语，无论金农在内心深处是否具有反清情结，以当时网罗之密，这些砚铭极有可能为金农招致杀身之祸，故在刻入文集时自然被删去。

不仅如此，《冬心斋砚铭》中另一些文字改动，也可窥见端倪。如黄易所藏"写周易砚"，原砚铭文与《砚铭册》中都作"吾慕（闻）《乙巳占》，可以释百忧"，刻入集中时"《乙巳占》"改为"蓍龟占"，恐怕也是金农在文字狱高压之下不得已的修改。因为《乙巳占》是唐代李淳风的天文星象占卜之学著作，中国古代统治者认为天文星象之学为天机，大多不准私学，而由专门机构如钦天监掌握，"《乙巳占》"改为"蓍龟占"，无疑要安全得多。金农《砚铭册》在当时为好友蒋衡所存，又秘藏少为人知，故其中碍语流传不广，能完整保存到今天实属不易，也为今天研究金农的艺术、思想，以及清代文字狱史，留下真实生动的证据。

《冬心斋砚铭》中，有数方记录的砚铭，或在金农诗文中能找到佐证，或有存世实物相对应，颇值一记以备索隐。

"水墨云山粥饭僧写经砚铭"（其一）："白乳一泓，忍草一茎，细写贝叶经，水墨云山粥饭僧。"关于此砚，在《冬心先生集》卷三有诗《旧有写经研，自为铭曰：白乳一泓，忍草一茎，细写贝叶经，水墨云山粥饭僧。属广陵高翔以八分书之，汪士慎镌其背，往岁携游京师，僦居慈仁寺，六月多雨，青苔及榻，客厨时时断炊，竟易米于贵人矣。今偶登嵩山，过片石庵，阅释氏之书，休憩树下，忽念故物，率成二诗。诗中杂述所感，不专言研也》[17]，可见此写经砚为高翔书铭，汪士慎镌刻。金农游京师时，乏于资财，以之易米。《冬心斋砚铭》中又记此砚铭一则云："朝写经，夕写经，香林古雪铜龛灯。此时欲守西方圣人酒戒吾不能。"当为前砚失去后的替代之品。近年亦曾见有乾隆甲戌（1754）金农"粥饭僧小像砚"面世（图9），八分书题记："粥饭僧小像。甲戌季夏，杭郡金农自绘于晋砖精舍。"砚似经郭麐等人递藏，因未能上手细察，存疑，姑且附记于此。

"众弃研铭"："砧娘捣练之为用乎？獶人支床之所遗乎？取而改之，何异收爨下半焦之桐乎？"检《冬心先生画竹题记》，有文字如下："近得一大砚，状貌甚古，人皆以为砧娘捣练之石也。闭门独坐画长竹数竿，题以寄远，措句用韵不拘规矩，极诗之变，吾党惟陈楞山、厉樊榭、丁钝丁、杭堇浦、陈竹町颇能赏之……诗曰：'此砚一钱虽不直，此砚千金却不易。中有海眼疑

图9　金农粥饭僧小像砚　私人藏

出泉,坐对常想百年前。百年前头谁识得,此砚定为空阶捣衣石。终日摩挲我独忙,抱向孤松松下之高堂。画竹不画今画古,湘江人愁湘云苦。旧时骚怨渺何许,重磨轻烟扫长毫。题诗大胆气益豪,岂屑啾啾喈喈声嘈糟。天风忽尔吹蓬蒿,抉眦侧望皆汝曹,只合寄与茅山道士劳山樵。'"[18]据文意,所指当为同一物,砚名"众弃砚",又名"空阶捣衣石砚"。可见此砚原为一无人问津之大石凿成,人皆以为砧娘捣练之石,金农认为其貌甚古,雕琢成砚,爱之若宝,有人弃我取之意。又逸兴端飞,以之画竹,复作长诗咏之,许为"一钱不值,千金不易",可见其砚癖之深。

又据《砚铭册》中"纸裘老生注书砚铭",可知《冬心斋砚铭》中的"注书砚"亦为金农自用砚。"纸裘老生"为金农别号,此称谓张郁明先生考证甚详。宋苏易简《文房四宝谱·杂说》云:"山居者常衣纸衣。"穿纸衣是释氏五戒的一种演变形式,表示一种佛家的态度和信仰。"老生"也称作"须生",是传统戏曲中扮演中老年男子的一种脚色。金农能作曲作词,自演自唱,家有能唱戏文的明童,曾辑有《冬心先生自度曲》;他又一生信佛,面著长髯,是名副其实的"须生"。因此"纸裘老生",就是穿着"纸衣"的"须生"。前者是清心寡欲的宗教信仰,后者是行乐及春的行为方式,两者在思想上相悖,却正是金农人格中戏剧性一面的反映。[19]

金农的"冬心砚"与陈鸿寿的"曼生壶"一样,是清代文人亲身参与工艺制作的代表性产物,文人与艺术家的思想与理念设计,使得这种原本属于工匠制作的实用器物富于抒情雅意,体现出创作者和使用者的文化艺术修养,因而受到清代文人的追捧与迷恋,也因此成为坊间模仿制假的

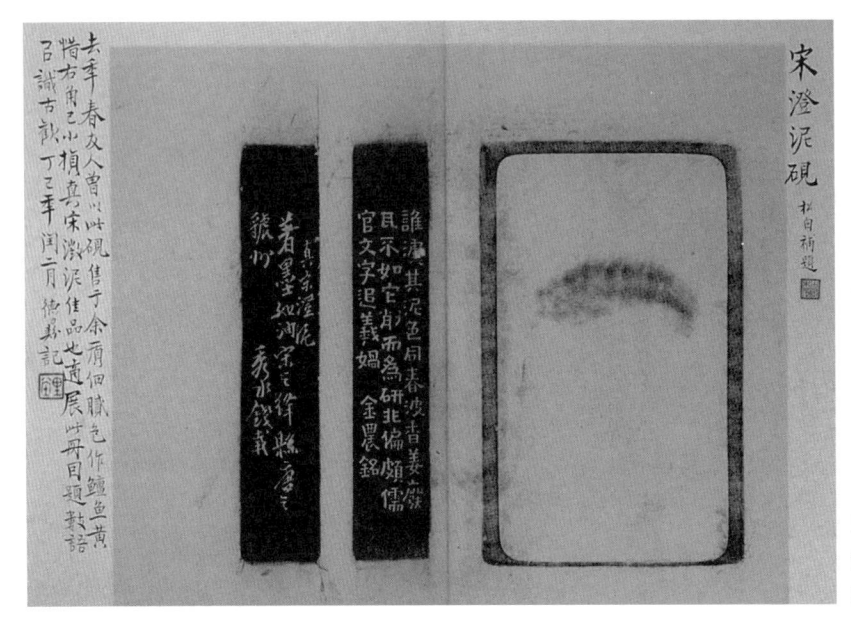

图10 张廷济藏金冬心澄泥砚拓本 《清仪阁所藏古器物文》

对象。自金农《冬心斋砚铭》出,后世多有取其中铭文雕镌于砚以射利者,故"冬心砚"与"曼生壶"一样伪品纷杂,让人难以分辨。若与《冬心斋砚铭》相合即认为真品,自然误入歧途,而与《冬心斋砚铭》有文字出入者,未必不真,之前揭橥的黄易旧藏"不自满砚""写周易砚"即为此例。此外,张廷济旧藏《金冬心铭澄泥砚》(图10),砚铭:"谁滤其泥,色同春波,香姜废瓦不如它。削而为砚非偏颇,儒官文字追羲娲。金农铭。"此砚亦流传有序,但铭文未见《冬心斋砚铭》。再如天津博物馆藏金农小像砚(图11),背刻金农着笠布衣像,并八分书铭:"庞其形,古其貌。质无文,简无傲。既特立以昂藏,亦渊乎其惛惛。如此须眉非冬心先生谁克肖?乾隆己未夏日,金农自写小像题并镌。"又刻"生于丁卯"白文印。虽然铭文未见著录,但观其形制、文辞、雕工,为无法仿制之真品无疑,确当为乾隆己未(1739)金农五十二岁之后所作。天津博物馆藏金农铭小蕉叶砚(图12),侧八分书铭:"嫩蕉叶,抽春芽。试作书,开心花。七十一翁金农铭。"铭文著录于《冬心斋砚铭》。张郁明先生曾撰文考证金农《跋林吉人砚铭册》:"作于金农五十一岁,跋云'三十年最癖于砚',可知金农二十岁时就开始铭砚了。这是金农铭

图11　金农小像砚　天津博物馆藏

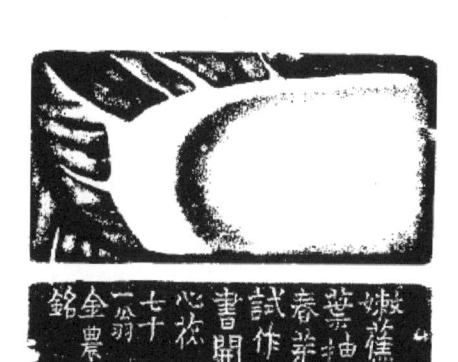

图12　金农铭小蕉叶砚　天津博物馆藏

砚史的自我总结。五十一岁后，关于金农铭砚史料至今尚未发现过，这说明金农的铭砚生活基本上告一段落，转向以绘画为主体的谋生道路。"[20] 如此砚为真品，则作于金农七十一岁时，但此砚与黄树穀黄云砚有同样的疑问，即若以《冬心斋砚铭》成书时间来看，为何砚铭撰成，却迟至二十五年后方铭刻于砚？这种"铭早而刻晚"的现象，在研究冬心砚时，十分值得注意。

注　释

[1] 金农《冬心斋砚铭序》，《冬心先生杂著》，清光绪丁氏当归草堂刊本。

[2] 金农《冬心先生自写真题记》，《冬心先生杂著》，清光绪丁氏当归草堂刊本。

[3] 金农《冬心先生画竹题记》，《冬心先生杂著》，清光绪丁氏当归草堂刊本。

[4] 全祖望《冬心居士写灯记》，《鲒埼亭集外编》卷二二，清嘉庆十六年刊本。

[5] 金农《冬心先生集》卷二、三，清光绪丁氏当归草堂刊本。

[6] 陆心源《重刻乙巳占序》，李淳风《乙巳占》，清光绪十万卷楼丛书本。

[7] 李延寿《北史》卷八九列传第七七艺术上，文渊阁四库全书本。

[8] 据上海博物馆藏郑燮《板桥偶记》墨迹。

[9] 金农《冬心斋砚铭自序》，《冬心先生杂著》，清光绪丁氏当归草堂刊本。

[10] 吴兰修《端溪砚史》卷二，中国书店，1992年影印本。

[11] 金农《冬心斋砚铭自序》，《冬心先生杂著》，清光绪丁氏当归草堂刊本。

[12] 金农《跋林吉人砚铭册》，《冬心集拾遗》，清光绪丁氏当归草堂刊本。

[13] 张郁明《金农年谱》，《扬州八怪年谱》（上），江苏美术出版社，1990年，页207。

[14] 《世宗宪皇帝上谕内阁》卷四二，文渊阁四库全书本。

[15] "朱明洞"又称"朱明洞天"，在今惠州罗浮山，是道教第七洞天、第三十四福地。唐、五代人杜光庭《洞天福地记》载："第七罗浮山洞，周回五百里，名曰'朱明曜真之洞天'，在循州博罗县。"

[16] 参见黄裳《笔祸史谈丛》，北京出版社，2004年，页25。

[17] 金农《冬心先生集》卷三，清光绪丁氏当归草堂刊本。

［18］金农《冬心先生画竹题记》,《冬心先生杂著》,清光绪丁氏当归草堂刊本。
［19］参阅张郁明《金农别号室名考释》（下）,《扬州教育学院学报》,2005年第1期,页34。
［20］张郁明《金农别号室名考释》（下）,《扬州教育学院学报》,2005年第1期,页33。

附录一

武林访碑录

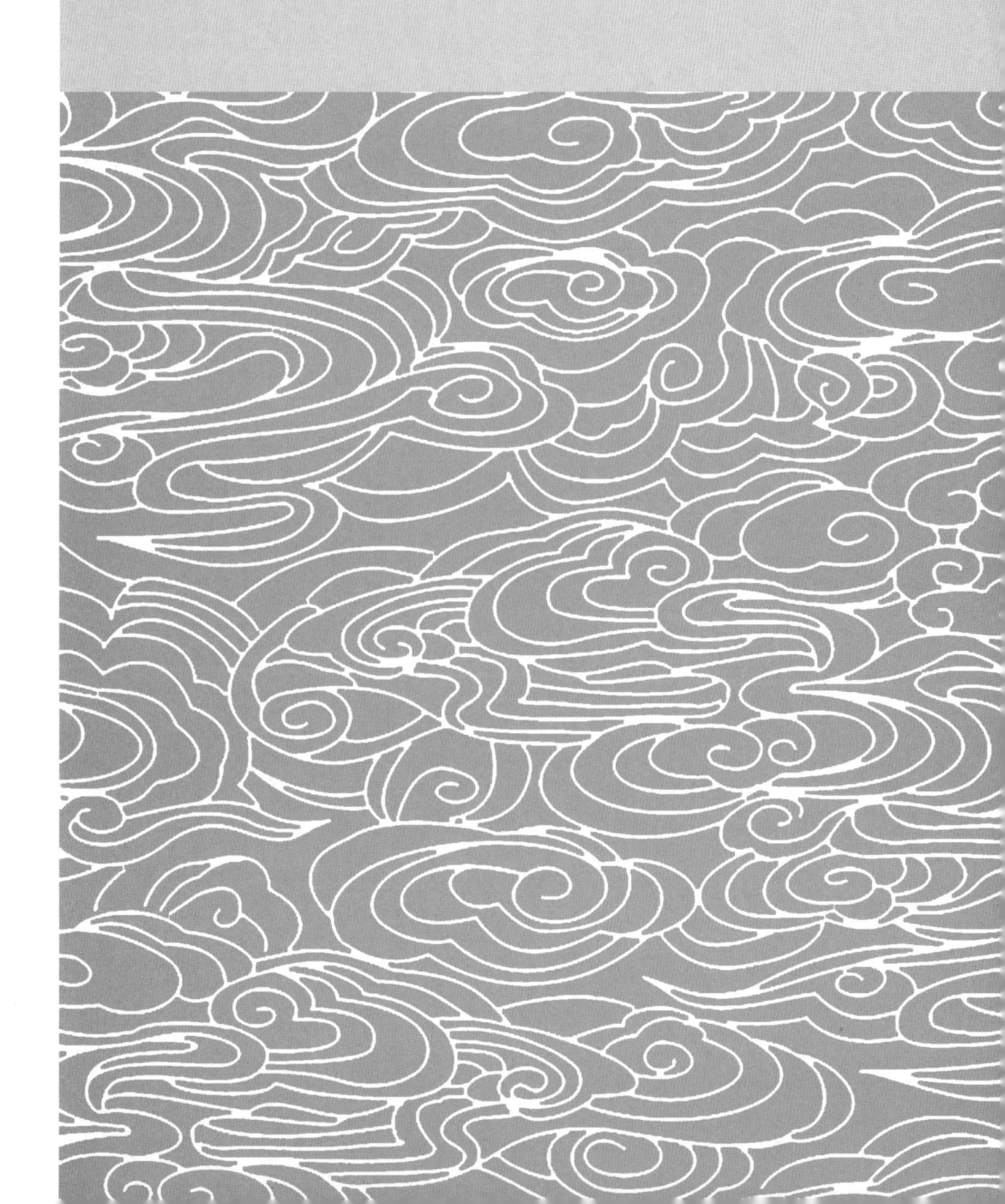

黄　易／纂辑
朱　琪／点校

点校说明

一、本次点校《武林访碑录》，以南京图书馆藏善本，即钱塘丁氏八千卷楼旧藏钞配本为底本。由于原书为手稿，底本又为钞配合装而成，故前后体例较为凌乱，加之抄手抄录未精，原文谬误极多，在点校时已参校上海图书馆藏都公钟室钞本（当系依八千卷楼钞本传抄），以及《两浙金石志》《杭州府志》等相关文献略加董理，所作校改择要以注释方式出校记。其中尚有讹夺衍倒之处，因无法参校其它文献，只能仍其旧观。关于底本其他情况，可进一步参阅笔者所撰《南京图书馆藏黄易佚著〈武林访碑录〉研究》一文。

二、底本中眉批及旁添旁改文字，尽量择要出注。

三、底本所用异体字、俗字甚多，一般均以通行规范字统一，不再另加说明。然遇有特殊情况，则不作统一，仍按底本文字。

四、底本中因钞录碑刻（拓片），字迹漶漫不清者有时仅录偏旁。另有阙字处皆仍其旧。

五、本次点校是首次对《武林访碑录》钞本进行文字疏浚，工作疏漏之处在所难免。点校本中仍有明显错误及文意不通之处，尚有待查访原碑实物或拓本作进一步精校。

序 跋　　／丁丙

　　小松司马为吾杭金石家，职志著录武林，宜更加详。是录草率疏漏，当属未成之书。曩从乱籍中得残本。越数载，偶于邱春生处见一精抄本，上钤毛汲古收藏印，大可喷饭，然书则全也，遂录补之。同治癸酉重九，八千卷楼记。

　　李敏达《西湖志》"金石门"即据丁敬身《武林金石录》而成，余藏有丁稿本，又有倪氏《武林石刻记》，较此为详。后阮文达刊《两浙金石志》，考证尤精，然僧六舟辑《灵隐寺志》，搜出石刻多前人未著录者。安得暇时汇而排比，重编一录，导披薜扪苔之一助乎。

（下钤"丁居士"白文印）

武林访碑录

金石　钱唐黄易小松录

吴山海会寺重建记

　　弘治五年孟夏李旻撰,钱钺书,张琳篆。

海会寺檀越题名牌[1]

海会寺重建观音殿记

　　弘治十七年三月赵宽撰,林廷选书并篆。

檀越题名牌

重建东岳中兴观记

　　嘉靖二十一年八月江瓘撰,曜江书并篆。

重修吴山至德观记

　　万历癸卯孟冬史继辰撰。

承天灵应观碑

　　至正三年九月张天雨撰,任处一书,吴直方撰、篆。

承天灵应观甲乙住持劄付

　　元国书记年月。

重建吴山三官庙记

隆庆六年季秋邵琮撰，孙安书，张瑾篆。

重修吴山三官庙记

万历三十六年中元鲁宝撰，金学色书，张振先篆。

重修承天灵应庙三官殿记

万历四十二年仲夏王在晋、释自彦书。

吴山三官庙肇建观碑记

万历乙酉闰九月沈友儒撰，胡果书，胡孝篆。

三元宝诰

康熙癸卯苏蘇书

吴山鼎建汉前将军汉寿亭侯关庙碑记

万历四十三年王迪吉纂，盛可继书，张文年篆。

射虎行

崇祯戊辰四月张延风题。

杭郡城隍庙记[2]

弘治十八年十月杨孟瑛撰。又隆庆，又万历。

重建杭州府城隍庙碑

天启六年八月张大猷撰，陈国钥书，郭必昌篆。

英显武烈忠祐广济王像碑

淳熙丁酉六月。

见沧二字

重建宝奎寺记

正德十年孟冬洪钟撰，陈器良书，邱虞篆。

篆书青霞洞天　东瀛。

隶书青霞洞

重修普光禅院碑记　宝月山下。

崇祯九年秋仲望日葛寅亮文，释智帆书。

王朝用等紫阳庵题名

嘉靖六年十二月廿三日。

重阳庵记

成化十一年十月九日周鼎撰，项麒书，季琮篆。

宋理宗真武像赞

淳祐十二年正月元日。

重建青衣童子亭记

正统十年八月陈贽撰，蒋晖书，夏诚篆。

全真二字

洪武甲戌仲春。

涌泉

松隐道人彭举书。

唐开成年题名

重建吴山吕祖庵记

顺治十三年十月陈应泰撰，王澄书，王世逢篆。

苏轼宝成院牡丹诗刻

熙宁壬子。

伯家奴造像记

至治二年。又万历四十五年六月新像题记。

前度刘郎诗刻

岁寒

成化甲辰。 缺四字。 大夫浙江左参政左赞书。

松竹

成化乙巳重阳日武林□骑尉吴东升书。

丁野鹤辞世诗刻

丹园吴涵赞

瑞石古洞

瑞石池

自然道人题。

月波池　碧云天

　　康熙壬申夏张士伟题。

紫阳道院

　　张士伟题。

栽药圃　凡二刻。采芝石　丹灶　龙窟　蟾蜍

飞来石　有款，泐减。紫竹林　坐静岩　松关

迎真桥　迎真洞　归云洞　三台石

天籁石　虎卧石　蹲狮石　垂云峰

橐驼峰　寻真路　青芙蓉　紫玛瑙

雨泉　鳌峰　涤凡池　朝元路　透天关

萨都剌题紫阳胜境

米芾第一山[3]

张士伟伯华书范原易记紫阳庵碑后

　　康熙壬申姑洗上浣立。

明缵宗紫阳洞天

朱术坰感花岩

朱术坰游吴山诗

　　崇祯辛未夏日。

崔世名感花岩诗

　　崇祯辛未冬日。

张士伟太虚作室以共居夜月为灯而同照题字

　　康熙壬申。　士伟记中谓之轩辕镜。

瑞石山　白莲池

　　张士伟题。

重建石佛寺纪事

　　万历壬子郑圭纪，严调御书。

吕纯阳访赵道士诗

　　崇祯六年蔡保祯和诗。

重建开元寺诗记

正统五年九月胡濙撰，黄采书，黄养正篆。

大开元寺兴致碑

嘉靖二十五年四月。

跋开元寺碑后

创建通玄观记

绍兴三十二年七月中元刘敖撰。

通玄观能真题记

绍兴壬午中元日。

宋高宗御书三诗

重修通玄观碑

至治□[4]年孟春吴全节撰。

贯云石等赠俞行简诗

重新吴山通玄观记

成化二十年孟冬李琮撰，李旻书，陈珂篆。　弘治时立。

重建通玄观玉清殿记

正德十五年仲冬胥山□虞撰并篆。

通玄观碑题

嘉靖七年九月陈珂撰。

通玄观重修茅君殿纪实

嘉靖十三年孟春郁存方撰，翁祐书[5]，金旦篆。

题通玄观志序

嘉靖二十一年秋七月陈仕贤撰。

通玄观重建崔府君祠记

嘉靖三十七年孟冬沈友儒撰，徐鹤龄书，孙乔篆。

重修通玄观记

嘉靖丙辰春三月虞元良撰，何炜书篆。

方九叙通玄观诗

嘉靖丁酉。

通玄观文昌祠诗记
万历七年十月沈友宁撰，胡孝书，吕元篆。

通玄观望鹤亭诗刻
嘉靖甲子九月十九日观主郁存方立石。

通玄观石刻赞在殿前
大明万万世通玄观重修黄冠道士□元府赞文，小臣蔡道彩题名拜赞。

书吴山通玄观始末
嘉靖戊子正月金璐识。

元一象赞
钱唐两峰洪钟赞。

开砌白鹿泉山路记
钱唐陈宸撰书。　后附诗二首。

白鹿泉刘真人遗像

楷书白鹿泉

隶书鹿泉

元一池

北斗星像碑

七宝山定水寺碑
正统八年季春胡濙撰，王荣书。

重建七宝山仁王讲寺记
景泰二年十月孙原贞、聂大年书撰，童屿篆。

洪武年仁王讲寺劄付即前碑阴
洪武三十年六月。　文引《咸淳志》，稍异。

吴山第一峰
天启元年秋九月晋江苏茂相立。

三茅宁寿观尚书省牒
绍兴二十年。明嘉靖十八年右布政刘储秀重篆。[6]

重修三茅宁寿观记　　止存篆书碑额。

重修三茅宁寿观事迹记

嘉靖廿六年季冬林应禧撰。

李默等题名

嘉靖丁未。

马坤等题名

张烜高世彦等题名

嘉靖己酉。　　高世彦字仲修，号白坪，内江人，嘉靖壬辰进士，有《自得斋集》，见《明诗综》四十一卷。

登吴山第一峰诗

顺治十七年六月陈卤题。

石龙潭

云居圣水禅寺重建殿记[7]

弘治八年五月沈衡撰，胡懋钦书，沈源篆。

勒云居精斋心禅师死节常住铭

隆庆四年孟秋戴凤翔撰，毛汝贤篆。

中峰怀净土诗

大德五年三月赵孟𫖯书，万历丁亥关西温景文跋。

唐英济王汪华像

三十五年世孙道亨勒石。

汪华历代封诰

重建广惠汪王殿记

万历癸卯孟冬史继辰撰。

吴山越国汪王祠记

万历丙子仲春三十五世孙道亨撰，郡人盛继可书。

山陕重兴香火院碑

平阳宋东壁撰。

山陕香火会馆记

崇祯庚辰季春孙光籥记。

寿春重建汉寿亭侯关王祠记

　　嘉靖丁巳张寰撰文并书篆。

海昌朱公德诚舍地文记　百法寺。

　　正统十三年三月苏正撰。

吴山胜境　在武义庙。

吴山胜览越水大观

　　丹园　<small>吴涵书。</small>　三茅观石壁　纯阳洞

　　有美　万松书院[8]

浙江参政左瓒吴山诗　青衣泉南。

玉瞻翁书吴山助建三茅圣关引

　　三茅观天后宫内。

　　玉瞻翁书后有三丰[9]书，抱一子书，诗并不全。万历癸卯夏日弟子朱纯立石。

灵芝寺敕赐谕智淳碑

　　正统十一年七月初九日。

表忠观碑

庆系图谱

洪武二年八月遣还铁券碑

　　嘉靖四十年冬十月。

重建学士桥记

　　嘉靖廿五年四月十七日田汝成撰。

元朝列大夫广妙路治中舍剌甫丁墓碣

　　泰定甲子。　<small>在西湖南园。</small>

重修南屏净慈禅寺记

　　弘治十七年仲秋江澜撰，许纶书，莫立之篆。

五代永明寺智觉禅师舍利塔铭

　　吴用先撰，沈鼎新书。

唐慧日永明宗照智觉禅师之塔

　　万历己酉冬佛成道日董其昌书。

智觉塔树亭崇报志

　　虞淳熙述，淳贞书。

重建永明禅师塔院记

　　万历三十七年十二月董汝亨撰并书。

湖隐上人赞

藕花居公产食粮数

　　成化七年六月三十日。万历四十五年立。

净慈寺藕花居公产记

　　万历丁巳仲夏虞淳熙撰，黄汝亨书，葛寅亮篆。

居然亭记

　　嘉靖甲午夏四月□汝壁书。

南山亭记

　　雍正辛亥六月十日王曾祥撰并书。

家人卦　乐记　中庸　损益二卦

天空水月行　艮卦

左传晏子语

琴台　三生石

周昌题名

　　至正甲午仲春。　八分。

张若如等题名

　　康定辛巳莫春二十三日。　行书。

郑戬等题名

　　庆历元年十二月十日。　正书。

郑民彝等题名

　　庆历二年正月十九日。　正书。

王廷老等题名

　　熙宁八年四月廿三日。　正书。

苏温雅等题名

庆历二年八月六日倩仲题。　正书。

鲁元翰等题名

熙宁乙卯仲夏再游。　正书。

晁仲舒等题名

仲舒与侄端彦、张援同游。　正书。应在熙宁。

张芹等题名

正德庚辰。　正书。在慧日峰篆刻两旁。

方历等题名

浦延熙等题名

皇祐辛卯季秋。　分书。

少林

云壑

苍如

慧日峰　绍兴丁丑岁。

莲花洞

寰中天室

华雨缤纷　在莲花洞。

吴伯与南屏诗

天启四年。

姚文清等题名

嘉靖壬辰春。　正书。

西湖净化禅院新建之记

开运三年二月十日。

水乐洞三字

清响

净化院经幢

王廷老等题名　正书。五行，字二寸。

韩林郑公题名

朱卿如水乐洞诗

朱知家镌观音赞

陈襄等题名

王廷老等题名　正书。六行，字二寸。右行又正书，九行，字一寸余。

鲁元翰题名

潜说友题名

贾似道题名

尼□从造像题名　正书。

李侗等题名

施振等题名

焕著等题名

杨朵儿只班题名

沈嘉等题名

黄芳等题名

王荩等题名

姚原道等题名

安国八游题名

江山题名

　　癸未闰月六日。

永隆新像记

李铭新像记

吴涵石屋诗

　　后有陈时范、薛尚义嘉靖丁未正书题名。

尹容商石屋诗

李上知书郑烨石屋诗

钱守愚石屋赞

石屋

石屋

石楼

石别院

篆书云嶰　分书燕如

　　并在云居。

篆书天然洞

分书广莫子

烟霞洞天

王廷老等题名　正书。七行，字一寸。

林虑等题名

尹彦明等题名

　　元祐己巳十一月陶揆刻。　题名小楷。疑即在此。

孙隆刻周子拙赋

鲁元翰佛手岩题名

王茞等题名

德甫等题名

大佛字

刘公泉

大慈山摩崖残刻四

　　乾祐二年七月十一日一。熙宁丙辰十二月利涉题记一。

虎跑寺经幢

　　天福六年。

大慈山定慧禅寺记

　　至治三年十月甲申。

虎跑泉铭

　　洪武二十三年宋濂撰。

杭州大慈山虎跑泉记

　　正统三年六月杨复撰，黄泽篆额。

唐杭州大慈山中禅师事迹　即前碑阴。

正统戊午六月善求重勒。

苏轼虎跑泉诗

张鹏游虎跑寺次东坡韵

嘉靖戊午五月子可述刊。

陈儒次东坡韵

嘉靖丙申三月。

吴伯与游虎跑诗

天启四年。

虎跑寺钦赐幻居禅师僧伽黎衣记

崇祯五年五月初六日曹应秋书。

杭州真珠寺泉亭碑记 在袭庆寺虎跑路下。

弘治十五年春三月广源撰并书，诸立夫篆。

李忠勇神道碑

唐际盛撰，孙昌裔书，杨师孔篆额。

法相寺宗慧大师碑

嘉靖四十二年二月周天球书，徐节立石。

法相寺重修记

万历元年沈友儒撰，盛熙臣书并篆。

重复定光庵古迹碑

万历丙午秋八月陆长庚撰，许光祚书，洪瞻祖篆。

重修古定光庵记

天启五年仲冬黄汝亨撰并书。

法相寺古定光庵图

重修西湖了社记

崇祯九年四月沈鼎新书。

慧因寺劄

淳熙元年十月。

慧因寺牒

宝庆三年正月。

慧因教寺牒

绍定四年十一月。

慧因寺碑　在省牒碑阴，宋时刻。

高丽慧因观音放光瑞相碑

盛度撰。

肃愍于公神道碑　有阴，于冕记。

倪岳撰，林章书，汪谐篆。

大明少保兼兵部尚书赠太傅谥忠肃于公墓题碑

故嘉议大夫兵部右侍郎于公墓表

正统十年丁卯王直撰，王骥书，陈谥篆，孤子谦立石。

礼部陈情乞恩于肃愍赠谥建祠礼部照会碑　在三台。

弘治二年十一月十三日杭州府儒学生员董奎录。

谕祭于少保碑　在三台寺内。

成化二年行人司马瞰。

旌功祠碑记　碑阴于冕跋，在三台山。

弘治元年张宁撰，郭鑑篆，董奎书。

旌功祠祭田记

嘉靖二十七年冬十月江瓀撰，王延年书篆。

于公制文

弘治三年二月十四日。

谕祭于冕文

弘治十四年七月十四日。　在三台祠内。

于公请给祭葬碑

弘治十四年十一月。

钦降祭于公文式

弘治。

旌功祠重修碑

嘉靖二十年九月张鏊撰，生员王文祥书篆。

祭于忠肃文 在三台山。

嘉靖二十六年十月三十日李默、谢体升。

重修忠肃于公墓记 在三台山。

万历丁巳仲春陈继儒撰，乔之申书。

异梦记

崇祯戊寅仲春。

杨于庭于少保墓诗刻

苏轼大麦岭题名

君子泉三字

新创凤皇龙井记

景泰三年钦差镇守浙江兼总督军务事内官都太监李德撰。

龙井方圆庵记

元丰米芾书。

秦少游龙井泉记

龙井感应碑记

天顺七年九月谢辅撰，秦敬篆，王敞书。

龙井记

董其昌书。

龙井茶歌

万历甲午屠隆书。

九丘子游龙井诗

嘉靖癸未正月六日。

朱卿如游龙井诗

万历癸丑秋日。

吴伯与游龙井诗

天启四年立秋日。

张彦缙游龙井诗又题龙井寺

李承勋书龙井诗董先缵题

应□龙井诗

卢高龙井诗

张士伟祷雨题记

　　康熙癸酉五月。

葛采诗

林景度题名

神运石题字

明赠礼部书汪谐墓志

方豪等象鼻峰题名

吴楷联峰二字

观音洞三字

观音洞小庙记

　　嘉靖三十七年春二月望日王畿撰，邵辅书篆。

重建凤皇泉记

　　万历三年。

钱武肃开道记

佛法僧三大字

　　熙宁二年。

灵泉二字

佛牙赞

　　绍圣改元甲戌岁乙亥月。

冲羽书心印铭

　　皇祐癸巳唐补阙梁肃[10]撰。

瑶华洞

钱仲倩题名

石龙净胜院舍田记

　　淳熙庚子三月十三日住山释子崇立石。

建庚申胜会记

绍兴二十七年立。

崇义第一山碑　在凤山东，即古福田也。

嘉靖四十二年吴至撰，俞思书篆。

钱武肃郊台题名

梁龙德元年十一月一日。

司马池等题名

康定元年中秋廿四日。

苏轼等题名

元祐五年三月二日。

王希吕等题名

淳熙八年闰月。

萧燧等题名

淳熙十年三月十八日。又淳熙丁未季春。

范成大等题名

淳熙戊戌季春，至能李思寿翁卿子宣正甫清师子余无咎[11]。

周必大等题名

淳熙己亥季春廿二日。

京镗等题名

绍兴五年。　八段。

何澹等题名

庆元二年二月十四日。　十九段。

赵时侃等题名

袁说友题名

庆元六年八月。

潜说友等题名

咸淳七年正月。

饶云斋

光明石

石龙出洞

龙华寺剳付碑

  淳祐十年九月。

龙山九曜寺重建记　古担水巷，龙山路。

  万历二年季夏冯皋谟撰，黄应奎书，徐立绅篆。

净明禅院斋僧田碑　在龙山，久圮。

  康熙二十七年正□何锡恭撰，何振正书。

阳明先生祠诗

  天启元年苏茂相。

重建江阳万寿禅寺记

  吴用先撰，杨万里篆，罗大冠书。

吴越文穆王神道碑

吴越国文穆钱王墓碑

  南京尚宝司卿高陵吕柟为文穆十八世孙、进士德洪书。

  嘉靖甲午浙江提学佥[12]事闽中林云同借[13]钱唐知县王钺立石。

重修吴越文穆王茔庙碑

  嘉靖十三年正月四明黄宗明撰，长洲文徵明书。

钱武肃王排衙石诗刻

凤山二大字

王大通题名

元丰己未题名　在石衕。

蔡□周耸等题名　排衙石。

李伯和等介亭题名

万文胜祷雨题名　六行。

范文虎等题名　六行。

杜忠题名　四行。

方豪题名　五行。石衕。

刘思唐宋故墟诗八行

月岩二字　正书。

陈天瑞月岩诗

　　至元癸巳。

垂莲石三松蒋崧题　正书。

王守仁月岩新构诗　十行。

　　嘉靖丁亥。

萧一中诗　九行。

　　嘉靖十九年浙江按察使副使见旌功祠重修碑题名。

月岩诗刻　六行。

　　嘉靖戊戌秋九月念日。

本来面目

无影相

　　天启癸亥春日杨师孔书。

高大光明

　　莆田洪珠书。

光影中天

　　蔡寅书。

陆时雍次著蔡我斋诗　明季人，归松涛阁。

白玉宫墙 归云洞

通明洞

　　顾子为陆子题。

飞龙 石门　俱在通明洞。

居仙窝　观微　听讲　俱在石门街。

方豪许僧泉题　在石门街西，共三石。

重建胜果寺碑

　　正统九年二月十九日苗衷撰，朱孔旸书，程南云篆。

胜果二字碑　隶书。

忠实

跃云

李长蘅崇圣禅院诗

米万钟闻启祥[14]沈鼎新诗

姚奇胤释海眼傅岩诗

徐时泰诗

王应昌登杭城西南隅诗

丙戌春前清明三日，古豫王应昌顿首草于武林之兆山亭，唐九经跋，藏拓于凤凰山之兰若。

万松书院图

万松岭

崇祯九月钱受益。

留月台题名

嘉靖元年。

友人招饮万松岭诗杨儒鲁书

如圭峰

留月台

西天寺钟铭

至正十八年十月初三日。

梵天寺经幢

乾德三年乙卯岁六月庚子朔十五日钱俶建。 《西湖渔唱》谓忠懿王钱俶书，疑非。

重立梵天讲寺碑记

万历三十七年八月沈应文撰，张鸣篆，沈演书。

重修梵天讲寺建观音阁碑记

万历甲寅王在晋撰，唐玉书，黄汝亨篆。

重修梵天观音阁捐施题名记

万历己卯仲夏朱履撰，海音书。

梵天寺重建祖师伽蓝二殿记

天启二年仲冬王舜鼎、钱象坤书，朱锦篆。

三一庵重修记

　　万历丁亥仲冬张瀚撰，沈友儒书。

重修三一庵碑记

　　顺治七年二月王梦熊撰，马自龙书。

钱唐古净因寺碑

　　万历壬子季夏严虞熙、黄汝亨篆，陈禹谟书。

昭贶神庙记

　　至正二十五年七月钱维肃撰，吴肃书，赵奕篆。

佛顶尊胜佗罗尼[15]经砖塔

大佛顶陀罗尼经

小字观音经

　　绍兴二年中元日。

开化寺牒

　　隆兴二年十二月。　乾道元年七月。

金刚经

四十二章经

圣帝像碑

　　万历丙戌钱唐都钟搴。

舍钱题名残刻

蒋舒行修塔题字

重建云栖禅院碑记

　　万历三十二年九月陆树声题额，董其昌撰并书。

复古云栖寺记

　　万历三十七年孟夏。

古杭云栖寺莲池大师塔铭[16]

　　万历四十五年二月望日沙门德清撰，广嵋李流芳书篆。

莲池大师塔院题字董其昌书

云栖老人小像自赞

345

又陶珽赞。又宋守一赞。

莲宗八祖云栖大师塔铭

崇祯四年二月吴应宾撰，文震孟书并隶额。

杭州云栖禅院法堂记

万历三十七年三月初三陶望龄撰。

云栖寺免差役碑

崇祯十五年十一月刘梦谦、王道焜书，葛寅亮篆。

重修云栖禅院记

万历六年佛成道日袾宏撰。[17]

吴伯与诗

天启二年仲冬望日。

武林孝义无碍庵主大尼大素师塔铭

嘉靖□吴应宾撰，顾锡畴书。

重建天池寺碑记

崇祯六年菊月庞承宠撰，唐世济篆，陈祖苞书。

重修敕赐慈严寺碑记

万历八年孟夏上浣许子良撰，金学曾书，沈端临篆。

苏轼题石

朱子题名

赵汝愚题名

九年秋。文云为正字时。

游茂先题名

陶定题名

建罗木营咨文

嘉靖四十二年十一月十二日。

新建水登桥记

万历二十六年五月宋应昌撰。

重建上朱桥记

万历戊戌季冬宋应昌撰。

杭州放生池碑

  天禧五年三月二十七日王随撰，僧德斋书。

宝叔塔碑残字　行书。四寸。

石佛院石壁题字

施儒王颗宝石山后诗

  正德戊寅秋。　正书。

古石佛院四字

  正德辛巳秋仲监察御史施儒书。

施儒等游湖倡和诗

  施儒撰，顾元庆又，唐鹏诗又。嘉靖时董樵。

灵卫庙正祀典名号劄付

  洪武十七年，成化时重刊。

金祝二大尉[18]庙记

  淳祐元年仲秋日郑子文撰，彭一飞书。成化十三年李果重立。

灵卫庙迎送神词

  成化[19]十三年秋七月夏时正撰，项麐书，沈和篆。

重建灵卫庙碑记

  弘治十三年春月赵宽撰，杨峻书，孙儒篆。

朱金祝公妥神文

  弘治十四年六月二十六日。

钱唐令胡侯仁举记

  弘治十四年夏五月望徐宽撰并书。

祭文

  弘治十四年四月二十六日。

寿星岩三字

  万历甲午春日盛可继。　隶书。

赤霞二字

  孙克弘隶书。

东南一柱四字

  侍御岭右张文熙为司马西蜀崌崃张公题。

节用爱人视民如伤八字

  白泉汪文盛书。

倚云石

  芝南题。

屯霞　思道

擎璞

合壁

不一

荧荧洞

  唐鹏题。

潘南山书诗刻

  弘治戊午。

郑烨落星岩诗　　烨，杭郡人，石屋有万历时刊诗，号莲石。

方豪题名　　川正洞，正书。

雪氎毹　　荧荧洞外，正书。

足　　正书。

佛　　正书。

十方诸佛刻　　正书。

复大石山祭文

  天启元年七月。

明圣湖肇建灵济庙记

  万历五年孟夏沈友儒撰，胡孝书。

敕赐显应夏盖惠顺天圣夫人祠碑记

  万历邹一麟[20]撰，张集义书，何大化篆。

重建葛仙庵记

  万历壬子二月沈应文撰，王国祯书篆。

葛仙像碑

　　许真君撰赞。

重建智果寺碑

　　正统十四年。

重修法慧大师塔记　玛瑙院。

　　清朝己丑七月鲁元宠撰，陆熙书。

侍御庞公遗爱祠碑记

　　万历十六年春三月张瀚撰，陈惟善篆。

朱子忠孝二字

宋岳鄂王墓碑

敕赐宋少保鄂国武穆王忠烈庙之碑

　　天顺三年春三月。

重修敕赐忠烈庙碑

　　正德四年王华撰，洪钟书，沈锐篆。

追复少保两镇告

　　绍兴三十二年十月十六日。

追封鄂王告

　　嘉泰四年二月二十日。

赐谥吉词

　　宝庆元年五月二日。明隆庆三年秋七月王世贞立石。

重修鄂国武穆王祠记

　　嘉靖己未孟夏金璐文，张寰书，吕希周篆。

尽忠报国四大字

　　莆田洪珠书。

刻尽忠报国碑记

　　嘉靖徐阶撰，李崧祥书。

继忠侯祠碑

　　万历三十六年七月李养质撰，张国宾书。

忠烈庙增建五祠记

　　天启甲子仲春沈淮撰。

吊岳武鄂王次韵满江红词

苏茂相谒岳武穆王墓诗

　　天启元年仲春。

重修岳武穆王庙碑记

左佩玹等谒岳墓记

　　崇祯丁丑五月。

陈治典诗

杨于庭诗

金阶诗

赖天锡诗游玉泉寺次白乐天韵

徐夜诗

周邵孙诗满江红词

　　康熙癸丑。

赵式满江红词

新建宋张烈文侯祠记

　　正德五年春三月唐皋撰，张应祺书，邵锐篆。

宋辅文侯牛公墓题碑

　　万历三十八年三月陈邦瞻、陈大绶重修。

新建义勇武王关公庙记

　　万历十九年正月张瀚文。

叶公德政碑记

　　万历三十八年孟冬。

　　康熙十三年七月罗文瑜撰。

重修岳鄂王墓记

　　康熙九年八月既望。

鄂王像碑

杨一清诗

  嘉靖二年八月廿四。

李清诗

  嘉靖乙巳。

夏日瑚诗

  嘉靖乙卯。

王祖嫡诗

  万历癸未。

徐元普诗

  万历丁亥三月。

吴伯与诗

  天启三年。

张万言岳庙题记

  万历四年。

紫云洞三字

  万历三年三月吴兴山泉慎豪题。

张隆紫云洞诗

重修无门洞黄龙禅院碑记

  康熙廿九年九月行然撰，明证书。

郭母刘氏墓志铭　佛牙坞。

  宣德九年十二月十七日陈贽撰，姚肇书，周铸篆。

元郑处士墓碣

  周伯琦篆。

宋屠墟灵昭庙残碣

  淳祐七年五月。

灵昭庙土谷祠碑

  康熙五十四年孟秋项景清撰。

李孺人葛氏志铭

张瀚文，陈三蕡书，许三省篆。

重修神霄雷院碑记

万历十三年赵应元撰并书篆。

徐贞襄公神道碑

成化九年正月既望孙贞原书并篆，子士镃立。

五朝制命

成化九年四月丙子徐镃立。

云林寺经幢二

开宝三年己巳闰五月□日天下大元帅吴越国王建[21]。

又经幢二 无款。旧《志》云吴越时建，上有扁书吴兴广济普恩真身宝塔。

又经幢一 无款。

灵隐寺牒

天圣八年十二月六日。

重建虎林山灵隐寺碑文

万历十六年十一月张瀚文，潘季驯书，陆光祖篆。

灵隐山禁采石碑

万历二十四年五月十二日。

曎子藏书记

万历丙申端午屠隆撰。

啰嘛罗汉帽记

康熙二年四月初三。

金刚经

万历十八年孟夏日程理书，孙隆勒石。

慧理大师塔铭

万历十八年仲春望日程理书。

元国书

至元二十五年八月。

理公岩记

至正□周伯琦篆。

卫允文诗

顾国宝和王范[22]韵诗

王范诗

于觉世诗

游灵隐寺吕和尚茶话

康熙辛酉。

华亭钱士清飞来峰铭　正书。

□明惠□山人飞来峰诗　正书。

李如等题名　正书。

治平甲辰五月七日。

李公谨等题名　正书。飞来峰顶。

庆历六年七月十二日。

朱裳题名　正书。

理公之塔

抟云　篆书。

孙克宏书。

天削芙蓉

焦煌题。

八面玲珑

焦煌题。

殿前承旨程□等题名　正书。

太平兴国三年十二月四日。

刘观察题名　正书。太平兴国四年正月三日。

胡承德造像题名　分书。

乾兴时人。青林洞有正书象记。

苏颂等题名

释净伏石像赞　正书。

至元二十六年重阳日。

答失蛮布新像记　正书。

至大三年九月。

安国题名　正书。

江晖等题名

玉乳洞 思道

方豪题。

通天洞

方豪题。

晁叔美题名　正书。

熙宁八年七月八日。

射旭洞 思道

陆庆造像题名　行书。

乾兴元年四月。

理公岩

理公岩洞内飞山题字　正书。

方豪题名　正书。

正德庚辰正月。

元兀山人张庭诗二刻　草书。

嘉靖丙申。

王元题名　行书。

宝祐乙卯。

金光　思道

钱士清飞来峰怪石诗

唐鹏诗　青林洞外。

龙泓洞三字

滕绍宗造像题名　正书。

广顺元年四月三日。

唐乌重儒[23]**题名**　正书。

　　宝历二年六月十八日。

李琮等题名　正书。

　　元丰二年五月初日。

杨景略等题名　正书。

　　元丰己未十月十三日。

胡宗师等题名　正书。

　　元丰二年□月十七日。

彦舟等名

　　元丰癸亥夏。

孙觉等题名　行书。

　　熙宁元年戊申十一月。

苏颂三题名　正书。

　　熙宁壬子二月二日。

苏颂等题名　正书。

　　熙宁丙辰八月。癸巳又。　正书。　熙宁丁巳六月初九日。

高荷题名　正书。

　　熙宁丁巳下元日。

陆德舆等题名　行书。

　　淳祐戊申中伏后一日。

贾似道题名　正书。

　　咸淳丁卯七月十八日。

潜说友题名　篆书。

　　咸淳乙丑闰月望日。

兀氏也先帖木题名

　　至正庚寅春。

桑溥等题名　正书。

　　嘉靖戊子秋[24]。

释教总统经历郭□题名　正书。

　　至元廿四年三月。

郝濬等题名　正书。以下青林洞。

　　太平兴国三年。

钱德范等题名　行书。

　　皇祐二年六月一日。

薛竹居题名　未录，正书。

　　嘉靖壬辰夏。[25]

　　宣和四年三月十一日。

张奎等题名　正书。

　　康定辛巳夏十日。

于鳌等题名　正书。

　　正德十五年正月六日。

连首善等题名　伏犀泉。正书，残。

　　三年八月廿一日。

金莲池三字　韬光。

　　万历甲申仲春。

白刺史诗刻

冷求开路记　下竺。正书。

　　天福四年五月二十五日。

唐源少良题名　正书。

　　天宝六载正月廿三日。

　　永贞[26]元年冬。

唐王澹等题名　正书。

唐萧悦等题名　正书。

　　与白香山考之当在长庆间。

路公弼等题名　篆书。

宣和五年四月己亥吴械等题名　正书。

绍兴壬戌 晁端彦题名。 当查。正书。

查仲道等题名 正书。案：后记当为咸平二年。

查应辰等续题名 正书。

崇宁改元八月二日十八日。

晁端彦题名 沈立等题名 正书。

熙宁辛亥九月廿三日，立之、中行、伯敩、子雍、子明。

沈辽等题名 正书。

癸卯重午。 嘉祐八年也。

道宗等题名 正书。

己未三月三日。石景衡等题名。 正书。 直翁等题名。 正书。

赵善郯等题名 八分。

嘉定十五年末伏日。王达等题名。 八分。此在香林洞。

泰定五年春三月。江晖等题名。 正书。

正德十五年人日。

维思天竺灵隐二寺记 查平地，正书。

咸平二年沈辽等题名。 灵隐后山。

癸卯重午同日二题。 嘉祐八年。

王竞等题名 后山。正书。

熙宁七年十一月四日侍亲浙天竺。

孙公泉三字 上竺。

渐入佳境四字 上竺。

款宾台三字

三生石三字 八分。

吴朴等题名 正书。

淳祐庚戌。又淳祐壬子。

方豪江晖陈直题名

贾似道题名 分书。

咸淳三年十月。

赵篴翁题名 正书。

　　至正六年九月庚寅。

间闾定住等题名 正书。

　　至正庚寅春。

周伯琦题名 香林洞。分书。

　　至正戊戌二月廿三日。

张文昌等题名 翻经台。正书。

　　景德三年正月二十二日。

李艮等题名 行书。

　　淳祐丁未立秋二日。

杨瑀等题名 正书。

　　至正六年秋九月。

曹潜夫等题名 正书。

　　建炎戊申三月十四日。

王达等题名

卢元辅游天竺寺诗 神尼塔下。正书。

上天竺经幢 僧义月书，吴越国王造。

孤山二大字

岁寒崖三大字

郭令公历中书等题字 《游览志》云在俞公祠后石壁。

西湖二篆

　　天水胡纘宗书[27]。 在郭令公等题之下。

宋林处士墓题

　　大明正德四年闰九月二十四日知府李达等重修。

孤山种梅序 丙辰七月华亭张鼐题。

王与阶除夜放鹤亭诗

卫执蒲罗贤放鹤亭诗

陆宣公祠告谕

天启五年八月十一日。

西湖龙王庙香火田图碑

万历十六年正月。

范承孤山图诗刻

康熙十一年秋日。

永福寺石壁法华经记

天启二年二月三日。

孤山寺白苏诗

董其昌书。

西湖建关帝殿碑记

天启二年孟冬廿三日。 董其昌撰,米万钟书。

特建关帝君殿募缘疏

万历四十五年九月。 董其昌书。

孤山关帝庙照瞻台记

康熙十三年陈秉直撰,祁[28]豸佳书,李士桢篆。

六一泉亭碑记

顺治八年知杭州府张奇逢撰。

重建六一泉忠节祠碑记

康熙二十七年金鈜撰。

六一祠崇祀祭典碑文

康熙二十八年孟秋王骘撰,邹直夫书。

明敕祠忠惠右副都御史钟公西湖祠堂碑记

万历丁酉倪元璐撰,严渤书。

钟公告并谕祭文

万历二十七年七月。

游孤山赋

顺治十七年七月大兴陈卤题并书。

浚复三潭并建湖心寺记

万历庚申正月刘一焜撰,张元徵书。

重修湖心亭记　严曾榘撰，成汝钰书。

释大汕湖心亭记

湖心亭雅集图诗

汪懋麟湖心亭诗

湖心亭十咏梁允植步稽太尊韵

王奎光侯康民王毂泛湖诗

种德社记　社建于孤之趾文公祠，左文公十六世孙惺庵建，钱唐令关西慕天颜题。

重修法华山东岳行宫碑

　　嘉靖乙丑冬至日郎瑛撰，陈洪书，陈善篆。

重建古法华山寺碑记

　　天启癸亥仲秋八日吴应宾撰，俞时笃书并篆。

复古法华寺伽蓝记

　　崇祯十年戊辰钱士升撰，释圆神书。

白兔泉三字

　　嵋翁。

重修方井亭记

　　正德十二年八月邓銮撰。

重修福清禅院记　在安乐山前。

　　康熙十七年季春毛奇龄撰，周之麟篆。

杭州府僧纲司致仕都冈玉闾璘法师[29]　塔铭文云即寺之北，秦望山之阳。当查。

　　弘治十二年十二月黄源撰，徐宽书，于冕篆。

广济桥碑记

　　乾隆三十五年五月吴颖芳撰。

阮公功德祠碑

　　隆庆四年五月二十五日。

明大中丞函峰阮公中[30]定祠碑

　　万历二十九年长至日李春芳撰，叶梦熊篆，周天球书。

钱唐县长生堤禁碑

天启甲子知县沈匡济立石。

大悲圆满陀罗尼幢　在西河坝圣因寺。

嘉定十七年十一月。

苹香居十咏

崇祯十年重九散花滩释寂元著，明纲书。

乡贤祠记　正书。

洪武十三年九月徐一夔撰。

西湖书院重整书院[31]目记　张庆孙正书并篆。

石经歌　正书。

宣德二年秋七月吴讷识并序。

运学附郡夔宫碑记　正书。

崇祯九年孟春。

吴道子先圣像　正书。

万历甲申秋卓明卿勒石。

元加孔子诏　分书。

大德十一年七月。

杭州府儒学钟铭　正书。

天顺元年十二月尹如恢撰。

重修杭州府儒学碑记

万历四十年秋九月高举撰，许光祚正书。

封烈文侯等牒行　楷书。

景定二年二月。

西湖书院增置田记

延祐六年汤炳龙撰，白珽正书，廉希贡篆。

正德胡镇残碑　八分。

表忠观大字　二石两面，面不全。

小字表忠观　二面。

太上感应灵篇　正书。

泰定甲子上元日陈坚编，仇远等跋。

太学通灵庙尚书省牒行　楷书。

端平三年正月十四日。

尊经阁藏书记

正德十二年秋九月刘瑞记，胡镇分书。

杭州府重修儒学记

景泰七年九月重阳日陈循撰，孙原贞正书，章文篆。

重修杭州府庙学记

宣德八年冬十月壬子熊概[32]撰，成均正书，王宪篆。

杭州路重建庙学记

至正二十四年孟昉撰，林镛正书，山海牙篆。

杭州路重建庙学之碑　正书。

至正十五年王大本、康里庆童书，周伯琦篆。

理宗圣贤赞　伏羲、尧、舜、禹、汤、武王、周公、孔子、颜、曾、思、孟十三赞，今存十二，所阙者疑文王。

外序三碑，淳祐改元孟春赐国子监，应即其时所刊李龙眠七十二弟之像。

西湖书院重修大成殿记

至元二年夏五月。山长陈泌记。　"赵孟頫书"四字似补刻。

杭州府儒学复建尊经阁记

弘治六年仲冬吴伯通撰，阎仲字书，王华篆。

侍御叶公入名宦祠碑

万历四十八年四月商人程廷举等立，钱唐周冕书。

重建修白马神庙记

成化九年季冬张珏撰，钱钺书。

重建白马神庙碑记

隆庆三年五月胡季撰，赵銮篆，林凤书。

重修金华将军庙碑记

万历戊午夏五月诸允修撰，孙思得书。

织造府营建题名碑

春昌庚申年孟冬三河东瀛孙公鼎建,皖城荣斋吕贵重修。

安晚轩记

元统三年六月十日陈旅撰并书,赵世近篆。

重修佑圣观记

弘治十四年十一月江澜撰,钱钺书,李旻篆。

杭州府佑圣观修建碑

弘治辛酉春三月邹榦撰,李旻篆书,邵琮篆。

正德十一年四月魏英撰,顾正书,张应麒篆。

重修佑圣观鼓楼施赀题名记

万历十六年三月。

重修佑圣观碑记

万历十七年四月张瀚文,陈善书,江铎篆。

佑圣观建天王殿碑记

天启四年凌登名撰,严闇书。

佑圣观关帝殿增修碑记

崇祯乙亥九月朱本吴撰并篆,许当世书。

般若波罗(蜜)多心经

淳祐壬子八月二十日天台谢圭书。　前有大士立像。

重建长明教寺碑记

弘治十七年甲子六月严勋撰并书。

重建长明寺复放生池碑

万历庚申仲夏虞淳熙撰,虞淳贞书。

城东报国院免里役帖碑

崇祯十年闰四月黄端伯撰,俞时笃书。

重建古报国禅院碑记

张天祐篆。

嘉靖甲子菊月戚熙臣书。

仙林寺弥勒亭记

嘉靖四十二年菊月孙本撰并书篆。

仙林寺重建大雄殿碑记

万历十二年沈友儒撰,胡孝书,严用和篆。

仙林寺北峰薛君生祠记

万历十三年五月沈友儒撰,文玉书篆。

仙林寺重建万善题名碑

首列张瀚、陈禹谟、薛登科等。又一碑相同,似其阴。

佛顶尊胜陀罗尼 在贡院二圣庙内。

宋嘉定二年四月。

临安府在城兴福院记

淳熙府在城兴福记[33]

淳熙辛丑夏六月二十九日刘庄士文,周邦书,刘永坚篆。

重建白泽庙碑记

万历辛丑孟冬陈禹谟撰,汤焕书,杨廷筠篆。

重建法轮寺碑记 有阴。

崇祯十一年仁和钱受益撰,俞时笃书。

东城慈云院甲乙传流住持部据府帖碑

景定五年二月。 《东城杂记》云付住僧崇宁篆额,细如丝发。

慈云教寺碑记 后附东坡慈云四景诗。

永乐甲辰魏骥撰,赵古则书。

重修慈云教寺记

万历二十年孟冬上浣李时英撰,郁上达书。

古延寿院更名莲居记

万历辛亥九月吴用先撰,许光祚书,虞淳熙篆。

杭州土桥莲居庵碑记 小楷。

崇祯乙亥孟春薛邦瑞撰,俞时笃书。

王梦熊砌石磡题记

崇祯二年四月。

杭郡潮鸣教寺记

天顺二年夏四月郑厚撰，叶蓁书并篆。

重修潮鸣寺碑记

万历癸巳孟夏孙本撰并书篆。

仙林大慈恩普济讲寺记

大德六年良月金应桂书，贾汝舟撰。

弘治十三年孟冬孙暲撰，毛智篆，张本书。

重立同仁祠碑记

嘉靖壬寅孟秋唐龙记。

康熙二十三年七月三姓后裔重立。

佛顶尊胜陀罗尼微妙救危济难之宝幢　在祥符桥龙兴寺。

开成二年正月一日建，处士胡季良书。

淳祐加封敕碑

淳祐六年五月十八日。

宝祐加封敕碑

宝祐四年八月二十七日。

景定敕封庙额尚书省牒碑

景定元年八月。

德祐乙亥敕告据碑

德祐元年正月。

重修按察司鄂岳王祠碑

万历癸卯春三月范涞撰，史继辰篆，朱正色书。

李东阳吊岳武穆词邵宝祭文合刻

孝娥井铭

正德己卯仲春三日刘瑞撰。

银瓶井诗

康熙十七年戊午秋八月张大勋。

同心堂记

　　弘治辛亥三月吴伯通、杨峻书，王华篆。

同心堂记阴

　　正德十六年六月李昆书。

恒言格语

　　嘉靖庚申夏六月滁上胡松父刻。

再思轩记

　　嘉靖戊子秋七月桑溥记。

臬台石汇序

　　万历乙巳季夏刘庚撰文云二十七通。

松桂堂墨帖后附西湖诸咏　在岳庙。

　　乾隆二年丁巳二月胡瀛题。

重修浙江演武场碑文

　　嘉靖丙[34]仲冬童汉臣撰。

重修教场记

　　嘉靖三十七年冬十月叶照撰。

敕赐宝观记

　　成化十八年夏五月彭华撰，汪谐书，朱镛篆。

宋佛眼禅师像殿碑铭

　　嘉靖三十三年十一月方九叙撰。

褚公祠碑记

　　万历戊申中秋钱养廉撰，郁上达登石。

广寿慧云禅寺之碑

　　绍熙元年史浩撰，楼钥书。

断石幢

重复慧云寺建宣义张公祠碑

　　万历壬子阳月吴用先撰，释明纲书。

重修敕赐定香寺碑记

嘉靖乙丑十月张椿撰。

重建艮山庙记

大德乙亥孟秋□德章记并书。

重修明因尼寺记　在临平。

天顺元年孟春胡溁撰，黄采、倪谦篆。

云居圣水寺筑墙记

康熙四十四年盐运司高熊徵撰，王曾期行书，高其佩跋。

大士三十二赞

中峰行书附陆次云诗释德言和

中峰札　行书。

中峰赞　赵子昂行书。

海潮寺福聚社放生约[35]

天启丙寅四月季事道撰，郭之龙行书。

宋□□题名寿星石傍

圣贤赞　正书。

嘉靖四年十一月右都御史陈凤梧撰。

御制正孔子祀典说　正书。

嘉靖九年十月二十八日奉旨刊布。　上二碑在钱唐县学。

明中奉大夫广西布政使苕山许公墓志

葬青龙山之阳。

嘉靖乙丑七月卒，卒之二年八月二十葬。讳应元，字子春。侯一元撰，邵梗书，张潮篆。

太乙像

全真□下□□□□山□□□□□建立。

青衣洞天

吴山福地

齐公后人黄中氏洛阳宰逊施财刻石摩崖纪胜。

十方大重阳庵

太□□广道真人管领江南诸路道教，嗣汉二十八代天师张□□书额。

云壑 字径一尺余。

般若波罗蜜多心经 在开元寺。

崇祯壬午四月八日。 董其昌行书。前有赵孟𫖯佛像、莫如忠题字,后陈继儒诗。

助建圣阁引 应在三茅观。

万历癸卯夏日朱纯立石,顾承宗临摹。

玉蟾翁 三丰。抱一子书。

真圣观残碑 止二十余字可见。

修麻葛剌佛题字

万历四十五年丁巳六月。

梵字经

重修崇文书院碑记

雍正十[36]二年六月姚之骃撰,孙宗溥书。

武林诗草敬一书院 河阳赵士麟玉峰甫著,秦崶书。

张鹏翮赭山望海诗刻

康熙壬申春日。 应补入《录》。

瑞石古洞飞来石外有间山祖允崐题记,其文磨泐,中有云"奉命来杭"之句,但与山水之胜一题各异,今应补之。宝成寺后山相右近青衣泉,余见有石壁无数,所凿佛像甚多,因细阅,拓得一诗刻,其诗云:"吴山曲径入西南,方之文云深僧两三……"以以不能成句,但不知所作何时。又有"童子青衣"字。此地细观尚有摩刻,时因阳光炎炽,难以再为打拓,更兼天色已晚,只得俟以异日,或即所云青衣童子像题字亦未可知。[37]

大观台 面□□峰上有行书云门前二字。

象峰

吕岩

英雄得志

龟石

磨崖一刻甚泐,五种俱在云居山,正书,无款。

张台卿等题名 在武义庙。

大观庚寅。 余字磨泐。

云泉

皇佑庚寅元居中篆□□事都□□□□□□。

院僧忠信命蔡材刑□□宣和庚子□□□□。

灵洞院僧惠□。　　篆书。字径三尺。

太景洞石亦有字，泐，飞白书，径七寸余。

诸行无常，是生灭法。生灭灭已，寂灭为乐。本有今无，本无今有。三世有法，无有是处

皇宋天禧五年辛酉□春二月□五日镌，荥阳潘旻书。　　楷字。四寸余。

敕　行书。

昭庙

□准　屠墟。

敕　残碑。

□□□□

景德三年仲春月□五日光禄□丞前□□□张文昌，仁和县尉□从谏□越州萧山尉郝知白，灵山寓

居羽人□□□，余杭山人盛□同游于此，故题记耳　正书，寸阴。

游从容久之羡高适正同侄持国李圣良器弟仲琳月廿三日赵元符改元六[38]　楷字，径寸余。金

星洞云有元符题名。

策子虚来游何志同彦时黄二日周之祥履中元祐癸酉八月二十[39]　楷书，径二寸。

格 洞中翁题【□□□□□】充□□□□ □□□□□充□□□□[40]

开元翰过此，熙宁八年十二月十八日　楷字一寸。

祖无择、沈振、元居中、张先，熙宁己酉孟秋晦日偕游。许讠十，景祐四年十二月　篆书，字径七寸。

□□□惠齐宝祐乙卯中令泉抚畔和□□□闽山王□陈诗　楷，字二寸。理公岩洞内未录。

褙弟杨庭□棠守富□大壮自□游政和月廿九日[41]　行书，字一寸。上泐一字。

之□□□□□岩同学□瞻胜吕前辶□。淳熙丁酉季夏二十有五日净□□□道人李直卿书　行书，

字寸余。

赵伯卫牧中游，绍兴己卯□月十七日　伯卫，钱唐令。见淳熙《志》。曾知钱唐县，见《府志》。

楷书，寸余。　六月初四日来，淳熙癸卯郑涛次山偕梁安世次张[42]

何伯应、潘安叔、江幼度以淳熙丁酉十月六日自高丽来游。伯应之侄惟澂，子惟滋，侄孙林安叔

之子景羔、景西、景□待行，僧师观同至　行书，字一寸。

淳祐丁未年春望前一日同游　楷书寸余。

景定壬戌上巳陈□□偕张东□□□□　楷书，二寸余。

睢阳王廷老伯敫、钱唐吴君平常甫、大名王颐正甫、昭武上官垲彦明、临川王安上纯甫同游，后
　　二年伯敫与常父、彦诚、仲举、明仲、子明同来　行书，径一寸。

明人西蜀刘士元、曹山、闽人孔庭训　正书，一寸余。

时来 季端　楷书，二寸余。

吴雍子中来敏甫庚申上元日微之赵固梦祥吴修查应辰灵□尹□[43]　楷书，二寸。

子中 子固 □伯　楷书，二寸。

子固 子坚 正叔　正书，二寸。云大麦岭。

子中□来江陵吴雍庚申正月　正书，二寸。

纯浩观　行书，四寸。

李□□□□□秦□□致远□何会之邱□敬□高不倚□□□□□许仪鸿臾传□□□□林宾直
　　□□□□□羡项得□　下泐。隶书，二寸。高不倚，钱唐县令。见《淳安志》。

冲　正书。

九月□□□□经□欧阳湟川

天籁谷下摩崖　见《瑞石山志》。

日外弟北岳王兄清玉牒赵崇晦叔咸集男燸[44]　三行，半露凌虚楼外，余为槛所蔽。

定明□□造东廊了钱唐县安吉管三大户朱宥□奉引山路与了

皇祐元年六月□三大户朱宥、赵□、杨□　字径二寸。

大宋天禧四年庚申三月内筑墙七十丈。住持僧保珍记　楷书。寸余。

临安府钱唐县霸北界□□坊居住奉三宝弟子□□□同妻□□□家□□谨施净财命工开凿释伽宝殿
　　一□佛□□……三宥……□愿……念即得往生……开心得□善人□□□。皇宋绍兴五年岁次甲
　　寅仲冬□日谨题

御前祗应沈□同妻徐氏家眷等舍罗汉一尊。开禧元年三月初九日镌

食饭保传□同□□□，开禧元年四月一日　小楷。

□三正一盟□弟子□妻正一□□保命□□□黄清真镌。

太乙救苦天尊上答鸿□。开禧元年二月三日舍　小楷。

嘉定元年五月六日明川比丘僧□□□年五十二岁舍罗汉一尊，保扌身宫安泰眼目光明　小楷。

景定壬戌前九月初六自出衣钵，增添基地，重建山门。主持宗照谨题　楷字，一寸。入《录》。

临安府钱塘县□□□弟子□□□□发心□弥勒佛一□□□思三有保扶□□□□六□四月三日　□□□□□□□□　小楷。

□（梵藏文略）　字径八寸。

□（梵藏文略）金□勇识[45]　字径四寸。中泐。

心经楷书十八行　云莲花峰顶。

□□□□至本寺□□□路为界□至□石龙□□为□□□□本寺为□□定□□□□□□□□□传法　沙门德术　正书。四寸。

江阴州判官

玉林帖木儿重装　楷书，二寸。飞来峰洞中。入《录》。

九品观行人戒晔重装

杭城善女人顾氏□□重装　楷书。寸余。

谢成立门　楷书。三寸。

胡巩　楷书。寸余。

景泰二年岁在辛未仲秋子日，此辰雾霾，行者不见　正书，二寸。云在三生石。

正德庚辰人日方豪、汪晖、陈直自灵山来　正书，六寸。三生石。入《录》。

正德庚辰正月六日按察于鏊、张淮、刘大谟、刑部方豪游　正书，四寸余。　理公岩洞内未录。

十日□方豪又来，五日乃去　正书，四寸余。右在胜果通明洞前。

大明正德十五年六月鄞县老人陆瓒解皇木到此　正书，一寸。

元祐年刻字　小楷，一行。井在江干石塔。

正德庚辰开□□方豪□□□□□□□□□□□□□□□□□□　左。

方豪至。　在洞左，郭公分书。同在洞口，五行，正书。

正德十五年正月六日按察司副使于鏊、张惟、金事刘大谟偕刑部主事方豪自玉泉来游，酌于灵隐。　豪独留山中，明日复游净莲立石　在灵隐，楷书寸余。　入《录》。

天生不用裁能□□若侣西来

嘉靖改元上元吉日非丘之子书　行书，寸余。首泐。

嘉靖二年正月九日亶庵王荩、裳陵方家拙峰胡镇自石屋来游[46]　正书，一寸余。

嘉靖[47]乙酉春歙汪元锡信、郑毅淦、张芹同游　正书，二寸。又一题名同行，六寸。

江西右布政使湘源蒋赗入觐，南还至此。时嘉靖二年四月也　行书，二寸。疑石屋。

查应兆、霍韬同游，嘉靖癸未又四月十二日　正书，四寸。

□□□□洪珠同游，嘉靖五年□　正书，三寸。

太监仁庵邓文、御史裕斋卢问之、主事静轩卢耿麒嘉靖丙戌[48]仲夏廿一日游　正书，二寸。

锁守仁庵邓文、御史裕斋卢问之、主事静轩卢耿麒嘉靖丙戌仲夏廿一日　正书，寸余。

嘉靖[49]戊子季秋浙江按察使泽山桑溥、副使凌川傅钥、五溪万潮、颍东党以平、雁峰何鳌芗、南汪金金事、南江孙元、钝斋巴思明、南皋梁世骠、斗峰江良材同游于此题名　正书。一寸。

明嘉靖戊子[50]十月十日监察御史内黄张问行、户部主事平谷王锐、工部主事襄坦郭秉聪皆有事两浙，邀予为湖山之游，憩食诸洞，书此。职方郎中吴郡卢襄识　正书，二寸。

嘉靖戊子孟冬行人诸广同梁□、范公贤、谢銮、吴□□、沈文奎、孙□记游　正书，一寸。

嘉靖壬辰春芹泉姚文清、苏山范永銮、白泉汪文盛、磨溪熊荣、□湖王□、体斋陆□同游　楷书，二寸余。

嘉靖壬辰春芹泉姚文清、苏山范永銮、白泉汪文盛、磨溪熊荣、瑶湖王□、体斋陆冕同游　楷书，二寸余。　二题有一纸刻莲花洞内，一刻双钩不起底，未知孰是。

嘉靖丙申春三月望日东越龚用卿、陈坦吴、曹察楚、吴拱辰同游于此，用卿书　正书，径三寸，双钩刻。

嘉靖壬辰春姚文清、范銮、汪文盛、熊荣、王□□同游　正书，二寸余，下泐。

庚南陈珖来。嘉靖壬辰夏四月　在月岩，十一年。正书，二寸余，双钩刻。

嘉靖壬辰夏初伏节，竹居薛东□来游于此，竹邻偕子斋元　正书，二寸余。青林洞口，未录。

嘉靖丙申春吴兴陆时雍赴岭海，寓宿岩下留题　正书，寸余。通明洞右。

嘉靖癸卯□□维□得□董汉臣□□高□夫同游　正书，二寸。云莲花洞。

嘉靖己酉岁夏六月海盐徐咸林、欧阳礼[51]游　正书，二寸。瑞石山飞来石背。

浙藩司澶渊史褒善、维扬钱嵘、□□□□科□继高嘉靖壬辰同□越二继，壬子复会于斯，感昔兴怀，书之。庸俟宪使谢□九像许应元、王椿诸君之载纪焉　正书，二寸余。在三茅观。

余癖爱山水，所至穷探极往，自若有得，亦或于民无病耳。兹吏兹土，阅两期，行且弃去，于所谓湖光山色者不一二及焉，再至果有期乎？是以君子作善，贵及时也。嘉靖壬子病夫钱嵘识　瑞石山飞来石顶，今浸漶。

万历乙未九□□□高熙开　隶书，二寸余。

万历乙未谷雨世未凡夫公绳舣此　篆书，寸余。瑞石山飞来石。

万历丁酉仲春六日汉阳守华亭雪居县克宏游此漫书　在灵隐。隶书，三寸余。

万历辛卯春日□□吴西来居士钱偕友章汉、吕天祖啸傲此屈　正书，寸余。

明万历辛亥年凤阳李时学、灵璧赖巨相、张绵庆、张绍庆、张三极同游　正书，二寸。

明万历辛亥凤阳李时学、灵璧赖巨相、张绵庆、张绍庆、王守谦、丁重美、张三极同游　正书，寸余。

皇明崇祯十年十月□日虞丘适太绥长伯甫、谢铭石燕然甫同游　楷书，一寸。

大明崇祯丁酉仲春平都县□□□□此　正书，二寸。

广阳陈儒访此同□用来　行书，二寸。又见嘉靖丙申。虎跑寺，云石屋。

金畊民舒啸处　正书，寸余。

□山朱麟至此　正书，寸余。

锡山安国七游于此　正书，二寸余。龙泓洞外未录。

一去仙翁我继看，丹泉遗迹未曾干。行盈药就归何处，石洞云深不断寒。嘉靖改元孟春上元日非
　　丘子书，住山湛显刻

花月湖山气已凋，东风相月泛春涛。重岩紫翠连三竺，别径风光转六桥。汀草暗曛轻快爱，樯牙
　　醉倚碧波□。追陪说有仙郎在，从此冯来不用□[52]。嘉靖十五年三月同友人泛湖玉峰□赋此，
　　五兀山人张庭稿

忽忽南迁又北征，恍然梦里是平生。飞腾自合同云鸟，流落犹怜自姓名。老去丹心终不改，年来
　　华发半□更。山青云白归何日，惭对西湖月满城。予时守杭方四月，奉改调命当北上，息此数日。
　　嘉靖十四年四月既望阆山丁洪识　正书，二寸。南屏。

混沌开，万象启。谧□局，还本始。万历乙未仲秋望会稽正峰钱守愚题，男儒书　正书，寸余。石屋。

□里湖光尽里山，竹西茅屋有无间。泉声不断烟云□，仙子骑羊自往还。一生落落好清狂，过眼
　　风云不挂肠。试扫北高峰上顶，与君携手望扶桑。五兀山人嘉靖丙申春三月　草书，径寸。理
　　公岩洞口未录。

晓起次韵。露华江色映朝曛，鸟弄春声静里闻。自笑平生虚岁月，漫怜一榻卧烟云。松罗含润……
　　迷洞泉縻情□□出□门□点桃花烂漫□筵细草总成文□□平川[53]　在胜果山松涛阁。楷书，
　　寸余。

邱昆山人□来有仙骨倒骑白鹿直走蓬□□。朝餐石梁霞，暮吸龙湫烟。翻身玉笥峰，自得真人
　　元。凄然兀坐江上□□之层颠，慨惜元窍秘藏，苍莽几万年乃断云根剖破玉挺龙蛇惊□神……
　　怜但见青明一隙堕地光绵縣忽焉不知□手风云变化来无前松竹何□□□苒岚雪浪映荡虚拂相程
　　妍[54]　正书，一寸。在通明洞内。

吁嗟巫山十二峰，胡尔飞来不飞去。峭壁嵌□每动摇，云牙石乳相撑拄。湖光掩映似有期，法像跌跏更□□。□□飘飘□□□，抟风会震知□处。明进士京口唐鹏　楷书，二寸。青林洞外。

□□□踏南峰路石屋松□□恋间今忽夕同谈胜□□身疑复到禅关。岩前□□丹枫老，帘外霜寒野□□。寄兴登山旧邻叟，烟□有日重跻攀。通政使郡人何琮题，住山僧慧□勤[55]□　在石屋。

出谷风生腋，入山云满衣。湖波供荡漾，不必钓鳌归。京口唐鹏　楷书，二寸。在石佛。

西湖未晓吴山月，风雨飞空卧石龙。箕山程漫题书　行书，三寸余。　在瑞石山飞来石上，今铲去。

数日西湖□[56]滚滚，晚登山阁病怀开。半江渔火烟云□，万壑松涛月夜来。能向纷华空色相，好看泉石净尘埃。老僧借我虚岩宿，正是阳明旧讲台。莱州陆时雍次蔡我斋[57]韵　正书，二寸。在胜果寺松涛阁。

万壑此独秀□面开□□龙□□□月还来□□□□□□□□山翩然下山去□□□□□　草书，寸余。松涛阁。

安期东海至，新借白门居。绿醑称从事，红妆用校书。舟移淮水月，馔出晋陵鱼。闲道西林胜，能无一榻虚。[58]眉山苏藻书

山水之胜，在幽而不在显。若三竺、云林，不一佳矣。日惟田夫俗子、村媪仆奴接踵而至，□得山水之趣，翻因人而俗矣。戊寅春偕山左张宗岳游湖上诸山，于是探奇索奥，得此幽胜。由洞北攀援而造其巅，下瞰西子湖一镜当空，千峰叠翠，烟云变幻，不可名状。坐者久之，绝无人到，若不与相关，乃乘兴留题，以志一时游览云。间山祖允焜　行书，五分。

日明不能老，烟霞此地偏。黄汝亨集唐句，樊良枢书　篆书，四寸。

不有地仙福，不到此洞中

飞山　楷书，寸余。理公岩洞内。未录。

□以□以□慈相于可以□人自不及

钦差提督织造御用监太监张正发心妆彩佛三尊，重张殿宇

　　正德十年十月吉旦立。　正书，寸余。疑石屋。

奉佛善人王□　楷书，三寸余。

善人王杰发心坚，晓夜思量种福田。忽晓一日归山去，感谢诸天度善缘　正书。　甲辰岁季春吉日奉佛弟子晓东少南惟忠月泉云佛子□　正书。

混元三界，列宿仙班。名山洞府，一切圣众　石匠毛林。正书。

钱唐县奉佛善人陆贵妻朱氏叔□祭心喜造佛一尊吉祥如意。弘治七年四月十九日立　小楷书。

孝孙□□□亡公林十二郎、亡姑唐二娘子、亡考[59]林一郎、亡妣严大娘子　楷书，疑宋刻。

□□□□□福建车□□□户部河南陈□沈弘彝[60]酉时游此，柳川□书　正书，二寸。

尼□[61]从伏为保安身位造一躯永充供养　小楷。

古歙吴芬乾如偕友人吕子恒如余、子令远、次子重宣、孙振麟来游此洞，遇僧人化如谈无生……话一宿而去。康熙己巳八月廿一日　正书，一寸余。

崇祯辛巳季秋……日因过此以问之画夜……往生来佛国……长一二[62]乃……秒……奇行终法水……珑故……西僧识满……玲代答　只为当年好逗奇来……虑琢至今……方知……即……野人□□

□题　楷书。

康熙甲戌长至江南布政使武林胡献征第八游，子期宁待行。同游无锡谕德秦松龄、中书顾贞观、邵阳□□□万育、钱唐中书王嗣槐、祭酒汪□[63]、同里教谕刘体安　正书。二寸。

万古嶙峋　字径三尺。录过。敷文书院。

　　万历十一载夏五月侍御颍古张文熙书

江汉秋阳　字径二寸。敷文书院。

　　万历癸卯孟秋侍御张文熙书

大块一窍　字径八寸。

　　万历二十一年九月九日，□楚邹国□汤沐书。

江汉秋阳　字径二尺。敷文书院。

　　万历癸卯立秋侍御张文熙书。

八面玲珑　字径五寸。射旭洞。

　　焦煌题。

乾坤一望　字径八寸余。入《录》。

　　西淙洪珠题。

天空水月　字径八寸余。在幽居洞右。

青天白日　卧云 效天法地　隶书。径一尺三寸余。万松岭。

日光玉洁　字径一尺八寸。入《录》。

敷文书院 天然削玉　行书，字径六寸。

石壁凌云　行书，字径八寸。

华落莲成　楷书，字径五寸。

罗浮洞天　行书，字径六寸。

□□云□　隶书。在万松岭。

通天洞　行书，三寸。

思道　楷书，一尺一寸。疑在圣果寺。

登峰　楷书，七寸。万松岭。

玉液　入《录》。草书，四寸余。凤篁岭。

仰高　在万松岭。楷，一尺五寸。

　　西淙洪珠书。

层云　隶书，二寸余。斗山。

龙宫　行书，九寸。在武义庙。

　　新安胡宗宪题。

高山仰止　隶书，四寸余。

天空海阔　天真寺摩崖字。八寸。

　　中离书。

尚絅中裳　字径五寸余。万松岭。

　　辛卯二月十二日题。

开襟　字径八寸。万松岭。

云岫　篆书，八寸。

　　顾升。

光粲　楷书，一尺三寸。疑金光。

梓土　楷书，七寸。

塞门　正书，七寸。

思道 层峦　楷书，四寸。

霜狮　隶书，四寸。

叠嶂　楷书，四寸。

香象　隶书，四寸。

拥秀　隶书，四寸。归云洞外。

隐豹岩　隶书，三寸。凤山归云。

龙鼻石　楷书，三寸。

苍屏石　楷书，三寸。

象鼻峰　楷书，三寸。

莲花峰　楷书，三寸。

镂玉岑　楷书，四寸。

来凤冈　篆书，八寸。

泻玉峡　隶书，五寸。

水云岩　篆书，六寸。

莹心泉　篆书，六寸。

控鹤林　篆书，六寸。阅古堂址。

隐嘴岩　楷书，一寸。在武义庙。

云障子　楷书，七寸。

款宾台　正书，七寸。

象鼻峰　行书，四寸余。

雨泉　行书，四寸。

虎卧石　正书，二寸。

橐驼峰　正书，三寸。

待月矶　篆书，五寸。阅古堂。

　　吕元书。

垂腹岩　楷书，三寸。

鳌头石　楷书，三寸。

元朗洞　楷书，二寸。

还冲洞　楷书，二寸。

净鉴池　楷书，二寸。

水积池　楷书，三寸。在武义庙。

　　金灵□□云阳子书。

胜蓬莱　楷书，二寸余。

鳌峰　楷书，三寸。

奔云岩　隶书，四寸。

潮

小蓬莱

清虚洞天　篆书，七寸。

葛仙翁炼丹井　楷书，三寸余。

粟□岭道人立石岸　隶书，一尺五寸。

裳　楷书，一尺三寸。在胜果山通明洞口。

湘　隶书，六寸余。

契　隶书，一尺四寸。在归云洞上。

　　将军府后云栖下院有莲池自撰放生池碑。

　　六一泉有"斯文在兹"，张奇逢书[64]。

　　万松岭有天地万物不磨独立石一卓尔。补拓有美登峰，下刻小款。

　　黄谔云：武义庙在茅观前有"蓬岛"二字、"龙宫"二字、"吴山胜境"四字。其西有大观题名，年月完好。

　　莫栻等《瑞石山志》："紫阳书院"四字在山前，载梁允植《钱唐县志》，相传为明人书。"敦本兴让"四字在山前，相传为康熙年刻。鳌峰傍有康熙丙申镌何山徐本题七律一首，王云廷次韵，字作小楷。乾隆丙子铲去，诗载本《志》艺文。

　　《西湖渔唱》：挂衔石傍最小一支，形如芝，有"涌地云"三字。月岩有方九思"夕照通明"四字，大三四尺。兜率庵在四顾坪，洞内石壁有"越山吴地半分"之句。

　　慈云岭有张鹏融诗刻。

　　定光庵有"锡杖泉"三篆字。

　　理安法雨泉石壁有"佛日"字。

　　理安佛石岩有宋人"佛"字，大丈许。

天监砖

冯氏砖

钱氏铁券

于府君砖

岳珂祭爵

钱竹汀云：飞来洞中有万户雷彪题名，元时刻。

集庆寺有宋碑题云"杭州资因院贤首教藏记"，下截埋土中。

庄恰甫云：凤山有"归云"二字，方豪篆，大五寸。"垂莲"二字，大七八寸，在月岩后。

凤泉寺在慈云岭东南。

同仁祠内有千佛阁香炉款识。

胡三竹云："华雨缤纷"四字侧有"独秀"二字，慧日峰下欢喜岩有佛像三，崖上题名漶漫。

咸淳锺当查。

寓林有宋刻"青云岩""鳌峰"等字。贞父又题"石田""奔云""海潮"。

佛手岩石罗汉有东坡题名。

虎跑有查塔文并造像诸刻。

龙井明孙隆构片云亭，设石棋枰于前，上镌"兴来临水敲残月，谈罢吟风倚片云"句，今不存。

又石刻分书"听溜"二字。

圣果寺归云洞多古篆文。许僧泉左刻"郭公"二字。崇圣院内有严调御诸人诸佛经十二种。

大佛寺隆庆三年□月□日徐士荣刊，在双石洞外左侧。

贾似道赐家庙摩崖。

丁龙泓先生曾言九里松转湾有唐开成牌[65]。

《艮山小志》：九里松菩萨庙石龛"嘉熙元年四月嘉兴周觉圆"八十一字。

晁端彦天竺题名，胡承端、胡宗师题名俱查地方。

吴山寿星石之北有宋人题名，疑即天籁谷玉牒赵某三行。

橐驼峰上有宋嘉定题名卢某，见《湖山便览》。

三茅观有明天顺二年遗像并敕书二，年月下有三丰供状碑。

元妙观有"吴山东南第一柱""云墟"。

吕祖真人像摩崖，金星洞将作监王柟题书，又元符间题名。

东湖亭十咏赠同年水部之钱唐

嘉靖十三年正月九日夏言书。

成化七年九月初二日祭□母王宜人文，英国公张懋等廿一人。

善渊处劄付

洪武二十四年顾谅题。

仁钱二县桑园记

　　万历丙戌八月温纯撰，汤焕书并篆。

故冲虚居士挽诗序

　　景泰二年九月徐程序。

谕祭张和文

　　嘉靖二年九月。

武林南涧箬庵问禅师塔铭

　　康熙八年道忞撰并篆，金之俊篆。

敕赐圣寿禅寺碑记

　　正统十二年。　文云在杭城武林山二里，疑城内。

长明寺禅堂四明西竺宗禅碑铭　文云石屋山。

重建元灵道院碑记

　　成化十六年。　文云会城外东南隅。

高仪告敕嘉靖二道隆庆二道

左按台平寇奏凯碑记

　　崇祯甲申春正月葛寅亮文，吴太冲书，□作楫篆。

戡定吴越纪功碑文

　　万历癸未秋月张瀚撰，陈善书，沈惟篆。

旃坛瑞像来仪记

　　崇祯十四年季冬武经国描像，黄顾震书。

佛说阿弥陀经

　　　黄顾震书。

万历四十年三月告示碑中有"本寺正存铜佛三尊罗汉十八尊"[66]等字。

谚所谓"欠面未有底，做了便是鞋"者九行，珍书[67]记请十七行。通问老僧题《雪赋》，周刘蕃撰，
　　许光祚书。

孝女曹娥碑

　　崇祯戊寅夏日新安王升之摹。

释伽像无款　当查碑阴[68]。

　　檀越姓名钦差提□苏杭郭秀庚、友王颙、常贵等。本寺助缘比邱文胜、文伟等。

种德流芳篆四字

　　万历元年修庙舍财檀越[69]。

注　释

[1]　"牌"依原文，似为"碑"之误。

[2]　"城隍庙"，原抄作"成隍庙"，据意改。

[3]　原钞"山"字前有"仙"字，已点去。

[4]　原空一字。

[5]　眉批："原抄作一点，此字疑衍。"

[6]　原钞未低格，循例改。

[7]　原钞"建"后又缀"建"字，当衍。

[8]　原钞作"万松松院"，后一"松"字应为"书"字之讹。

[9]　原钞作"山丰"，应为"三丰"之误。

[10]　原钞作"梁甫"，据原拓改。

[11]　此处有脱漏及误字，倪涛《六艺之一录》卷一百十"范成大等题名"录："至能季思寿翁虞卿子宣正甫渭师子余无咎淳熙戊戌季春丁巳同游子师不至。"

[12]　原钞作"签"。

[13]　"借"疑为"暨"字之误。

[14]　原钞作"闻期祥"。

[15]　钞本原作"佗尼罗"。

[16]　钞本原作"莲大池师"。

[17]　钞本原作"成佛道日宏袾撰"。

[18]　即"太尉"。

［19］原钞作"化成"。

［20］原钞作"万邹历一麟"，据意补。

［21］"建"后有"又"字疑衍。

［22］原钞作"范王"。

［23］原钞"儒"字前有"修"字，衍。《两浙金石志》卷二有"唐乌重儒题名"。

［24］下有"释教总统经历郭题名正书，嘉靖戊子秋"，疑衍。

［25］以下疑有阙叶，上海图书馆藏钞本亦空六行另起。

［26］原钞作"员"。

［27］原钞"胡"后有"开"字，应衍。

［28］原钞作"祈"。

［29］原钞"冈"前有"同"字，点去。"法师"前多一"法"字，疑衍。

［30］似应为"忠"。

［31］原抄眉批："院字元疑衍。"

［32］"熊"，原抄作"態"，眉批："態字疑熊字讹化。"

［33］本行眉批："疑衍。"

［34］"丙"后疑阙一字。

［35］原钞作"放约生"。

［36］原钞作"不"，疑为"十"之误。

［37］据吴之鲸《武林梵志》所记："浙江参政左赞诗：吴山曲径入西南，方丈云深僧两三。艾纳吹风香细细，葛藤冒日影氋氃。泉分童子青衣洞，尘断维摩白石庵。画省若逢公事了，海天送目再停骖。"

［38］此条倒错，《两浙金石志》卷七："宋赵良器等题名。元符改元六月廿三日赵良器、弟仲琳、侄持国、李圣美、高适正同游，从容久之。右摩崖正书，左行六行，行五字。径寸余。"

［39］《两浙金石志》卷六："宋周之祥等题名。元祐癸酉八月二十一日周之祥履中、何志同彦时、黄策子虚来游。右摩崖正书四行，行字不等。径二寸余。"

［40］此条原钞应已倒错。

［41］《两浙金石志》卷七："宋政和间残题名。……弟扬庭……棠守富……大壮自……来游政和……月廿九日……右摩崖残字五行，行书，径寸余。上半已泐。"

［42］此条亦倒错，《两浙金石志》卷十："宋梁安世等题名。梁安世次张、郑涛次山偕来，淳熙癸卯六月初四日。右在定山摩崖，正书四行，字径一寸余。"

［43］《两浙金石志》卷七："宋查应辰等题名。查应辰灵□尹□微之赵固梦祥吴修敏甫庚申上元□游吴雍子中来。"

［44］《两浙金石志》卷十一有类似录文，乖舛倒错处亦多。

［45］按：疑为"金刚勇识"四字。

［46］本行疑有阙字。

［47］原钞后有"四年"圈去。

［48］原钞旁注"五年"。

［49］原钞后有"七年"圈去。

［50］原钞旁注"七年"。

［51］"欧阳礼"前"阳"字疑衍。

［52］原抄作"扌"。

［53］本题刻多处阙文。

［54］本题刻多处阙文。

［55］"勤"疑是"勒"之误。

［56］原抄作"纟"。

［57］原抄作"齐"。

［58］原钞作"绿醑称从红籹用枝事书……"，多倒误。此据洪恩（雪浪法师）《过安茂卿秦淮寓馆》校正，钱谦益《列朝诗集》闰集卷三，清顺治九年毛氏汲古阁刻本。

［59］原钞作"孝"，眉批："疑考字"。

［60］"沈"字，原钞作"氵"，据明张朝瑞《皇明贡举考》卷六，考知此人为"沈弘彝"，河南陈州人，明万历刻本。

［61］《两浙金石志》卷四录此条，作"尼思"。

［62］旁批："一、二。"

［63］原抄作"宀"。

［64］"张奇逢书"四字似为后加。

［65］原钞作"牌"，似为"碑"之误。

［66］原钞"字"本行有眉批"疑寺字"。
［67］疑是"真书"之误。
［68］本行开始原钞行格混乱。
［69］此行笔迹不同，疑后加。

附录二

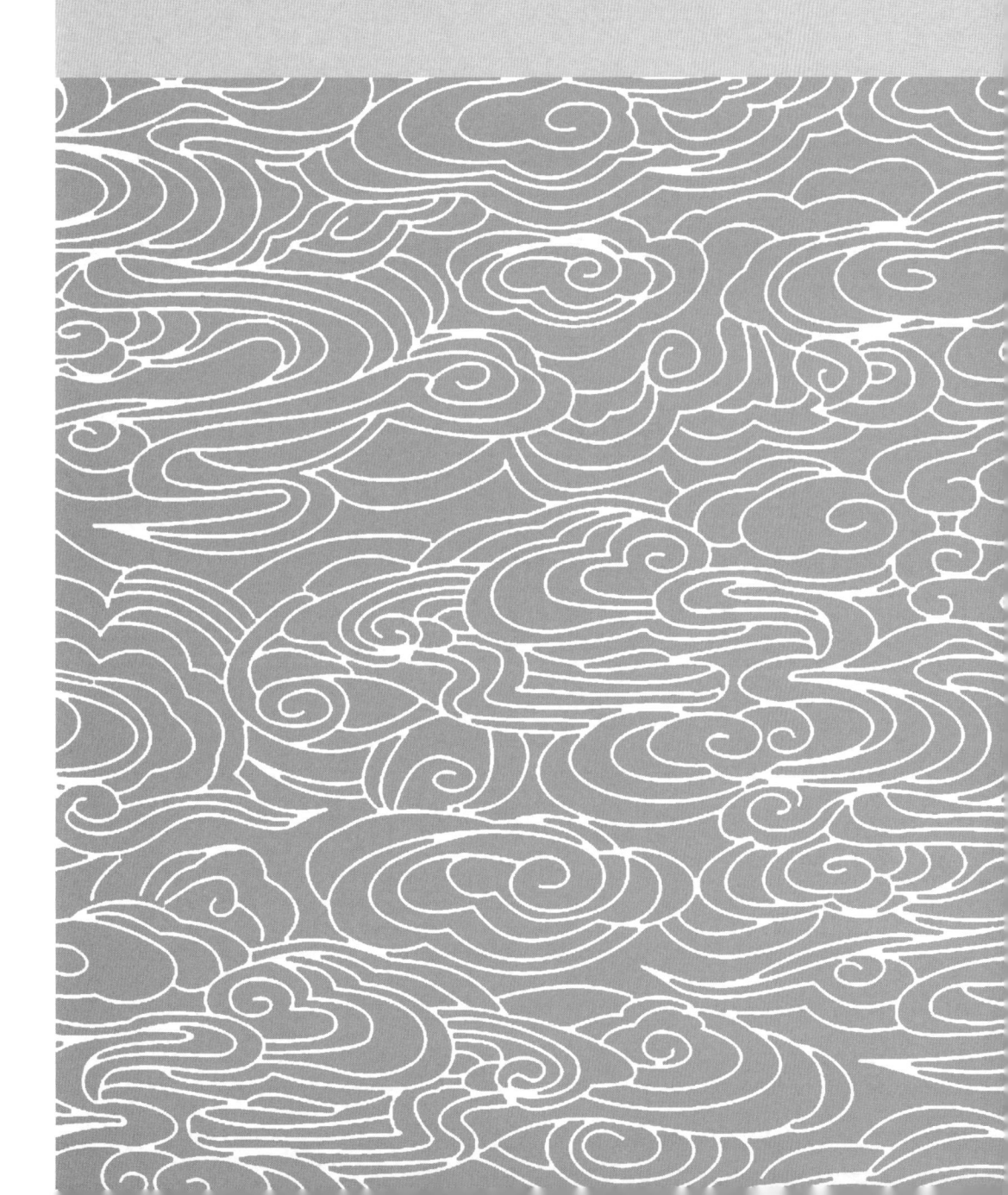

参考文献
图表说明

参考文献

传统文献

李延寿，《北史》，文渊阁四库全书本。

王象之，《舆地碑目》，清陈豫锺钞、瞿中溶校，清钞本。

周密、江昱疏证，《苹洲渔笛谱疏证》，清乾隆刻本。

冯梦祯，《快雪堂集》，明万历四十四年黄汝亨、朱之蕃等刻本。

黄汝亨，《寓林集》，明天启四年刻本。

焦竑，《国朝献徵录》，四库全书存目本，齐鲁书社，1997。

李维桢，《大泌山房集》，明万历三十九年刻本。

包世臣，《艺舟双楫》，中国书店，1983。

程瑶田，《程瑶田全集》，黄山书社，2008。

毕沅，《灵岩山人诗集》，清嘉庆四年毕氏经训堂刊本。

蔡呈韶、胡虔，《（嘉庆）临桂县志》，清嘉庆七年刊本。

陈鸿寿，《种榆仙馆诗集》，西泠印社民国四年刻本。

褚成博，《（光绪）余杭县志稿》，清光绪三十二年刊本。

丁丙，《善本书室藏书志》，浙江古籍出版社，2016。

丁申，《武林藏书录》，古典文学出版社，1957。

丁午，《湖船续录》，清钱塘丁氏刻本。

董恂，《江北运程》，清同治六年刊本。

法式善，《存素堂文集》，清嘉庆十二年刻增修本。

顾若璞，《卧月轩稿》，丛书集成续编本，上海书店，1994。

郭麐，《补罗迦室印谱》，道光丁亥钤印本。

何绍基，《东洲草堂文钞》，光绪年间刊本。

何昆玉，《吉金斋古铜印谱序》，上海书店，1989年版。

黄模，《寿花堂诗集》，清嘉庆刊本。

黄树毂，《楷瘿斋遗稿》，清钞配本。

黄易，《秋盦遗稿》，清宣统二年李汝谦石印本。

黄易，《小蓬莱阁金石目》，稿本。

黄易，《小蓬莱阁金石文字》，清道光甲午石墨轩刊本。

黄易，《小蓬莱阁金石文字》（郑文焯批注本），清嘉庆五年刊本。

黄易，《嵩洛访碑日记》，丛书集成新编本，台湾新文丰出版公司，1985。

黄易，《嵩洛访碑日记》，清刘履芬钞本。

黄易，《黄小松印存》，上海神州国光社，民国石印本。

黄易，《古欢》信札册，稿本。

胡德琳，《碧腴斋诗存》，清随园刊本，收入《随园三十八种》。

纪昀，《阅微草堂笔记》，巴蜀书社，1995。

江藩纂，漆永祥笺释，《汉学师承记笺释》，上海古籍出版社，2013。

蒋宝龄，《墨林今话》，清咸丰二年刊本。

金农，《冬心先生杂著》，清光绪丁氏当归草堂刊本。

金农，《冬心先生集》，清光绪丁氏当归草堂刊本。

金农，《冬心集拾遗》，清光绪丁氏当归草堂刊本。

李慈铭，《越缦堂读书记》，中华书局，1963。

李淳风，《乙巳占》，清光绪十万卷楼丛书本。

李斗，《扬州画舫录》，中华书局，1960。

李放，《皇清书史》，清同治刊本。

李福泰等，《（同治）番禺县志》，清同治十年刊本。

李亨特、平恕，《（乾隆）绍兴府志》，清乾隆五十七年刊本。

李桓，《国朝耆献类徵初编》，清刊本。

李卫、沈翼机等，《（雍正）浙江通志》，清文渊阁四库全书本。

李玉棻，《瓯钵罗室书画过目考》，清光绪刊本。

李兆洛，《养一斋文集》，清光绪四年刊本。

李祖望，《锲不舍斋文集》，清刊本。

厉鹗，《湖船录》，清钱塘丁氏刻本。

梁恭辰，《北东园笔录》，清刻本。

梁诗正，《西湖志纂》，清文渊阁四库全书本。

梁绍壬，《两般秋雨庵随笔》，清钱塘汪氏振绮堂刊本。

潘有为，《南雪巢诗钞》，稿本。

潘衍桐，《两浙輶轩续录》，光绪年间刊本。

潘应椿，《丰润古鼎考》，乾隆年间刊本。

钱泳，《履园丛话》，中华书局，1979。

瞿中溶、刘承幹，《汉武梁祠画像考》，清吴兴刘氏希古楼刊本。

全祖望，《鲒埼亭集外编》，清嘉庆十六年刊本。

阮亨，《瀛舟笔谈》，清嘉庆年间刻本。

阮元，《两浙輶轩录》，清嘉庆刻本。

阮元，《小沧浪笔谈》，丛书集成初编本，商务印书馆，1936。

阮元，《积古斋钟鼎彝器款识》，清嘉庆九年刊本。

阮元，《定香亭笔谈》，清嘉庆五年刻本。

阮元，《两浙金石志》，清道光四年（1824）刊本。

石卓槐，《留剑山庄初稿》，清乾隆四十年石卓椿刻本。

汪舸，《岈崌山人集》，清乾隆刊本。

汪和礼，《秦汉瓦当文字缩本》，嘉庆元年钤印稿本。

汪启淑《续印人传》，清道光二十年海虞顾氏刻本。

王昶，《国朝词综》，清嘉庆七年王氏三泖渔庄刻增修本。

王昶，《金石萃编》，民国十年扫叶山房石印本。

王厚之，《钟鼎款识》，嘉庆七年阮元积古斋影刻本。

王豫，《淮海英灵续集》，清道光刻本。

王曾祥，《静便斋集》，清乾隆年间刊本。

翁方纲，《两汉金石记》，台联国风出版社，1976年影印乾隆五十四年南昌使院刊本。

翁方纲，《复初斋文集》，清李彦章校刻本。

翁方纲，《复初斋诗集》，清嘉庆刊本。

翁方纲，《复初斋外集》，民国嘉业堂丛书本。

翁方纲，《复初斋集外诗》，民国六年（1917）刘氏嘉业堂刊本。

吴兰修，《端溪砚史》，中国书店，1992年影印本。

吴嵩梁，《香苏山馆诗集》，清木犀轩刻本。

吴锡麒，《有正味斋尺牍》，清光绪刊本。

吴允嘉，《（嘉庆）钱塘县志补》，清钞本。

吴之鲸，《武林梵志》，清文渊阁四库全书本。

杨沂孙，《完白山人印谱》，民国间西泠印社钤印本。

叶铭，《再续印人小传》，清宣统二年印本。

叶衍兰，《清代学者象传》，民国十九年影印本。

余大观，《菘塍斋遗稿》，清刊本。

袁枚撰，王英志点校，《袁枚全集》，江苏古籍出版社，1993。

袁枚，《小仓山房诗集》，清乾隆刻增修本。

允禄，《世宗宪皇帝上谕内阁》，文渊阁四库全书本。

赵一清，《东潜文稿》，辽宁教育出版社，1998。

张岱，《西湖梦寻》，清康熙刻本。

张惠言，《茗柯文补编》，民国四年四库丛刊影印本。

张吉安、朱文藻，《（嘉庆）余杭县志》，民国八年（1919）重刊本。

张埙，《竹叶庵文集》，清乾隆五十一年刻本。

张燕昌，《金石契》，清乾隆四十三年刊，嘉庆增修本。

赵坦，《保甓斋文录》，清道光七年刻本。

赵翼，《瓯北集》，上海古籍出版社，1997。

郑沄、邵晋涵，《（乾隆）杭州府志》，清乾隆刻本。

柴萼，《梵天庐丛录》，中华书局，1926年石印本。

陈介祺，《十钟山房印举》，涵芬楼民国间影印本。

丁仁，《八千卷楼书目》，民国印本。

龚嘉儁、李榕，《（民国）杭州府志》，民国十一年铅印本。

黄宾虹、邓实，《神州国光集》，上海神州国光社，清末民国间珂罗版。

黄高年，《治印管见录》，天津古籍书店，1987年影印本。

梁启超，《清代学术概论》，上海古籍出版社，1998。

陆和九，《中国金石学讲义》，北京图书馆出版社，2003。

闵尔昌，《碑传补集》，民国十二年刊本。

潘承厚，《明清两朝画苑尺牍》，民国二十三年潘氏宝山楼刊本。

王光烈，《印学今义》，1918年活字排印本。

项葆祯、李经野，《（民国）单县志》，民国十八年石印本。

杨士骧、孙葆田，《（民国）山东通志》，民国七年铅印本。

叶昌炽，《语石》，辽宁教育出版社，1998。

赵石，《拜缶庐印存》，1912年钤刻本。

朱之英等，《怀宁县志》，民国五年铅印本。

现代著作

白谦慎，《傅山的世界——十七世纪中国书法的嬗变》，生活·读书·新知三联书店，2006。

曹锦炎，《古玺通论》，上海书画出版社，1995。

何昆玉，《吉金斋古铜印谱》，上海书店，1989。

故宫博物院，《故宫藏黄易尺牍研究·手迹》，故宫出版社，2015。

故宫博物院，《故宫藏黄易尺牍研究·考释》，故宫出版社，2015。

故宫博物院，《黄易与金石学论集》，故宫出版社，2012。

故宫博物院，《蓬莱宿约——故宫藏汉魏碑刻特集》，紫禁城出版社，2010。

广州图书馆，《广州图书馆藏仪清室所集广东印谱提要》，广西师范大学出版社，2014。

郭若愚，《篆刻史话》，宋绪康设计有限公司，2000。

韩天衡，《天衡印谭》，上海书店，1993。

韩天衡，《历代印学论文选》，西泠印社出版社，1999。

韩天衡，《中国印学年表》（增订本），上海书画出版社，2012。

韩天衡，《中国篆刻大辞典》，上海辞书出版社，2003。

黄裳，《笔祸史谈丛》，北京出版社，2004。

胡文楷，《历代妇女著作考》，上海古籍出版社，1985。

何昆玉，《吉金斋古铜印谱》，上海书店，1989。

江庆柏，《清代人物生卒年表》，人民文学出版社，2005。

李泉、王云，《山东运河文化研究》，齐鲁书社，2006。

穆孝天、许佳琼，《邓石如》，安徽教育出版社，1983。

穆孝天、许佳琼，《邓石如研究资料》，人民美术出版社，1988。

牛继清、赵敏点校，《赵绍祖金石学三种》，黄山书社，2011。

任继愈，《中国国家图书馆碑帖精华》，北京图书馆出版社，2001。

山曼，《流动的传统：一条大河的文化印迹》，浙江人民出版社，1999。

山东博物馆，《印学研究》第八辑，文物出版社，2016。

尚小明，《学人游幕与清代学术》，社会科学文献出版社，1999。

沈津，《翁方纲年谱》，"中研院"中国文哲研究所，2002。

沈津，《翁方纲题跋手札集录》，广西师范大学出版社，2002。

孙殿起，《贩书偶记》，中华书局，1959。

孙慰祖，《邓石如篆刻》，上海书店出版社，2001。

孙慰祖，《陈鸿寿篆刻》，上海书店出版社，2007。

孙慰祖，《历代玺印断代标准品图鉴》，吉林美术出版社，2010。

巫仁恕，《品味奢华——晚明的消费社会与士大夫》，中华书局，2008。

王标，《城市知识分子的形态——袁枚及其交游网络的研究》，上海三联书店，2008。

谢国桢，《瓜蒂庵小品》，北京出版社，1998。

谢国桢，《江浙访书记》，上海书店，2004。

新文丰出版公司编辑部，《石刻史料新编》，台湾新文丰出版公司，1982。

徐邦达，《改订历代流传绘画编年表》，人民美术出版社，1995。

许大龄，《清代捐纳制度》，燕京大学哈佛燕京学社，1950。

薛龙春，《郑簠研究》，荣宝斋出版社，2007。

翟屯建，《徽派篆刻》，安徽人民出版社，2005。

张郁明，《扬州八怪年谱》，江苏美术出版社，1990。

浙江图书馆古籍部，《馆藏浙江金石拓片目录（初编）》，浙江图书馆油印本，1982。

郑幸，《袁枚年谱新编》，上海古籍出版社，2011。

中国书法家协会安徽分会，《邓石如研究丛刊》，1985。

朱琪，《真水无香——蒋仁与清代浙派篆刻研究》，浙江人民美术出版社，2018。

朱琪，《黄易年谱长编》，未刊稿。

朱剑心，《金石学》，文物出版社，1981。

西泠印社，《金石永年——金石拓片精品展图录》，上海书店，2008。

海外著作

【法】Edouard Chavannes，*Mission archéologique dans la Chine septentrionale*.Paris: Imprimerie Nationale.1909.

【美】高彦颐（DorothyKo）著、李志生译，《闺塾师：明末清初江南的才女文化》（*Teachers of the Inner Chambers：Women and Culture in Seventeenth-Century China*），江苏人民出版社，2005。

【美】巫鸿，《武梁祠——中国古代画像艺术的思想性》（*The Wu Liang Shrine：The Ideology of Early Chinese Pictorial Art*），生活·读书·新知三联书店，2006。

【日】小林斗盦，《中国篆刻丛刊》，二玄社，昭和五十七年（1982）。

论文

陈鸿森，《〈翁方纲年谱〉补正》，《中国文哲研究集刊》第二十五期，"中研院"中国文哲研究所，2004年9月。

陈硕，《新见梅镠、邓石如致黄易信札三通考略》，《中国书画》，2017年第6期。

陈静媚,《阅读越界——记一部十七世纪的〈牡丹亭〉木刻印本如何穿梭时空? 女性阅读作见证》,《跨越与游移:第二十九届全国比较文学会议论文专辑》,台湾大学出版委员会,2006。

马子云,《谈武梁祠画象的宋拓与黄易拓本》,《故宫博物院院刊》,1960 年 00 期。

石祥,《同光间八千卷楼丁氏访书事迹考》,《图书馆杂志》,2011 年第 11 期。

唐桂艳,《略论广西临桂胡德琳对山东文化的贡献》,《图书馆界》,2013 年第 4 期。

秦明,《黄易"小蓬莱阁"印沿用考》,《第四届"孤山证印"西泠印社国际印学峰会论文集》,2014。

秦明,《故宫藏黄易〈访古纪游图册〉误改纪年新证》,《杭州文博》,2018 年第 1 期。

许隽超,《黄易两护山东运河道考》,《许昌学院学报》,2017 年第 3 期。

杨帆,《清乾嘉时期的〈说文〉学与篆书创作》,南京艺术学院 2016 年博士学位论文。

于茂阳、杨国栋,《黄易生平行迹考》,《中国书法》,2010 年第 1 期。

张郁明,《金农别号室名考释》,《扬州教育学院学报》,2005 年第 1 期。

中国第一历史档案馆,《乾隆三十九年太监高云从泄密案档案》,《历史档案》,2017 年第 3 期。

朱琪,《黄易的生平与金石学贡献》,《"重振金石学"国际学术研讨会论文集》,西泠印社出版社,2010。

朱琪,《江苏第一汉碑——〈汉校官碑〉研究》,《汉代石刻研究——首届济宁汉代石刻国际研讨会论文集》,中国书画出版社,2010。

朱琪,《黄易的家世、生平与金石学贡献》,故宫博物院编,《黄易与金石学论集》,故宫出版社,2012。

朱琪,《"西泠八家"之陈豫锺研究》,《西泠印社国际学术研讨会论文集》,西泠印社出版社,2013。

朱琪,《西泠八家之一蒋仁的先世》,《故宫文物月刊》,第 321 期。

朱琪,《略论黄易的金石学贡献》,《中国书法》,2016 年第 11 期。

朱琪,《番禺潘有为与黄易交游初考——兼议〈看篆楼古铜印谱〉的版本流传与学术意义》,《印说岭南——岭南印学国际学术研讨会论文集》,东方出版社,2016。

朱琪,《黄易与山东印学综考》,《印学研究》第十辑,文物出版社,2017。

朱琪,《新出土明代文人印章及其艺术特征综论》,《中国国家博物馆馆刊》,2018 年第 9 期。

报纸

王廉华、周传福,《黄易在济宁的儿女亲家究为何人?》,载《济宁日报》2013 年 10 月 18 日。

图表说明

图 版

1-1-1 沈塘摹黄易小像,出自《宋拓汉石经残字册》(故宫博物院藏)

1-1-2 明苏宣刻"黄汝亨印"(《中国篆刻丛刊第三卷–金一甫、苏宣、何通、他》)

1-1-3 明吴迥刻"黄汝亨印"(同上)

1-1-4 明黄汝亨《寓林集》卷首,明天启二年(1622)武林黄氏原刊本(台北故宫博物院藏)

1-1-5 明鄞县董氏刊本《秋水阁墨副文类》中黄汝亨序并印章(台北故宫博物院藏)

1-1-6 蒋仁刻"小蓬莱"印及边款

1-1-7 明黄汝亨手札(上海图书馆藏)

1-1-8 钱塘黄氏家世关系图(朱琪编绘)

1-1-9 黄易手抄黄树榖诗集《楷癭斋遗稿》(原南京图书馆藏,后数见于2011—2013年间北京保利拍卖古籍文献名家翰墨专场)

1-1-10 黄树榖书法(《金石家珍藏书画》)

1-1-11 黄树榖创制"清河龙"样式(《河工器具图说》卷二)

1-1-12 梁瑛绘观音像(南通狼山观音院供养)

1-1-13 黄润《秋盦遗稿序》手书上版(宣统二年李汝谦石印本《秋盦遗稿》)

1-1-14 黄元长《秋盦遗稿跋》(宣统二年李汝谦石印本《秋盦遗稿》)

395

1-2-1　黄易篆书"听松",出自《秋盦书画册》(日本谷川雅夫介绍)

1-2-2　黄易藏《汉祀三公山碑》整拓(故宫博物院藏)

1-2-3　"济宁州堤"拓片,雍正七年(1729)(《山东运河航运史》)

1-2-4　黄易《得碑十二图》之《紫云山探碑图》描绘发现武氏祠石刻的情形(天津博物馆藏)

1-2-5　乾隆五十四年(1789)兰第锡奏请以黄易升署河南省署开封府兰仪同知折("中研院"历史语言研究所藏)

1-2-6　《山东运河全图》中属于兖州府运河同知所管辖境程,约绘于1886年前(Library of Congress藏)

1-2-7　嘉庆六年(1801)奏为委任黄易护理运河道篆并阮广曾兼署运河同知事折(中国第一历史档案馆藏宫中朱批奏折档04-01-13-0135-034)

1-2-8　魏谦升录、潘庭筠撰《山东兖州府运河同知钱唐黄君墓志铭》(浙江省博物馆藏)

1-3-1　潘庭筠致黄易札(国家图书馆藏《古欢》册)

1-3-2　《济宁任城李氏族谱(三修本)》(崇本堂木刻活字印本)

1-3-3　黄易致李锺沛信札(故宫博物院藏)

1-4-1　黄易自用印"易"(随形)

1-4-2　黄易自用印"易"(方形)

1-4-3　黄易自用印"大易"

1-4-4　黄易自用印"臣大易"

1-4-5　黄易自用印"黄氏大易"

1-4-6　黄易自用印"黄小松"

1-4-7　黄易自用印"小松"

1-4-8　黄易自用印"秋荠"

1-4-9　黄易自用印"秋盦"

1-4-10　黄易绘《访古纪游图册》之《水乐洞图》自署"散花滩人"(故宫博物院藏)

1-4-11　黄易自用印"散花滩外作楼居"

1-4-12　黄易自用印"烟波散吏"

1-4-13　黄易隶书"饮欢喜酒 吟自在诗"四言联（《西泠八家书画篆刻》）

1-4-14　黄易自用印"黄九"

1-4-15　黄易自用印"老九"

1-4-16　黄易自用印"碑痴"

1-4-17　黄易自用印"秋景盦"

1-4-18　黄易自用"秋影盦"笺纸（故宫博物院藏）

1-4-19　嘉庆五年（1800）梁同书题"秋影庵"斋额（私人藏）

1-4-20　黄易题颜光敏所藏箫铭拓本（风雨楼旧藏）

1-4-21　黄易自用印"尊古斋"

1-4-22　黄易篆刻"尊古斋"自用印及边款

1-4-23　黄易自用印"小蓬莱"

1-4-24　黄易自用印"小蓬莱阁"

1-4-25　蒋仁为黄易篆刻"小蓬莱"印

1-4-26　黄易自用印"小蓬莱阁"（钤故宫博物院藏新拓武梁祠拓片）

1-4-27　黄易为翁方纲刻"小蓬莱阁"印（故宫博物院藏黄易致王复契阔札中所钤）

1-4-28　黄易绘"小蓬莱阁图"（《金石屑》）

1-4-29　黄易绘《得碑十二图》之《小蓬莱阁贺碑图》（天津博物馆藏）

1-4-30　黄易自用"小蓬莱阁"信笺三种对比图（故宫博物院藏）

1-4-31　黄易自用印"浮梅槛"

1-4-32　黄易为陆飞刻"自度航"印

1-4-33　黄易篆刻"汉画室"印并边款

1-4-34　黄易自用印"汉画室"

1-4-35　唐拓武梁祠册木刻（《小蓬莱阁金石文字》）

1-4-36　黄易篆书"临岐阳石鼓文"轴，书于"萝月山房"（《西泠八家书画篆刻》）

1-4-37　黄易自用"蕊珠轩"笺纸（故宫博物院藏）

1-4-38　黄易信札所钤"品画楼"印

1-4-39　黄易绘"梅花"轴（阳曲田氏旧藏，《神州国光集》）

2-1-1　黄树穀藏天宝造像题名（《金石契》）

2-1-2　乾隆五十八年（1793）黄易跋家藏《麻姑仙坛记》拓本（《国家图书馆藏碑帖精华》第八册）

2-1-3　黄树穀原藏《孝慈堂印谱》并题跋（韩天衡藏）

2-1-4　汪岙寄赠黄易之《唐拓武梁祠画像册》（故宫博物院藏）

2-1-5　翁方纲跋王厚之《钟鼎款识》，已提到《武梁祠册》为宋拓（阮元积古斋藏《钟鼎款识》）

2-1-6　黄易刻"小松所得金石"印并边款

2-1-7　黄易《嵩洛访碑日记》钞本（台湾"中央"图书馆藏）

2-1-8　黄易绘《岱麓访碑图》之《开元摩崖碑》（故宫博物院藏）

2-1-9　黄易访得嵩山石人冠顶"马"字拓本（故宫博物院藏）

2-1-10　张廷济摹石人冠顶"马"字砚拓片（《清仪阁所藏古器物文》，日本京都大学人文科学研究所藏）

2-1-11　清末武梁祠，图中屋宇为清代所修，继续实现着黄易创建祠堂保护寻访所得画像石刻的功能，沙畹，1907年7月5日，吉美国立亚洲艺术博物馆

2-1-12　武梁祠内今貌（朱琪摄，2010年10月）

2-1-13　武氏祠石柱碎石，黄易补刻文字后琢为砚（《黄易镜研拓本合辑》，故宫博物院藏）

2-1-14　武梁祠"此金"残石画像拓片，为黄易赠阮元琢为砚（《汉代武氏墓群石刻研究》）

2-1-15　黄易《小蓬莱阁金石文字》，道光十四年（1834）石墨轩刊本

2-1-16　黄易《小蓬莱阁金石目》朱方格稿本（南京图书馆藏）

2-1-17　黄易《黄易小蓬莱阁金石目》乌丝栏本（南京图书馆藏）

2-1-18　黄易《嵩洛访碑日记暨丙辰随录手稿》中随手记录的画稿（西泠印社2014年春季拍卖古籍善本专场 Lot.1895）

2-1-19　乾隆四十二年（1777）黄易购得董石芝原藏《宋拓汉石经残字册》及朱筠等人题跋（故宫博物院藏）

2-1-20　黄易藏《矞鼎》毕沅家拓本（童衍方藏）

2-1-21　黄易避寿所得《熹平二年残碑》，清拓本，有阮元刻跋（故宫博物院藏）

2-2-1　黄易赠李东琪《裴岑纪功碑》拓本（故宫博物院藏）

2-2-2 《裴岑纪功碑》木刻真石拓本合册之木翻刻本黄易题跋（国家图书馆藏）

2-2-3 《裴岑纪功碑》木刻真石拓本合册之真石本黄易等题跋（国家图书馆藏）

2-2-4 《裴岑纪功碑》真石本黄易题跋（故宫博物院藏）

2-2-5 《裴岑纪功碑》真石本诸家题跋（故宫博物院藏）

2-2-6 《裴岑纪功碑》木刻真石拓本合册之诸家题跋（国家图书馆藏）

2-2-7 黄易赠李东琪《裴岑纪功碑》拓本题签、题跋（故宫博物院藏）

2-2-8 黄易早年所临《裴岑纪功碑》（《黄易书画合册》，无锡博物院藏）

2-2-9 《裴岑纪功碑》黄易临本局部（故宫博物院藏）

2-2-10 《裴岑纪功碑》黄易临本自题跋（故宫博物院藏）

2-3-1 清末济宁州城郭与街景，沙畹，1907年7月2日，吉美国立亚洲艺术博物馆

2-3-2 《五水济运图》，陆耀《山东运河备览》，清乾隆四十年（1775）刊本

2-3-3 黄易自题跋本《黄小松印存》（民国间神州国光社）

2-3-4 《黄秋盦印谱》（韩天衡藏，《天衡印谭》）

2-3-5 济宁吴好礼辑《世德堂秦汉印集》，成书于乾隆七年（1742）

2-3-6 郑本茂辑世德堂藏印卷轴（私人藏）

2-3-7 郑本茂辑世德堂藏印卷轴题跋

2-3-8 黄易《题王莲湖汉铜印谱》，乾隆六十年（1795）（《莲湖集古铜印谱》）

2-3-9 王毅辑《莲湖集古铜印谱》（私人藏）

2-3-10 王毅辑《莲湖集古铜印谱》卷首

2-3-11 郑支宗摹刻《柿叶斋两汉印萃》四册本扉页，乾隆五十八年（1793）（上海图书馆藏）

2-3-12 《柿叶斋两汉印萃》四册本黄易序

2-3-13 《柿叶斋两汉印萃》四册本卷首

2-3-14 《柿叶斋两汉印萃》五册本（日本童梦 ART DOMU 2016年秋季拍卖会 Lot.0453）

2-3-15 《柿叶斋两汉印萃》五册本卷首

2-3-16 黄易《集秦汉瓦当册》（故宫博物院藏）

2-3-17 黄易赠郑支宗隶书联"古今文友周秦汉 金石录追欧赵洪"，乾隆六十年（1795）（故宫博物院藏）

2-4-1　黄易《武林访碑录》钞本卷首（南京图书馆藏）

2-4-2　黄易《武林访碑录》钞本"瓶花斋写本"标记

2-4-3　《武林访碑录》钞本丁丙题跋，同治十二年（1873）

2-4-4　黄易《武林访碑录》后半部钞配部分行格特征

2-4-5　乾隆六十年（1795）黄易等人杭州水乐洞题名拓片（秦明提供）

2-4-6　黄易旧藏孔继涵赠古戈拓本，后收入《山左金石志》（经吴骞递藏，后归风雨楼）

3-1-1　黄易篆刻"书巢"原石、印面及边款，乾隆五十一年丙午（1786）（北京匡时2018年秋拍方寸乾坤印石篆刻专场Lot.700）

3-1-2　黄易刻"梦华馆印"及边款，乾隆五十一年丙午（1786）

3-1-3　胡德琳致黄易信札一，约作于乾隆四十二年（1777）（国家图书馆藏《古欢》册）

3-1-4　胡德琳致黄易信札二，作于乾隆四十三年（1778）（国家图书馆藏《古欢》册）

3-1-5　胡德琳题名石刻

3-2-1　黄易篆刻"梅花盦主"原石、印面及边款（西泠拍卖2018年秋拍寄兴金石名家闲章集萃专场Lot.3701，郭若愚《篆刻史话》著录）

3-2-2　黄易篆刻"我生无田食破砚"印及边款，乾隆四十一年（1776）

3-2-3　黄易篆刻"湘管斋"印及边款，乾隆四十二年（1777）

3-2-4　黄易篆刻"一笑百虑忘"印及边款，乾隆四十一年（1776）

3-2-5　黄易为汪启淑篆刻"啸云楼"印及边款

3-2-6　黄易为汪启淑篆刻"讱盦"印

3-2-7　汪启淑旧藏"梅花盦"牙印（《讱盦集古印存》）

3-2-8　吴镇用印"梅花庵"，钤于至元四年（1338）吴镇《松泉图》卷后

3-3-1　陈豫锺致黄易札，作于乾隆五十四年（1789）（国家图书馆藏《古欢》册）

3-3-2　黄易篆刻"陈豫锺印"及边款

3-3-3　黄易篆刻"浚仪父"印及边款

3-3-4　浙江武康所出晋义熙年号砖拓（《千甓亭古砖图释》）

3-3-5　陈豫锺刻"最爱热肠人"印及边款，嘉庆八年（1803）

3-3-6　黄易篆刻"金石癖"印及陈豫锺观跋

3-3-7　黄易为陈豫锺篆刻"求是斋"印及边款

3-3-8　黄易绘《乱石图》，奚冈补绘筱竹，高树程补绘疏桞，并有陈鸿寿题跋，故又称《疏桞竹石图》（西泠印社藏）

3-4-1　记室过录黄易致陈灿《古墨札》，陈鸿寿手书批语。（故宫博物院藏）

3-4-2　记室过录黄易致陈灿《古墨札》后陈鸿寿题跋。（故宫博物院藏）

3-4-3　陈鸿寿为黄易篆刻"莲宗弟子"印及边款，作于乾隆六十年（1795）十月

3-4-4　陈鸿寿为梁宝绳篆刻"苕园外史"印及边款，作于嘉庆元年（1796）

3-4-5　陈继昌致黄易札，作于嘉庆三年（1798）。（故宫博物院藏）

3-4-6　陈鸿寿为吴文徵篆刻"南芗书画"印及边款，作于嘉庆三年（1798）

3-5-1　潘有为《南雪巢诗钞》稿本（广东省中山图书馆藏）

3-5-2　潘有为致黄易《秋色札》，作于乾隆四十二年（1777）九月。（国家图书馆藏《古欢》册）

3-5-3　潘有为致黄易《顷闻札》，作于乾隆四十二年（1777）十月。（同上）

3-5-4　潘有为致黄易《三月札》，作于乾隆四十九年（1784）七月。（同上）

3-5-5　潘有为致黄易《足下札》，作于乾隆五十七年（1792）。（同上）

3-5-6　《看篆楼古铜印谱》（丁丑本）（广州图书馆藏仪清室所集本）

3-5-7　潘氏看篆楼藏印流传情况图表（朱琪编绘）

3-5-8　张燕昌为潘有为刻"看篆楼"印，钤于乾隆四十四年（1779）四月潘有为致黄易《有为札》

3-5-9　张埙致潘有为札中，叙述托潘氏向黄易求篆刻印章之事，此札经由潘有为附寄黄易。（国家图书馆藏《古欢》册）

3-5-10　黄易为张埙刻"文渊阁检阅张埙私印"，作于乾隆四十二年（1777）八月

3-5-11　潘有为信札用印"臣拙无比"

3-5-12　潘有为信札用印"惶恐再拜"

3-5-13　潘有为信札用印"有为白笺"

3-5-14　潘有为信札用印"心心相印"（此印为潘有为与宋葆淳信札共用）

3-5-15　潘有为信札用印"有为"

3-5-16　潘有为信札用印"六松居士"

3-5-17　潘有为信札用印"看篆楼"

3-5-18　潘有为信札用印"潘氏卓臣"

3-5-19　潘有为信札用印"毅堂"

3-6-1　邓石如致黄易信札，作于乾隆五十六年（1791）四月（国家图书馆藏《古欢》册）

3-6-2　邓石如赠查映山行草《癸丑秋送湖北督学查映山黄门予告归京邸》诗轴，作于乾隆五十八年（1793）（《中国书画典库》卷八六）

3-6-3　梅镠致黄易信札，作于乾隆四十九年（1784）（国家图书馆藏《古欢》册）

3-6-4　邓石如篆刻"半千阁"连边款，乾隆四十五年（1780）作

3-6-5　邓石如篆刻"清素堂"连边款，乾隆四十五年（1780）作

3-6-6　梅镠赠邓石如隶书"天球高朗一梅和，良马超翔二李程"联，作于乾隆四十五年（1780）（安徽省博物馆藏，董建提供）

3-6-7　邓石如篆刻"两地青礤"印

3-6-8　邓石如篆刻"山口梅家"印

3-6-9　邓石如篆刻"文穆公孙"印

3-6-10　邓石如篆刻"宣州旧族"印

3-6-11　邓石如篆刻"宣城梅氏"印

3-6-12　邓石如篆刻"清素堂"印

3-6-13　梅镠致黄易信札所钤"柳下第五"印，亦可能系邓石如所刻

3-6-14　邓石如篆刻"淫读古书甘闻异言"印

3-6-15　邓石如篆刻"意与古会"印及边款

3-6-16　邓石如篆刻"折芳馨兮遗所思"印

3-6-17　邓石如篆刻"振衣千仞冈濯足万里流"印

3-6-18　邓石如篆刻"休轻追七步须重惜三余"印

3-6-19　邓石如篆刻"事无盘错学有渊源"印

3-6-20　邓石如篆刻"古欢"印

3-6-21　邓石如篆刻"燕翼堂"印

3-6-22　邓石如篆刻"以介眉寿"印

3-6-23　邓石如篆刻"江流有声断岸千尺"印

3-6-24　邓石如篆刻"笔歌墨舞"印连边款

3-6-25　邓石如篆刻"新篁补旧林"印

3-6-26　邓石如篆刻"被明月兮佩宝璐驾青虬兮骖白螭"印

3-6-27　黄易为毕沅篆刻"河声岳色"印（《黄小松印存》）

3-6-28　邓石如为毕沅篆刻"河声岳色"印

3-6-29　邓石如为毕沅篆刻"毕沅秋帆之章"

3-6-30　邓石如为毕沅篆刻"家住灵岩山下香水溪边"印

3-6-31　邓石如篆刻"二分明月一声箫"印

3-6-32　邓石如篆刻"太羹玄酒"印

3-6-33　邓石如篆刻"聊浮游以逍遥"印

3-6-34　明甘旸篆刻"太羹玄酒"印

3-6-35　明甘旸篆刻"聊浮游以逍遥"印

3-6-36　明何震篆刻"聊浮游以逍遥"印

3-6-37　明梁袠篆刻"聊浮游以逍遥"印

3-6-38　明梁袠篆刻"折芳馨兮遗所思"印

3-6-39　明汪关篆刻"折芳馨兮遗所思"印连边款，作于万历四十六年（1618）

3-6-40　明吴迥篆刻"被明月兮佩宝璐驾青虬兮骖白螭"印

3-6-41　邓石如篆刻"西湖渔隐"印

3-6-42　明程远篆刻"西泠渔隐"印

3-6-43　明梁袠篆刻"西泠渔隐"印

3-6-44　邓石如篆刻"一日之迹"印，实为模仿明梁袠所作

3-6-45　邓石如篆刻"一日之迹"印

3-6-46　明梁袠篆刻"一日之迹"印

3-6-47　明梁袠篆刻"业素堂"印

3-6-48　明苏宣篆刻"流风回雪"印

3-6-49　邓石如篆刻"我书意造本无法"印

3-6-50　邓石如篆刻"灵石山长"印

3-6-51　邓石如篆刻"疁城一日长"印

3-6-52　邓石如篆刻"侯学诗印"印

3-6-53　邓石如篆刻"在心为志"印及边款

3-6-54　邓石如篆刻"石如"印

3-6-55　邓石如篆刻"石如"印

3-6-56　邓石如篆刻"琴士父"印

3-6-57　邓石如篆刻"子才父"印

3-6-58　邓石如篆刻"邓氏完白"印

3-6-59　邓石如篆刻"完白山人"印

3-6-60　邓石如篆刻"包氏慎伯"印

3-6-61　邓石如篆刻"古欢"印

3-6-62　明拓《汉校官碑》轴（故宫博物院藏）

3-6-63　邓石如为赵绍祖刻"赵绍祖印"

3-6-64　邓石如为赵绍祖刻"绍祖"印

3-6-65　邓石如为赵绍祖刻"绳伯"印

3-6-66　邓石如篆刻"人随明月月随人"印

4-1-1　翁方纲《焦山鼎铭考》，乾隆三十八年（1773）刊本

4-1-2　汪节庵款"钱唐黄易摹碑之墨"，正面翁方纲题"小蓬莱阁"，背书"钱唐黄易摹碑之墨"，侧铭"乾隆甲寅（1794）仲春歙汪节庵造"。（故宫博物院藏）

4-1-3　曹素功监制、江鹤亭选烟"随月读书楼"墨，正面题"乾隆甲子（1744）"，背书"随月读书楼"，两侧分别有铭文"江鹤亭选烟""曹素功监制"（故宫博物院藏）

4-1-4　黄易自拓《泉文》四册，乾隆五十九年（1794）自题。（国家图书馆藏）

4-1-5　朱鲔石室画像拓片之一局部，此人像神似武亿。（故宫博物院藏）

4-1-6　黄易据朱鲔石室画像人物所绘武亿画像（故宫博物院藏）

4-1-7　武亿《授堂遗书》卷前小像，并刻黄易隶书"汉金乡石室画像内有一人未镌名氏，神似虚谷，模此以赠。钱唐黄易"

4-1-8　金乡朱鲔石室旧影。沙畹，1907年7月7日，吉美国立亚洲艺术博物馆

4-1-9　黄易藏晋永昌椎拓本，《黄小松辑释吉金拓本》（山东博物馆藏）

4-1-10　《胶东令王君残碑》清拓本，乾隆四十年（1775）李东琪于古松下所访得（故宫博物院藏）

4-1-11　吴锡麒跋黄易《岱麓访碑图》（故宫博物院藏）

4-1-12　黄易致陈灿《金乡札》（故宫博物院藏）

4-1-13　元拓孤本元文宗自书自刻自拓"永怀"二字拓本（《海外所见善本碑帖录》）

4-1-14　元康里巎巎跋元文宗"永怀"卷手迹，至顺二年至三年（1331-1332）（同上）

4-1-15　明董其昌书《紫茄诗卷》，此卷今有谢稚柳引首与杨仁恺拖尾，亦有学者认为真赝存疑。（《董其昌紫茄诗》）

4-1-16　翁方纲自摹影本祝允明《成趣园记》引首"宝祝"，作于乾隆五十七年（1792）。香港苏富比2006年春拍中国书画专场Lot.0300

4-1-17　嘉庆二年（1797）孙星衍篆书"岱麓访碑廿四图"（故宫博物院藏）

4-1-18　李阳冰篆书"黄帝祠宇"拓本，旧在浙江缙云仙都山

4-1-19　王复致黄易信札，即《契阔札》之复信（国家图书馆藏《古欢》册）

4-1-20　明拓孝堂山石室画像题字册，桂馥旧藏（故宫博物院藏）

4-2-1　陆绍曾、张燕昌辑《飞白录》，嘉庆九年（1804）擘荔轩刊本，哈佛燕京图书馆（Harvard Yenching Library）藏（沈津摄）

4-2-2　黄易藏《范式碑》拓本并嘉庆五年（1800）何道生观款（故宫博物院藏）

4-2-3　钱坫致黄易《会聚札》，作于嘉庆四年（1799）之后（故宫博物院藏）

4-2-4　翁方纲致黄易《新岁札》，作于乾隆五十七年（1792）二月（故宫博物院藏）

4-2-5　翁方纲新岁札后百余年，从山坡上拍摄的嘉祥县，沙畹，1907年7月，吉美国立亚洲艺术博物馆

4-3-1　张廷济钞录黄易致陈灿《新斋札》并摹录"小松具札"印章（故宫博物院藏）

4-3-2　黄易致陈灿《新斋札》原件（《国朝名贤手札初集》册十六，上海图书馆藏）

4-3-3　黄易致张爱鼎《荣擢札》所附"太平之印""茧园老人"印（故宫博物院藏）

4-3-4　黄易致张爱鼎《荣擢札》所附"苏门""苏门所藏"印（同上）

4-3-5　黄易致张爱鼎《荣擢札》所附"张爱鼎印""研邨"印（同上）

4-3-6　黄易篆刻"张爱鼎印""研邨"印（《黄小松印存》）

4-3-7　黄易篆刻"张爱鼎印"（《黄小松印存》）

4-3-8　黄易篆刻"研邨"（《黄小松印存》）

4-3-9　黄易致陈灿《抱恙札》所钤"荷风竹露草堂"印，此印为陆飞所作

4-3-10　黄易致陈灿《领悉札》所钤"湘管斋"印，此印为陈焯所作

4-3-11　黄易为陈焯刻"湘管斋"印及边款，作于乾隆四十二年（1777）

4-3-12　黄易为陈焯摹刻徐渭"湘管斋"印及边款，作于乾隆四十三年（1778）

4-3-13　徐渭用印"湘管斋"，钤于万历庚辰（1580年）徐渭《花果鱼蟹图卷》

4-3-14　黄易致陈灿《忙鹿札》所钤自用印"小蓬莱阁"

4-3-15　黄易致王复《契阔札》所钤"小蓬莱阁"印，此印黄易为翁方纲刻

4-4-1　《黄秋庵竟砚拓本合辑》之"砚铭"黄易题签（故宫博物院藏）

4-4-2　冬心斋第五砚（缺角砚）拓本，黄树榖书砚铭。（黄易旧藏）

4-4-3　金寿门春帆书屋砚拓本，黄树榖书砚铭。（黄易旧藏）

4-4-4　金农不自满砚拓本，黄树榖书砚铭。（黄易旧藏）

4-4-5　冬心先生写周易砚拓本，金农自书砚铭。（黄易旧藏）

4-4-6　金农勘书砚（《兰千山馆名砚目录》，台北故宫博物院藏）

4-4-7　陈廷焯白雨斋填词砚，应即《冬心斋砚铭》著录之"黄松石黄云砚"。（西泠印社2015年秋拍文房清玩·历代名砚及古墨专场Lot.4343）

4-4-8　金农行书《砚铭册》（广东省博物馆藏）

4-4-9　金农粥饭僧小像砚，待考。（私人藏）

4-4-10　张廷济藏金冬心澄泥砚拓本（《清仪阁所藏古器物文》）

4-4-11　金农小像砚（天津博物馆藏）

4-4-12　金农铭小蕉叶砚（天津博物馆藏）

目录中未特别注明出处之印章，主要采自下列印谱：

《中国篆刻丛刊》，日本二玄社，1982 年

《中国历代印风系列》，重庆出版社，1999 年

《中国玺印篆刻全集》，上海书画出版社，1999 年

《西泠四家印谱》，西泠印社，1998 年

《邓石如篆刻》，上海书店出版社，2001 年

《中国书画家印鉴款识》，文物出版社，1987 年

表 格

表 1　黄易山东任上所刻纪年印章表

表 2　陈豫锺、黄易篆刻对比表

表 3　潘有为致黄易信札所涉金石书画篆刻（印学）活动简表

表 4　邓石如致黄易信札所涉人物、事件表

表 5　故宫博物院藏黄易尺牍相关印迹表

表 6　金农砚铭异文校勘表

后　记

继 2008 年完成"西泠八家"蒋仁研究，我便开始关于黄易的研究。2009 年 7 月，拙文《黄易的生平与金石学贡献》获评"重振金石学"国际学术研讨会"优秀论文"（最高奖），并于当年 10 月在西泠印社宣读，是为我黄易研究的正式开端。十年后，故宫博物院秦明先生在回顾国内外黄易研究的发展趋势时，将 2009 年作为当代黄易研究由贫瘠走向繁盛的分水岭，拙文亦忝列早期研究重要论文之中，与有荣焉。

清代金石学家黄易的人生经历丰富，兼具官员、学者、文人、艺术家、收藏家等多种社会身份。今天看来，他的主要成就集中在学术与艺术两个方面，与其相关的大量文献则保存了丰富而生动的历史细节，值得继续深入研究。这本小书即尝试以黄易为中心，努力做一些探索工作，但囿于个人学识，其中不够完善之处甚多。尤其需要说明的是，部分篇章撰写时间较早，十年前资料检索远不及今日便捷，很多资料尚须对着胶片手抄，考证不精之处亦在所难免。在本书出版前，已参考当前较新的研究成果作了少许订补，但由于时间仓促，错漏之处定然存在，希望广大学者批评指正。学如积薪，后来居上，相信今日学者之研究定会远胜于我。

书中关于故宫博物院所藏黄易及友朋书札的释文，已载于《故宫藏黄易尺牍研究·考释》，其释文过程在该书后记中有详细说明，不敢掠美。但本书迻录时作了再次校对，纠正了一些当时的失误。本书付梓之际，承蒙沈燮元、施安昌二位先生赐序，孙晓云先生题签，增耀辉光，不胜感激。虞桑玲女士为我详阅书稿，校正引文，她细致耐心的工作令我衷心感佩。在本书写作过程中，先后得到沈燮元、陈鸿森、施安昌、孙慰祖、徐利明、孙向群、程章灿、秦明、冀亚平、卢芳玉、许隽超、查明昊、王岳、凌利中、堀川英嗣、欧阳磊、王吉鸣等先生的启发、指点与帮助，谨致谢忱。吴睿、汪铭悦、刘洁莹、孙建军学棣为书稿及图片的整理付出了辛勤的劳动，在此一并致谢。

朱 琪
2019年4月于白门冷澹盦